U0601773

守望者
The Catcher

阅读　你的生活

地中海四千年

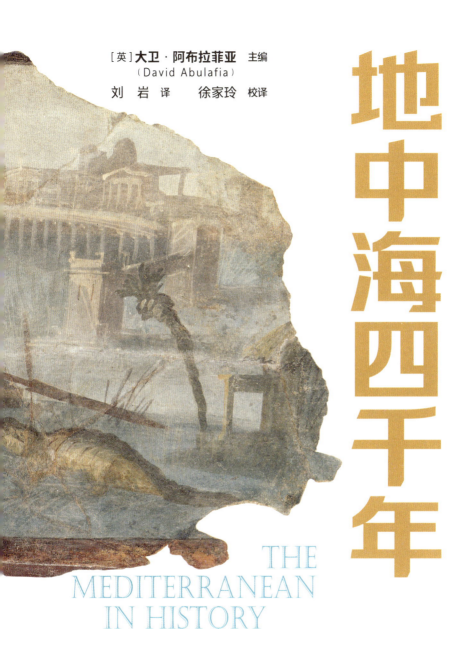

[英] 大卫 · 阿布拉菲亚 主编
(David Abulafia)
刘 岩 译　　徐家玲 校译

THE MEDITERRANEAN IN HISTORY

中国人民大学出版社
· 北 京 ·

我们将脚踏何处，这鬼魅的圣地

——拜伦（Byron）:《恰尔德·哈罗德游记》（*Childe Harold*），Ⅱ 88

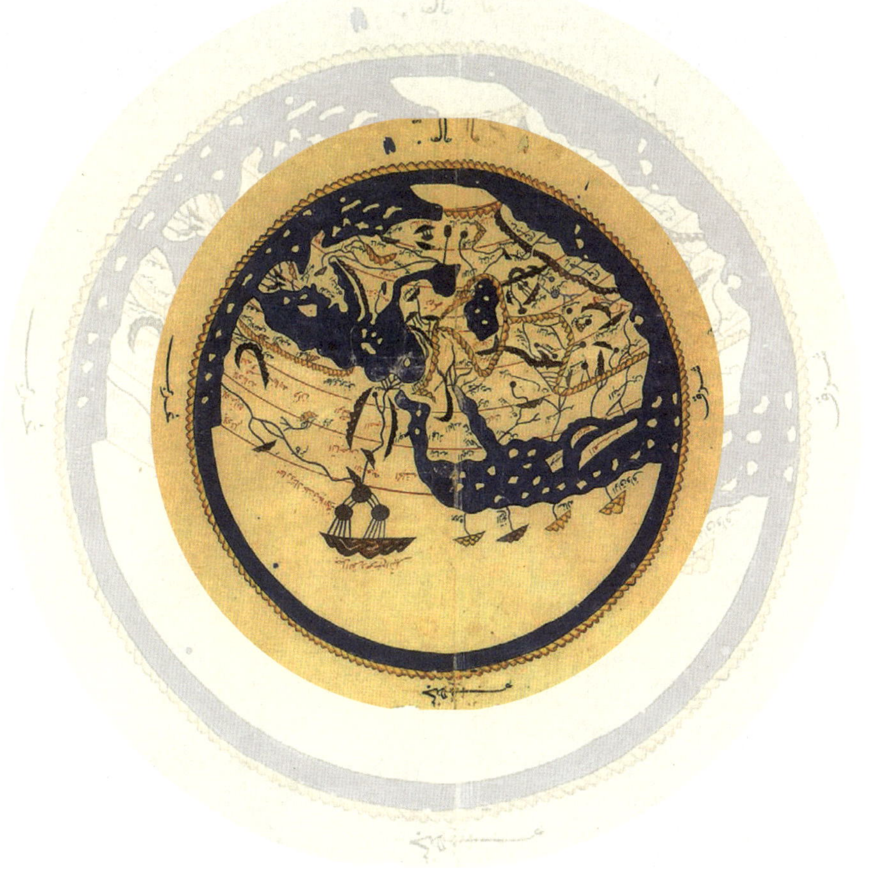

i

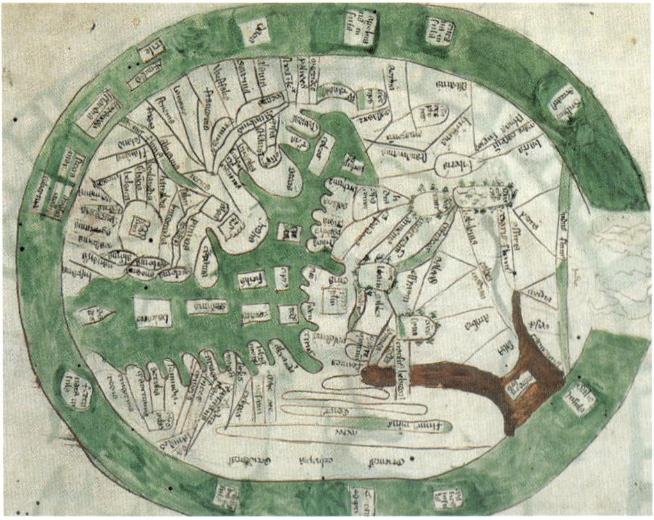

ii

显而易见，地中海（Mediterranean）的清楚轮廓，紧密相连的海湾、海岬、岛屿和众多独立的小片海域，以及它在三片大陆之间的重要位置，注定了它在世界历史上的地位。在临近公元元年的几个世纪前，希腊人和罗马人已经对地中海的地理环境有了准确的认识，但现存最早的地图大多是示意性的而非精确性的。如在这幅14世纪早期的地图中（图ii，*6b*）①，岛屿仅仅是用块状图形表示的。绘制于1456年的伊德里西（al-Idrisi）②地图（卷首语页图，*6a*），依据的是12世纪的一张原图，尽管不列颠群岛（British Isles）未能如实展示，整体上还是相当可靠的。而过了三年后莫罗修士（Fra Mauro）绘制的地图（图iii，*7a*）更为可靠。一张现代卫星照片（图i，*7b*）将人们熟悉的轮廓生动地呈现出来。

---

① 图注中括注的页码即原书页码。

② 伊德里西（1100—约1166），12世纪阿拉伯著名地理学家，全名艾布·阿卜杜拉·穆罕默德·伊德里西。生于塞卜达（今摩洛哥休达），其父母为迁居西班牙的阿拉伯贵族。本书所有脚注均为译者注，以下不一一注明。——译者注

序　言

地中海的历史不仅仅是其各个组成部分的历史之和。许多人都在撰写地中海沿岸地区的历史，这些历史学家遍布世界各地，有欧洲的、美洲的、地中海当地的，还有越来越多的日本人也在撰写地中海史。然而，本书所含内容远远超过许多世纪以来的西班牙史、北非史、法国南方史、意大利史、希腊史、土耳其史、地中海东部史以及埃及史。它不仅把地中海南北两岸的历史汇合到一起，也强调地中海的岛屿作为桥梁所起到的连接作用。许多伟大的古代文明都是在地中海沿岸形成的，包括埃及的（Egyptians）、米诺斯的（Minoans）、迈锡尼的（Mycenaeans）、希腊的（Greeks）、伊特鲁里亚的（Etruscans）和罗马的（Romans）文明，这些只是最为重要的几个；地中海东部海岸传承下来的不仅仅是腓尼基（Phoenicia）商人的书写体系，即字母拼音文字，还有源于古代以色列人的一神信仰，即犹太教、基督教和伊斯兰教的核心理念。而这也提醒人们，地中海是宗教冲突的中心，从 7 世纪开始，基督教和伊斯兰教展开的争夺地中海区域统治地位的战斗一直持续到 19 世纪——这一时期基督教列强吞并或影响了地中海的伊斯兰海岸。有些人可能会说，宗教冲突在 21 世纪远未消亡。然而，正如我在本书最后一章所指出的，当代已经全球化的地中海，与几千年以前封闭的地中海相比，已经开始表现出一种截然不同的特征。

本书各章的作者都自由阐述了自己的观点。比如，有些作者更多地把重点放在地中海东部地区（如关注古代的伟大帝国时代或奥斯曼帝国时代），而其他人则将关注点转到西部地区（如罗马时期和随后的蛮族入侵时期），有些人更关心政治、经济或文化的发展。对于某些历史阶段，如迈锡尼文明和古希腊文明之间的“黑暗时代”（Dark Ages），必须把散在的零碎资料搜集整理起来。但是，这些作者的共同之处，就是注意到应将地中海一岸的发展与另一岸的发展联系起来，并说明地中海远不只是欧洲、非洲和西亚大陆之间的一片空白地带。我在各章之间插入了自己对地中海历史上另外一些问题的看法，这些方面与我自己写的章节并不完全对应。在这些用以链接的段落中，一个永恒不变的主题是犹太教、基督教和伊斯兰教这三个“亚伯拉罕”宗教的出现与传播。尽管它们之间关系紧张，内部也存在分歧，但它们造就了地中海区域内部与周边的文明。尽管作为一个专门研究中世纪晚期和文艺复兴时期地中海地区的学者，对米诺斯人、伊特鲁里亚人和迦太基人的历史说三道四似乎有冒犯之嫌，但我毕竟是在阅读格林·丹尼尔（Glyn Daniel）著述的《古老的民族与地域》（*Ancient Peoples and Places*）这一内容丰富的系列丛书中成长的，并且我一直抱着浓厚的兴趣关注近期考古学的新的理论方法，我发现，重归这片古老的乡土是一种特别的享受。尤其是我的出版商泰晤士哈德逊出版社（Thames and Hudson），恰巧是为丹尼尔教授提供优质服务的出版社，这更加深了我的这种感觉。

若没有一个大型团队的不懈支持与鼓励，我是不可能完成这个项目的。我得到许可对本书各章作者的文稿进行编辑整理，我希望没有破坏他们的原旨。自从 1974 年我来到剑桥大学冈维尔与凯斯学院（Gonville and Cains College），院长和研究员们一直为我进行地中海的调研提供便利。最后，我要特别感谢剑桥大学历史系的同事们，他们努力推动学校专门设立了“地中海史教授”的席位。

剑桥大学冈维尔与凯斯学院，大卫·阿布拉菲亚，2003 年 2 月

21 世纪之初，地中海这个名字给你的第一个印象是什么？大海、阳光、棕榈树、户外市场、安逸与祥和，这些特质在吉恩·皮（Jean Puy）创作的关于萨瓦尼（Savany）市场的这幅悠闲的画作中得到了很好的体现。文化的丰碑并没有被现代的旅游者遗忘，但是，它们只属于过去。现在很少有人会去深入思考，作为西方文明摇篮的地中海是诞生于征服、信仰的冲突以及帝国之间的争斗之中的。如今，地中海已经不再是往日的世界中心，而在很大程度上是一个风浪已过、风和日丽的港湾。（*10*）

目 录

导 言

何为地中海？[1]

① 本章作者为大卫·阿布拉菲亚。

这个问题不能简单直接地作答。乍一看，地中海的边界清晰可辨，海岸线从直布罗陀岩开始，沿着西班牙和法国南部伸展，绕过意大利和希腊，直达土耳其、黎巴嫩、以色列，然后是整个北非海岸直至摩洛哥的尖端，与直布罗陀隔海相望的西班牙小城休达（Ceuta）。然而，地中海不能简单地由它的边缘来定义。在这片海域内有众多对地中海的历史有着重大意义的岛屿：尽管地中海最大的岛是西西里岛（Sicilia），之后是撒丁岛（Sardinia），但是所有地中海历史学家都看重克里特岛（Crete）和塞浦路斯岛（Cyprus），以及其他一些小得多的岛屿，如史前文化繁荣的圣托里尼岛（Santorini），还有为伊特鲁里亚人供给铁矿石的原产地厄尔巴岛（Elba）。在希腊和土耳其大陆之间以及克罗地亚（Croatia）沿岸有很多小岛。但地中海也被西西里岛和突尼斯（Tunis）之间的西西里海峡分成了东西两部分。这片水域包含引人入胜的马耳他群岛（Malta Islands），这是持续使用中世纪阿拉伯征服者的语言长达千年的一群基督徒的家园。

第一个问题是如何界定地中海——是该以地中海的水域、岛屿和海岸为依据，还是该以地中海沿岸出现的文明和国家为依据？在法国极富影响力的、在他的时代被誉为“当代最伟大的历史学家”的费尔南·布罗代尔（Fernand Braudel）看来，重要的是地中海的自然地理条件如何塑造了两种文明，即海岸上的文明以及（我们在下文将看到的）向内陆地区延伸所发展起来的文明。在很大程度上，他强调了物质条件决定人类的行为。因此，在他的经典著作《菲力浦二世时代的地中海与地中海世界》（*The Mediterranean and the Mediterranean World in the Age of Philip II*）一书中，他对地形，特别是山地和平原进行了详细而认真的对比，以证明在山地和平原发展起来的不同社会之间存在着根本差异。这一主题源于他对地理学的深入研究，以及他年轻时在法属阿尔及利亚（French Algeria）的经历。他所强调的地中海社会发展的“长时段”（longue duree）特征，即只是随着时间的流逝而缓慢变化，与他对西班牙菲力浦二世（Philip Ⅱ）在16世纪晚期对地中海地区的各项政策的解释并行不悖。公平地说，在此书中，他对地理和历史关系的阐述确有深刻的见地，对人们从事研究颇有助益，但有关国王菲力浦二世的信息却少之又少。长期以来，他所在的历史学派一直对历史研究以政治事件为中心的现象嗤之以鼻。尤其是在法国历史学界，如果有人被批评是在描述历史事件（historire événementielle），就意味着一种严厉的批评。但对于布罗代尔来说，他在其伟大著作第二卷的结尾处对于菲力浦二世的评价还是正确的，因为西班牙人与奥斯曼人争夺制海权

费尔南·布罗代尔，创立了历史思维的新学派，这种思维方式在本书中留下了印记。此学派否定“伟人”创造历史的学说，不强调政治因素而试图用环境因素来解释历史事件，不强调个人决策而用长时段的文化演变来解释事件。(*12*)

(thalassocracies)的胜利也反映出西班牙人对地中海地区地理环境有更深层次的了解这一事实。“这是一段一切变化都很缓慢的历史，是一段不断重复、不断循环的历史。”于是，可怜的菲力浦二世在布罗代尔的作品中很大程度上被置于幕后，而地中海的范围却时不时地延伸到马德拉群岛（Madeira）甚至克拉科夫（Cracow）[①]。

作为历史上最早的地中海史学家之一，修昔底德（Thucydides）非常清楚地知道，要理解地中海的历史或者我们现在所称的经济史，必须考虑个人的因素，他的著作《伯罗奔尼撒战争史》(*History of the Peloponnesian War*)之所以重要，是因为他强调了海洋帝国或制海权的产生方式，并表现出对政治对抗之性质的

① 马德拉群岛在大西洋上，而克拉科夫是波兰城市。这表明作者对布罗代尔的“扩大的地中海”并不认可。

非凡理解。尤其令人惊诧的是，他在撰写历史的手法方面并没有多少前辈可以效仿。修昔底德在其作品的开始部分描绘了一个对大海没有多大兴趣的史前希腊（Hellas）[1]，并尝试解释克里特岛伟大的国王米诺斯（Minos）在地中海组建第一支强大海军[2]时的转变。但是，在一个海盗猖獗的时代，抢掠谋生必然被看作一种非常体面的谋生方式。修昔底德认为，米诺斯与自己的追随者——迈锡尼的各个统治者共同驱逐了海盗，在爱琴海周边诸岛设立了总督，促进了该地区的繁荣，建立了丰功伟业，这为我们描绘了一个他理想中稳定的海域。特洛伊战争之后，科林斯（Corinth）耗费时日，最终成为希腊的海上军队主力，排除了来自腓尼基人（Phoenician）、卡里安人（Carian）以及其他地区群体的威胁。横跨科林斯地峡的天赐条件使它在东西两边均可入海，并通过贸易致富。事实上，随着科西拉［Corcyra，现科孚岛（Corfu）］的建立，科林斯城的影响蔓延至整个地中海中部，然后由埃比达姆诺斯［Eppidamnos，现阿尔巴尼亚境内，原称 Dyrrachium（迪拉奇乌姆）或 Durazzo（都拉索，Dürres）］的科西拉人传播。关于这一点，马里奥·托雷利（Mario Torelli）在下文中提供了文字与考古方面的证据，并按条理将相关材料汇聚在一起，具有一定的权威性。修昔底德用详尽的语言向读者解释了发生在一个偏

① Hellas 是希腊语中对希腊的正确称呼，而 Greece 则是自罗马时代以来对希腊的固定称呼。有些研究古希腊史的学者将 Hellas 译成“赫拉斯”，本书一概使用“希腊”的译法。

② 这里的“海军”的确难以同现代化的海军相提并论，但无论如何，这是一支在海上活动的军队，在以往的国内译著中按照中国古制，曾将其译为“水师”或“水军”，仍然不是那么贴切。因此，此处还是译为“海军”这个比较现代的名词。

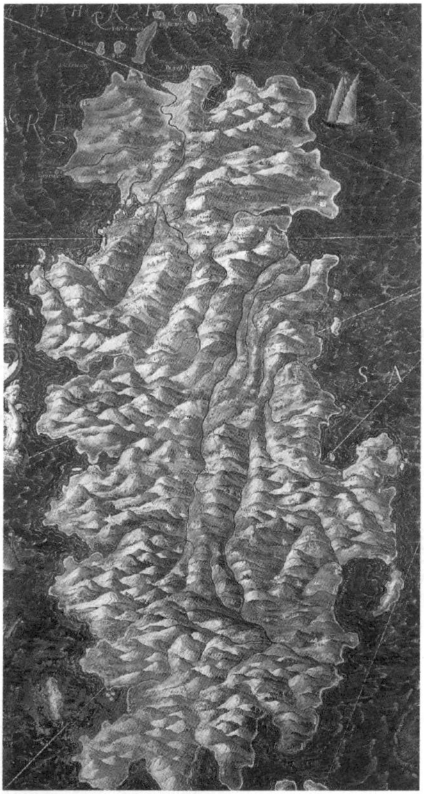

西西里岛与马耳他岛[下图(*13r*)是根据伊德里西原图制作]、撒丁岛(右图,*13l*)在各国争夺控制权的过程中一再出现,占有重要地位。西西里向来是多种文化的聚集地。

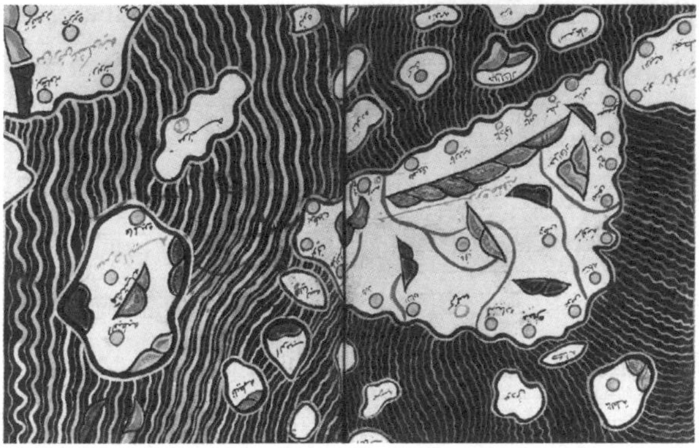

远城市（如埃比达姆诺斯）的争端最终将雅典舰队引到爱奥尼亚海（Ionia）水域的原因。目前，一个重要问题是他对地缘政治（geopolitics，该词首次出现在20世纪下半叶）的理解。事实上，修昔底德对地中海历史中人文因素的理解较布罗代尔更胜一筹。

布罗代尔不仅关注地中海这片水域，还关注地中海沿岸的广阔地域，而本书采用了一种截然不同的方法。根据目前所掌握的材料，撰写地中海史并不难。史学家可以讲述地中海沿岸的繁荣，也可以描述许多文明种族的盛衰：包括埃及人、米诺斯人、迈锡尼人、希腊人、伊特鲁里亚人、罗马人、拜占庭人（Byzantines）、阿拉伯人（Arabs）等。这些在欧、亚、非三大洲交汇的地区构成了一部类似人类历史百科全书的作品。中世纪的地图绘制者当然理解地中海是三个大陆的交汇点，但只有一个大陆是由基督徒统治的。不可否认，这一地区在世界历史上具有绝对的重要性。无论是源自雅典、罗马以及文艺复兴发源地意大利的古典文明和世界文化史，还是由犹太教及两个子宗教——基督教和伊斯兰教——所塑造的世界宗教史，抑或是由伊比利亚半岛（Iberia）扮演主要角色的帝国史，以及热那亚人（Genoa）、威尼斯人（Venetians）和加泰罗尼亚人（Catalans）帮助塑造的我们至今仍在使用的商业制度与理念以及这个星球上的经济史，等等，地中海在其中都有不可磨灭的价值。

本书作者不想写地中海周边国家的历史，而是要解释同时代各国是如何跨越海洋在彼岸发挥作用的。由于人们可以在广阔的海洋上自由往来，即使在相距甚远的区域之间也可以有贸易、文化甚至政治上的联系。伊斯兰西班牙就是一个很好的例子。那是一个繁荣的文明社会，它借用了发端于叙利亚、埃及和伊拉克的文化模式，与东方有着紧密的商业联系；它充当文化桥梁，通过翻译活动促进希腊和阿拉伯文字材料向西欧的传播。大多数翻译是由犹太人或居住在西班牙、被阿拉伯化的基督徒莫扎拉布人（Mozarabs）完成的。因此，地中海的历史不只是船队和商人的历史，尽管贸易是重要组成部分，但其历史还包括该地区思想和宗教的传播。本书的关注点不仅是政治事件，还有该地区的物资以及思想的传播方式。船只、货物和船上的乘客沿着海岸移动，而乘客的思想也随之传播。像被土耳其征服的那个时代一样，这一切可能会产生重大影响。在这样的历史中，岛屿至关重要。将西西里等岛屿描述为地中海世界不同文化之间的垫脚石，或许已经是陈词滥调，但这是事实。时至今日，当这个岛已成为从北非到欧洲的新移民潮的目的地时，情况依然如此，恰如在 9 世纪和 10 世纪时，西西里岛也曾是移民的中心，而早在古希腊－罗马时代，这里已经是希腊人和腓尼基人的殖民地。

本书大部分章节的重点是贸易与政治，以及两者之间的关系。考虑到日程紧迫，篇幅有限，需要讨论的内容如此广泛，要将不同的各章节有机地串联起来（本来这些章节的设计就是如此），在时间上还要把各个世纪加以连接，并非易事。然而这项工程意义重大，值得去做。人们经常注意到地中海地区的宗教史既有联系又有断裂，三个一神论的宗教之创建对塑造地中海地区的各种文明社会作用非凡，尽管它们相互之间冲突不断，有时还很激烈，因此，在这简明的导言中，势必要对这三大宗教，即有着诸多共同信仰和理念的犹太教、基督教和伊斯兰教，做出相应的评论。

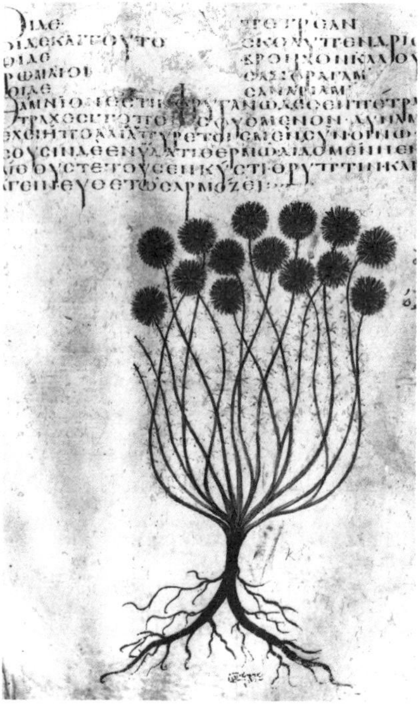

古希腊科学通过翻译文献传播到西方。这些文献首先被翻译成阿拉伯语，再从阿拉伯语翻译成拉丁语。而中世纪的西班牙正是文化交流中心，那里掌握多种语言的学者很可能是犹太人。本图即用希腊语描述的虎耳草（saxifrage）。（*14*）

部分与整体

“经国库书记员授权笔录的第一位先知阿蒙（Amun）的船上的货物清单……”此文件写于3 000多年前，其内容与1 000年前开罗犹太商人留下的信件中关于货物种类和商务信息的内容惊人地相似。年复一年，尼罗河水的涨落给埃及以及后来的罗马、拜占庭和伊斯兰世界带来了生机。直到近些年修建了阿斯旺（Aswan）大坝，才打破这种长久的连续性。我们也很容易在腓尼基人身上看到掌控地中海贸易的热那亚人和威尼斯人的先驱者形象。他们视地中海与其他海洋为同一海域，试航到康沃尔（Cornwall）寻找锡矿，就像 2 000 年后意大利人前往汉普郡（Hampshire）购买羊毛一样。在某种意义上说，腓尼基人是后来地中海商人的先驱者的想象回避了历史连续性的问题。这种想象将地中海视为单一整体，具有历史独特性，但这并不一定是我们所期待的历史。既不是像斯巴达人（Spartan）那样残酷无情地对待自己的儿子[①]，也不是像罗马人那样征服并镇压了意大利人，而西哥特人（Visigoths）反过来又征服罗马人，并且把恶臭的黄油涂抹到他们的头发上以此来恐吓他们之类的历史大杂烩，更不是像现代的希腊独立战争、年轻的土耳其国家、意大利的法西斯主义、以色列的建国等对地中海内外的政治关系产生了决定性影响的事件与现象的集合。这些事件发生在地中海的物理空间内，但它们本身并不能帮助我们理解人类和海洋是如何在这个空间内相互作用的。因此，本书所写的历史将在适当处重点强调海洋帝国或制海权问题，如古代的雅典帝国、中世纪的威尼斯帝国、海军上将纳尔逊（Nelson）时代的大英帝国等。历史中的主角往往不为人所知，他们可能是迦太基（Carthage）和伊特鲁里亚商人、中世纪阿马尔菲（Amalfi）或马略卡岛（Majorca）的水手，可能是 1492 年被驱逐出西班牙的塞法尔迪（Sephardic）犹太人，或者是从非洲和亚洲迁徙到欧洲的现代移民等。这些人远涉重洋，把货物和思想传播到其他地方。还有大批自“大迁徙”以来

---

① 按照斯巴达人的传统，每一个公民都有义务为国家生育和培养合格的战士，因此，当一个孩子先天不足时，会被祭司当众抛弃于悬崖之下；弱小的孩子也需要从小被置于艰苦的环境中，不在家人的保护下独立历练，增强战斗能力。

就对地中海情有独钟的北欧人。随着旅游规模的扩大，成群结队的北欧人（还有北美人）来到马略卡岛、希腊诸岛和欧洲地中海沿岸的各个角落探索旅游，他们在地中海的作用在20世纪后半叶就发生了巨大的变化。本书最后一章正是描述这一时期地中海开始全球化的进程。全球化始于19世纪晚期苏伊士运河（Suez Canal）的开通，并随着欧盟经济一体化的发展得到进一步推进。

用“伟大的海”（Great Sea）这个词来形容地中海是经古代拉比（rabbis）认可的，是远涉重洋的犹太人看到地中海时所使用的祝福语。他们赞美上帝创造了这个“伟大的海”。在古代和中世纪的观察者眼中，地中海确实处于世界中心。正如杰弗里·里克曼（Geoffrey Rickman）在他于本书中对罗马地中海的研究那一章所述，“地中海”一词在3世纪末至6世纪才开始使用。罗马人自己用的是“伟大的海”、“内海”（Inner Sea），或者干脆叫“我们的海”（Mare Nostrum）。航海家在环绕亚、非、欧三大洲的海洋上航行时，即使发现近海周围有其他陆地存在，陆地上偶尔还有香料或者其他新奇东西，只觉得那不过是沧海一粟。对于环绕着“伟大的海”的国度来说，它们只是异邦，无须理睬。接下来的问题是汇入地中海的小型海域的身份问题。将亚得里亚海（Adriatic Sea）视为地中海的一个分支，不无道理。而爱琴海（Aegean Sea）显然只是被诸多海岛挤满的地中海上的一个“角落”，但它却是地中海商人去往更远的市场的必经之路——古希腊商人将陶器运到意大利东北海岸的斯皮纳（Spina），威尼斯人和拉古萨人（Ragusans）去往利凡特（Levant）香料市场做生意。

相比之下，黑海在很多方面有独特的地位。它将西伯利亚大草原与东欧捆绑在一起，通过近年地质学历史上新开辟的狭长地带与地中海连接。此前，它和地中海之间的通道处于达达尼尔（Dardanelles）海峡门户地带的特洛伊，后来又处于先后被称为拜占庭、君士坦丁堡（Constantinople）和伊斯坦布尔（Istanbul）的城市。当然，有的时候，例如14世纪，产自黑海的粮食可以供给以热那亚为主的好几座地中海城市。这样一来，黑海的部分地区在一定程度上进入了与地中海地区的商贸一体化区域。米歇尔·巴拉德（Michel Balard）在本书相应章节清楚地阐述了这个主题。而费尔南·布罗代尔主要阐述了16世纪时两岸的一系列活动，例如热那亚商人通过黑海几个港口，穿过东欧经商。他们把远在波兰南部的克拉科夫（Cracow）的几座城镇与地中海联系起来，从事贸易活动。这样，他的话题就集中在广阔无垠的地中海周边。它越过休达与直布罗陀（Gibraltar）守卫的“海格立斯之柱”（Pillars of Hercules①），直到中世纪晚期才活跃在为马德拉（Madeira）、加那利群岛（Canaries）和亚速尔群岛（Azores）的商人与帆船队所开发的“大西洋地中海”（Mediterranean Atlantic）②。从欧洲发现美洲大陆开始，地中海与大西洋之间的相互作用就具有重大意义。1600年出现的“大西洋经济”对以前作为北方市场的地中海陆地经济影响巨大，而这一点一直很重要，一直延续到本书作者之一杰里米·布莱克（Jeremy

① 古希腊神话中的大力神，也译为赫拉克勒斯。

② 此处作者刻意传播所有海洋皆是多块陆地环绕的海域这一理念，把大西洋视为另一片类似地中海的区域。

地中海是许多海域的总和，每一片海域都有各自的角色和作用，每一片海域都哺育着“伟大的海”，并被“伟大的海”哺育着。直到最近，黑海才从地质学的角度与其他海域相结合。亚得里亚海几乎是自给自足的。爱琴海是一个岛屿密布的“角落”。这张地图可追溯到15世纪中期。（*15*）

MARE·MAIOR
TRACIA
ASIA·MINOR·NUNC
TURCHIA
DITERRANEO
EGIPTUS
MERIDIES

Black）所研究的历史阶段，即 18 世纪和 19 世纪早期。英国、法国以及其他国家为争夺各自在地中海的利益争吵不休。

布罗代尔学派在现代的史学著述之中以多种方式描述浩瀚无垠的地中海。从古至今，人们对于该地区的史学研究有增无减。抛开有关地中海历史的书籍，仅关注在从事布罗代尔著作研究过程中成长起来的一代史学家出版的地中海史相关期刊的惊人数量，我们可以把地中海历史学者分为几种流派。这些大师、学者、教授与门徒持续他们的创作。代表性期刊为《地中海史学评论》（*Mediterranean Historical Review*），1986 年由一个在什洛莫·本－阿米（Shlomo Ben-Ami）领导之下的以特拉维夫（Tel Aviv）为基地的史学团队编辑出版。这位创刊人最早是一名现代西班牙史专家，后来在以色列政界成了活跃人物。该刊物的成功路径就是研究地中海周边国家的历史，专注于犹太人在该地区的经济、宗教与文化变革中起到的载体作用，并在剩余版面刊登跨海贸易及海事活动等相关文章。由于该学术期刊的编辑是犹太人，所以刊登相关内容毫不奇怪。尽管如此，这一期刊可以说体现了这样一种观点，即地中海历史实质上是地中海周围地区的历史，不仅是整体的——这就需要考察它们之间的相互作用，而且是个体的——这又需要考察意大利、西班牙、希腊或埃及个别地区的内部事务。因此，地中海地区被视为一个广义上的地区，具有许多独有的特征。

除了这种对地中海历史的广义认知之外，还有一种被认为是“地中海研究协会”（Society for Mediterranean Studies）所持有的理念，该协会于 20 世纪 90 年代在美国创立。它所强调的思想，即把地中海文化看作世界文化的基础，主要体现在协会主办的出版物《地中海研究》(*Mediterranean Studies*) 中。因此，该协会比较热衷于研究地中海与葡萄牙的关系，而葡萄牙是伊比利亚半岛上基督教战胜伊斯兰教的产物，葡萄牙语也是古典拉丁语混杂了阿拉伯语词汇的结果。无论从文化上、宗教上还是其他方面，我们都有充分理由将葡萄牙列入地中海国家行列，将其视为一个体面的地中海国家。实际上，该协会最早的两次会议的举办地不是在地中海而是在葡萄牙。第三次会议的举办地是在巴西巴伊亚的萨尔瓦多（Salvador de Bahía），这是地中海文明的支流的支流。而南美洲也可以看作地中海文明的延伸。于是，这里所讨论的“地中海”实际上意味着“拉丁”（如“拉丁美洲”）。从伊比利亚人海外扩张的视角来看，地中海的历史即世界历史，但是“伟大的海”本身却从我们的视野中消失。尽管这种方法非常合理，但本书的重点仍然是“内海”及其边缘地带。

“世界史”的另一种解释方法是将地中海视为几个“地中海”[或称“中间的海域”（Middle Seas）] 之一。在这些地区，商品、思想和人们经常穿越的水域将陆地分割开来；有时这类活动在差异巨大的国度之间进行，而实际上这些国家之间是没有陆地接壤地带的。将布罗代尔的方法用于地中海以外地区的杰出实例，可见于库尔蒂·乔杜里（Kurti Chaudhuri）论及印度洋的那些扣人心弦的书籍和文章中，是葡萄牙、荷兰等国家的人们在欧洲大规模扩张的前夕闯进了穆斯林和印度人以前控制的这片海域。15 世纪早期这里偶尔也有中国战舰出没。就像“经典的”地中海一样，这是几个大陆的交汇处（东非正面对着南亚的许多国家）。

外界认为在一定的意义上葡萄牙属于地中海地区，但是史学界却不支持这种观点。这是来自锡兰（今斯里兰卡）的象牙雕画，画面描绘了一个锡兰女人与一位葡萄牙绅士正在进餐。这幅画上存在两种文化元素，其中葡萄牙人看上去要比印度人更奇特。(*17*)

佛教和伊斯兰教等各种宗教从此地远传他方。在哥伦布发现新大陆之前，加勒比海和墨西哥湾算是一种“地中海”。当时，交易的货物和移民在岛屿之间流动，其主要特点不是孤立固守，而是接触融合。

另外一个内容丰富的例子是日本海与中国东海之间形成的“地中海”，通过中间海域使朝鲜、中国与日本各岛相连。正如意大利把地中海切成两半一样，一衣带水的“对马海峡”把中国、朝鲜与日本分为两边。在中世纪穿过这片水域很容易实现贸易与人员的来往。日本博多-福冈港（Hakata-Fukuoka）[①] 利用了朝鲜

① 英语原文是 Hakata-Fukoaka，此处可能有拼写错误。

与日本的贸易，甚至作为中国常驻商人的东道主招待他们。这些贸易路线也传来了书籍和宗教思想，并为佛教在日本落脚奠定了坚实的基础。有了“日本地中海”和经典地中海之间的共同点，我们利用两片地区的海事史，相互加以比较，可以从中学到很多东西。

但是，还有其他因素对地中海的历史有更直接的影响，因为其他的“陆地中间的海域”与经典地中海有着重要的商业和文化联系。研究中世纪地中海的著名历史学家罗伯托·洛佩斯（Roberto Lopez）把波罗的海和北海称为“北方地中海”（有些令人困惑）。那里的商业发展与经典地中海地区相似。北欧海盗［维京人（Viking）］和弗里斯兰商人（Frisian）扮演了地中海早期的阿马尔菲人和威尼斯人的角色［正是本书中约翰·普莱

在地中海沿岸，有各种各样的气候和环境，它们已经得到不同方式的开发。人们发现巴伦西亚（Valencia）周围的沼泽地是种植水稻的理想之地，现在仍然如此。（*19*）

尔（John Pryor）的那一章所陈述的时期]。而被称为德意志的汉萨（Hansa）的大型贸易联盟与中世纪晚期地中海的热那亚、加泰罗尼亚和威尼斯商人的经营模式有些相似，但在人际关系上比意大利商人更加有凝聚力。北部地中海与南部地中海之间的贸易往来和相互影响在陆上取道布鲁日（Bruges）或是在海上（特别是在12世纪70年代之后）通过直布罗陀完成。不仅是毛皮和琥珀这样的商品流向南方，而且有香料类的商品流向北方，各种各样的思想和技术也有交流，如佛兰德斯（Flanders）画家的绘画手法和肖像研究，或者文艺复兴学者青睐的对于古代文化的新的认知；被称为科格（cog）[①]的重型船只也可能是地中海的航海家模仿进入地中海的北方船只而制造的。而且，正如人们所看到的，黑海既是经典地中海的延伸，本身又是一个“小地中海”，连接着对比鲜明的欧洲和中亚海岸。有些所谓的“地中海”不需要水，比如撒哈拉沙漠就是一个无水的“地中海”，与经典地中海关系密切。由沙漠之“舟”——单峰骆驼组成的商队把非洲的黄金运到马格里布（Maghrib）海岸，从一个绿洲跋涉到另一个绿洲，就像船舶从海上的一个岛驶往另一个岛一样。因此，各个“陆地中间的海”成了跨文化贸易、思想和人口交流的场所。这正是美国世界历史学家菲利普·科廷（Philip Curtin）用来进行比较研究的主体。然而，话又说回来了，各种模式的“地中海”在数量上的增加虽然能使我们脑洞大开，但却不是这本书的研究主题。

① 一种重型的宽大的圆形船只，很适合在海上从事运输活动。

另一种研究地中海的方法可以在《正道：伊斯兰教与中世纪地中海》（*Al-Masāq*[①]*: Islam and the Medieval Mediterranean*）这一期刊登载的稿件中看到。该杂志由一位来自马耳他的不知疲倦的学者狄奥尼修斯·阿吉乌斯（Dionisius Agius）创办。他还在英国北部的利兹大学成立了“地中海研究中心”（Centre of Mediterranean Studies）。这是一本真正有创新意义的杂志，它试图跨越中世纪地中海地区的基督教和伊斯兰教之间的鸿沟，试图从地中海穆斯林的角度审视商业上和宗教上的交往活动。有了《正道》，我们似乎更接近地中海上的族群交往史，而不是仅仅讨论数不胜数的地名；我们亦更接近于了解发生在诺曼人统治下的西西里（Norman Sicily）或伊斯兰西班牙的文化碰撞，也更接近于了解在伊斯兰土地上的威尼斯商人；等等。其中所涉及的地名被多次提及也证明其吸引力。两位英国历史学家佩里格林·霍登（Peregrine Horden）和尼古拉斯·珀塞尔（Nicholas Purcell）认为，地点多了本身说明地中海各地相互影响多了，这是其历史的重要组成部分。我们现在应该转向他们的观点，这是在一本名为《堕落之海》（*The Corrupting Sea*）[②]的巨著中提出的。

变化中的地中海观

尽管布罗代尔对地中海的观察是雄心勃勃的，但霍登和珀塞

① 意为“通往安拉之路”，即正道。

② 此书已经有中文译本（霍登，珀塞尔：《堕落之海》，吕厚量译，中信出版社，2018）。

尔的构想规模更加宏大。他们的著作涉及的时间跨度大，从古希腊一直延伸到现代早期，偶尔早些或晚些。总之，他们的论题是统一性内含多样性。霍登和珀塞尔强调了地中海各不同地区之间的关联，以及将一个地区与另一个地区联系起来的“关联性”。这里的矛盾之处在于，地中海的地理特征就是该地域的极端复杂性。所谓的复杂性就是它丰富的和多种多样的环境，促进了远程的或近程的交往。从西西里岛西部可以看出不同环境紧密结合。在那里，人们可以在夏末从特拉帕尼（Trapani）潮湿炎热的盐田出发，爬到覆盖古老山城埃里切（Erice）的寒冷而厚重的云层之中，那里有变化分明的小气候圈。此外，地中海有曲折的海岸线，星罗棋布的岛屿点缀于海面之上（因此，天气好的时候，水手看不到陆地的情况很少）。这里的岛屿都很小，因此，人们如果想生存下去就必须跨海以货易货。这里的海岸多沼泽地带，如巴伦西亚的奥尔塔（Horta）[①] 灌溉区以稻米种植著称，有的海岸环境很差，如阿尔巴尼亚以供给海盐著名。

在海岸沿线，平原和山脉交替，呈犬牙交错之势。特别是当羊群由低地转往高地常规迁徙时，时而会看到只有一只羊进入内陆。霍登和珀塞尔对布罗代尔的著名论断——山区是“固定而孤立的”——持有异议。他们坚持认为，山区与外界的“联系”更多，而非更少。商品交换的必要性，可以将山区与地中海世界的其他地区联系在一起。穿山越岭的路线也并非障碍，而是将山区的微生态环境连接到大的生态环境网络的途径。在近海区，孤立

① Horta 原义是“植物”，此处是巴伦西亚地区的一处将当地河流整合为一片稻谷灌溉区的稻米生产区。见 https://www.hortaviva.net/en/we-say/what-is-la-huerta/2021.12.14。

羊群每年季节性地从低地到高地往返，是地中海畜牧业最早的特点，目前这种放牧模式在许多国家仍然存在，有时甚至需要跨越国界。这张照片展示了法国中部塞文（Cevennes）地区的一个典型场景。人类学家热切地研究这种原始状态的牧羊人生活，认为这几乎是唯一从史前遗留下来的生活方式。（*20*）

的飞地是罕见的。像亚平宁这样的山脉对于军队来说是障碍，但对于 13 世纪从罗马周边（Romagna）① 往佛罗伦萨运送大量谷物和食盐的骡队来说却不是障碍。

然而，海洋却起到了桥梁作用，方便灵活。季节的变化有时（但比一般认为的要少）造成了季节性的封闭。海上接触就不得不为了紧急状况而保留。这种经常性的交流对贸易和交换活动所涉及的社会产生了一种变革或“堕落”的后果。“堕落”这个

① Romagna 是古代和中世纪人们对罗马周边地区的称呼，并非现代名称“罗马涅”。

词含有消极的意义。在很多方面，霍登和珀塞尔所描述的内容是积极向上的，与其称它为“堕落之海”，不如称它为“丰腴之海”。“丰腴”是一种比喻，即一个社会在与邻国或大洋彼岸社会的文化接触中能够获益。但“丰腴”也有其字面上的意义，即商人能从粮食和食盐等基本商品的交换过程中获得巨额利润。他们所描绘的地中海历史，重点不是通过贸易路线从东方将香料和染料运来（其中大部分是远离地中海海岸的东印度群岛所生产的），而是获取基本物资——如粮食、葡萄酒、油料、金属与木材之类商品——的交换体系。东地中海的生态多样性使得古代和中世纪的埃及统治者们从政治和商业上都开始关注黎巴嫩和奇里乞亚（Cilicia）[①]的森林，出于自己的船队和上百种其他用途的需要而获取木材。对基本金属的需求把希腊商人吸引到了伊特鲁里亚这片土地上。直到现在，那里仍然遗留着巨大的矿渣堆。这些矿渣堆是制铁商在波普洛尼亚［Populonia，现代皮翁比诺（Piombino）附近地区］加工厄尔巴岛铁矿的时候留下的。事实上，对于霍登和珀塞尔来说，正是在这样一个生态多样的环境中，当地物资需求的必要性将古代和中世纪的地中海联系在一起了。

跨越海洋、边缘地区和内陆地区之间的交流也许确实创造了人口聚落，亦有助于建立海上帝国。但是霍登和珀塞尔也认为，虽然时间跨度大，但交流的形式仍然存在着基本的一致性。他们认为，生态灾难从未惨烈到从根本上改变该地区的经济结构。在这一点上，他们的观点与奥利弗·拉克姆（Oliver Rackham）的

① 这是东地中海地区的古地名。

观点一致，后者关于地中海生态的文章是本书的开篇。霍登和珀塞尔指出，庞贝城（Pompeii）的毁灭在经济上对于奥维沃（Owever）周边的小片地区没有产生长期的影响，但大量熔岩的溢出却使土壤恢复了生机；而其他的火山爆发，尤其是火山灰覆盖了圣托里尼岛的那次爆发，更具毁灭性；米诺斯文明的终结也是火山喷发的结果，这一观点是由马尔林·苏亚诺（Marlene Suano）和马里奥·托雷利（Mario Torelli）在本书中提出的。然而，霍登和珀塞尔并不满意一种主流观点，即随着时间的推移，火山的冲积流改变了附近的景观，破坏了也创造了周围村落百姓赖以生存的资源。这一观点被历史地理学家克劳迪奥·维塔-芬奇（Claudio Vita-Finzi）在一部名为《地中海谷地》（*The Mediterranean Valleys*）的研究著作中进行了有力的阐述，尽管这项研究只考察了西部安纳托利亚（Anatolia）和北非等精心挑选的地区。拜占庭和其他研究团队的历史学家急切地学习并使用维塔-芬奇的方法，以寻找对经济危机和经济衰退的解释。霍登和珀塞尔的观点却截然不同，他们认为，“冲积物是地中海生活的重要常态”。总而言之，凡事有利有弊。人类没有因环境恶劣而败坏人间天堂的黑暗历史。这是一个在地中海各国广泛传播的、人所共知的话题，但这个话题却并不是对自然现实的准确描述。最近，奥利弗·拉克姆在他为本书写的章节中，以及他与A.T.格鲁夫（A.T. Grove）合著的《地中海欧洲的自然（环境）》（*The Nature of Mediterranean Europe*）一书中，对人类给地中海环境造成的破坏表达了类似的认识。他的方法得益于自己对生态问题的深刻了解，以及对撒丁岛等案例的认真考察研究。因此，在霍登和珀塞尔眼中的地中海地区，各国的社会发展节奏不同，有些国家因获得新的原材料资源而诞生，而另外一些国家则被剥夺了获取资源的机会（可能是政治原因，如他国入侵、国家间的战争等，其影响不亚于地质灾难）。因此，人类活动量增加的同时，也出现了“减退”、放手的情况；这些都是局部趋势，而不是地中海的整体趋势，因此不同的微观区域有不同的发展节奏，更重要的是，“长期变化几乎从来不是单线性的”。事实上，历史发展的间断时期刺激了创新与实践的这种说法有其道理；中世纪后期土耳其的进步使得意大利商人更难进入东地中海这一事实，也间接刺激了西西里岛和西班牙蔗糖种植园的发展，因为意大利人须在主商圈之外寻找这种价值不菲的产品的其他货源［莫莉·格林（Molly Greene）在为本书撰写的章节中对土耳其在地中海产生的长期影响做了精彩的描述］。

因此，人类通过制定新战略来应对生态变化或政治动荡等本地灾害，甚至从受灾地区向外移民这种迫不得已的战略也应视为将地中海各地区捆绑在一起的“联系性”的实例。对于霍登和珀塞尔来说，人口的不断流动，无论是作为奴隶还是经济移民，或者作为征服者，都是将地中海地区捆绑在一起的另一个因素。我们可以更进一步说，即使是征服性的灾难也常常掩盖其真正的连续性。伊斯兰教的兴起导致了早期阿拉伯人所征服的土地上的前期统治者（即拜占庭人、希腊人和波斯人的）的许多行为方式被采纳。因此，这次入侵实际上并没有破坏很多重要行为的连续性，特别是在政务方面。在公元640年埃及落入阿拉伯军队之手后，如果没有科普特人（Copts）、希腊人、犹太人和撒玛利亚人（Samaritans）的帮助，阿拉伯人是不可能成功地统治埃及的，正是他们向阿拉伯人说明了这片土地过去是如何治理的。另外，阿拉伯人的征服不但刺激了阿拉伯人，而且刺激了柏柏尔人（Berbers）、东方基督徒和犹太人向西方移民到北非、西西里岛和西班牙，随之带去了农作物的种子，即使这些农作物不是完全不为人所知，但至少可以说它们此前未曾被如此精耕细作过。在现代希腊，人们若在街头看到摆放在路边摊床的西瓜，就说明路口拐角处还会有这样的西瓜。这种传统做法可以追溯到伊斯兰征服时期。通过简单地了解伊斯兰征服地中海并给地中海世界带来各种食物的事实，我们可以更清楚地了解地中海作为三大洲和三种宗教的交汇点的作用。

伊斯兰征服的遗产不仅表现在科尔多瓦（Córdoba）的清真寺里，还表现在我们所挤的柠檬、所搅拌的蔗糖和所品尝的杏仁软糖里。现代地中海食品市场上销售的大量产品最初来自伊斯兰世界。这些产品首先传到西西里岛和西班牙，后来传入欧洲，如酸橙［或塞维利亚（Seville）橙］、洋蓟、香蕉、茄子、西瓜、菠菜和大米。它们的原产地通常是遥远的东方，在波斯或印度群岛，但它们很快就在整片伊斯兰土地上得到了培育。有些菜肴受到巴格达的早期哈里发（caliphs）的青睐，他们为优雅的烹饪方法设立了新的标准，其影响远至西班牙。早期的阿拉伯诗歌甚至赞美过茄子。一位西班牙穆斯林写道，“为君王者万不能忘记积极鼓励耕作土地”，农学在中世纪的西班牙属于艺术类学科，刺激着农民以现代集体农场工人一样的热情，尽全力从干燥而不适合耕种的土壤中获取最大利益。这些农作物的引进，改变了乡村的面貌，大规模的灌溉工程的建立——用于滋润中东、北非和西班牙南部的干燥土壤——是时代的需要。人们建造了精良的地下管渠（暗渠）将水引到各个山区，防止了水分的蒸发。这些紧密配置的地下水道的成功建造，也受益于当地的古代先例，追根寻源，可追溯到古罗马之前的伊特鲁里亚人建造的水渠。但亚洲模式起到很大作用。长期以来，南阿拉伯一直是令人难以置信的繁荣的农耕区。从也门远道而来的定居者教会西班牙人在科尔多瓦建设了同样郁郁葱葱的乡村，这里种满了柑橘，它在当时的10世纪除了供给营养，还起到装饰的作用。皇宫花园装饰着果树、鲜花和喷泉，看起来感觉是在天堂。10世纪科尔多瓦的犹太诗人杜纳西·伊本·拉布莱（Dunash ibn Labrat）唱道："花园里石榴、枣树列成排，红柳和葡萄迎嘉宾，银莲花让你乐开怀。"在穆斯林统治的西班牙，花园成为阿拉伯语和希伯来语诗歌的特别主题。到了13世纪晚期，巴伦西亚周围的耕田种植了另一种亚洲粮食作物——水稻，它和马略卡岛的无花果一起出口普兰他日奈（Plantagenet）[①]王室统治下的英格兰，而马略卡岛无花果是阿拉伯人带到西方的另一种作物。穆斯林传入欧洲的不仅有高档食物，还有著名的硬小麦，可磨成粗粒小麦粉，用来做蒸麦粉和意大利面。阿拉伯语称面条为fidawsh，演变成现在仍在使用的西班牙语名称fidos。许多其他农作物的名字都源自阿拉伯语，如洋蓟在西班牙语中是alcarchofa，在阿拉伯语中是kharshuf，在引进西班牙之前可能首先在北非种植。但蔗糖的影响最大，它起源于远东，但很快就传

① 亦译为"金雀花王朝"。

遍了伊斯兰世界。到了 1400 年，意大利商人开始急切地将地中海的蔗糖卖到英国、佛兰德斯和德国。

正如我们已经看到的，随着土耳其人在欧洲的推进，商人更热衷于去西方购买蔗糖，在西西里岛，在伊斯兰的格拉纳达

地中海食物在很大程度上受伊斯兰教的影响。其中一种进口产品是茄子，在右侧这幅 14 世纪的画稿中可以看到。（*22*）下图为亚历山德罗·马斯卡尼奥（Alessandro Mascagno）绘制的市场美食全景图。从左边开始是大块奶酪、李子、苹果和桃子，中间是沙拉、萝卜、卷心菜和大型豆荚，再到右边是芦笋、鸡蛋、肉和蘑菇。（*22–23*）

柠檬最初是在欧洲的伊斯兰西班牙种植的。也许正是因为这个原因，它们成了西班牙静物画家最喜欢的题材。在这幅 18 世纪艺术家梅伦德斯（Melendez）的作品中，柠檬几乎完全占据了前景主界面。右边的桶里可能装着橄榄，罐子里装的是橄榄油，瓶子里装的是酒。（*23*）

（Granada），甚至在布罗代尔所称的“大西洋地中海”的马德拉（Madeira），蔗糖种植园都发展起来。到了 16 世纪，新大陆成为蔗糖的主要产地。但西方人对蔗糖的喜爱还是源于伊斯兰教，而蔗糖是从地中海传入新大陆的。蔗糖和山上的雪与果汁混合在一起，成为制作果子露或冰沙的原料，这种食物是十字军在地中海遇到的。有趣的是，1400 年左右，东地中海的伊斯兰国家反过来要求得到西欧的蜂蜜，尤其是纳博讷（Narbonne）的蜂蜜。根据霍登和珀塞尔的理论，一个地区的物资短缺可以通过与另一个地区的贸易来进行弥补。

伊斯兰世界也是整个中世纪向欧洲运送香料的重要地区。事实上，许多著名的香料并非在地中海种植，胡椒和生姜是从香料群岛（Spice Islands）沿着印度洋海岸运来的，但它们被卖给亚历山大港（Alexandria）的基督教商人，给中世纪的埃及带来了财富。从这个意义上说，它们也是地中海历史的一部分。地中海西部本身就是一种香料的产地，圣吉米尼亚诺（San Gimignano）和沃尔泰拉（Volterra）的商人热衷于买卖这种香料。这两个托斯卡纳（Tuscan）城镇在 13 世纪是藏红花的国际生产中心，后来在阿布鲁齐（Abruzzi）和阿尔卑斯山北部出现了其他香料中心，以满足东方和欧洲对这种最珍贵的香料的需求。

然而，地中海对这些产品的需求最旺盛。这种需求有助于推进主导中世纪和现代早期国际贸易的几个国家的经济活动。热那亚原来只经营粮食与布匹，后来在利凡特买辣椒和生姜，开始多种经营；威尼斯原先只是鱼和盐的推销地，后来成为 15 世纪主要的香料供应地。在 1497 年瓦斯科 · 达 · 伽马（Vasco da Gama）环游非洲之前，这些产品只能在地中海沿岸的穆斯林疆土上买到，而且不仅用于食物调味，还用于药品和染料的制造。当然，这些货物很快就越过了地中海的海岸，在地中海的其他地区出售，如香槟（Champagne）、佛兰德斯、德国，甚至英国与“北方的地中海”。但这也证明了地中海是东西方经济体系之间的主要桥梁。

有霍登和珀塞尔展示出来的地中海形象，我们离布罗代尔的观点还不是太远：“长时段”更加延长了，而居住在这片土地上的人却是群龙无首。微观区域的历史当然也必须加以强调，那里的政治因素和个人的努力产生的影响往往具有相当大的作用。催化剂可能是来自边远地区的马其顿国王，或者好斗的、君命有所不受的阿拉伯将军，也许是觊觎明矾垄断地位的热那亚商人。地中海人的因素是伟大的伊斯兰犹太学者所罗门·格瓦坦（Shlomo Goitein）的研究重点。格瓦坦于1985年去世。他的五卷本著作《地中海社会》（*A Mediterranean Society*）是以“开罗经冢”（Cairo Genizah）[①]为基础的。“开罗经冢”实际上是一个世纪前在旧开罗城的一个古老犹太会堂里发现的堆积的中世纪文献（主要是950年到1200年之间），现在大部分保存在剑桥大学图书馆里。尽管霍登和珀塞尔认为格瓦坦是改变了我们理解地中海历史方式的精英之一，但他们强调他之重要性在于细节，而不是地中海历史的整体概念。格瓦坦生动地描绘了犹太商人从印度到西西里岛经营贸易的情景，他分析的信件不仅涉及丝绸和香料的销售，还涉及犹太人家庭关系——所有社会阶层的希望与恐惧。他们是地中海社会中的哪一种类型，这是一个无人能够回答的问题。他们当然回避了一些更受穆斯林或科普特商人青睐的贸易内容，比如小麦贸易。但他们是地中海社会不可分割的一部分，而不是分离的。他们相较于当代穆斯林更值得进行深入的研究。因此，与其说他们组成了地中海社会，莫如说他们是一个更广义的地中海社会的组成部分。尽管如此，通过对个人、群体、家庭以及经济联系方面的成卷的书写，格瓦坦所做的工作仍然是一个重要的警示，即恢复个人在地中海历史上的作用必不可少。

---

① 这些被发现于开罗犹太会堂隐秘处的文件，亦被译为“杰尼萨”（Genizah）文件，本书取意译。因这些文献涉及了犹太教的至尊独一神的名号和借其名号拟就的文件，依犹太人的法规不可损毁，故全数堆积于人们通常不可及之处，本书校译者依徐家玲在《伟大的海：地中海人类史》（中国社会科学文献出版社，2018）一书中的译法，即“经冢”。

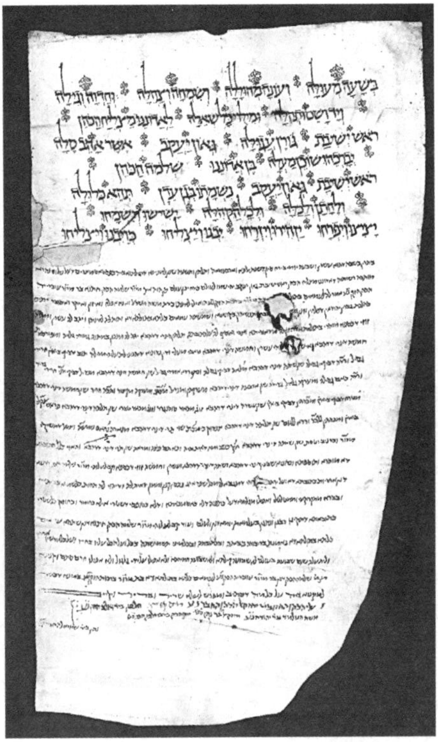

19 世纪晚期，在一个古老的犹太人会堂的储藏室里发现了大量的文字手稿，其中一些可以追溯到 10 世纪。于是，开罗犹太人的生活被戏剧性地揭示出来。手稿送到了剑桥，希伯来学者所罗门·谢克特精心加以整理和组合（下图，*24*）。其中有一份婚约（右图，*25*），时间为 1128 年。

地中海的生活方式被北方的诗人和画家生动地描绘了出来。对他们来说，温暖的气候、蓝色的大海和人们悠闲的举止有一种特殊的魅力。马丁努斯·赫比（Martinus Rørbye）于 1834 年离开故乡丹麦，途经荷兰、法国和瑞士，来到罗马，那里有丹麦艺术家的侨居地。在意大利，他去了那不勒斯和阿马尔菲，并于 1855 年出发前往希腊和君士坦丁堡。1837 年，他回到丹麦，但意大利的魅力吸引着他。1840 年他回到意大利，去了西西里。他在那里画出草图，为他的大幅油画《巴勒莫码头广场的早晨》积累素材，并于 1846 年在哥本哈根完成画作。油画光线的运用效果与表现出来的对意大利生活的怀旧情调，使此画成为丹麦黄金时代的杰出画作之一。（*26–27*）

我们所述的这个地中海和其他地中海地区（就像前文简要谈及的“日本地中海”）的基本特征是：相对邻近的海岸、与海岸之间的明显分离，使得不同的文化跨越貌似不可渗透的界线实现交流，如被地中海隔离的基督教与伊斯兰教之间的交往。地中海上的诸多岛屿，也缩短了岸与岸之间的距离，这些岛屿实际上是地中海文化和经济体之间的桥梁，如青铜时代的米诺斯克里特岛或中世纪后期的加泰罗尼亚马略卡岛就是这样。诚然，一些岛屿成为相对不受外部世界影响的孤立社会，这种孤立可以从撒丁岛只是由于意大利的殖民才缓慢地融入中世纪欧洲的文化和政治世界中看出，也可以从马耳他岛保留了中世纪早期西西里岛的阿拉伯习语这一实例看到。但即使这类社会在某些方面比较保守，但也不可避免地受到了贸易的影响，调整了自己的生产模式以满足外国需求，如马耳他的棉花，撒丁岛的粮食、皮革和羊奶酪，都是如此。

当然，所有的海洋都起到连接或分割陆地的作用。但地中海周边陆地的重要之处在于应对海洋带来的大规模挑战，与开阔的大洋相比，在地中海范围内的移动相对容

地中海是整个世界的缩影，这可能是一种陈词滥调，但这确实如此。很难说地球上有任何其他地区能够起到这个作用。它地貌复杂，有高耸的山脉、肥沃的平原和贫瘠的沙漠。在气候方面，大家惯用的描述是“暖湿的冬天，炎热干燥的夏天”。这种说法用于形容世界上其他地区还可以，但形容地中海本身还显不足。参差不齐的海岸线、无数的岛屿和半岛与被隔离的小片海域等自然环境的多样性，与隔海相望的地区之紧凑关系与鲜明的对立并存，使得占有这片地域的人们的生存方式异常复杂。在一个相对较小的区域内，不同文化的数量以及它们在时间上的相互影响是不同寻常的。如是，在机会与机遇并存的这口沸腾的“大锅”内，西方文明的诞生并不是偶然的。

意大利科尼利亚村（Corniglia）的这张鸟瞰图讲述了它的村史。为了防范海上袭击，村民的房舍在悬崖绝顶集中而建。周围的土地只能经过艰辛的劳动改作梯田，代价之高可想而知。此“五渔村”以其苦心经营的梯田而闻名于世。许多村庄没有道路，以往只能从海边出入。（*30–31*）

易。这种迁徙的方便产生了更多的好处，即地中海的历史是一部商业、文化、宗教、政治共存的历史，也是一部各国都意识到邻国之间由于强大的种族、经济和宗教差异会产生对抗的历史。生态问题当然不容忽视，但对历史学家来说，生态的重要性首先在于它强加给人类定居者的生活条件，以及定居者随后改变环境的方式。在撰写地中海历史的过程中，必然要通过地中海上发生的商业、文化与宗教互动来呈现地中海的人类历史。

第一章

地中海的自然环境①

① 本章作者为奥利弗·拉克姆。

划定地中海地区的一个标准是它的气候：夏天干热，冬天温暖潮湿，霜冻不多。在低海拔地区，冬天和春天是生长的季节，夏天是枯死的季节。这种恶劣而奇特的气候只占世界陆地面积的1% 左右，其中一些分布在其他大陆。然而，这个定义标准并非绝对，可有很多变数。一到北方，入冬即冷，盛夏就不那么干燥了。从地中海往南和往东逐渐融入沙漠。地中海沿岸高耸的山脉造成了当地局部地区大量的降雨和阴霾天气。事实上，地中海有一处欧洲最干燥的地区［西班牙东南部的阿尔梅里亚（Almería）］，还有一处欧洲最潮湿的地区［黑山（Montenegro）的科雷科维奇（Crkvice）］。地中海山区气候严酷，有两个死寂的季节：寒冷多雪的冬天和只与春天有几周之隔的干燥夏天。

地中海周边陆地综合了多山的地形、多样的地质结构与多样的人类文化差别，各区段彼此大不相同。但若想对地中海的气候进行简单的概括却是令人生疑的。

例如，这里的岛屿并不仅仅是大陆架的延伸。克里特岛是一块面积约为 250 千米 ×50 千米的小片陆地，是一片拥有阿尔卑斯山、沙漠、丛林、寒冷的原野和热带峡谷，以及许多在其他地方找不到的奇异动植物的微型大陆。虽然其本土动物几乎早已绝迹，但它们造成的影响仍然可以在尚有遗存的植物上看到。

诸多海岛都有自己的独特文化。克里特岛海岸险峻、海盗出没，它的大部分历史与外界没有联系。撒丁岛上铁器时代的人类在山顶上建造了数千座巨大的被称为努拉吉（nuraghi）[①]的石塔，然而在其他地方却没有类似建筑，例如科西嘉岛。直到今天，这两个岛屿的人文景观仍然大相径庭。

地中海周边陆地现在处于其历史上并不典型的过渡时期。几乎在整个欧洲，地中海地区的人口都在从山区往沿海地区的城市和村镇转移，而以前这些地方是艰苦而危险的地区。但这不仅仅涉及沿海和城区旅游的问题。机械化把农业限制在相对平坦的土地上，在那里可以使用拖拉机和推土机，可以使用塑料管输水灌溉，人们在温室里种植作物，面向“花园”市场出售。以前修筑梯田的陡峭地带被遗弃，变成森林或牧场，更偏远的牧场现在也荒废了。河流被水坝截断（导致三角洲的萎缩），地下水几乎被抽干，水源的供应受到渗入地下的盐和其他有害物质的威胁。

我们不应以现在的标准与过去相比较，而应该以机械化、城市化和废弃土地之前的状态［正如安东尼·斯诺德格拉斯

---

① 这是撒丁岛上远古时代特有的石筑建筑群，后人将其理解为防御设施。以往有译成“石塔”的，但在本书中用音译，以免引起误解。

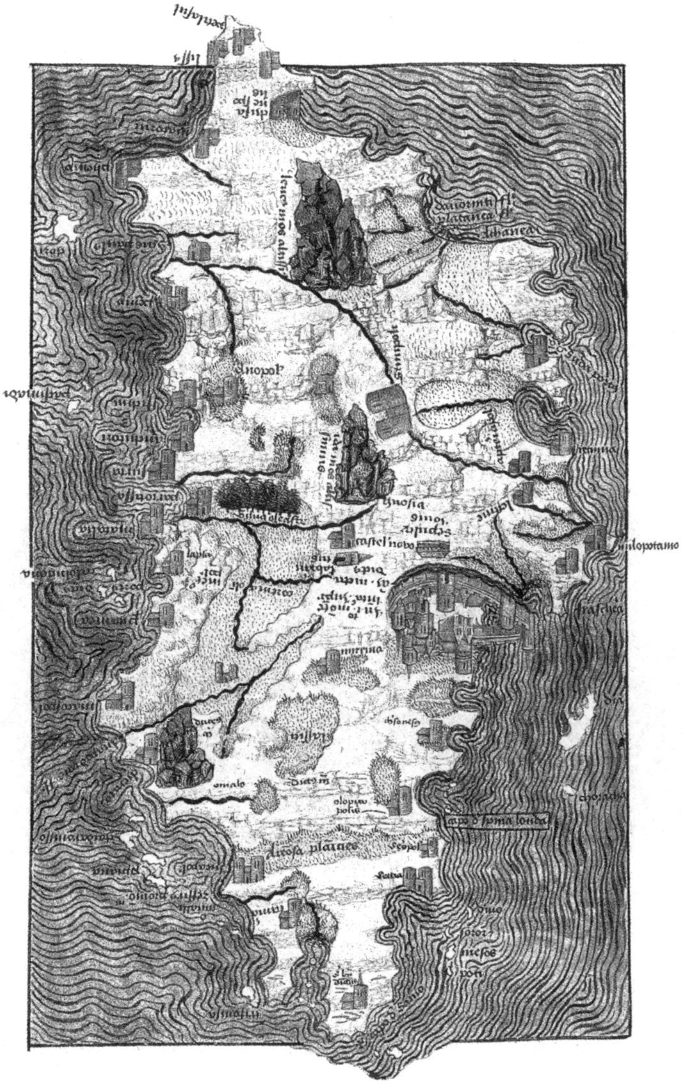

这些岛屿本身就是微型世界。科西嘉岛和撒丁岛毗邻，但地理和文化却迥然不同，这种差异至今仍然存在。史前撒丁岛的特征在地中海的其他地方绝无仅有，它有被称为努拉吉的巨大石塔和身形特别细长的青铜雕像。撒丁岛随后的命运几乎是地中海历史的一页简史（resumé）。在成为迦太基人和罗马人的殖民地后，它被拜占庭人征服，然后被萨拉森人（Saracens）袭击，萨拉森人被比萨人（Pisans）驱逐，比萨人又被加泰罗尼亚人打败。在 18 世纪，它与撒丁王国的萨沃伊（Savoy）家族联合，现在仍然如此。这幅由本德尔蒙特（Buondelmonte）绘制的克里特岛地图可以追溯到约 1420 年。（*32*）

天气往往很热。安达卢西亚（Andalucía）的气候［韦尔瓦（Huelva）附近的莫格尔（Moguer）村，见上图］几乎属于亚热带气候，藤蔓和桉树枝繁叶茂。大部分建筑都是摩尔人（Moor）的风格，似乎只是为了强调其北非特色。（*34*）

（Anthony Snodgrass）所用的言语“昨天的希腊”］为标准。然而，不能认为以前就代表了传统景观，这里土地的用途自古以来就没有改变。如今农村人口的减少必须以 19 世纪末和 20 世纪初人口数量空前飙升为背景，以便与蒸汽机、骡马、风车和帆船为基础的技术变革与早期的全球化相吻合。

此外，地中海的非洲和亚洲大部分地区仍处于变革的早期阶段，人口仍在增加，耕作仍在被推至极限。

气候与气候史

地中海的气候难以预测。任何一个季节的降雨量都可能超过平均降雨量的两倍或不到平均降雨量的一半。一些山脉，比如法国南部的埃古阿勒峰（Mont-Aigoual），特别容易洪水泛滥，两天的降雨量可以达到半年的平均降雨量甚至更多。

地中海的气候是沙尘暴型。沙尘从撒哈拉沙漠被吹到高空的大气中。在克里特岛，沙尘几乎每年都以红雨的形式浇灌下来，

天气往往很冷。意大利北部的冬天可能和法国或德国一样冷。该图是1月中旬在佛罗伦萨的阿曼那提（Ammanati）的海神喷泉。（*35*）

西班牙东南部阿尔梅里亚附近的半沙漠地区是由于降雨量少、岩石不能保持水分形成的。尽管这种地区不适合人类居住，但其地质地貌却能赋予它们一种令人难以忘怀的奇特之美。（*36–37*）

其数量之大好似往地上倾倒泥土。

然而，目前的这种气候似乎只有几千年的历史。一部分证据来自花粉记录（见后文），也来自阿尔卑斯高山冰川和非洲的平行变化。在全新世的前半段，从植被来看，季节性变化不大，也不太干旱。在公元前4800年到公元前2400年之间，发生了一种变故，被称为环境旱化。现在的气候更加干燥，季节性更强。

洪水集中在特定的历史时期，如小冰河期的高峰期：14世纪早期、16世纪晚期、17世纪晚期和19世纪早期。依据历史记录以及不稳定天气留下的沉积物可知，这一时期气候的不稳定是很明显的。气候早期的不稳定与洪水的证据越来越多，例如大约公元前1600年和公元700年的两次。在最近的180年里有着大量用仪器做的气象测量，看来现在（就像罗马时期一样）是一个天气异常稳定的时期。

水道通常只在雨季有水流动。在干燥区，水道可能只流几天水，或者不是每年都有水。常年性河流的水要么来自外地水源［如罗讷河（Rhône）］，要么来自泉水。近年来，由于灌溉的增加和水坝的兴建，许多河流和泉水

柏树是克里特岛最具特色的树木，尤其是白山周围（上图，*38*）。它几乎不需要任何土壤，可以在岩石的缝隙中自由地生长。许多树被风吹得变了形，但在有遮蔽的地方，它们可以长到 35 米的高度。它们也可以活得很长久，有些标本超过了 1 000 年。

意大利郁郁葱葱的山谷与周围单调而荒凉的山脉形成了鲜明的对照。这幅风景是在托斯卡纳（Tuscany）的阿普安阿尔卑斯山（Apuan Alps），它在位于海边的马萨（Massa）和加尔法尼亚纳新堡（Castelnuovo di Garfagnano）之间。（*38–39*）

都干涸了。有证据表明，在小冰河期，常年有水的河流更多。

山脉、地震与沙漠

地中海是一个地质活动非常活跃的区域，是欧洲和非洲地壳板块碰撞、产生褶皱和分裂的区域。阿尔卑斯造山带从摩洛哥穿过比利牛斯山脉和阿尔卑斯山脉，直达土耳其乃至更远；它的涟漪形成了西班牙、意大利和希腊的各条山脉、西西里的火山和爱

地中海通往更广阔的海洋世界的唯一出口是直布罗陀海峡。这个海峡极其古老（至少存在了 500 万年），没有它地中海早已经干涸。来自大西洋的水流补偿了地中海的蒸发。在这幅图中，从对面非洲海岸的阿乔山（Mount Hacho，Ceuta）的海格立斯之柱，可以看到直布罗陀海角。（*40–41*）

根据地质标准，海岸线的变化相当频繁。目前，在大多数地方，大海正在后退。偶尔会由于地震或火山，出现剧烈的运动。仅仅在1 500年前，整个克里特岛都在移动，西半部在上升，东半部在下沉。这幅图（上图，*41*）是从埃兹（Eze）向费拉角（Cap Ferrat）眺望，显示了法国南部错综复杂的海岸线。

琴海的岛弧。地中海本身就是第三纪时期（约 7 000 万年前）更为广阔的海洋的遗迹。

地面的上升（与局部的凹陷）导致了该地区大部分地段的地震。地壳的变动是地中海景观受侵蚀（风蚀除外）的最终驱动因素。

地中海的地质结构多变，大部分是石灰岩。种类繁多的石灰岩形成了令人惊奇的多样景观。广袤的土地，特别是在低海拔地区，到处覆盖着造山早期阶段被大自然侵蚀而滚落下来的石块与沙土。古生代火成岩和变质岩只分布在未受第三纪影响的地区，如西班牙、撒丁岛、利比亚和埃及的内陆地区。

地中海地区的土壤是由地下岩石（或已消失的上覆岩石）风化形成的，部分是由水流或风暴从其他地方带来的，例如火山灰与来自撒哈拉沙漠的沙尘。冰川沉积物则微不足道。

形成土壤的物质由于侵蚀过程和近期的老化而四处移动，并积累在一些地区，使那里的耕种成为可能。

植被特别依赖于水分、降雨、土壤和基岩的持水能力以及根系穿透土壤或基岩的能力。最近的研究表明，这种渗透能力特别重要，正如最近推平软石灰岩并在风化后的基岩中种植葡萄和其他作物的做法所显示的那样。

地中海有几片奇特而美丽的小沙漠。有些位于降雨量非常少的地区，如西班牙东南部和克里特岛东南部。有些沙漠位于当地岩石无法保存水分之处，比如克里特岛西部的高山沙漠。其他则是由根系渗透差决定的。坚硬的大型石灰石，没有岩石槽或岩石凹陷来保存土壤，也没有树木扎根的裂缝，有时形成明亮的白色或粉红色沙漠景观；坚硬而紧凑的砾石也是如此。即使是柔软的石灰岩，如克里特岛中部的泥灰岩，如果根系不能扎进去，也难以生长出植物。

一些石灰岩形成喀斯特地貌，当雨水渗透并溶解石灰岩时，裂缝和天坑逐渐扩大。喀斯特地貌往往植被茂盛，可耕种的土壤堆积在洞穴和天坑中。喀斯特洞穴是重要的史前遗址。

崎岖不毛的地区（Badlands）是填满了该地域的一片片沟壑相互交错后留下的尖锐的锯齿状山脊。这是某些类型的沉积物经水蚀作用后造成的，特别是在造山早期形成的沉积物，后来由于山地的进一步升高而倾斜到不再稳定的角度。沟壑也可能被河流切开，断了源头，冲进一个充满泥沙的盆地。这些非凡而美丽的景观与史前的、古代的和现代的人类居民有着独特的互动关系。

海岸线的变化

地中海与大西洋相通至少有 500 万年了。大西洋海水的注入补充了地中海的蒸发与河水注入之差。与黑海的连通始于全新世早期的一次陆地的断裂。

地中海的轮廓取决于世界海洋的总水位，在最后一次冰川时期，海平面比现在低 100 米。而在大约 7 400 年前，海平面上升到现在的水平。从那时起，对土地的侵蚀产生了沉积物，这些沉积物填入了海湾，在河口形成了三角洲。海岸线还没有完全适应海平面的突然上升。历史上发生了很多变化，比如土耳其海岸的古港口淤塞，埃布罗三角洲（Ebro delta）只在海平面上露了点儿头。这些局部变化取决于上游沉积物的可侵蚀性、沉积物的后续数量，以及当地是否有荒地存在。

海岸线也直接受到局部构造升高或沉降的影响。在公元 6 世纪，克里特岛的西部突然上升了约 9 米，该岛的东部已下降。尼罗河、罗讷河和波河等大河的三角洲往往会因自身的重量而下沉。通常三角洲的沉降、沉积物的输入和局部构造之间有一个很好的平衡。一个著名的例子是希腊古战场的遗址温泉关（Thermopylae）。在这些因素的相互作用下，其古代的地貌今日已经发生了巨大的变化。

在 20 世纪，地中海沿岸的多数区段已经后退，这归因于在河流上筑坝之风气的流行。过去填充三角洲并加固柔软海底的泥沙，现在却填塞了大坝。三角洲的出现离现在并不远，但是在不久的将来可能会消失。

植　被

地中海地区有非常丰富的植被。虽然这些地区经历了更新世冰期周边地域的影响，但从未被冰覆盖到足以消灭所有植物。小的、高的、孤立的山脉和多山的岛屿促进了新物种的进化，因此许多特有的植物被限制在某一个特定的地区、岛屿、山脉或悬崖上。克里特岛上大约 1/8 的植物群是克里特岛全岛或岛上某些地段所特有的。

在这里，做简单的概括是不现实的。植被并不完全相同，更谈不上仅仅是环境的一部分。任何研究地中海植被的人都必须先了解十几种常见树种和几十种灌木的生存习性，以及它们对人类不同活动的反应。

地中海植物很难适应这片区域内仅存续了 5 000 多年的气候环境。只有少数植物如大戟科植物，有在夏天落叶的特点。典型的地中海树木被认为是常绿植物，它们的绿叶期能持续一年多一点（或不到一年，如软木橡树）。然而，许多植物在冬天落叶，在干燥的夏天生长，这可能是它们的祖先在另类的季节性气候下的遗产。

正如在其他气候条件下，不同的植物对（野生动物或家畜）啃食与砍伐有不同的反应。松树被砍伐而倒地，必死无疑，而大多数橡树被伐倒后会重新抽芽。山羊喜欢白蜡树，也吃橡树。除此之外，山羊会先吃别的树，最后才会吃味道浓烈的柏树和鼠尾草。一些植物通过棘刺、强烈的味道、毒素和令人作呕的绒毛来保护自己。这些适应能力需要数万年的进化，可能是对鹿、大象等动物的反应，而不是对家畜的反应。

地中海的许多同一种属的树木因生长环境不同而生成不同形

山羊是植被的天敌——显然在迈锡尼时代也是如此，正如公元前1400 年的酒杯所示。它们喜欢橡树和白蜡树，这些植物只能延伸其树枝使羊群无法触及其主干，以躲过劫难。（*42a*）

态。例如，壳斗科栎属橡树（Quercus coccifera）可能长成高大的橡树，也可以是几厘米高的灌木，这取决于它被砍伐、啃食或燃烧的程度。如果环境改变，它可以从矮灌木长成大树。

火灾在地中海生态系统中非常重要。火带来的是一种适应，而不是一种灾祸。树木和其他植物会燃烧是因为它们自身产生促燃化学物质。大多数可燃树木都以各种不同的方式来抵抗火灾或在火灾后复生。阿勒颇松（Aleppo pine，或地中海白松）非常易

1428 年，受任勃艮第公爵（Duke of Burgundy）外交使节的扬·凡·艾克（Jan van Eyck）访问葡萄牙时，地中海地区繁茂的植被给他留下了深刻的印象。在根特祭坛的一个镶板的背景中，他生动地描述了这些异国植物，与他在荷兰司空见惯的植物大不相同。(*43*)

火不一定彻底烧毁一棵树。树的生存方式不甚相同。有些树比如阿勒颇松树，虽然被大火烧死，但它们的种子会受到刺激而发芽。多刺的橡树烧焦之后，根部会长出新芽。下图为火灾在普罗旺斯（Provence）造成的损失。（*42b*）

燃，经历一场大火就会被烧死，但松塔中的种子可能会受到刺激而发芽。软木橡树本身可燃性不高，但生长在易燃的灌木丛中，它的耐热树皮能抵御火灾。

森林由密集生长的林木构成，地中海地区的森林主要集中于山区。其他类型的野生植被包括：

马奎斯或马基亚群落（Maquis 或 macchia）①，已经退化为灌木种群。其中典型的是常绿植物，如刺橡树之类，但落叶树种也时

① 马基亚群落（macchia）或马奎斯地貌，是一类混杂岩蔷薇（Cistus）、乳香黄连木（lentisco）、桃金娘、霸王树和矮橡树等灌丛的草地。因本节涉及植物学名词较多，为避免误解，译名基本取音译，括号中加以适当注释。

常出现在这类植被中。

福丽亚纳［常绿矮灌木（Phrygana 或 garrigue），但这个词也用于指低矮状态的马基亚群落］是由灌木、木本植物组成的植被。这类树木通常寿命短，不能成材，如岩蔷薇类和唇形科（Labiatae）种群，但是这类植被给地中海风景赋予了色彩和香气。

草场（Steppe）即草本（非木本）植物的植被，包括草、球茎和块茎植物以及许多类似蒲公英的植物。

稀树草原（Savanna，或称热带草原，抑或 pseudo-savanna

地中海群岛的野花，尤其是克里特岛和罗得岛的野花以其品种繁多、美艳绝伦而著称于世。在罗得岛南部，这样的景观被称为福丽亚纳植被，包括一些灌木和植物，如岩蔷薇类和唇形科，它们在 4 月开花，可达到如此壮观的效果。早在公元前 4 世纪，希腊人就注意到了乔木和灌木的区别。(*44*)

在西班牙的埃斯特雷马杜拉（Estremadura），这种混合了小树和花卉的类稀树草原被称为德埃萨。（45）

即类热带草原）指一些乔木夹杂于福丽亚纳（即常绿矮灌木）或草场间，如葡萄牙的蒙塔多（montado）或西班牙的德埃萨（dehesa，牧场）。

大多数的牧场多位于马奎斯灌木带和大草原，特别是供放牧绵羊和山羊的草场。蜂蜜主要产自福丽亚纳。

这些类型的植被有时会形成相互独立的植被带，但通常会有散落的小面积的马奎斯灌木带、福丽亚纳和德埃萨地貌交错组成镶嵌画似的图景，是依据土壤的湿度和根系的穿透力而自然组合的。在地中海区域同在其他地域一样，在一些树木稀少之处，树木会扎根于岩石上，而另一些植物则植根于土壤中，一些树木也会植根于滚落的碎石周围。灌木和乔木一样，往往占据着岩石突起之处或是可以掩盖古老遗迹的地方，它们的根穿透裂缝而生。

小灌木扎根浅，较少受约束。草原的优势则是土壤丰厚。

稀树草原和马奎斯灌木带有的是自然形成的，有的是人力促成的，相互之间很难区分。在气候较湿润的地区，树木成林，一棵正常大小的树能从其正下方的地下获得足够的水分。在没有足够水分的地方，树木可以长得低矮，到灌木（马奎斯地貌）的高度。或者树可以长得间距很宽大，根向外伸展，吸收树之间和树身上流下的雨水（稀树草原），获得足够的水分。在更不适宜植物生长的地方，甚至连灌木也不见了。

来自北欧或受北欧和中欧思维习惯影响的历史学家倾向于将地中海陆上区域视为“退化的”风景地貌。（于是这种论点认为）原始植被应该是连绵不断的森林，也可以说是“奇妙的森林”。目前“典型的”地中海野生植被，如马奎斯灌木带、福丽亚纳、无树草原和稀树草原的形成，传统上被解释为是从伐木、放牧和燃烧等导致不同程度退化之后的森林衍生出来的。这些变化大部分应该是近期才发生的。学者们声称，退化是渐进的，多少是不可逆转的。从新石器时代到铁器时代，连续的人类文化所造成的变化，经过几个世纪的累积，形成了今天“破败不堪”的景观。

这个理论大体上是站不住脚的。退化很难作为一种历史事件来确定。作为一种记录，很少有证据表明现在的福丽亚纳灌木区曾经是马奎斯灌木带，或者马奎斯地区在历史早期曾是森林。当然，人类大量砍伐树木的历史确有记录，但如果不了解树木的再生情况，就不可能说这就构成了森林砍伐的恶果。罗马帝国人口稠密，使用燃料和工业活动多，其消耗木材的规模可能前所未有。但不知道罗马帝国结束时其地中海的林地是否大于或小于其建立时的规模。

事实上，地中海的植被变化是有弹性的。如果放牧、燃烧或伐木停止，马奎斯灌木带和稀树草原就会转变为森林。灌木长成大树，新树就会填补稀树草原的空白，达到气候所允许的新极限。灌木经常被遮蔽，而无树草原仍然是草原。废弃的种植区会变成福丽亚纳灌丛或森林，新树往往已经出现在阶梯式错落地段的灌木丛中。这些变化的速度至少和温带气候变换的速度一样快，它们带来了进一步的后果。撂荒地的树和小灌木，尤其是松树和岩蔷薇类，大多具有很强的促火作用。20世纪末火灾的增加大部分是由于某些地段易于着火（也可能是由于人们更为谨慎地报告火情）。不再以放牧或种植为主的地段往往需要警惕火灾。现代林业鼓励这种转变，因为林业人员讨厌山羊，更喜欢种植松树和桉树。

动 物

地中海周边陆地的原生哺乳动物与邻近的欧亚大陆和非洲大陆的哺乳动物没有太大的差异，它们可能是由于人类活动而逐渐地且不均衡地减少的。欧洲和亚洲的大象在旧石器时代几乎消失殆尽。狮子在希腊存活到古典时期，在阿尔及利亚存活到现代。熊仍然在一些偏远的地方出没，并不是所有的本地哺乳动物都消失了。令人惊讶的是，野猪是一种爱水的动物，可是在西班牙非常干燥的地区和意大利也有大量的野猪，但希腊却没有。豺在希腊至今仍然存在，并且在阿索斯山（修道士的公共社区）有很多。最重要的外来物种是因传播鼠疫给人类带来了致命后果的黑鼠，它在罗马时期来自印度。

所有主要的家畜似乎都不是在地中海驯化的，并且从新石器时代开始取代了大多数大型的本地食草动物。最后到达地中海的是家猫。牛曾经和绵羊、山羊一样到处都有，但在20世纪大多数干旱地区，牛的数量在减少。

岛屿的情形则不一样。多数的岛屿都有几种本地特有的哺乳

古地中海的动物和植物同样种类繁多，但现在少多了。在一幅来自北非的罗马晚期镶嵌画中可以看到野猪，这种野猪现在仍然相当多。（下图，*46a*）左图是一只来自伊特鲁里亚水杯上的螃蟹，大约是公元前525年的作品。（*46b*）

动物，它们来到岛上的时间毫无规律，或纯系偶然。一旦到达一个海岛，这些动物就会因进化而与大陆种群渐行渐远。由于某些原因，大型食肉动物未能到达岛屿，因此动物种群结构非常不平衡。例如，克里特岛有一种如小牛大小的象，一种像猪一样大的非水生河马。还有不会跑的好几种鹿（因为没有什么威胁需要它们逃命）。还有让人迷惑的啮齿动物，但没有比獾（或一只不会飞的巨大猫头鹰）更凶猛的食肉动物了，现在岛上只剩下一种老鼠和一种鼩鼱。人类来到这些海岛定居较晚，他们与当地哺乳动物共存了几个世纪之后才使其灭绝，比如塞浦路斯和撒丁岛的情形就是如此。（但在克里特岛上尚未发现早于新石器时代的人类遗址。）很可能的情况是，第一批到达这些岛屿的人发现这些海岛正处于一个现在被称为过度放牧的状态。食草动物的数量受到了食物供应的限制，而不是因捕杀而减少。

上图为公元5世纪，君士坦丁堡大皇宫的狮子。大型食肉动物在大陆上很常见，但从未到达过海岛。(*47br*)

牛和鹿出现在希腊和希腊化时期的钱币上［左Ⅰ图(*47ar*)来自马其顿(Macedon)，约公元前500年。左Ⅱ图(*47ar*)来自以弗所(Ephesus)，约公元前300年］。鹿是阿尔忒弥斯(Artemis)[①]的圣宠。猫头鹰是雅典的象征，出现在公元前480年—前470年的一个阿提卡红陶彩绘瓶上。(前页图，47*bl*)

---

① 阿尔忒弥斯是古希腊神话中的狩猎女神、月神、处女守护神。其神性接近于古罗马神话中的戴安娜(Diana)。

这幅镶嵌画出自公元3世纪塞浦路斯的一座别苑。画中的波莫娜（Pomona）是罗马的种植水果女神，她头上戴着一项由水果和鲜花组成的花冠。从最早的时候起，地中海的居民就用外来的物种补充他们的本地产品。小麦和大麦是从近东进口的，甘蔗、柑橘和桑葚则是从更远的地方进口的。（*48*）

耕作历史：植物的引进

在地中海的主要种植作物中，橄榄和某些豆类是原产于地中海部分地区的。小麦和大麦起源于近东，在一个非常类似地中海的环境中生长，因而在新石器时代转移到地中海并没有遇到明

橄榄原产于地中海，榨成油后有多种用途。这幅榨油图出自阿提卡黑陶瓶，上面有橄榄油压壶，一个男人爬上榨油器的横梁以增加压力。（*49a*）

早在公元前1500—前1450年，米诺斯的一位艺术家就用麦穗的形象作为陶罐外表的图饰。（*49l*）

显的困难。来源于中欧的葡萄，是最不适合地中海气候的五种作物之一。但如詹妮弗·穆迪（Jennifer Moody）所指出的，它很可能是在异地经人类驯化为家养作物的，是气候干旱化之前的植物，因此能够在克里特岛西部的山区幸存下来（现在仍然存在）。

地中海几乎从全世界各地都引进农作物，但是不包括“类地中海气候”的地区、如美国加州、智利、南非和澳大利亚等。在古代，桃子、角豆和无花果来自近东，白色桑葚来自远东，枣椰树来自非洲。在中世纪，苹果来自中欧（最初源头是中亚）。柑橘类水果、水稻、甘蔗、桑葚和棉花来自东南亚和中国。自中世纪晚期以来，意大利和西班牙的部分地区几乎和日本一样依赖稻米。在过去的150年里，茄子和加那利松树来自非洲，猕猴桃产于热带的东南亚，桉树来自澳大利亚的非“类地中海”地区。

与美洲的联系极大地影响了土地的使用，也在小范围内影响了地中海的作物品种。玉米是随着美洲新大陆的发现而出现的，烟草则稍晚一些。仙人掌果和龙舌兰18世纪才在此立足。西红柿、马铃薯、法国豆类、向日葵和美洲品种的棉花直到19世纪才被广泛接受。后来引入的还有辐射松（Pinus radiata）和鳄梨。希腊菜肴现在以美国植物为基础。

外来作物（小麦和大麦除外）几乎都不适应地中海环境，这在一定程度上解释了历史上形成的在非常肥沃的小块土地上进行密集型劳动来种植作物，而将其余的土地作为牧场，这是一种文化和习俗。这样的土地大多数都需要灌溉，这也是所有干旱地区开发智慧灌溉系统的部分原因。即使是葡萄藤也需要劳动力来挖掘、除草和剪枝以维持生长。

除了有意引进外国作物，地中海还无意间获得了许多外来作物品种。例如酢浆草（Oxalis pes caproe），这是一种覆盖了橄榄园的南非植物，能在翻地和除草的过程中茁壮生长；还有约翰逊草（Johnson grass）和石茅（Sorghum halepense），后者是灌溉果园中普遍存在的杂草之一。来自美洲的刺槐（Robinia pseudacacia）和来自中国的臭椿（Tree of Heaven 或 Ailanthus altissima）是通过长出吸根而繁殖的树木，在一个与它们原来所适应的环境截然不同的环境中，它们的生长非常容易失控。然而，地中海地区不像“类地中海地区”那样充斥着外来杂草。

农作物的病害也从其他大陆传来，特别是19世纪来自美洲的病害（马铃薯枯萎病、栗子枯萎病、根瘤蚜病以及葡萄藤的霜霉病和白粉病等）。

枣椰树对水的需求量最小，可以在其他植物无法生存的地方生长。在开罗南部的一个果园里，人们正在收集枣子，并摊开晾干。采摘的时候，它们是黄色或者红色的，在阳光下慢慢变成棕色。摊开的枣子周围有低矮的保护圈，保护它们不会被风吹跑，然后把它们装进用棕榈叶编织的篮子里。(*50–51*)

耕地和梯田

地中海的土地制度和其文化的其他方面一样多变。大多数的土地不规则，也没有其最早开发的时间。偶尔有详细的研究，揭示了几种土地划分的模式［如克里特岛的弗朗戈卡斯特洛（Frangokástello）平原］。

罗马人习惯于把所有土地划分为均等的地块（centuriation），即把土地分成边长 709 米的正方形，方向恰好是正南正北（偶尔是 45 度角）。直到现在，依这种规则划分的土地仍然覆盖着波河平原的大片地区和克罗地亚崎岖的山区。此前与之后也有类似的古板生硬的土地规划案例［如在古希腊的巴西利卡塔（Basilicata），或威尼斯人在克里特岛的拉西锡（Lassíthi）平原所行］。

另一种组织有序的土地划分模式是条田模式，可能是英国人的发明，在中世纪遍及欧洲各地。土地通常被分成 200 米 ×10 米或面积更大一些的条块，分配给不同的人，并采用集体耕作的方式。在当时的历史条件下，这种模式在撒丁岛被严格执行，直到现在仍然很普遍。这种办法以多种形式渗透到希腊，甚至克里特岛。

在 19 世纪和 20 世纪，土地“改革”再次给了负责规划的人践行程式化分割土地（通常来源于 18 世纪北欧的启蒙主义哲学）的机会。土地公有被认为是错误的，于是土地被私有化了。沼泽地被抽干，希望这样做可以预防疟疾（尽管荷兰的经验与此相反）。森林由国家接收并加以管理，如法国或德国的森林一样，视国家而定。许多现有的土地都按照罗马式的均分土地模式进行了重新划分。当当地的生态归类（特别是像热带稀树草原那样的生态环境）不符合预先设想时，传统的生态环境就被边缘化了，且当地居民也不服从这种划分。这些变化发生的程度往往取决于启蒙运动渗透到特定国家的程度。在西班牙、克里特岛和撒丁岛，前启蒙时期的实践活动的遗存多于意大利的科西嘉岛。

耕作梯田是地中海诸多景观中最有鲜明特色的，也是最鲜为人知的，它的类型多样、风格各异。例如西班牙东南部的雨水梯田，人在荒地的下游巧妙地建造起梯田来蓄水。如果洪水不大，梯田会挡住洪水将肥沃的淤泥冲走。这种梯田在普罗旺斯、利古里亚（Liguria）、马略卡、克罗地亚和克里特岛较为多见。在西班牙大部分地区［除了阿普哈拉（Alpujarra）］和撒丁岛［巴尔巴吉亚（Barbagia）除外］并不常见。

修造梯田的确切年代很难确定。它们在历史图片和文献中没有得到充分的体现。考古学的年代测定是有问题的，但一些可以确定年代的案例表明，至少在青铜时代的克里特岛和古希腊就有梯田。图片和文献证据到了 1500 年才开始出现，此后稳步增加。

当代人并不知道为什么要建造这些梯田。教科书中给出的原因是控制水土流失，那只是部分原因，但很难解释梯田和可侵蚀性之间的相关性。梯田在抗侵蚀的克里特岛很常见，而在易侵蚀的巴斯利卡塔岛却没有。另一个常见的做法是打破基岩，让植物根系得以渗透。梯田就是人们投入劳动的一个很好的例

梯田的起源早在史前就已经无从寻找了。尽管梯田具有极大的劳动密集型特点，但地中海的许多地区还是修造了梯田，目的是应对陡峭的斜坡，否则不可能从事耕作。这幅16世纪的版画是最早的梯田示意图之一。它描述的是皮德蒙特（Piedmont）的一个地区，曾经是萨沃伊公国疆土的一部分。（*52–53*）

葡萄是许多地中海国家的主要农作物，可以作为新鲜水果食用，也可以晒干制成葡萄干。用葡萄叶包裹肉和米饭，可做成葡萄叶卷饭。最重要的是，葡萄汁可以酿制成葡萄酒饮用。纵观历史，葡萄象征着大地的丰收与财富。在弗朗西斯科·德尔·科萨（Francesco del Cossa）的画作《秋》（15世纪中期）中，一个健壮的农妇巍然屹立，其姿态酷似异教徒的丰饶女神。在《圣经·民数记》中，葡萄被认为是丰裕的“应许之地”的象征。（*54a*）

该图是于1422—1430年在西班牙绘制的《阿尔巴圣经》（*Alba Bible*）中的微缩画。（*54b*）

子。没人知道投入了多少劳动，或者花了多长时间来提高土地的承载能力。在许多国家，梯田在 19 世纪后期达到发展的高峰。

法国的葡萄园可以追溯到罗马时代，也许还更早。在普罗旺斯，老树仍能长出优质的葡萄。(*55*)

聚 落

与世界其他地区一样，地中海文明的兴衰与环境的关系并不明确。时代变革方面的信息并非都来自文献。罗马时代晚期的克里特岛人口密集，文化发达，就像克里特岛的米诺斯文明一样，从文字资料中几乎无从查找，但考古调查的结果却能明显说明问题。罗马帝国时期的西班牙的宏伟建筑群在同一时期的文字记录中几乎不见踪影。

人们投入很多精力去调查并证明地中海文化因环境或生态原因繁荣或衰落，但是收效甚微。无论是什么原因导致了青铜时代克里特岛的崩溃或者是罗马帝国的衰亡，都不会是突然的干旱或

人类聚落的存在模式是由几千年前的条件决定的，而这些条件反过来又决定了现代城镇的选址。像撒丁岛这样人口稀少的偏远地区最适合与外界相对隔绝的小村庄存在［前页图（56）为奥齐耶里（Ozieri）］。另外，希腊的城镇与商业网络紧密相连。这一商业网络依赖于通向大海的通道，并且其位置有利于防御攻击。这种城镇通常坐落在岩体（卫城）的顶部，在其脚下有海港，比如雅典、科林斯或罗得岛的林多斯（Lindos）。（57）

林木资源枯竭所造成的，很可能原因也不是瘟疫。疟疾的影响到底有多大，仍然是一个悬而未决的问题。

人类的定居点可以有多种形式：在空旷的土地上建城镇（撒丁岛）、村庄（希腊）、小规模的村屯（西部克里特岛）或分散的农场（意大利部分地区）。这与文化和社会因素有关，而不是因为环境因素。这些可以随着时间的推移而改变，没有鲜明的模式。铁器时代的撒丁岛是一片点缀着小村落的土地，科西嘉岛至今依然如此。在中世纪，一些人从分散的家园搬到通常有城堡庇护的村庄（incastellamento）生活。地中海民众一般都坚持住在水源附近，不愿意花费精力取水。如果没有泉水或水井，他们就把雨水积存在蓄水池里留用。

地中海海域波涛汹涌，海岬犬牙交错，可靠的港口稀缺，这对古代航运来说风险很大。薛西斯（Xerxes，波斯王）和圣保罗（St. Paul）为此付出了代价。在古典时代，大多数海上航行在一年内有半年停止。直到中世纪晚期，船舶设计和索具的进步才降低了风险。

海盗不仅是海上的危险，也是陆上的危险。海盗在古代的多数时间里都很猖獗，直到罗马人下决心剿灭他们，海洋才得以安宁，平静了近千年。在中世纪以及后来的很长一段时间里，地中海有一半掌握在基督徒手中，另外一半在穆斯林手中。海盗开始正规化，有专用的海盗船只。海盗的职责就是掠夺其他宗教群体的船只并袭击他们的海岸。在西班牙、撒丁岛和克里特岛，人们不敢住在海边，除非那里的城镇设防。即使是这些设防的城镇也并非总能够幸免于难。直到 19 世纪，他们才冒险回到沿海平原，恢复沿海航运。

植被历史

地中海的植被历史与北欧的植被历史不同。人类活动造成的影响还不是很清楚，其往往会与气候变化重叠，难以分开。

地中海气候不利于保存花粉化石，花粉记录并不丰富。这些并不丰富的花粉记录主要来自高海拔地区或地中海的边缘地区，如希腊北部。许多重要的地中海植物——尤其是灌木——产生的花粉很少。在半干旱地区，由于花粉沉积在最潮湿的地方而造成的偏差尤其严重。没有既定的标准来区分乔木林与矮树林、马奎斯（或马基亚）地貌与稀树草原。刺橡树会产生花粉，无论它是长于森林中的、单株的，还是不足一米高的灌木。

这里很少有具有遮阴功能的地方性树木，绝大多数树木属于福丽亚纳矮灌丛。它们生长在悬崖、沙漠，甚至是超过树木生长极限的山脉上。地中海森林属于很少有特殊品种的贫瘠植物群体，因此，在进化的时间尺度上，主要的植被是非森林植被。

与最后一次冰期相对应的时期显然既寒冷又干燥。植被以草原为主，间或有零星树木。树木显然退到了有利于生长的地段。当时还没有冷到足以消灭对霜冻敏感的特有物种。特别是在克里特岛，那里的物种只能退到历史上海平面较低的地方。

最后一次冰川作用之后，重新出现了（就目前的花粉证据所示）比历史上有着更多树种的景观。至少在地中海东部，落叶乔木（尤其是橡树）数量很多，而且经常占主流地位。然而，森林并不普遍。稀树草原分布广泛，但福丽亚纳灌丛似乎比现在受到的限制多。中欧的树木，如酸橙、榛子和桦树的生长带，比现在向南延伸得更远，其中一些甚至到了克里特岛。

传统上，旧石器时代和中石器时代的人类被认为对地貌变化的影响不大，因为人类数量稀少而且不耕种土地。然而，人类可以通过改变火灾发生频率和使大象等大型哺乳动物灭绝的行为，对地貌造成比例失调的影响。

像现在这样的地貌，其变化始于新石器时代，一直持续到青铜时代（通常是公元前 6000 年到前 1000 年之间）。其部分原因是作物的养殖和饲养家畜的传播速度缓慢。例如，落叶橡树的存在可能意味着土壤肥沃，但由于种植业的竞争而遭到毁灭。现在，有了休耕的农业习惯，落叶橡树又回归了。然而，这并不是故事的全部。中欧的树木品种慢慢地不规则地从花粉记录中消失了。这些树能存活下来有个异常点，它们往往长在特别寒冷的地方，比如高海拔背阴的悬崖，这表明它们的减少不是由于人类活动。例如，如果酸橙对燃烧或伐木特别敏感（事实并非如此），那么它就应该在一般的悬崖上存活，而不是在特殊的悬崖上存活。

这表明，人类活动频繁增加的同时，在公元前 4800 年到公元前 2400 年之间，也出现过更干燥、更强烈的季节性气候变化。这一干旱化的最好记录来自希腊，希腊植被带对于这种变化的应对是向北移动了 500 千米。西班牙也发生过这种情况，北非也有相关证据。然而，意大利受到的影响较小，赤杨木等树种仍然繁茂，其生存带达到意大利的最南端。

关于地中海的水土流失一直有负面报道。传统上，水土流失被认为是人类活动特别是砍伐森林和耕种造成的恶劣后果。（我们被告知，）最初这里到处是树，而且很稳定。土壤很松散，但被林木的根固定。人类砍伐树木，然后森林消失，土地变成马奎斯灌木带或稀树草原。这些土壤要么被冲入大海，要么养分枯竭。按照这种最悲观的理论，农业最终是不可持续的，但它无法解释土壤是如何熬过最后一次冰期造成的“森林砍伐”而幸存下来的。它忽略了一个事实，即很多侵蚀并不是土壤流失。例如，在崎岖不毛的山地，沟壑切割了基岩而不是切割了土壤。

侵蚀有很多类型——如整体片状侵蚀（土壤均匀地沿着光滑的斜坡向下移动），细流侵蚀（形成临时的小水沟），沟壑侵蚀

“长命百岁的橄榄树”，莎士比亚写过这句话。在克里特岛，他可能会见到这种橄榄树。这些古树看起来更老，因为水土流失暴露了橄榄树的根，而它们的根从来长得不深。500 年树龄的橄榄树很常见，而且还有更老的。（*58*）

（沟壑侵蚀基岩），下坠与滑坡，河流的下切与侧切，风蚀，喀斯特侵蚀（雨水溶解石灰岩）与霜冻作用使岩石从悬崖上分离下来（主要发生在更新世）。其中一些侵蚀如风蚀，会受到植被影响或缺乏植被的强烈影响。其他方面如沟壑侵蚀，也受到这样的作用，但是作用不大。

世界上地壳的某些地段如此剧烈地变动、抬升，侵蚀是一种不可抗拒的自然力量。（如果没有侵蚀，就会出现嶙峋的山脉和高耸的内陆悬崖，就像在克里特岛一样。）大部分的可耕地都是由过去长时间的侵蚀积累而成。例如在河流入海口的三角洲（所有这些都是在过去 7 400 年间海平面上升后形成的）。

侵蚀与特定的地质和地貌类型大致相关，但与人类活动的多少与强弱无关。例如，不毛之地会形成特殊类型的沉积物，而这些沉积物本身就是山脉隆起早期侵蚀的产物，而且经常在不稳定的断层附近，比如在科林斯湾附近。它们与特定种类的、经常发生在森林中的植被变化没有关系。它们在雅典或罗马附近并不特别普遍，也不是频繁使用土地的最终结果。

人类的某些活动确实促成了某些类型的水土流失，尽管没有达到作者暗示的（通常都未具体说明）“从山坡上剥离土壤”的程度。这种说法往往是根据某一次水土流失事件和人类文化的某个时期之间在时间上模糊的巧合得出的，而何时发生的水土流失与人类文化已经发展到什么时期，这两个问题本身往往不能确定。重要的活动似乎是耕种，而不是砍伐森林。树木在防止土壤流失方面并没有独特的功能。在防止土壤流失的方面，起到同样作用的至少还有苔藓、地衣、卷柏属植物和其他小型植物在地表上的

克里特岛遍是峡谷，部分原因是降雨模式异常。1986年，奥利弗·拉克姆写道："当时下了一天半的雨，雨水浇透了雨伞，就好像没有雨伞存在一样。原来被尘封、多年没有水流的小河冲走了主干道的桥，一棵高大的红柳树轰然从桥面上的水流中漂下，奔向远处的大海。云层的裂缝处显现出比尼亚加拉瀑布（Niagara）高得多的水幕，直接从峡谷周围的悬崖倾泻而下。"（*59*）

覆盖。它们附在裸露的、未受其他因素影响的沉积物表面，最多只有几毫米厚。

最近的50年里，人类技术上的重大发明加速了水土的流失。带犁拖拉机、推土机和筑路以前所未有的规模破坏了地貌。水土流失确实是新技术导致的结果（尤其是低标准的道路铺设），但规模有限。考古学家在发现新的沉积物并感到惊愕之前，并没有做出努力把残存的早期沉积物记录下来。20世纪很可能作为水土流失相对稳定的时期而载入史册，很难相信，在拖拉机和推土机都起不了作用的地方，史前的耙子等工具会破坏整个地表外观。

水的侵蚀往往是长年的连续过程。一百年内最大的一次降雨比一个世纪的普通降雨所冲刷的沉积物还要多。一场大洪水淹没了稳定地貌的结构。洪水以及由此产生的沉积物可以确定年代，不仅在历史上有记录，而且通过考古发掘把被洪水埋葬的文物找到也可以知道。例如，一座中世纪教堂被洪水沉积物掩埋，要建造一个新的风格更接近后世的门廊，就得从新的土地层面进入。这里的沉积物往往是当地的泥土，但是局限于特定的历史时期，它们与小冰期的高峰关系相当密切。

了解地中海，就意味着要理解它不只是将数片咸水区联通的海域。澳大利亚历史学家约翰·普赖尔注意到，由于地中海是一个封闭的海洋，它具有几个鲜明的特征。在现代，地中海海水蒸发的速度比河流补充的速度快，这并不令人惊讶。因为我们知道河流注入海洋的水量是多么微不足道。比如西西里岛和撒丁岛的小河，还有历史悠久但流量不多的台伯河（Tiber）和阿尔诺河（Arno，此河在盛夏成为从佛罗伦萨逆流而上的涓涓细流）。确实，地中海从尼罗河的巨大水系中吸收大量的水，波河（Po）与罗讷河也有注入。在欧洲的河流中，多瑙河（Danube）和俄罗斯的河流系统起到了间接的作用，因为黑海的水来自欧洲大陆纵深处的几条大动脉。结果黑海水量过多，没有蒸发，这就产生了一股快速的水流，通过伊斯坦布尔流入爱琴海东北部。但是，即使这样也只能弥补地中海损失水量的不足二十分之一，而弥补蒸发损失的主要水源是大西洋。因此，大西洋的冷水源源不断地流入。即便如此，在某种程度上也被地中海不断损失的水抵消了。地中海海水由于蒸发作用变得更咸，因此比重也更高。所以，地中海的两端都是开放的这一事实对地中海仍然是海这一事实至关重要。事实上，在遥远的地质时代，这是一个封闭的地区，蒸发作用让地中海成为一个又深又空旷的盆地型大沙漠。在苏伊士开辟的第三条通道可能产生的影响比较有限，因为这条航道要通过运河和船闸。但它也有其他方面的影响，例如印度洋的鱼类进入了地中海东部。当然，地中海本身有相当丰富的鱼类资源，尽管水太咸减少了鱼类的数量。人类一直以金枪鱼和剑鱼为食，而甲壳类和软体动物也成为地中海大多数民族的盘中餐。

大西洋注入的海水足以阻止航海家定期驶出直布罗陀海峡，却没有能阻止北欧海盗、十字军等进入内海。在本书中，我们可以看到驶出海峡的船只技术发展得有多晚。大股洋流从直布罗陀进入，沿着非洲海岸向东，经过现在的以色列和黎巴嫩，绕过塞浦路斯，然后再绕过爱琴海、亚得里亚海和第勒尼安海（Tyrrhenian），沿着法国和西班牙海岸，回到海格立斯之柱。从航行的便利程度来讲，海洋的这些水流对船只在地中海沿岸的航

自古以来，地中海的风就一直困扰着那里的居民。罗马人将其拟人化为吹箫的女神。这是15世纪抱有同样理念的奥斯曼帝国的版本。（*60l*）从积极的方面来说，风对航行至关重要。从消极的方面来说，风可能会导致水土的流失，最终形成沙漠。乔瓦尼·贝里尼（Giovanni Bellini）的一幅画作背景中的画面生动地展示了这个过程。（*60b*）

行产生了重大影响，至少用人力划船和扬帆行船的时代是这样。事实甚至证明，利用洋流逆风航行是可能的，可迎着风变换船位抢风以缓慢前行。地中海上的风可以在春季借力来航行，从巴塞罗那和比萨之间的港口南下将货物运送到撒丁岛、西西里和利凡特香料市场；该地区的气流倾向于由西向东移动，虽然在冬季地中海西部的天气主要受北大西洋气候影响，而在夏季却受停滞在亚速尔群岛上空大西洋副热带高压的影响。冬季潮湿多风的天气将西北方的冷空气带入普罗旺斯的山谷。但是这种天气有许多"近亲"，如意大利和南斯拉夫的东北风博拉（bora）或特拉蒙塔纳（tramontana）。约翰·普赖尔指出，普罗旺斯附近的狮子湾之所以得名，是因为西北风的咆哮酷似狮子的吼叫。任何人都不应低估地中海冬季风暴带来的不悦，尽管本书的最后一章试图剖析的是一个阳光普照的大海的现代形象。不管怎么说，偶尔在撒哈拉上空形成低气压天气，并且把令人讨厌的风［意大利人称斯洛克热风（scirocco），加泰罗尼亚人称西洛科风（xaloc），而以色列、埃及人称哈木辛风（hamsin）］推向北方。

大量的撒哈拉红色沙尘可能被倾倒在地中海周围的土地上。北非海岸对海员来说更加危险，因为常见的北风有可能把他们的船只吹到地中海南部海岸的沙洲和礁石上而搁浅，但是（正如普赖尔所言）地中海北部大部分陡峭的海岸以及海湾和海滩，对航海家更具吸引力。然而，有人可能会补充说，这些海湾对寻找隐藏赃物的海盗来说也是一个永远不会拒绝的诱惑。

然而，总的印象是，经过从西到东的航道参加著名的利凡特贸易，对于在春天出发沿地中海北岸经过西西里岛、克里特岛并绕

水的存在是地中海历史的关键。克里特岛上有时水太多，其他多数地区太少。罗马的工程师通过建造巨大的引水高架渠来解决这个问题［左上图为西班牙的塞戈维亚（Segovia）高架渠］。（*61a*）

在阿尔及利亚的撒哈拉沙漠地区（右上图，*61b*），水是通过地下管道输送的。在远离尼罗河的埃及，水的问题没有解决办法，耕作仅限于绿洲。（*61r*）

过塞浦路斯的船只来说更容易。如果从热那亚或马赛（Marseilles）经克里特岛直接到埃及尼罗河口，显然不是最好的选择。当然，出现汽船后另当别论。古代和中世纪航运的季节特征当然可能被夸大了。13 世纪和 14 世纪马略卡岛的证据表明，船只在地中海西部全年纵横交错往来，即使在 1 月和 2 月也几乎不错过一天。但很明显，长途航行确实更多地利用有利的风向。当然，我们不能完全肯定风向和洋流是否一直或多或少保持不变。在古典和中世纪的资料中，有足够多的参考资料表明，像来自西北的“博拉”风（Boreas），确实由来已久。然而，土地的利用已经影响了河水的流动。轻微的冷暖变化（比如一些人认为中世纪后期欧洲变冷）会影响水分的保持，从而影响树叶和树木的覆盖率。人为的干预如砍伐木材造船，即使再生相当迅速，也会导致局部变化，仍然会扰乱天气模式。堤坝——尤其是埃及上游的阿斯旺大坝——已经改变了流入地中海的水流模式，对水流和大坝后面形成的新湖泊的湿度都有影响。特别是人类，在近代历史上改变了尼罗河的季节循环，决定性地改变了埃及的经济活动，并结束了古埃及人认为是他们的神造成一年一度的洪水的认识。这本书现在就转向地中海历史的开端。

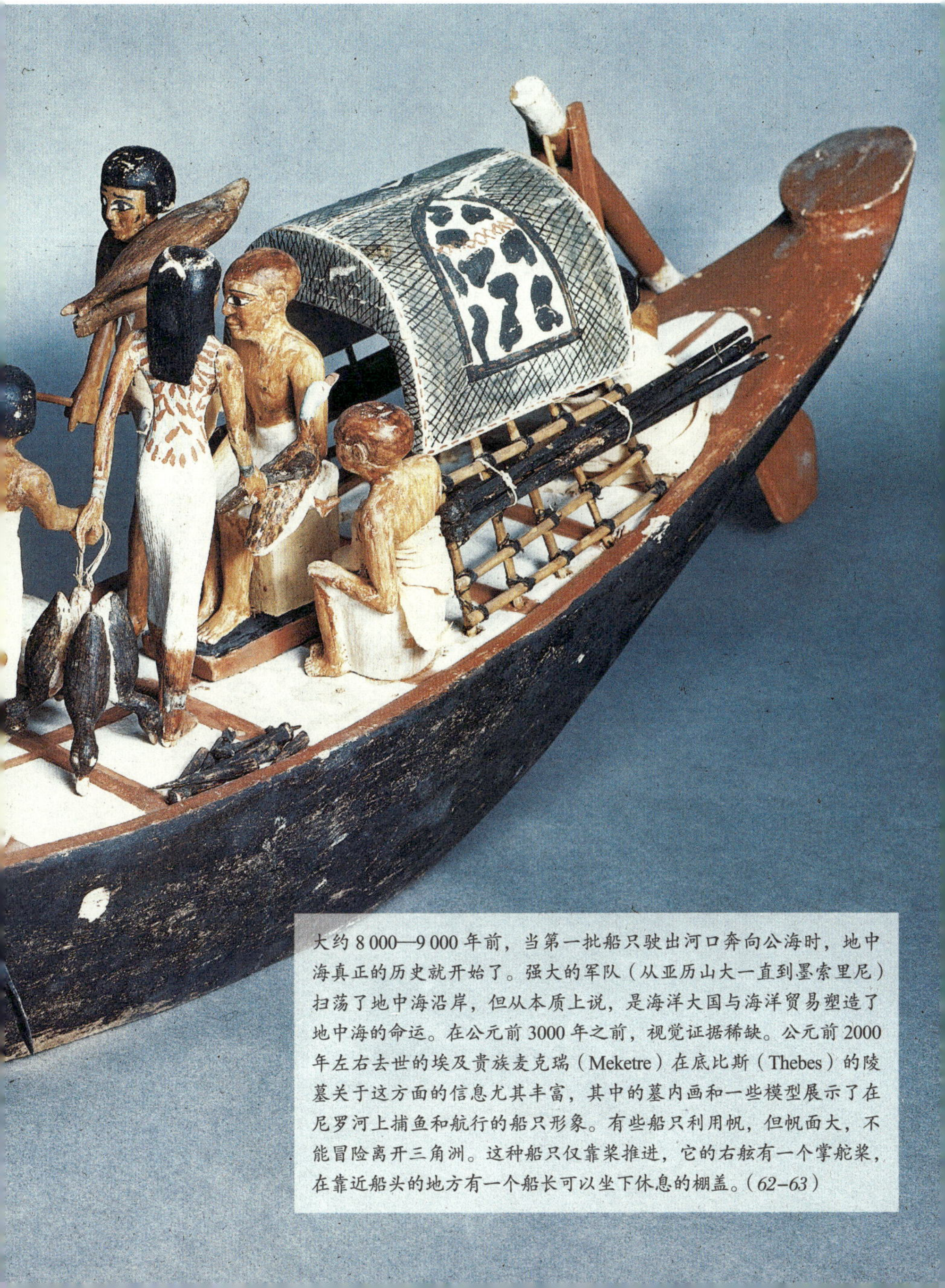

大约 8 000—9 000 年前，当第一批船只驶出河口奔向公海时，地中海真正的历史就开始了。强大的军队（从亚历山大一直到墨索里尼）扫荡了地中海沿岸，但从本质上说，是海洋大国与海洋贸易塑造了地中海的命运。在公元前 3000 年之前，视觉证据稀缺。公元前 2000 年左右去世的埃及贵族麦克瑞（Meketre）在底比斯（Thebes）的陵墓关于这方面的信息尤其丰富，其中的墓内画和一些模型展示了在尼罗河上捕鱼和航行的船只形象。有些船只利用帆，但帆面大，不能冒险离开三角洲。这种船只仅靠桨推进，它的右舷有一个掌舵桨，在靠近船头的地方有一个船长可以坐下休息的棚盖。（*62–63*）

风和洋流决定了人类在海上的活动方式，也决定了海洋里的自然生命。对古希腊人来说，风和其他自然现象一样，都是由神控制的。现在谈的是风神（Aeolus）。在公元前5世纪的一幅瓶画中，他（风神）带领着一些化身为年轻女子的风进入他的洞穴，他将把她们关在那里，等待着为了人类的福祉或困惑而释放她们的机会到来。（*64a*）

地中海盛产鱼类，庞贝古城的镶嵌画中描绘了许多鱼类品种。有些深海生物只能通过直布罗陀海峡进入内海。19世纪苏伊士运河的开通还引入了来自印度洋的新物种。（*64b*）

古代社会的图景没有留下文字记录，令人困惑，这是考古学面临的问题之一。爱琴海中部基克拉迪群岛（Cyclades）的石雕神像被视为艺术品，因为它们把人的形象缩小到人的肢体部分。上图的雕像可以追溯到公元前2500年左右。该雕像表现的是人在演奏竖琴之类的乐器。但是，这个人物是谁？是男是女？（*66*）

第二章

最早的贸易帝国[①]

史前—约公元前 1000 年

① 本章作者为圣保罗大学的马尔林·苏亚诺。

从地理上和历史上来讲，古代地中海从海格立斯之柱（即直布罗陀海峡）延伸到中东，直到“新月形沃土带”（Fertile Crescent，即底格里斯河和幼发拉底河流域）。古代世界的各类文化、贸易商品和政治活动，如同江河之水流入内海一样进入地中海。数量众多的文化、国家和年代，以及现有文献的巨大差异，迫使人们将史学研究建立在亚述学（Assyriology）、埃及学（Egyptology）、赫梯学（Hittitology）、希腊罗马史和欧洲史前史等传统中不同领域的专业知识之上，如果要理解早期地中海地区人类历史的发展，所有这些都需要同时考虑。因此，本章的目的并不是逐一地单纯介绍地中海各民族的历史，而是对其相互联系提出相应见解。因为，当我们试图理解地中海地区的历史时，会遇到一些可以形象地描述为“奇异的结”（curious knots）的知识谜团，而我们所从事的零散的历史学研究无法解开这些谜团。只有解决这些特殊问题，我们或许才能够清楚地理解我们地区的历史。

英国考古学家斯图尔特·皮戈特（Stuart Piggott）在1965年讽刺地指出，鉴于传统上强调石器时代和金属时代的观念，在过去100年里，技术因素一直是研究遥远过去的首要决定因素。因此史学家们按照技术标准构建了一个编年框架，事实上它似乎是不可逾越的。然而，克拉克（J. G. D. Clark）却使用另一种方法进行研究。1952年，克拉克提出，从人类的生存状态与经济活动等其他角度分析人类的发展会使考古研究的成效更加显著。事实上，在19世纪的法国考古学中，人们不仅试图根据人类的手工制品，而且根据他们赖以生存的大型哺乳动物的存在遗迹来对人类历史进行分类［猛犸象时代（a Mammoth Age）或驯鹿时代（a Reindeer Age）］，尽管这种观点十分模糊，但确实出现了。然而，之所以使用这种技术方法，不仅是因为这种技术方法比较实用，而且是因为它的地位不可撼动，无法改变。

克拉克继承和较好地运用了长期以来欧洲史学家重视人类生活的环境因素的传统理念，并为考察史前人类文明提出了一种新模式。正是因为他的努力，人们才明确将欧洲不同的生态环境与经济发展的历史阶段（比如从狩猎采集社会向农业社会的转变）确立为物质文化赖以存在的基础（以房屋、聚落和手工艺品为证据），以及商业网络运行的基础（包括旅行与交通）。不同的地区会有不同的经济发展模式，如某一个地区可能专注于狩猎和采集，而另一个地区则侧重于发展农业经济。同样重要的是，我们要把费尔南·布罗代尔的深刻见解与克拉克的思想相结合。尽管根据目前所掌握的知识，克拉克关于史前地中海的评论是需要修正的，但我们不能忘记他的综合方法。他想表明的观点是地中海的经验和成功只有作为一个整体来看才能理解。因此，就像本章将要讲的那样，将各种因素联系起来考察才最为重要。

远古时期

要理解地中海区域的人类与海洋的关系，不仅要考虑植被问题，还要考虑沿海和近海的经济活动，通过对环境背景的描述，去理解旧石器时代晚期在离海岸200千米处的多尔多涅（Dordogne）的洞穴里有被猎杀的海豹，以及许多其他无法解释的考古发现。为了掌握早期人类活动和人们对自然的征服，我们必须将河流和海岸线结合在一起进行研究。事实上，河流是一种天然的运输通道，罗马作家斯特拉波（Strabo）曾清楚地指出这一点。从地中海可以进入多瑙河和莱茵河（Rhine）等欧洲的大河。值得注意的是，在欧洲腹地发现了埃及和克里特岛的器具碎片。然而，正如克拉克所说，虽然河谷并非总是内陆贸易的主要渠道，但是在地中海成为东西方之间的主要纽带之前，多瑙河发挥了极其重要的作用。这一时期大约持续了25 000年，由距今35 000 / 30 000年到10 000 / 8 000年之间。

如此长久而复杂的人类历史不能以三言两语来简单概括，认为在这漫长的历史时期内缺少文化变革也是错误的。即便如此，人们还是在以色列的考古遗址发现了一种与地中海西部非常相似的石器时代文化。具体地说，这些文化是在西班牙、法国和意大利北部的石灰岩洞穴遗址中发现的。加利利头骨（The Galilee Skull）和在卡梅尔（Carmel）山发现的骨骼与欧洲尼安德特人

（Neanderthal）的骨骼非常相似。人们在西部“直布罗陀岩”上亦发现他们的骨骼［事实上，人们在直布罗陀首先发现的骨骼，被称为“尼安德特人骨骸”（Neanderthal bones），却并没有强调它是“直布罗陀女人”（Gibraltar Woman）］。在很大程度上，尼安德特人源自冰河时代，是能够很好地适应旧石器时代晚期欧洲严酷气候的原始人类。但是与那些以和平方式或其他方式取代尼安德特人的现代人类相比较，他们表现出的创造力要差一些。他们也是法国南部拉斯科（Lascaux）洞穴壁画、西班牙北部阿尔塔米拉（Altamira）洞穴壁画和其他许多洞穴壁画的作者。现在已经知道这些人是如何迁徙到意大利、西班牙和希腊的，但是这些民族使用的语言，以及民族分化的过程仍然是一个谜。遗传学家卡瓦利－斯福扎（Cavalli-Sforza）认为，巴斯克（Basque）语言是早在旧石器时代晚期欧洲大部分地区人们使用的语言的残

最古老的壁画是法国中部和西班牙的洞穴壁画，可以追溯到2万或3万年以前。我们可以从画作上了解到居民与身边动物的关系，但除此之外，一切都是猜测。如我们所知，这些艺术家属于现代人类——智人（homo sapiens）。（*68*）

余，这当然是有可能的。

尽管当时的利凡特还没有受到埃及和美索不达米亚的深刻影响，但此地仍需特别关注。自有史料记载以来，埃及文明和美索不达米亚文明就已影响到利凡特。人们认为，公元前 11 世纪末到公元前 10 世纪初此地就是最早培育植物的地方。利凡特和安纳托利亚一起成为人口密集的定居点，即最早的城市。耶利哥（Jericho）有令人印象深刻的新石器时代建筑群，打磨过的墙体与地面，还有木制立柱的门廊。尽管在最后 7 层（一共 17 层）发现了铜制器具，但并没有发现陶器。耶利哥的燧石（flint）和铜器都适于农业实践活动。人们开始对有关于农业和陶器生产之关系的早期假设产生怀疑。事实上，“新石器时代革命”（Neolithic Revolution）[①]经历了数千年的发展，通常被视为培育谷物和驯养动物的整个时期，自旧石器时代一直延续到其高度发展（根据目前所掌握的数据所断定）的时期，即公元前 10000 年到公元前 7000 年出现南亚的农耕村落的时期。相关的研究不断产生惊人的突破，自扎格罗斯（Zagros）到安纳托利亚中部，自“肥沃的新月地带”到利凡特地区的诸多研究数据还在持续更新中，尤其是在利凡特和安纳托利亚地区，近期在英、美和土耳其三国团队的共同努力下，一处被称为加泰土丘（Catal Huyuk）的重要挖掘点已见天日。

关于新石器时代人们开发利用地中海的文献并不多。当时，人们出海探险主要是为了弥补陆地干旱期间的歉收和狩猎不足。

① 传统上史学界也称之为“农业革命”。

除了其他资源，人们还开发了营养丰富的金枪鱼资源。虽然这种鱼很难捕捉，但在黑海地区和地中海有丰富的资源。尽管我们对地中海人的航行工具一无所知，但一些学者猜测他们可能使用类似苇草筏（papirella）的东西，或者用吹胀的皮囊做的漂浮筏子。在科孚岛附近，人们也发现了苇草筏。1988 年，一艘从劳里昂（Laurion）驶往米洛斯的苇草筏上乘坐 5 人。尼罗河上的苇草筏直到 20 世纪才为人所知。独木舟作为一个世界性的、永恒的解决方案，遥遥领先地排在历史悠久的航海技术工艺之首。有趣的是，“捆绑在一起”这个术语就是埃及造船词汇中最常用的术语。

因此，我们的注意力被吸引到环境、木材和金属等材料，以

直到近代，尼罗河和希腊岛屿上的居民还在使用芦苇筏（Reed Rafts）。人们发现了古埃及将苇草捆制成船的相关描述与图片。在这幅从乌赫霍特普（Ukh-hotep）墓葬发掘出来（公元前20世纪）的浮雕中，一个男人在用力捆绑苇草，“捆绑在一起”通常是在古代描述中出现的习语。（*69*）

及工具和捆绑技术上，特别是金属铆钉、楔木和钉子。正如著名的马克思主义考古学家戈登·柴尔德（Gordon Childe）所说，斧头和凿子造就了真正意义上的船。因此，土地和海洋资源被人类真正地联系在一起，并成为征服地中海世界的必要条件。

青铜时代

青铜时代是人类历史上最令人震惊的时期之一，东地中海是这一时代的中心。然而，谈到青铜时代，我们必须清楚的是，它并没有一个明确的起始年代。中欧的青铜时代可以追溯到公元前 14 世纪到公元前 8 世纪。后来，核物理学和树木年代学（dendrochronology）方法的发展改进了这一理论。地中海年代表是将中欧的定年与爱琴海地区的定年相结合，又进一步与埃及和美索不达米亚两地的定年相结合而确立的。该年代表被称为“历史考古年代表”（historical-archaeological），确定了青铜时代介于公元前 3000 年到公元前 1200 年之间。然而，并非所有人都对现有的年代序列感到满意，人们正在使用碳 -14（Carbon 14）、树木年代学、古地磁学（archaeomagnetism）和热释光学（thermoluminescence）等方法改写地中海的年代表；但就目前而言，这些原则仍是考古学家研究的基础。尽管仍需进一步研究，但将已证实的安纳托利亚放射性碳（calibrated radiocarbon）的证据与爱琴海南部的青铜时代文化结合后，得出的结论与经典年代表及树木年代表大体一致。

不仅是利凡特地区，而且从安纳托利亚到波斯的整片区域，都在农业、贸易和财富创造中发挥着重要作用。在第三个千年期间，财富和权力开始结合，其特征不仅出现在安纳托利亚，也出现在青铜时代早期的美索不达米亚和埃及。当西部地中海和欧洲大陆正在经历新石器时代的文化发展之时，东部地中海正在形成人类古代史上最显著的、政治权力结构最平衡的特征。这个新的政治结构可以从四个角度来观察，即用简单的十字形式来粗略地展现它的四个分支，即赫梯的安纳托利亚、法老的埃及、米诺斯

并称为青铜时代四大帝国的赫梯、埃及、米诺斯和美索不达米亚的居民都服从于一个中央集权的政治体系。每个国家都由一位“大王”（Great King）统治。在古埃及，这个词译为法老。巨大的拉美西斯二世（Rameses Ⅱ）雕像是绝对权力的生动体现。（*70*）

爱琴文明（Minoan Aegean）和美索不达米亚文明，它们通常被称为“青铜时代诸帝国”（Bronze Age Empires）。

在中央集权（大王、法老）的框架下，这些统治区域将权力下放到低一个层级的国王或王公手中。这意味着大块领土被划分为小片王国，各地域性王朝隶属于更高层次的宫殿中的皇权，而皇权负责管理政治和经济活动中的共性问题。虽然这些区域之间存在着差异，而且这些差异绝不是无关紧要的，但一些相似之处却促成了一个相互协调的制度。此时东方的苏美尔文明正处在财富大量积累的阶段，其冶金业主要生产含锡量为 5% 到 10% 的青铜器具，包含工具、武器、装饰品和其他容器。后来，美索不达米亚各大帝国，包括阿卡德（Akkadian）、巴比伦和亚述帝国（Assyrian empires），都依靠远程贸易进口原材料（尤其是金属）并出口各类制成品（纺织品、青铜器、各种手工业产品等输出到埃及、叙利亚、安纳托利亚、爱琴海甚至中欧地区）。这也构成同埃及的联系，埃及极其依赖对美索不达米亚的贸易，并与叙利亚生活在法老管辖区和美索不达米亚帝国统治区域之间的地方领主保持政治上的联系。在北部，统治着自叙利亚北部到黑海之滨的安纳托利亚的赫梯人，在青铜时代特别是在其最后危机中扮演了非常重要的角色，而对这种角色的认知直到近期才展露出来。向西是爱琴海，由安纳托利亚最后的堡垒——特洛伊城守卫，该城位于爱琴海的边缘。它的历史对西方文化的发展非常重要，与地中海东部其他地区的历史有着密切的联系。考古学者已经将特洛伊从传说变成现实：一个有 9 个地质考古层级的城市，一个可以俯瞰达达尼尔海峡入口（即进入黑海和多瑙河的入海口，通往

传说中的特洛伊城统治着沿海平原和达达尼尔海峡。希沙利克（Hissarlik）土丘最符合荷马描述的地点，挖掘工程揭示了很多当时的房屋。特洛伊战争的故事很可能反映了一场真实的历史冲突。考古发现证实了大量令人惊讶的细节。现在可以清楚地看到，这座城堡当时俯瞰着平原上一个更大的城市。（*71*）

欧洲腹地的一条关键线路）的要塞。

在这些中央集权的区域性联合体（我们现在知道它们彼此间的交换关系大致平衡）的中部就是利凡特地区，那里有着叙利亚海岸的乌加里特（Ugarit）和塞浦路斯等重要公国，其中，塞浦路斯经历了埃及人和赫梯人在该岛建立霸主地位的一系列尝试，更无须提及爱琴海强大的经济活动对塞浦路斯和利凡特地区及其周边的影响了。反过来，这些较小的权力单位也在大致相同的水平上相互关联，在一个大王和一个“兄弟”大王之间、一个小的子国王和一个被视为“父亲”的大王之间、一个小国王和一个“兄弟”小王之间的“适当”关系产生了一套非常正式的法律习俗。关于这些小王之间联系的著名事例，可从稍晚一段时间出现的《圣经·列王纪》中记载的以色列国王所罗门（Solomon）和推罗（Tyre）国王希兰（Hiram）之间的关系中获悉。

赫梯文明是东地中海文明中最后一个为后人所知晓的文明。由于它从来没有出现在希腊文献中，其存在亦不见于人类历史记载中，直到19世纪末，人们发现阿马尔奈文书（Amarna Letters）后，才重新揭示了公元前2000年一个强大的安纳托利亚王国。1906年，德国人在博阿兹柯伊（Boghazköy）进行考古挖掘时，发现了赫梯的首都哈图萨斯（Hattusa）的档案。除那些石碑使用阿卡德语（Akkadian，当时的外交语言）外，其余大部分档案都使用印欧语，即现在的赫梯语书写。从那以后，我们对赫梯人和赫梯帝国的了解才开始大量增加。考古学家在哈图萨斯发掘了26座寺庙，在最近的一次发掘中又发现3 000多个皇室印章。安纳托利亚的考古工作带来的大量数据，揭示了青铜时代

赫梯人从历史的阴影中走出来的时间并不长。作为强国，他们统治小亚细亚足有上千年。他们的首都叫哈图萨斯，现在被称为博阿兹柯伊。这是一个重要城市，其宫殿和寺庙被约 6.4 千米长的城墙包围。图中的战士站在城门通道上。(*72l*) 另一个类似的门被称为狮子门，门上刻有动物，展现了亚述人的艺术。(*72r*)

东地中海各大帝国的权力平衡。

除以宫廷为基础的经济结构外，这些社会的另一个主要的共同特征，是英雄神话中反复出现同样的主题，由此我们可以看出它们之间的社会联系是多么广泛而深入。这些联系，可见于赫梯的卡基米什女王（Queen of Carchemish，她有31个儿子被放在芦苇筐里顺河而下）与埃及、以色列（摩西和苇草筐）及美索不达米亚［国王萨尔贡二世（King Sargon Ⅱ）童年的类似传说］的所有故事，甚至又以不同的版本，出现于波斯的居鲁士（Cyrus）甚至罗马的罗慕路斯（Romulus）和雷穆斯（Remus）的故事中：弃婴经常在大自然母亲的温柔（洪水、善良的野生动物）哺育下成长起来，尽管不知自己的出身，却最终因命运安排为同胞建立了自己的国家。这些故事既不是简单的巧合，也不是照搬照抄。欧罗巴（Europa）的神话中也体现了这种深厚关系的意识：欧罗巴是一位腓尼基公主，被宙斯劫持，宙斯当时以白色公牛的形象现身，把欧罗巴带到克里特岛，在那里，她生下了伟大的爱琴海国王，即海洋的最高统治者米诺斯。这个故事是流传最广的版本。欧罗巴的母亲和兄弟们去寻找她［其中有卡德摩斯（Cadmos），即后来博奥蒂人（Boeotian）的底比斯城的创建者］，但没有找到。宙斯和欧罗巴两人都没有回到利凡特地区，而是选择留在西方。最近的研究表明，寻找的方向可能正相反，欧罗巴可能是希腊北部惯用的人名，女主角可能被赋予了东方人的属性，包括她的腓尼基籍，很可能是与其父亲的名字腓尼克斯（Phoenix，意为“凤凰”）相混淆。尽管故事存在矛盾点，但欧罗巴神话为我们提供了宝贵的线索，表明人们意识到克里特岛是

欧罗巴的神话：欧罗巴是推罗国的一位公主，被宙斯劫持到克里特岛，后来成为米诺斯的母亲。尽管人们对这一神话解释不同，但它似乎能够把希腊、腓尼基和米诺斯的文化联系到一起。这个故事一直萦绕在古希腊直至后来艺术家们的脑海里，左图是公元前6世纪中叶塞利努斯（Selinus）的赫拉（Hera）神庙浮雕。（*73*）

一个重要的文化摇篮，在联系东西方问题上起着特殊作用。这一想法给人们留下了深刻的印象。

青铜时代的经济体系

这个时期我们最关心的问题是第一批商业帝国是如何形成的，特别是迈锡尼和腓尼基的贸易网络是如何形成的。因为迈锡尼人和腓尼基人是首批主宰地中海的人，因此在地中海文化形态的塑造中起着关键作用。当然，早在青铜时代之前，地中海就开始了航海活动。在希腊阿尔戈利特岛（Argolid）南部的米洛斯岛上发现的黑曜石薄片证明，早在旧石器时代（约公元前 7000 年），地中海地区就有一定的航海能力。无论如何，古代的航海在很大程度上依赖于环境。晚春与夏季的风，就像爱琴海的季风埃特西亚（Etesian）一样，使航行变得安全可靠。从克里特岛出发，5 天之内，就能横渡海洋到达对岸的埃及。《奥德赛》（*Odyssey*）第 14 卷中奥德修斯（Odysseus）清楚地说明了这一点。毫无疑问，早期无论是出于技术上的需要，还是船员的生存需要（不中断的淡水供应），沿岸航行都是首选的航行方式。因此，沿海居民点与港口是描述海上航线的关键。结合其他物质文化的发现，新石器时代与青铜时代早期遗留下来的港口和居住点遗迹，以及对距离与风的研究都表明，地中海航线的北线是从阿提卡（Attica）到安纳托利亚的线路，途经基亚（Kea）、蒂诺斯（Tinos）、米科诺斯（Mykonos）、伊卡利亚（Ikaria）和萨摩斯（Samos）各岛屿；中线从阿尔戈利特岛到安纳托利亚，途经基克拉迪斯群岛；而另一条线是途经克里特岛的南部路线，从一个岛到另一个岛跳跃穿行，最远到达罗得岛和安纳托利亚。人们认为古代地中海最常见的环形路线是从右到左，即从爱琴海到克里特岛，然后是埃及、利凡特、塞浦路斯、安纳托利亚海岸、基克拉迪斯群岛、克里特岛，再回到爱琴海。当然，还有其他区域路线（爱琴海—意大利、克里特岛—埃及、埃及—塞浦路斯、塞浦路斯—利凡特）和其他备选路线，如途经利比亚海岸的埃及—克里特岛航线。岩石码头的遗迹和沿海考古数据都表明，自青铜时代早期以来，爱琴海就一直存在海上活动，这些岛屿被当作跨越海面的桥梁，可以

通向远方。这种做法无疑会建立起小型的地方贸易网络或区域贸易网络，也起到了促进长途贸易的作用。

虽然迄今为止还没有发现任何关于爱琴海船只的实物证据，但是却有很多船只的图片。目前可知最古老的船似乎是公元前3000年纳克索斯（Naxos）的铅制长船模型，但是有些人认为它们只是独木舟，不是真正意义上的船。从希腊大陆到安纳托利亚，特别是基克拉迪斯群岛，出土的大量“陶土煎锅”（事实上其用途不明确）上也描绘了同样的图案。还有许多其他种类的长船、代表技术进步的船只以及双头船，都可以从米诺斯人的印章和陶器上的图画中辨认出来。迄今为止，还没有发现米诺斯战舰存在的证据。

爱琴海的圣托里尼岛即锡拉岛上偶然保存下来的壁画描绘了 9 种类型的船只。大约公元前 1500 年，一次火山爆发将整个城镇掩埋在火山灰下，该城直到 1967 年才被挖掘出来。其中一所房屋的壁画展现了一整支小型舰队，其中船载的一些人手持长矛。(*74–75*)

另一种形制的船出现在一个神秘的、被称为“陶土煎锅”(事实上其用途未知)的陶器图绘上，时间是公元前 3000 年后期。迄今为止，尚未发现这类船只的残骸。(*75*)

属于希腊青铜时代中叶的埃伊那岛（Aegina）的蟒蛇（pythos）残图是现存仅见的武装水手的象征物，而且，锡拉岛的微型壁画表明，从这些人手持长矛的姿态来看，他们不是海上战士，而是随时准备上岸掠夺的强盗。仅是锡拉的一幅壁画就涵盖了 9 种可在北方的严寒天气中使用的不同类型的船只。品种之多使一些学者认为这种场面是一种宗教仪式。人们认为航海者与大海以及海洋巨大的威力之间相互关联，并且具有宗教意义。此外，他们还认为这些船只是相当可靠的航海工具，这一点在公元前 18 世纪末在马里（Mari）的文字中得到了证实，该文字提到了一个迦斐托人（Caphtorite，即克里特岛人）在乌加里特港接收了一船锡。

可以说，与青铜时代的航海和航海技术相关的资料极其丰富。瓦赫斯曼（Wachsmann）通过研究，梳理并整合了这一时期的建造技术、航道、导航技术以及几次海上战争。对造船过程中出现的问题提出的各种解决办法，充分显示了这一时期地中海各民族在文化发展上的自主性。现有的数据，包括后来的书面资料，都是从米诺斯海洋帝国或制海权的角度进行研究的。从修昔底德对米诺斯国王和他的海洋帝国的评论开始，这种思想大约流行了 2 500 年；我们在优西比乌斯（Eusebius）的《编年史》（*Chronicon*）中也发现至少有 16 个其他的海权国家（罗得岛、吕底亚、塞浦路斯、腓尼基等等），在此《编年史》中，优西比乌斯在早期资料的基础上，描述了青铜时代和铁器时代对一些地中海区域实施军事与政治管理的史实。近来，人们开始重新审视制海权的概念。一部分原因是考古学角度（我们稍后将看到），另一部分原因则是一个政治大国为贸易和商业而保卫海洋的想法过于接近古代雅典的模式。并非修昔底德对早于他之前1 000年的地中海的发展有深刻了解，而是这种说法正好可以解释他所说的："米诺斯人驱逐了卡里亚人，降服了基克拉迪斯人，使自己的儿子们统治那些在新征服区建立的聚落，成为希腊水域的主宰。自然，为了确保安全转移税收，他竭尽全力打击了海盗活动。"

事实上，这些岛屿上仍然有许多米诺斯人留下的痕迹（建筑、陶器、殡葬习俗、宗教）和防御工事（米洛斯、基奥斯、埃伊纳岛），使得一些学者认为基克拉迪斯群岛是一个保护圈，守护着不设防的克里特岛。由于我们无从得知当时岛屿的统治者是谁，所以猜测这些岛屿很可能是米诺斯人的要塞，或者与之相反，岛屿上的防御工事表明它们是独立于克里特岛之外的区域。因此，我们必须要摆脱克里特岛周围水域原来是米诺斯人殖民范围的传统观点，而要采取其他的研究方法，从强调贸易的社会功能与经济功能这一视角进行研究。

远程贸易

米诺斯人在新石器时代就与邻近岛屿的居民有着贸易往来。青铜时代早期他们就与利帕里（Lipari）、西西里岛、埃及和利凡特进行贸易活动。依据贸易的性质等理论，人们开始重新审视广泛传播的"殖民地"一词的概念基础，对港口和沿海居民点加以审视。其重点不再是双方接触后表现在物资上的结果，而是它的意义所在，这种意义在新生的（当然还有外围人员）精英人群需要贵重物品时才会被意识到。因此，远至特兰西瓦尼亚（Transylvania）和多瑙河流域都发现了米诺斯人的存在。众所周知，从青铜时代早期到中期，米诺斯人出现在意大利、伊奥利亚群岛［Aeolian，即所谓的格拉西阿诺海角文化（Capo Graziano Culture）］、西西里岛［卡斯泰卢乔文化（Castelluccio Culture）］和撒丁岛上，但在其他地区米诺斯人却鲜为人知。

米诺斯文明向迈锡尼文明的过渡值得我们密切关注，因为最新考古数据表明，尽管大约在公元前1450年迈锡尼文明成为主流文化，但两种文化未曾敌对。马里碑铭（Mari tablets）与《圣经》中提到的迦斐托，即埃及人所称的克弗悌乌（Keftiu）或克弗提（Kefti），与中部安纳托利亚的赫梯、埃及、米坦尼及美索不达米亚诸王国都有贸易往来。克里特岛的克诺索斯（Knossos）和马里亚（Mallia）的伟大宫殿，以及陆地上的派洛斯（Pylos）大宫殿，无疑表明了米诺斯这个国家的巨大财富和实力。据信，公元前1470年的锡拉火山爆发在很大程度上导致了米诺斯势力的瓦解，来自希腊大陆的人，还有来自安纳托利亚西部的人，占领了这个衰落的岛屿。然而，他们占领此地的方式仍然是一个问题。从15世纪开始，一种被称为“线形文字B”（Linear B）的新书写形式的出现，促使一些学者认为大陆人确实接管了此地。从那时起，该地文明通常被称为米诺斯迈锡尼文明，不久以后，就被称为迈锡尼文明。克诺索斯的“线形文字B”刻写的碑文，如同大陆的碑文一样，是希腊语的早期形式。虽然相似，但仍然只破译出一部分内容，出现在线形文字B或线形文字A（Linear

A）之前的手迹完全可能与小亚细亚海岸所讲的语言相关，显然就是卢威语（Luwian）。最近的研究表明，线形文字A的语言与古代闪米特语有相似之处，许多词汇实际上是相同的。然而，这些证据仍然备受争议，碑铭学的证据见于著名的费斯托斯圆盘（Phaistos Disc）上刻有一段在其他地方从未见过的神秘文字。如若认定所有的克里特人源出于同一民族，使用同一种语言，则必然是错误的；例如《圣经》记载，迦斐托是非利士人（Philistines）的起源地，后来岛上出现了一些族群，比如那些说埃提奥－克里特语（Eteo-Cretan）①的人群，以及荷马《奥德赛》中所记载的皮拉斯基人（Pelasgians），他们的文化和起源似乎与其他克里特人不同。然而，从美索不达米亚北部的青铜时代的马里宫殿和青铜时代的克里特宫殿之间惊人的相似性来看，反方向的流动也可能是正确的。

迈锡尼人承续了米诺斯的贸易路线、港口、殖民地和客户，甚至侵占了与他们保持着联系的其他种族的领土。他们与东西地中海的交往性质各有不同，无疑是因为他们所接触的业务伙伴是完全不同的。一方面，于东方而言，我们曾写过东方陆地上存在着由组织化程度极高的社会呈现的结构特征相类似的社会遗迹。另一方面，意大利人、西西里人和撒丁人的社会结构完全不同，他们与迈锡尼人之间所建立起来的关系也必然大相径庭。研究深度已经超越了简单的类型学范围。我们可以看到两种不同的社会结构如何在不同的经济体系之上确立同样的物质文化基础。

① 埃提奥－克里特人，据说是克里特岛最早的原住民。

例如，出现在意大利境内迈锡尼人聚落的迈锡尼人的家庭存储设施，却并不是爱琴海族群曾有的。

迈锡尼人进入意大利时充分利用了他们非常熟悉的环境。这其中包括第勒尼安（Tyrrhenian）海岸附近的岛屿，从西西里岛北部［伊奥利亚、利帕里岛、菲利库迪岛（Filicudi）、帕纳雷阿岛（Panarea）、萨利纳岛］一直到那不勒斯湾［维瓦拉岛（Vivara）、伊斯基亚岛（Ischia）］。迈锡尼人在意大利的存在可

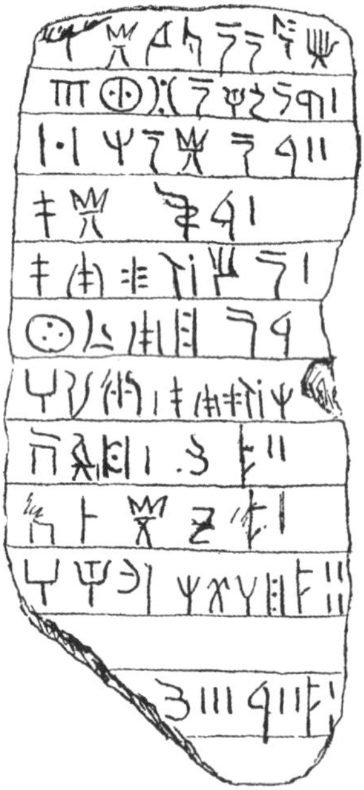

1952 年，迈克尔·文特里斯（Michael Ventris）证明这种来自克诺索斯和大陆的被称为“线形文字 B”的文字是希腊语的早期形式。至此，可以解释一部分米诺斯人和迈锡尼人的文字之谜。这块石碑（上右图，*76b*）由亚瑟·埃文斯爵士（Sir Arthur Evans）于 1900 年发现，但没有能够解读。比之更早的手稿“线形文字 A”，尽管可能与古代闪米特人语言有关联，但直到现在仍然没人能懂。费斯托斯圆盘更为神秘，人们可能永远无法破译（上左图，*76a*）。下页是典型的米诺斯克诺索斯（Minoan Knossos）大陶罐。（*77*）

我们对居住在克里特岛上的米诺斯人的生活非常了解，包括一些细节。小幅镶嵌画牌匾展现的是两到三层的私人住宅，有些似乎是半木质的。一楼没有窗户，说明是储藏室。（*78*）

以追溯到公元前15世纪末到公元前12世纪，集中在大约60个地点，其中四分之一在塔兰托（Taranto）湾和亚得里亚海南部海岸。令人称奇的是，虽然大多数学者认为寻找金属才是形成这种联系的真正原因。但意大利最优秀的冶金区，即第勒尼安海中部地区，只提供了三个聚落的证据，即米尼亚诺的鲁尼（Luni sul Mignone）、圣乔维纳尔（San Giovenale）和蒙特·罗韦洛（Monte Rovello①）；撒丁岛和卡拉布里亚的金属矿石似乎在意大利青铜时代晚期（约公元前11至公元前10世纪）之前都没有被开发。除了讨论这些证据的年代，人们还集中讨论了迈锡尼人定居的特征，大多数学者同意他们的定居是永久性的而不是暂时性的。然而，仍然有两点疑问存在，即关于他们与金属矿产区之间

① 或可译“罗维罗山”。

的距离，以及他们抵达意大利的意义。

本土精英鼓励这种联系，以获得高端商品，这种认识在以人类学为导向的考古学家当中甚为流行，如克纳普（Knapp）、马拉齐（Marazzi）和赛斯蒂耶里（Sestieri）。然而，考虑到迈锡尼制造的高端产品占比较低，而迈锡尼风格的当地产品数量巨大，此特点通常被视为那些强调迈锡尼人在意大利有永久居住地的史实依据。我倒是主张，这种贸易可能也采取了一些生产迈锡尼手工艺品的许可证形式，比如金属制造，作为使用港口的回报，以便监控沿着这些路线交易的许多物品（锡、铜、琥珀、盐、皮革、木材等），这种情况在青铜时代晚期在叙利亚海岸就已经出现，也为土耳其格里多亚角（Cape Gelidonya）失事船只的考古所证实：船上有金属加工的工具、金属废料、铸造设备（沉船时该设备正在使用）。这种可能性应该与其他商品的交换联系起来，如油、葡萄酒、香水等。无论如何，这近300年的年表需要大大改进，以便理解相关地域从业过程。事实上，我们只知道迈锡尼人在撒丁岛出现的时间晚于在意大利其他地区出现的时间，而且从公元前13世纪中期到公元前11世纪，迈锡尼人与撒丁岛的接触有所增加。建立陆上基地的理念对于从事长途贸易非常重要，应该根据这样的基地可能提供服务的贸易运行路线再度进行考察。同样重要的是，应该考虑到这样的观点，即在地中海诸多岛屿港口的停靠，不仅仅是迫于形势而必须使用港口，更是真正参与到此贸易网络中的贸易伙伴。采用理论手段研究地中海史前史的学者们的思想认识已经发生了重大变化：首先，研究贸易的旧经济模型被强调“共存”的思想取代，即“礼品-交

三个扫墓人带来贡品——两头牛和一艘船的模型，来到墓前的神像（或死者的雕像）前。此场景绘制于克里特岛南部圣特里亚达（Hagia Triada）出土的公元前2000年中期的石棺上。（*79*）

换”和“宫廷控制下的贸易”与针锋相对的“利润－商业贸易”共存；中心与外围的共存；还有栖息在其他文化边缘的“入门群体”（Gateway Communities）与“散居外域群体”的非对等交换，这些理念对于我们最终解释一些问题至关重要，也是杰出的考古专家科林·伦弗鲁（Colin Renfrew）运用伊曼纽尔·沃勒斯坦（Immanuel Wallerstein）的方法在近代早期搞“核心－外围”关系研究应用过的理念。

海 岛

在青铜时代的大环境下，地中海岛屿的作用似乎大不相同。在本节我们将专注于地中海西部的岛屿。但重要的是，要记住，在这整个时期内，撒丁岛是一个特别的文明——努拉吉文明的发生地，在它的石堡及其周围的村庄留下了证据，表明它是一个好战的、支离破碎的文明，尽管它可能也是一个富裕的文明。公元前 15 世纪到公元前 6 世纪的努拉吉时期遗留下来的大量青铜雕像，是对其金属加工成就的记录。然而，虽然西西里岛和撒丁岛显然是西地中海运输航线上的中转站，但克里特岛是其中的一个

撒丁岛的努拉吉是古代世界的谜团之一。这些锥形石制塔楼遍布全岛，数量惊人。即使在今天，至少还可以找到 6 500 座石塔的遗迹。这些石塔似乎是由独立小国组成的社会之间不断地相互攻伐的证据。另外，尤其是当他们联合在一起时，就可以共同防御腓尼基或布匿（Punic）入侵者。时代大约在公元前 1500 年。（*80*）

节点，是连接东西地中海的“门户”。它作为中心点而非边缘地区的特点，从它的宫殿结构、整个物质文化的本质，以及它在青铜时代系统网络的整体功能中的作用，都可以清楚地看出，它是青铜时代贸易系统网络的西部终端。

基克拉迪斯群岛和罗得岛无疑是克里特岛和安纳托利亚之间的桥梁。这一时期基克拉迪斯人的一个有趣特征是其活跃的经济活动（农业、冶金、银矿、贸易），把农村和城市的居民点融合到了一起。位于爱琴海重要港口锡拉的阿克罗蒂里（Akrotiri）小镇常被称为古爱琴海的庞贝城，因为它在公元前1400年左右的一次火山

努拉吉文明没有留下任何文字，但它确实制造了一些复杂的陶器和许多身段细长的青铜雕像。这些雕像向我们传达了一些社会结构方面的信息。图中这个人可能是部落首领，他穿着短上衣，披着斗篷。他佩着一把剑，拿着一根手杖，胸前挂着一把匕首。（*81*）

大爆发中被完好无损地埋在30米深的废墟下；爱琴海上的人们只有在1 000多年以后，才在希腊的提洛岛再次看到令人印象深刻的城市结构以及多层建筑。塞浦路斯的情形却大不相同。塞浦路斯距离大国埃及（距离尼罗河三角洲400千米）和赫梯（距离安纳托利亚海岸70千米）太近，距离利凡特只有95千米，它在青铜时代的中晚期是联系不同世界的一个通道。它在楔形文字和埃及象形文字的文献中显示为“阿拉希雅”（Alashiya）。我们所知道的塞浦路斯岛上居民的个性名字，显示出这里的居民与利凡特有着千丝万缕的联系，其人口组成是多元的，其中有埃及人、闪米特人、赫梯人、胡里安人等等。塞浦路斯在地中海区域贸易体系中的作用不仅在很大程度上取决于其地理位置，而且还取决于其丰富的铜矿。尽管在公元前14世纪—前13世纪，在赫梯人与埃及人争夺利凡特的战争中，塞浦路斯保持中立，但它从未真正成功地彻底摆脱赫梯人在此地的霸主地位，也没有真正成功地避免埃及人以及其他民族（如乌加里特的统治者）对该岛主权的觊觎。

至于罗得岛和多德卡尼斯群岛（Dodecanese Islands，十二群岛），还需要进行更深入的考古研究。但从岛的西北部获取的材料使得我们已经有了印象深刻的数据。青铜时代中期的特里安达聚落呈现了许多特洛伊文化元素，而到了青铜时代晚期，这个城镇占地超过12万平方米，超过了当代锡拉岛上阿克罗蒂里的一半。于克里特岛—安纳托利亚航线和东方贸易而言，特里安达都是一个重要港口。从港口附近的伊利索斯（Ialysos）发现的125座迈锡尼风格的墓室，为学者提供了公元前1400年到公元前1300年的丰富数据。相关资料如此丰富，以至于一些学者认为，此地是地中海诸岛中迈锡尼文明的主要中心之一，与公元前15世纪至公元前13世纪赫梯楔形文字中经常提到的“阿希亚瓦之地”（Land of Ahhiyawa）相关，这就是我们现在必须转向的话题。

“阿希亚瓦之地”

70多年来，学者们一直在争论这个问题：赫梯文献中的阿希亚瓦之地是否应该被认为是阿凯亚（Achaia），即阿凯亚人的土地，换句话说，是早期希腊人的土地。在几篇涉及安纳托利亚东部的赫梯文献中，提到人们背井离乡从海上前往阿希亚瓦，这是一个有严重问题的王国，不受赫梯的约束，而且根据书面文件，它还在赫梯的西部安纳托利亚属地煽动叛乱，这方面的情况我们很快就会看到。赫梯和阿希亚瓦的国王都是“大王”（High Kings），他们互相称呼对方为“我的兄弟”。由于我们所掌握的安纳托利亚西部海岸之外有另一位国王存在的唯一证据就是迈锡尼的存在，之前提到过迈锡尼似乎等同于早期希腊人。然而，当时也有可能将阿希亚瓦定位于安纳托利亚西北部的特罗德（Troad），即赫梯语中指代伊利奥斯（Ilios，即特洛伊的另一个名字）的维鲁萨（Wilusa），在前古典时代会被拼写为Wilios。这个把阿希亚瓦与特洛伊联系起来的建议并没有得到太多的支持。因为在赫梯语中，Ahhiyawa一词是指离开米拉瓦塔［Millawatha，即米利都（Miletos）］渡海去阿希亚瓦的人群。事实上，语言学研究指出，也有可能在单词Ahhiyawa中存在

Akw-a（水）一词的元素，而 Ahhiya（k）wa 这个组合词的意思是岛屿，或岛屿所在海域。因此，赫梯语中的 Ahhiyawa 很可能同时代表爱琴海人和迈锡尼人。在不贬低这种讨论的价值的前提下，我认为值得指出的是，仅从 Millawatha / Miletos（米利都）逃到海上（或乘船）这一词语本身就否定了将 Ahhiyawa 定位在安纳托利亚的一贯论点。每当发生这些逃亡时，受迫害的人都在躲避赫梯的军队，很明显，赫梯的军队占据着沿海内陆的道路。虽然我们提到过赫梯的军队是用船调运的，但一封可以追溯到公元前 13 世纪晚期的乌加里特国王写给阿拉西亚国王的信，告诉我们乌加里特的舰队就在鲁卡（Lukka）①的海岸外，显然是听任赫梯人的调遣，还有乌加里特的步兵和战车也听命于赫梯王，赫梯的步兵大部分是在陆上调动，所以走海路来躲避这些军队是合乎情理的。

然而，赫梯人的维鲁萨②城关系到整个特洛伊和特洛伊战争。无数的研究项目，都试图找到荷马《伊利亚特》（*Iliad*）背后那场“真实的”、历史上发生过的特洛伊战争，其中有些是很严肃的，有些只不过是简单的猜测。美国考古学家卡尔·布莱根（Carl Blegen）把安纳托利亚东北部的希沙利克土丘分为九层，确定特洛伊第七层（Troy Ⅶ）是传说中的那个城镇。从那以后，关于这个问题的讨论越来越多。一个简单的问题是：如果阿凯亚人 / 阿希亚瓦人在赫梯人的记录中确有存在，那么哪些记录有特洛伊战争的内容呢？迈克尔·伍德

---

① 为避免与今日意大利的卢卡城混淆，此处译为鲁卡，即吕西亚。

② 原文如此，似乎应该是 Wilusa（前文如此）。

（Michael Wood）在认真查阅了所有的材料和研究成果后，写了《寻找特洛伊战争》（*In Search of the Trojan War*）一书，试图回答这样的问题。我们手头有一份被称为《图特哈里年代纪》（*Annals of Tudhaliyas*）的重要文件，时间定年约为公元前1440—前1404年。在这份文件中，征服了安纳托利亚西部阿尔扎瓦的赫梯国王列出了与赫梯对抗的22个国家的名称，都和亚苏瓦（Assuwa）有关。人们相信这些国家名称是按地理上自南向北的顺序列出的，从鲁卡即吕西亚开始，越过塞哈河流域（Land of River Seha），直到最后的两个国家维鲁萨和塔瑞萨（Taruisa）。虽然维鲁萨与Wilios-Ilios和Taruisa-Truisa-Troja-Troia在语音上有联系的说法似乎是可能的，但仍有一些学者对此保持沉默。

然而，由于荷马使用了两个名字——特洛伊（Troy，通常代表城市）和伊利奥斯（通常指代这个国家），所以下面的认识并不矛盾：公元前14—前13世纪，我们现在所了解的特洛伊正处于赫梯帝国的控制之下，以至于维鲁萨在穆瓦塔里（Muwatallis）时代（公元前1296—前1272年）与赫梯签署了一个条约，其中的一些细节确实值得关注。首先，条约中提到维鲁萨国王阿拉克珊杜斯（Alaksandus），在安纳托利亚，这是一个非常罕见的名字，很明显地让人想起伊利亚特故事中的伊利奥斯王子亚历山德罗斯（Alexandros），也就是众所周知的帕里斯（Paris）。除此之外还有其他的证据，比如维鲁萨和赫梯的众神在这个条约的最后被提及，其中阿帕留纳斯（Apaliunas），可能是阿波罗［塞浦路斯人称阿庇隆（Apeilon），多利安人称阿坡隆（Apellon）］的一个更古老的拼写形式。阿波罗是荷马史诗中特洛伊城的保护神。正如伍德所说，Achaiwoi、Akkaiwoi 和 Ahhiyawa，Alaksandusa 和 Alexandros，Taruisa 和 Troia，Wilusia、Wilios 和 Ilios，可能都被细心人当作纯粹相似的名称，“但是若有四个相似点就有点太过巧合了”。

关于事件发生的具体年代，希罗多德（Herodotus）认为特洛伊战争发生在公元前 13 世纪中叶，而根据经典资料，公元前 1184 年被广泛接受为特洛伊陷落的日期。布莱根所确定的特洛伊城Ⅶ a，被大多数人认为是荷马式的特洛伊，其定年可上溯到公元前 1250 年，在赫梯语中可作为特洛伊参考材料的文字却是指布莱根的特洛伊城的第六层（Troy Ⅵ），是传说中的堡垒城镇。我们必须清楚，很可能根本就没有荷马史诗《伊利亚特》中描述的那种特洛伊战争。许多学者似乎一致认为，他的诗歌中所描述的所谓荷马社会包含了三个不同时代的元素：迈锡尼青铜时代、希腊黑暗时代和早期铁器时代。特洛伊战争的史诗需要几个世纪才能从所谓的“传统材料积累”中编纂成文，其中许多可能是受到一系列历史事件的启发，但没有一个是准确的描述。尽管如此，考虑到安纳托利亚西部考古仍处于起步阶段，仍有可能出现新的证据来确定赫梯人史料中所描述的特洛伊。目前，重要的是，有明确的证据表明阿希亚瓦人/阿凯亚人和赫梯人之间对安纳托利亚西部地区的领有权有很大的争议。事实上，《阿拉克珊杜斯条约》（Alaksandus Treaty）在签署后不久并没有阻止赫梯人对维鲁萨的进攻，这一点在上溯至公元前 13 世纪中期的玛纳帕-塔浑塔（Manapa-Tarhunta）信件和塔瓦伽拉瓦（Tawagalawa）

特洛伊的陷落在荷马史诗中没有直接的描写，尽管它确实在其他已经遗失的史诗中有所描述。但这个故事在希腊艺术品中有相应表现。一幅公元前6世纪于米科诺斯出现的大口陶瓷罐生动地描绘了特洛伊木马。从方形的侧面窗口可以看到希腊战士的脸。有些战士已经从马腹中爬了出来，另一些战士则在递出剑和盾牌。（*82*）

从维吉尔的《埃涅阿斯纪》（*Aeneid*）中，人们得知埃涅阿斯（Aeneas）从燃烧的特洛伊城中逃出。此图见于大约公元前510年瓦尔其（Vulci）的一处伊特鲁里亚人墓葬中的阿提卡黑色双耳罐，埃涅阿斯背着自己的父亲安喀塞斯（Anchises），牵着他年幼的儿子阿斯卡尼俄斯（Ascanius）的手。也许与他们从小亚细亚移民到意大利的其他传说联系在一起，这成为伊特鲁里亚人最受欢迎的故事。（*83*）

信件中都能很清楚地看见。

塔瓦伽拉瓦信件之所以特别重要，是因为它提到了赫梯和阿希亚瓦之间关于此前有关维鲁萨争端的和平解决问题。塔瓦伽拉瓦文献今天被用作证明阿希亚瓦–迈锡尼人在西亚大搞扩张与施压的主要证据，因为阿希亚瓦国王的兄弟塔瓦阿拉瓦［Tawaalawa 或 Tawakalawa，有些人将其等同于埃梯沃基里维斯（Eteowokelewes）或埃梯欧克雷斯（Eteokles）］帮助赫梯人的叛徒皮拉曼杜（Piyramandu）在赫梯控制下的西安纳托利亚附庸中煽动叛乱。哈图西里三世（Hattusili Ⅲ）显然是赫梯国王，他写了这封信给阿希亚瓦的一位不知名的国王，要求他把皮拉曼杜送回阿希亚瓦，因为皮拉曼杜原来和塔瓦阿拉瓦一起从米拉瓦塔–米利都（Millawatha-Miletos）逃到了阿希亚瓦。可以肯定的是，早在公元前 1450 年至公元前 1430 年，即所谓对马杜瓦塔起诉（Indictment of Madduwatta）的年代，安纳托利亚西部几乎可以说是一直处于交战状态。这个赫梯铭文碑记载了安纳托利亚西部一个次级国王马杜瓦塔，被阿希亚瓦人阿塔里希亚斯（Attarissiyas）逐出了自己的王国。在我们努力理解青铜时代的体制为什么崩溃的同时，除了最初提到的阿希亚瓦，还必须考虑到这场长期的权力斗争。我们不妨静下心来思考一下阿塔里希亚斯这个名字和阿伽门农的父亲阿特柔斯（Atreus）的名字之间惊人的相似之处。这种互相争斗的状态甚至在埃及也没有被人们忽视，“那里伟大的绿色（海）之上的岛屿动荡不已”。事实上，埃及的资料揭示了这一时期地中海东部文明的一个突出谜团，即

"海洋人"① 的问题。

青铜时代的危机与"海洋人"

在青铜时代的早期，尤其是中期，东地中海人民生活的特点可概括为，几乎处于永无休止的地方战争中。土地、资源与人民都陷入无休止的暴力与征服之中。从征服弱小的邻国或不甘心为奴的附属国的小规模战争，到强大王国之间（埃及与赫梯、赫梯

在青铜时代早期到中期，民族的迁移导致了地中海东部几乎持续不断的战争状态。这一点可以从现存的艺术品中得到证实。当时相当重视武器和盔甲。图中是从迈锡尼墓葬中出土的微型象牙人头，其上有一个头盔，镶满野猪牙齿，顶部的旋钮上本来可以安装一个顶饰。这样的头盔在《伊利亚特》中有描述。(*84*)

① 原文"Sea People"是指在海上活动的各类人群，不属于一个单一民族，而是属于不同地域、不同文化背景的人群，其中有海盗、海员、商人、雇佣兵、朝圣者等。以往多译为"海上民族"，不准确。徐家玲在翻译大卫·阿布拉菲亚的《伟大的海——地中海人类史》时，将其译为"海洋人"，此处取此译法。

与米坦尼、埃及与米坦尼、赫梯与巴比伦）的大规模战争，没有一个国家是安宁的。时而会出现某种程度的均衡，虽然不稳定，但能导致一些非凡王国的建立，直到今天，它们的成就仍令人敬畏和钦佩。这种均衡是通过一种严肃而专业的外交关系维持的，使用阿卡德语作为通用语，把这些国家联系起来，并形成了现在可供研究的大部分书面文件。然后，整个地中海世界在公元前 12 世纪崩溃（传统上被认为是非常突然的），导致东地中海青铜时代的结束。这就是我们在过去百年里所学到的、所接受的观念——这归功于 1900 年前后的一些最负盛名的学者，如德鲁日（de Rougé）、马斯佩罗（Maspero）、皮特里（Petrie）和麦卡利斯特（Macalister）的作品。

正是由于这些学者，我们才得以对人类历史上地中海东部的第一次大动荡做出现代的解释。这场危机的规模之大，已经与罗马帝国的灭亡相提并论。他们的推理根据是各种各样的文字记载（尤其是埃及语和赫梯语）、希腊的历史传说（特别是对荷马史诗的关注）以及肖像画的资料（主要来自埃及）。从那时起，学者们就开始选边站队，对历史上一个时期为什么突然结束的种种原因展开激烈的辩论。人们组织了许多学术论坛，提出几种可能性，进行研究和争论：是灾难、作物歉收、干旱、饥荒还是大规模移民？一个重要的观点强调，是“海洋人”压倒性的破坏能力导致了恶果，他们应对该地区青铜时代高度发达的文明的终结负有相应的责任。一旦发现了新的资料，人们就立即将它们纳入现有的理论中，或用来建立新的理论。然而，不同的翻译、不同的解释、不同的定年原则都交织在一起，使这个时期的研究成为学术上一个危险的雷区。

这些文字记录（大多以埃及象形文字和赫梯文字记载，也有线形文字 B 和阿卡德语文本，更无须说《圣经》文本了）已经提出了一个很关键的定年问题。还有一个难题就是，不同国家在和其他国家交流时往往用不同语言表述同一个地点。但经过长时期的讨论之后，下面的这些名字趋于统一，被认定为确凿无疑的，比如：Keftiu/Kaftor/Caphtor 都是指克里特岛；Kati/Kitti/Ketta 都是指赫梯；帕莱塞特（Peleset）同腓力斯人[①]；Lukki/Lukka 指吕西亚；Millawatha/Millawanta 指米利都；Alasiya /Alashiya 指塞浦路斯或者至少代表其主要城市。其他地名仍然在争论，比如我们只能挑出一些争论并不激烈的地名，如 Ahhiyawa/ Akkaywoi/ Achaeans（阿希亚瓦 / 阿凯瓦 / 阿凯亚）和争论较为激烈的 Danuna/ Danaans/Danites（丹尼特）、Teresh/ Tursha/ Tyrsenoi/Tyrrhenians/ Etruscans（伊特鲁斯亚）、Taruisa/Truisa/Troia（特罗亚）、Shekelesh/ Shekels/Siculi/ Sicilians（西西里）、Sherden/Shardana/ Sardinians（撒丁尼亚）等作为主要地名。本书并不是要对“海洋人”（自 1867 年始，德鲁日就开始使用这一术语）群体的大量史学材料进行研究，也不想在此回顾并讨论每个海洋人群及其起源或后来的命运。只要提到谢尔登（Sherden）与撒丁岛、舍客勒（Shekels）与西西里的西库里（Sicilian Siculi）、泰雷什（Teresh）与伊特鲁里亚人的联系就已经足够了。这可以追溯到这一课题研究之初，目前还没有关于这一争论的结论。荷马史诗中对海上袭击的

---

① 即《圣经》中提到的“非利士人”。

行军中的勇士。在迈锡尼（约公元前 1200 年）墓葬中发现的一个陶瓶上，一位妇女向出征的士兵们挥手告别。他们手持长矛和盾牌，身穿盔甲，头戴角盔。人们很想知道绑在矛上的小袋子里装的是什么，也许是食物，也许是酒。（*85*）

描述与埃及文献中描述的相似之处被解释为巧合，或者作为海上袭击之性质的铁证。进一步取证可以利用 DNA 测试、语言学和其他更新的研究工具。目前，我们仍然应尽我们所能，利用已知的文献和逐年增加的，特别是来自以色列、叙利亚和土耳其的新的考古资料从事相关研究。

然而，在一开始就有一些问题需要澄清，第一个问题就是“海洋人”的定义和他们来自“大绿”（Great Green）“海岛”是怎么回事。一些作者指出了这些术语的不恰当之处，他们试图把“大绿”看作庞特（Punt）附近的沼泽地而不是海洋；或者认为

“岛”是一种误译，因为埃及没有岛屿，也不会有关于海岛的词汇，但这些质疑完全可以被驳回。“大绿”就是指地中海，而埃及人此前肯定听说过岛屿一词，特别是克弗悌岛/克里特岛。但目前，根据我们的掌握，最早的关于海上雇佣兵与埃及人一起驻守在比布鲁斯（Byblos）并袭击地中海东部地区的书面资料，出现在公元前14世纪以楔形文字写就的阿玛纳信件（Amarna Letters）中。还有一座石碑，纪念法老塞提一世（Pharaoh Seti Ⅰ）在公元前1300年战胜了来自约旦河以东地区的掠夺者。这种情况对埃及来说并不新鲜。从第六王朝开始，在三角洲及其周边地区就出现过亚洲人前来掠夺或饥渴的游牧民来犯。所谓的hapiru（一些人把它与“希伯来”联系在一起，尽管它的含义很广泛）和hubshu（无地的被驱逐者）是埃及所关心的问题。而称为mariannu[①]的雇佣军，如谢尔登人/沙尔达那人，通常只在埃及军队中使用。

从埃及我们得到了三套重要的文件：（a）有关卡迭石（Qadesh）战役（公元前1274年）的铭文和图像描述，特别是来自阿布辛贝勒神庙（Temple of Abu Simbel）的资料；（b）麦伦普塔（Merneptah）统治时期（公元前1236年—前1223年），利比亚人和他们的盟友攻击埃及的记录——大卡纳克（Karnak）神庙铭文、阿特利比斯（Athribis）石碑、开罗石柱、胜利赞美诗；（c）拉美西斯三世（Rameses Ⅲ）统治时期（公元前1198—前1166年），几个族群联合起来对埃及的攻击：哈里斯

① 拉丁文，意为海上人，即sea-man。

公元前 1274 年，埃及人和赫梯人之间发生了卡迭石战役。谁赢了到现在还不清楚，但是在阿布辛贝勒和阿比多斯（Abydos）两地都有详细的描述，所以人们猜测是埃及人获胜。上图为法老拉美西斯二世的战车碾压敌人。右图为守卫者从城堡上往下扔石头。（*86–87*）

埃及的敌人出现在充满象形文字的铭文和神庙浮雕上，包括一大批不容易识别的民族。其中包括仍然神秘的“海洋人”，在“海洋人”中包括更著名的腓力斯人，在梅迪涅特哈布的这处遗址被描绘成戴着羽毛头饰的战俘。（*88*）

草纸文献（Harris Papyrus）和底比斯的梅迪涅特哈布（Medinet Habu）神庙的浮雕图像。大多数学者从这些资料中获得了关于“海洋人”的知识，尽管资料中也提到了带着马车、帐篷、妻子儿女、牲畜、陶器等“来自所有地区的北方人”[《胜利赞美诗》（*Hymn of Victory*）]。根据卡尔纳克铭文，他们是埃克韦什人、舍克勒什人、特莱斯人、图尔沙人、美什维什人、鲁卡人和谢尔登人 / 沙尔达那人，都在利比亚酋长代得（Ded）的儿子麦尔耶（Meryey）的领导下。他们被击退，麦尔耶在战斗中阵亡。梅迪涅特哈布浮雕描绘了拉美西斯三世战胜帕莱塞特人、舍克勒什人、万舍斯人（Weshesh），狄念人（Denyen）和斯卡拉人（Sikala），而哈里斯草纸文献将谢尔登人 / 沙尔达那人添加到被击败者清单之中，并指出他们分别从北方经旱路和水路到达。梅迪涅特哈布铭文是研究这些人的经典参考材料。

那些外邦在他们的岛上密谋联合。土地一度被分割、夺取。没有任何国家能够免于他们的武装攻击，从赫梯到科德［Kode，即基兹祖瓦纳（Kizzuwatna）］、卡基米什（Carchemish）、耶列斯［Yereth，即阿尔扎瓦（Arzawa）］，还有耶莱斯［Yeres，即阿拉西亚（Alashiya）］等，它们都被切割。攻击者在阿莫尔［Amor，又称阿穆鲁（Amurru）］安营扎寨。他们所到之处，人迹绝灭，一片荒野，好像那里从来没出现过人类。当火焰在他们面前升起时，他们就向埃及进发。这支军队是拼凑在一起的联合军队，有帕莱塞特人、特克人、舍克勒什人、狄念人和万舍斯人。他们的武力魔掌伸向大地的每一个角落。

这些来自埃及的史料，除了帮助我们了解关于法老的观念与相应的宣传，还向我们提出了一些有趣的问题，这些问题最终有助于我们更好地了解被称为“青铜时代末期危机”的这一时期。首先，在阿玛纳书信中提到鲁卡人攻击埃及并占领塞浦路斯的村庄。他们在卡迭石战役中与赫梯人并肩对抗埃及，但并没有与那些在梅尼普塔和拉美西斯三世时期攻击埃及的民族结盟。与此相反，谢尔登人曾在卡迭石与拉美西斯二世结盟，而后却又攻击了梅尼普塔和拉美西斯三世统治时期的埃及。这表明，至少在这

200 年里，没有明确不变的效忠。卡迭石战役的浮雕和梅迪涅特哈布的浮雕展现了海洋人群丰富的个人特征，包括发型和武器。学者们已经对他们的种族归属做出猜测。鉴于这样的史料，怎么可能将凶猛的海上入侵者的故事与背井离乡的农民及其家眷和牲畜的故事联系到一起呢？

乌加里特档案强调了海洋，提到“靠船生活的斯卡拉人/S-K-L/舍客勒人”，还提到该城市最后向阿拉希亚国王求援，因为有七艘敌船将至。传统观点认为，海洋人群的流动是公元前13世纪末迈锡尼各宫殿被摧毁的结果，这一观点至今仍被广泛接受。这些流浪的人群好战，并一直寻求新的地点去实施掠夺或定居，许多人仍然认为，这是文学作品中所述的特洛伊战争过后的状态。然而，海洋人群显然是东地中海青铜时代社会体制解体的一个非常重要的因素，而且对于形成古典世界的新的经济和政治秩序等方面甚至更为重要。导致赫梯帝国灭亡的属于自然方面的原因，很多人都把它简单地称为“大灾难”，对此人们已经进行了详尽的讨论。时至今日，只有干旱与随之而来的歉收和饥荒仍然被认为是导致赫梯帝国灭亡的重要因素，尽管这一点几乎无法解释一个将数量如此众多的强大国家联系在一起的经济体系全面崩溃的原因。

有趣的是，学者们终于开始重新思考这段历史的书写方式，然后才开始探讨这段历史可能的发生方式。这种重新考虑遵循两条平行线运行。第一条线就集中于讨论埃及资料的历史有效性；第二条线则讨论这些资料已经被现代史学应用的方式。

尽管埃及的资料仍被许多人视为主要参考内容，但其对“海

梅迪涅特哈布的城墙十分有说服力地记录了拉美西斯三世不懈的战斗与胜利。“海洋人”出现在一个精心制作的海战景观的浮雕上。海战中他们却被彻底击败了。(*89*)

洋人”记载的真实有效性一直受到强烈的质疑，理由是，拉美西斯三世想要冒名顶替，利用一个同名者的声誉，声称自己拥有类似的光荣记录。最近的研究提醒人们，使用埃及肖像资料作为历史文献是有危险的，因为实体浮雕的制作，和拿破仑在1798年入侵埃及期间把这样的浮雕用在埃及碑文上，以及后来德鲁日利用浮雕创造其所谓的“地中海各族群”(the peoples of the Mediterranean Sea)的同一身份，把这些族群笼统地视为阿凯亚人、撒丁人、伊特鲁里亚人、吕西亚人、西西里人等等，说这些征服者像汹涌的浪潮一样前赴后继地在寻找“应许之地”——这些史实，后来被弗林德斯·皮特里（Flinders Petrie）与其他人在考古发现中证实。尤其令人印象深刻的是，这些相当过时的解释模式使用的时间之久，以及一个多世纪后，替代旧模式的新解释却仍然处于起步阶段。在20世纪末的10年左右的时间里，我们看到，维多利亚时代对“海洋人”的多种诠释中，有一种解释复活了，人们看到了海洋人的创造性和其在文明史上所起到的作用。这是由发掘者盖泽尔（Gezer）提出的，他认为腓力斯人（被认为等同于帕莱塞特海洋人群体）是“曾经占领巴勒斯坦土地的唯一有文化或有艺术细胞的种族”。

根据在塞浦路斯和以色列的考古研究，杰出的学者如雷班（Raban）、玛扎尔（Mazar）、斯泰戈（Stager）、莫什（Moshe）和楚德·多森（Trude Dothan），已经“恢复了”海洋人的名誉，将他们的角色从游牧掠夺者转变为城市建设者。他们不是造成青铜时代体系崩溃的“原因”，而是崩溃世界中的刺激因素与复兴力量。海洋人在利凡特的建设性作用和他们对文明的贡献，在很大程度上基于相信琢石架构（ashlar architecture，使用方块石头）、迈锡尼Ⅲ B和Ⅲ C的商品及器具是由来自爱琴海的海洋人群帕莱塞特人或腓力斯人经由塞浦路斯运往迦南的。这一假设在《圣经》中所提到的腓力斯人文化背景中获得了支持，在这些腓力斯人当中可以发现爱琴海物质文化的痕迹。《圣经》传说的记录也认为，上帝把腓力斯人从迦斐托（克里特岛）带来，正如他把以色列人从埃及带来一样。至少，我们由此可以在这里看到令人印象深刻的证据，表明海洋人的多次入侵造成了对青铜世界的破坏。

青铜时代世界体系崩溃在地中海的连锁反应

现代学者至少在一件事上达成了共识，那就是由国家所控制的、把东地中海的大大小小的国家交织在一起的青铜时代的社会和经济体制，几乎在顷刻之间崩溃并被新的社会秩序取代，国家在更为公开的创业型经济面前隐退。大多数学者认为，这种崩溃是多种情况造成的：以王宫为基础的文明的瓦解，自然灾害，海洋人群的入侵，战争方式的变化，或以上几种情况的综合因素。恰恰相反，如果人们将这些原因解释为崩溃的产物，那么问题就必须以不同的方式来提出，然后人们就开始获得非常令人兴奋的另一套答案。其中一些人想把崩溃解释为这些社会内部因素造成的结果。但在本书里，我们将着眼于超越事件本身的解释模式，这将有助于我们描述嵌入事件的整体结构。因此，从青铜时代体系的崩溃只是因为其内部的弱点这一观点出发，我们将以批判的态度，尝试指出这种观念的弱点所在，以及它们是如何促成最终结果的。

1977 年，佩雷拉·德·卡斯特罗（Pereira de Castro）把长期掌控着以宫殿约束经济的远程贸易流动的那些宗主国的分裂，看作青铜时代体系瓦解的主要因素。这种衰败是需要时间来实现的，其触发因素之一是欧洲内地的骨灰瓮文化（Urnfield cultures）日益独立，从原来从事矿石销售的社会经济结构转变

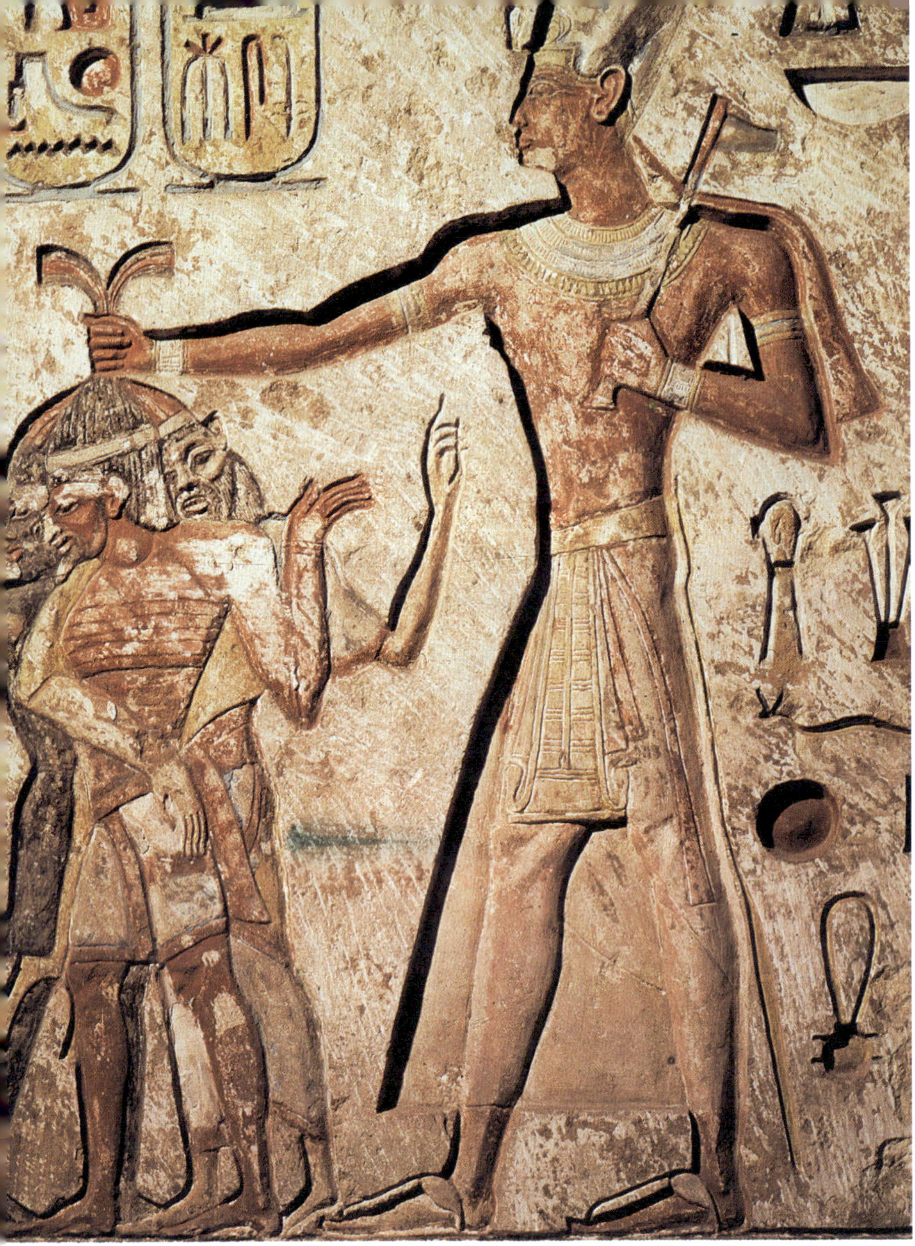

埃及政权的寿命超过了所有其他青铜时代的帝国。青铜时代世界体系的崩溃击倒了其他国家，但是埃及政权却幸存了下来。正是在这一体系的废墟中，一个新的地中海诞生了。在接下来的章节中，我们将看到腓尼基人、希腊人、伊特鲁里亚人和罗马人的崛起。上图中，法老拉美西斯二世（公元前 1279—前 1213 年）紧紧抓住他的臣民努比亚人、利比亚人和叙利亚人的头发。(*91*)

为一种从事金属生产的社会经济结构。第一个受到影响的中心应该是爱琴海，它不得不开始从近东国家进口铜和锡，以便持续发展自己的金属生产。满载着锡和铜从利凡特驶往爱琴海的“格里多亚海角”号沉船的发现，有助于佩雷拉·德·卡斯特罗把这一假说具体化。在这种情况下，西部安纳托利亚的附庸国变得难以驾驭，在阿希亚瓦人的帮助下不再对赫梯屈从如初。由于有了铁的供应，经济依赖的破裂会进一步扩大，这将使运送铜和锡的长途贸易网络过时。柴尔德相信冶铁技术时代的“民主”传播迅速，省却了青铜时代经济贸易所需的宫廷组织结构。有人不同意他的观点，认为铁器技术始于青铜时代体系崩溃之后。赫梯人垄断铁器技术的思想长期以来被证明是不合理的。铁制品早在公元前14—前13世纪就遍布东地中海。我们现在有重要的资料表明，塞浦路斯是当时铁的生产中心之一，同时，在北巴尔干地区也有公元前15世纪铁水熔化的证据。

最近来自塞浦路斯的考古数据支持了谢拉特（Sherratt）关于青铜时代结束的一个非常有趣的解释：塞浦路斯曾经使用废金属生产青铜以及实用的铁器和陶器，这些商品以低于国家控制的商业精英的水平进入贸易系统，从而成为一个使得各大帝国的经济网络失衡的颠覆性因素，并促使这些帝国最终崩溃。运作这一隐秘的颠覆性经济网络的不是别人，正是所谓的“海洋人”，他们的根基在塞浦路斯，据我们所知，这是一个没有宫殿建筑的岛屿。这样的解释可以得到阿玛纳信件的完美支持，在其中一封信中，法老向阿拉希亚国王抱怨鲁卡人和阿拉希亚人一起攻击了埃及。阿拉希亚国王回答说并非如此，因为鲁卡人在过去几年里已经相继占领了若干座阿拉希亚的城镇。

然而，尽管佩雷拉·德·卡斯特罗、谢拉特和大多数学者一样，同意海洋人来自安纳托利亚西部的理论，但他们没有解释为什么这些人会开始迁移。因此，我倒是建议仔细研究一下赫梯的历史。很明显，赫梯帝国无法从其贫乏的农业和畜牧业中获取财富。它的财富主要来自贸易，特别是中介贸易，以及不断征服的过程，从中获取新的地盘、新的臣民、新的贡品、新的劳动力、新的战士，来强势扩展现有的剥削性质的文化网络。记录主要的赫梯“大王”之生平业绩的《功绩》（*King Deeds*，即回忆录，有时由他们的继承人书写）一书自豪地描述了这种征服。他们摧毁、掠夺、放火、强行占领敌人或不安分的附庸国的领土，掠夺而来的男人、女人和孩子沦为奴隶。

在青铜时代，人是一种重要商品，这一点的证明材料有派洛斯石碑（上面有一长串来自地中海不同地区的女性奴隶名单）、赫梯的行政文件［将磨坊里的工作分配给奴隶战俘（特意蒙住他们的眼睛）］，以及荷马式的对于突袭的描述（主要战果是捉捕当地人，就像奥德修斯在埃及三角洲所做的那样）。然而，特别需要强调的是，在所有赫梯条约中都可以看到对战俘、逃犯、被驱逐者和逃亡者的关注，简直不胜枚举。此处，我想强调的是，赫梯帝国的建立与400年间的不断战争和无情镇压，造成了大量人背井离乡，居民想尽办法挣脱枷锁流亡（也许住在船上），正像乌加里特碑文讲述的那样，舍客勒人/西卡拉人在塞浦路斯尽可能远离富丽堂皇的建筑（但这些所谓的建筑在塞浦路斯却无人知晓），在不毛之地建立自己的基地，并在那里生产自己的商品，在官方贸易网络之外从事贸易活动，淡化了隶属与互惠关系，颠覆了传统的体制，并最终促成旧体系的失衡直至其被摧毁。

如果从新的视角看这个时期的历史，就可能理解当时被摧毁与放弃的各种不同模式（爱琴海的、赫梯大部的、部分叙利亚海岸的、乌加里特王国的），以及破坏和重建的地区（地中海东岸部分地区、塞浦路斯部分地区），还有那些无人问津的地区（塞浦路斯、叙利亚海岸以及南安纳托利亚部分地区）。这都可能是海洋人与这些地区之长期积怨或友好相处的结果。塞浦路斯被破坏的程度不尽相同，美索不达米亚在灾难中安然无恙，看来这

这是埃及的闪米特人战俘，处于公元前14世纪下半叶。在一体化的世界里，人口贸易比其他任何贸易都更有利可图。我们的很多研究资料，包括派洛斯石碑、赫梯行政文件以及埃及的神庙浮雕，都记述了“有价值的商品——奴隶”，奴隶男女都有。纵观历史，大量掠夺奴隶最终导致了一种新的种族融合。（*92*）

印证了这种解释。事实上，美索不达米亚没有铁矿石，要想得到它还得依靠长途贸易。因此，我们必须了解一下塞浦路斯和地中海沿岸，才能理解新铁器时代的开启，铁器是自由商人的领地，他们以泰普（Type）、比布鲁斯、西顿（Sidon）等城邦国家为其根基，也散居在小的村落和乡间聚落。这些人说乌加里特语（Ugaritian）、莫阿比特语（Moabite）、希伯来语、阿拉姆语（Aramaic）和其他闪米特方言，并开发了一种早期的书写文字，它们成为现代拼音字母的祖先。幸亏有希罗多德，他们才以腓尼基人的身份进入了历史，但他们自称迦南人（Cana'ani，Canaanites）。西方学术的传统是在荷马史诗里寻找历史，而没有看到荷马史诗只是东地中海文化的一小部分。事实上，不仅是海伦，甚至撒拉（Sarah）和胡雷（Hurray）也曾被绑架到普布尔（Pbl）国王在乌杜姆（Udum）的宫殿、埃及法老的宫殿和杰拉尔（Gerar）的宫殿（《创世纪》12:15 和 20:2）。她们三人分别被自己的丈夫墨涅拉俄斯（Menelaus）王、亚伯拉罕（Abraham）王和克列特（Kret）王救了出来。

人们总是对地中海海域竟然如此之小感到惊讶。古希腊万神殿的一个主要角色与东方神祇伊什塔尔［Ishtar，或阿什塔特（Ashtarte）、阿什朵达（Ashdoda）］有关，此即女神阿芙洛狄忒（Aphrodite），她与生育相联系，是水手和渔民的守护神。她生于塞浦路斯的一个贝壳中，嫁给了金工之神[①]赫菲斯托斯（Hephaistos），她是多面的东地中海女神，也是地中海的精神支柱。

---

① 或译为铁匠之神。

帝国变迁，第一批商人冒险航海，埃及和其他东方文化在地中海东部并最终在地中海西部传播。这些都是自希罗多德和修昔底德开始写他们的历史以来打动观察者们的主题，并在考古记录中得到了充分的反映。在荷马的著作中，记录有大量的神话和幻想故事，如迈锡尼帝国在其后期浪费国力围攻特洛伊，奥德修斯乘船漂泊横渡地中海，以及伊阿宋（Jason）在黑海历险的传说，等等。伊特鲁里亚人和罗马人的传统故事都记录了来自东方的移民，如特洛伊人埃涅阿斯取道迦太基驶往拉丁姆（Latium）的航行，这似乎也一直是伊特鲁里亚人喜欢的故事。而希罗多德提到吕底亚的王子提尔赛诺斯（Tyrsenos）带领他半数的臣民举家迁移，离开遭受饥荒的故土，结果在伊

一个新世界的象征——宙斯的女儿阿芙洛狄忒[①]从地中海的水中升起。她代表以往的一切。她是伊什塔尔，她是阿什塔特，她是阿什朵达，她是希腊的天才。她就是西方文明。(*93*)

① 严格地说，希腊美神阿芙洛狄忒不是宙斯的女儿，她是宙斯的祖父乌拉诺斯被宙斯的父亲克洛诺斯阉割时，其阳具与海水的泡沫相交融而生。从辈分上看，她是宙斯的姑姑。关于乌拉诺斯和克洛诺斯的故事，见赫西俄德《神谱》(赫西俄德.工作与时日·神谱.张竹明，蒋平，译.北京：商务印书馆，1991）相关部分。

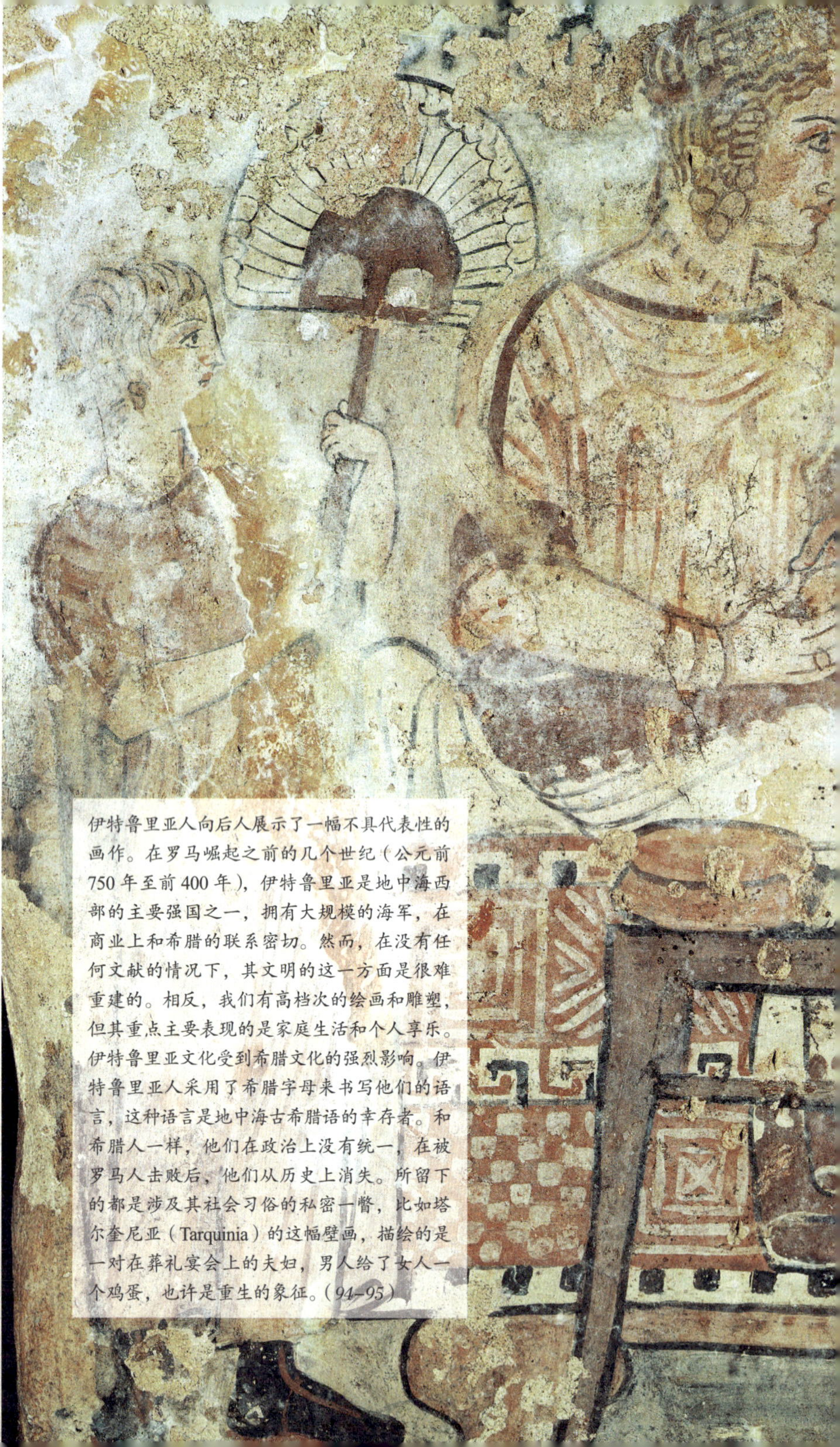

伊特鲁里亚人向后人展示了一幅不具代表性的画作。在罗马崛起之前的几个世纪（公元前750年至前400年），伊特鲁里亚是地中海西部的主要强国之一，拥有大规模的海军，在商业上和希腊的联系密切。然而，在没有任何文献的情况下，其文明的这一方面是很难重建的。相反，我们有高档次的绘画和雕塑，但其重点主要表现的是家庭生活和个人享乐。伊特鲁里亚文化受到希腊文化的强烈影响。伊特鲁里亚人采用了希腊字母来书写他们的语言，这种语言是地中海古希腊语的幸存者。和希腊人一样，他们在政治上没有统一，在被罗马人击败后，他们从历史上消失。所留下的都是涉及其社会习俗的私密一瞥，比如塔尔奎尼亚（Tarquinia）的这幅壁画，描绘的是一对在葬礼宴会上的夫妇，男人给了女人一个鸡蛋，也许是重生的象征。(*94–95*)

对早期的希腊人来说，海上航行是无视生命的冒险，充满了来自自然和超自然的危险，奥德修斯的流浪故事生动地反映了这一点。神的嫉妒导致了暴风雨来临和沉船事故，像波吕斐摩斯（Polyphemus）这样的嗜血巨人，像喀耳刻（Circe）这样的能把人变成动物的女巫，或者是用歌声引诱水手走向毁灭的塞壬（Sirens）。奥德修斯躲避了最后的危险，他把水手们的耳朵堵上，并把自己绑在桅杆上，这样他就能够抵御诱惑了。（*96*）

特鲁里亚建立了几座城市。尽管学者们长期以来一直怀疑是否所有的伊特鲁里亚人或是其中的一部分是来自东方的移民，而并非是在艺术和文化上聪明地模仿东方时尚的族群，但重要的是，人们强烈地意识到，青铜时代是随着大规模人口流动而结束的。先进文化的几个中心，如撒丁岛的努拉吉文明衰落了；长期以来作为米诺斯文明和最早的希腊文明、后来是迈锡尼文明的动力之源的克里特文明走向衰落，或是由于爱琴海的火山爆发，或是由于其内部和外部的政治和经济危机。在埃及文献中，公元前2000年后期被记录为海洋人时代。他们的名字不可思议地令人想起了地中海晚期的一些地域和族群的名称，如沙尔达那人使人联想到撒丁岛，图尔沙人和爱琴海的第勒尼安海居民或可以联系在一起，这些人将在本书的下一章更多地提到，“帕莱塞特人”这一名称使人想起腓力斯人和皮拉斯基人。古典希腊作家把这个术语当作爱琴海地区早期非希腊人的统称。古典时期在爱琴海一带当然有这种“非希腊民族”，正如6世纪出自利姆诺斯（Lemnos）的一篇与伊特鲁里亚语有关但明显不同的铭文所揭示的那样，这是伊特鲁里亚语与古地中海语言有亲缘关系的唯一证据。事实上，当我们发现地中海地区有许多小范围的某些种族和语言的集中区域时，我们不应该感到惊讶，这是几个世纪的移民、战争、重新定居以及到宗教圣地朝圣的结果。在中世纪和近代早期，种族和语言的认同之到来尽管有些晚，但还是到来了。

一次对于埃及以及邻近地区的官方铭文作者影响不大，但是对于地中海以及全世界的文明都有影响，而且规模远远超过腓力斯人、第勒尼安人等民族迁移的移民活动，就是以色列人来到了迦南地。现代研究倾向于将《圣经》里的故事更多地视为文学故事而非历史记录，而考古记录也无法确切地证明亚伯拉罕、摩西和其他《圣经》人物的足迹。然而，到了铁器时代早期，迦南高地的闪米特人，确实把自己看作在宇宙创造者上帝的帮助下从埃及奴役状态逃脱出来的12个部落的人。同样，以色列人何时开始认识到这个上帝是整个宇宙中唯一的上帝，关于这个问题也有很多争论，尽管早期关于以利亚（Elijah）和其他先知的故事肯定是严厉批评伪众神的，但他们批评的方式却很难说明他们当时有任何的信仰。关于这些部

以色列人在迦南的定居很少被埃及或亚述的记载特别提到，但《圣经》故事似乎保存了一个重要的事实。大约公元前850年，以色列人向国王沙尔马那塞尔三世（Shalmaneser Ⅲ）进贡。（97）

落建立的王国到底有多重要也有争论，而且争论很激烈。《圣经》无疑夸大了大卫王国的规模，但关于使用铜器的以色列人和使用铁器的腓力斯入侵者之间日复一日的冲突的描述，以及埃及人、亚述人和其他帝国也试图在这一地区建立统治的故事，也确实是真实的。关于各种祭祀中心的报道也是如此，例如示罗（Shiloh）的祭祀中心，以及公元前1000年左右在耶路撒冷的新圣所集中崇拜上帝的尝试。与此同时，出现了一个文字精英，他改编了腓尼基字母表。到公元前586年，以色列人的巴比伦囚虏时代，先知耶利米（Jeremiah）和书吏巴鲁克（Baruch）积极地收集和整理希伯来人的传统思想和律法。尽管宗教传说将《圣经》的前五卷归于摩西，据说摩西是从上帝那里接受这五卷的。但现代学者如犹太学者和基督教学者，都认为这五卷是后期的汇编，是集合了各代祭司的传承，最终由书吏以斯拉（Ezra）在公元前6世纪末编辑成书。当时犹太人

（现在可以这样称呼他们）在巴比伦水域短暂而痛苦地逗留后回到了他们的家园。以色列人居住的那块土地为种植小麦、大麦的农民和牧羊人提供了生计，其遗存物（除了少有的可能给王室宫廷带来荣耀的奢侈品外）表明这一带乡土生活相当简朴。在这片土地上所诞生的是宗教与社会的理念，而不是奢侈的工艺。尽管一些早期的希伯来文学的伦理道德主题与邻国文化有共同点［人们经常把“巴比伦汉穆拉比法典”（Babylonian Code of Hammurabi）与《摩西五经》中的法典相比较］，但是，加倍地强调忠实于一个上帝，而且要求子民接受符合伦理道德观念的人生，这却是史无前例的。

因此，无论是希伯来人的宗教还是在埃及、亚述和巴比伦之间颠沛流离的犹太人，都经受住了东地中海这个熔炉的严峻考验。尽管希伯来人试图拒绝法老时代的埃及和巴比伦的诱惑，但他们在埃及和美索不达米亚的经历却是导致他们看到上帝之手在历史上发挥作用的根源。

第三章

争夺海路之战[1]

公元前 1000—前 300 年

① 本章作者为马里奥·托雷利。

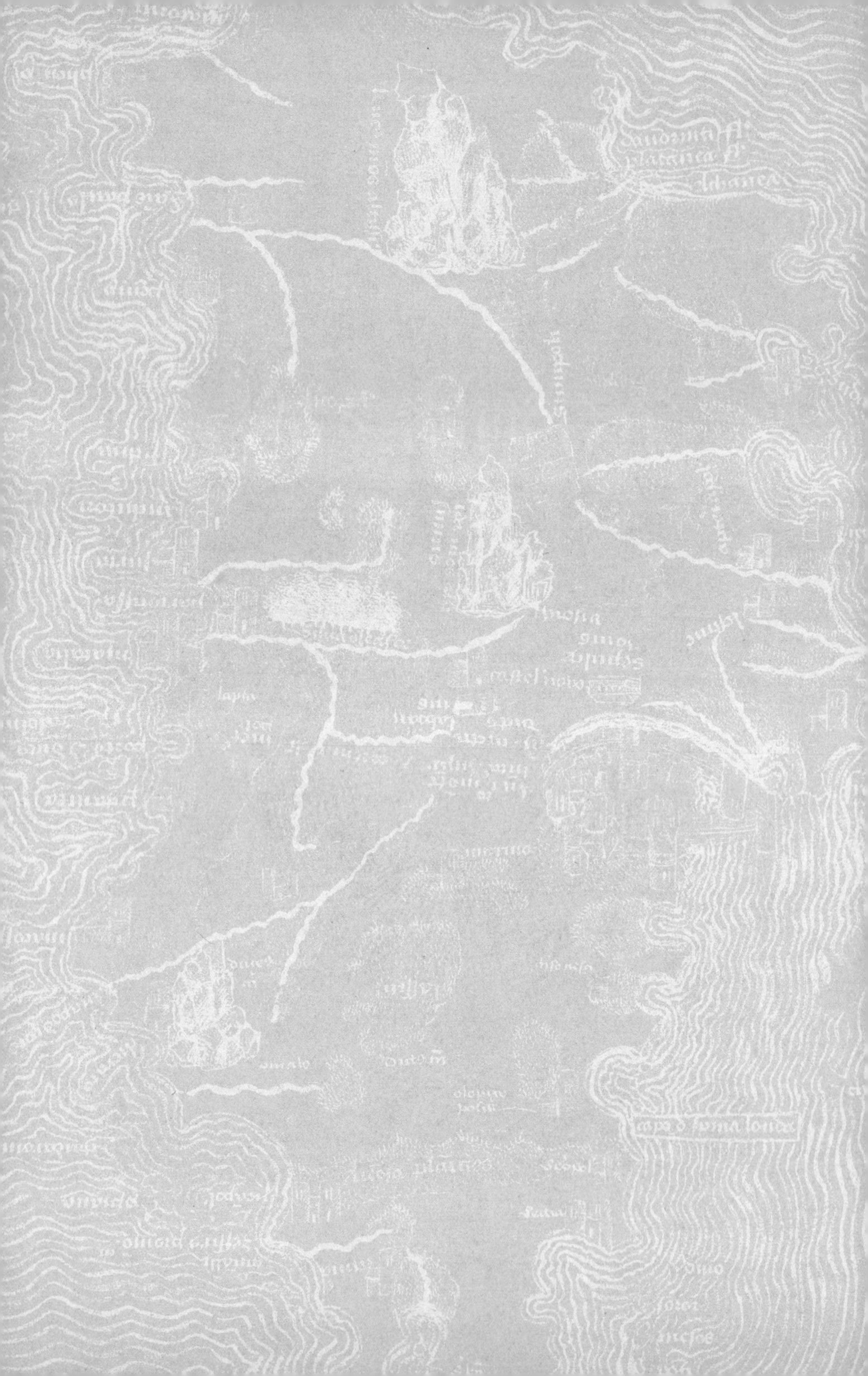

在公元前第二个千年的后半段，我们可以了解到，横穿地中海的航行已经特别频繁，而且收获颇丰。地中海是一个连接着南欧、北非和近东的巨大“内湖”。这里的主角是爱琴海的各族群，首先是克里特岛的米诺斯人，其次是迈锡尼人，他们是最早表现出对近东之浓厚兴趣的族群，因为那里是贵重商品的原产地，特别是来自伟大文明之地埃及、美索不达米亚和安纳托利亚的布匹和名贵商品，还有塞浦路斯的丰富珍稀矿产（比如铜），还包括新月沃土上的宝石。正如大家所见，在公元前 14 世纪到公元前 12 世纪期间，爱琴海的航海家们在地中海的航行丝毫未受到干扰。他们不但积极地向欧洲大陆和岛屿上的大领主（wanakes）宫廷交付货物，同时也关心爱琴海、叙利亚和巴勒斯坦海岸之间的运输贸易，将这些地区与地中海中部连接起来，有时甚至能到达伊比利亚半岛。在最近 40 年内，能够表明迈锡尼人到过意大利南部海岸、西西里岛和撒丁岛的证据越来越多，甚至可以毫不夸张地说，在许多情况下，那些来自迈锡尼的群体或个人已经在上述地区建立了许多定居点。尽管航海家到访这些定居点的次数不多，但引人注目的是迈锡尼人来到此地的时间之早，在其定居点和墓葬中发现的迈锡尼人商品的数量之多与质量之高，都令人以为迈锡尼人在此处永久存在。对于后来出现于意大利南部的希腊殖民地梅塔蓬托（Metaponton），在现代巴斯利卡塔（Basilicata）的特米蒂托湖（Termitito）遗址[1]发现的数千件迈锡尼陶器的分析表明，除了从迈锡尼故土的中心地带特别是阿尔戈斯周边地区运来的陶器，相当数量的陶器事实上是在当地制造的。

现代观察家常常在没有大量证据的情况下将这些远方的产业与希腊的英雄故事联系起来，这些故事在新定居地的土著居民中传播，作为宣示希腊领土征服合法化和与“外邦人”建立外交关系的手段。然而，这些产业也可以被看作整个前罗马时代地中海商业往来的特征，即商业接触和殖民定居结合的重要基础。因为腓尼基人和希腊商人所走的路在很大程度上是重复了迈锡尼商人的路，在某种程度上是按照迈锡尼人预先决定的方式进一步去扩展。而且，就像青铜时代一样，这些商人能够向进化程度更高的近东文明提供他们所需要的原材料和其他商品，以换取西部较滞后的原生文明所推崇的奢侈品。然而，与此同时，商人与地中海西部民族所建立的关系从来不仅仅局限于商务交流，更是迅速地被高于简单贸易的发展取代。事实上，如果条件合适，也就是说，如果被入侵地域的人们相对较弱，但又有丰富的农业资源，

① 南意大利一处涉及古希腊文化的考古遗址，现如今这里有一处考古公园。

古希腊人的想象不断地超出人们的预期，并结合了周围许多似乎互不相容的文化因素。这只金耳环（原物约长 4.5 厘米）实际上象征着敌对者的文化融合：一个女妖或为塞壬女妖，上半身是美丽的、长着翅膀的、弹奏着基特拉琴（kithara）的女性形象，下半身是一只猛禽，其足部是尖利的爪。此耳环可能来自地中海东部，可以追溯到公元前 4 世纪。（*98*）

从商业联系到殖民地建立的转变就几乎是必然的过程。但是，如果当地居民拥有强大的军事力量并能够防止外来殖民者的入侵，那么商务接触本身仍然是专门技术转让的主要手段（因为来人身怀绝技，而当地人不了解这种技术却又高度重视）。

在动机和方法上，后来横跨地中海的人际接触遵循了迈锡尼时期的模式，这种模式既适用于腓尼基人，也适用于希腊人。事实上，这两种人的操作方式几乎没有差别。即使他们航海的线路不同，也都是在青铜时代由爱琴海的先驱者规划好的。现在我们可以观察那些靠近贸易目的地的聚落，它们有的在岛上，有的在半岛上。其中，有青铜时代那不勒斯海湾上的维瓦拉（Vivara）群岛、西西里的塔普索斯（Thapsos）半岛，公元前1世纪的皮特库萨群岛（Pithecusa）是希腊在第勒尼安海上建立的第一个基地；还有摩提亚群岛和伊维萨群岛（Ibiza），这些都是腓尼基在西西里岛和西班牙水域的前哨，被周围的沼泽地包围的加的斯海角也处于这一位置。同迈锡尼人一样，腓尼基人和希腊人都对金属的产地感兴趣，同样，他们运送的主要商品也是奢侈品，其需求量在公元前1000年和公元前2000年是相同的。

公元前1000年初的贸易：第勒尼安人、腓尼基人和优卑亚人（Euboeans）

青铜时代的结束和“黑暗时代”的开始标志着整个地中海东部发生了深刻的变化。希腊和安纳托利亚的几个强大的国家——赫梯帝国和迈锡尼王国——都已经崩溃，在希腊大陆、海上岛屿

腓尼基人选择了易于防御的战略地点作为他们的贸易前哨。当代西班牙的加的斯（Cádiz）港是古代的村镇之一，只能通过一条狭窄的海岬进入，其陆地一侧满是危险的沼泽。这座城镇是腓尼基人在公元前 1000 年建立商业帝国时所经营的基地的一部分。（*100a*）

摩提亚（Motya）仍然保留着当年腓尼基人殖民地的旧址房基，该殖民地建于公元前 8 世纪，坐落在西西里岛西部沼泽中央的一个岛上，正对着腓尼基最大的殖民地迦太基。（*100b*）

和小亚细亚（Asia Minor）出现了新的政治和种族秩序。迈锡尼人的航海，在第二个千年的大部分时间里，一直和希腊、爱琴海与近东联系在一起，没有太多的干扰迹象，却在公元前12世纪到前11世纪之间突然停止。地中海东西部之间的贸易活动似乎衰亡了，人们在意大利半岛（Italian peninsula）、撒丁岛和西西里岛的考古遗址中再也找不到舶来的东方商品。在当时地中海动荡不安的环境中，使海洋变得不安全，并阻碍东西方之间经常进行商业往来的因素不仅仅是广为讨论的“海洋人”。所谓的“海王名单”，就是恺撒利亚（Caesarea）的优西比乌斯编年史中所

迦太基人的第一个殖民地建立于公元前654年，位于巴利阿里群岛中的伊比沙岛。在那里的一处墓葬中发现的一位黑色泥偶，展示了一位穿着精心设计的有着异国情调服装的妇女或女神。它是与希腊和埃及艺术相似的唯一例证。（*101*）

记载的关于海权地位的一份陈旧清单，它所涉及的是两个千年间不太明确的时间段，特别是公元前 1174 年至公元前 961 年这一时期。优西比乌斯指的是吕底亚人和皮拉斯基人所控制的连续的海洋统治权，这两个传说中的国度与第勒尼亚人或伊特鲁里亚人有关。这两个群体的识别标志是他们所使用的语言［一种是利姆诺斯岛（Lemnos）、伊姆罗兹岛（Imbros）和卡尔基迪亚[①]半岛（Chalcidia）的东部人所讲的第勒尼安语，另一种是伊特鲁里亚人讲的伊特鲁里亚语］。他们似乎把重大的创新引入以往各时代所确立的商务关系中。他们在埃及的资料中以特拉西瓦（Trshwa）或图尔沙（Tursha）的名字被提及，他们参与了对“海洋人”的攻击。我们看到，伴随他们还出现了金属加工中一种新的商业元素。事实上，考古证据充分证明，爱琴海的第勒尼安人和意大利半岛的第勒尼安人都有金属加工的专业知识。第勒尼安人的两个分支定居的地点说明，他们的居住地点是经过慎重选择的，可能是根据金属产地和与之直接或间接相连的商业运输路线决定的。 西方的第勒尼安人，正如埃福罗斯（Ephoros）所证明的那样，在希腊殖民者到达西西里水域之前，就积极从事海盗活动，而爱琴海的第勒尼安人似乎在战略上与高加索地区的金属资源有关。这些资源在《阿尔戈英雄纪》（*Argonauts*）的神话中有记载。

迈锡尼王国的崩溃，伴随着巴尔干半岛内部的人口流动，这在史料中被称为“海格立斯族裔（Heraklidai）的回归”，给希

① 位于希腊北部，是著名的东正教修道院山所在地。

希腊与生产贵重金属的高加索（Caucasus）地区有联系，很可能隐藏在伊阿宋和阿尔戈诸英雄的故事背后。他们冒着危险航行到黑海东部的科尔基斯（Colchis）寻找“金羊毛”。左图为公元前5世纪的一幅希腊陶瓶画。（*102*）

腊大陆带来了新的种族秩序，最显著的是希腊人在小亚细亚海岸的最终定居，这将对海上贸易的未来具有重大意义。“海格立斯族裔的回归”与物质条件的重大变化密切相关，尤其是铁的普及和迈锡尼“宗主”衰落后生产体系的改变。我们还应该考虑的是讲希腊语爱奥尼亚方言的人群流动到小亚细亚，进入迈锡尼文化已经在此地渗透了第二个千年的地区。这是史料中被描述成“移民”或“殖民”的人口流动，可以追溯到公元前9世纪中期。这种“爱奥尼亚殖民”（Ionian colonization）被认为与古典希腊的政治制度——城邦（polis）——的诞生有紧密联系，城邦的前期阶段可以确切地定位于爱奥尼亚于小亚细亚的殖民点。

爱奥尼亚人对小亚细亚的殖民化，逐渐引起人口的扩散，可能还伴随着新的商业因素的出现（如第勒尼安人和腓尼基人，关于他们的情况我们会简要讨论）；除此之外，我们还可以确定另一个因素，这一因素在公元1000年早期的希腊商务活动中扮演了重要的角色，那就是优卑亚人。优卑亚岛没有直接受到“多里安人迁移”的影响，而且似乎也与爱奥尼亚人向小亚细亚的扩张没有太大关系。然而，以哈尔基斯（Chalcis）和埃雷特里亚（Eretria）为两大中心的优卑亚人在希腊贸易复苏中发挥了主导作用。拓荒者对爱琴海东北部卡尔基迪亚半岛周围的地区特别感兴趣，并与该地区的第勒尼安人进行了公开对抗。优卑亚人也是第一批介入西方的第勒尼安海的人，他们与伊特鲁里亚人建立了一种共生关系（也是很紧张的关系），他们出现在叙利亚和以色列的海岸，这是腓尼基人航海的核心地区。卡尔基迪亚半岛具有双重功能并非巧合，它既是一道屏障，控制着从黑海到爱琴海的通道，又是一条联系着色雷斯（Thracia）的通道。在整个公元前一世纪，这条通道即使不是主要的，也代表着地中海发达地区所需要的重金属和其他重要商品（如奴隶与木材）的主要源地。优卑亚人到意大利和西西里海岸的航行可以追溯到公元前9世纪。在伊特鲁里亚、坎帕尼亚（Campania）和西西里遗址上发现的“中期几何图形Ⅱ型”陶器证明了这一点。这也是奥龙特斯（Orontes）河口的阿尔米纳（Al-Mina）港与叙利亚和巴勒斯坦海岸的联系开始发展的阶段。因此，公元前第一个千年的开始标志着在迈锡尼时代遗迹上进行贸易往来的新浪潮的出现。在这一时期，占统治地位的是爱琴海和伊特鲁里亚的第勒尼安人、优卑亚岛的希腊人和“红色的”菲尼克人（Phoinikes，即腓尼基人）。远程贸易的复兴以及随后铁器进入制造业和贸易活动，随着横跨地中海的航行和海盗的增多（就贸易而言，这是事物发展的另一面），必须与黑暗时代希腊历史上的关键时刻——多利亚人移居和爱奥尼亚人的殖民——以及与希腊本土前多利安或“阿凯亚人”元素和小亚细亚原住民之间发生的最初冲突和随后的融合一起进行考察。这就是希腊城邦诞生的背景，后来成为古典文明的中流砥柱。

迈锡尼时代的旧日航海路线不仅得到了更新，而且得到了延伸，甚至延伸到了直布罗陀海峡（Straits of Gibraltar）之外。在海上航行通往高加索地区和意大利两个金属原产地的途中，两个群体发生了对抗：一个群体是爱琴海和意大利的第勒尼安人，其命运发生了不同方式的转变（爱琴海第勒尼安人的命运快速衰落而意大利第勒尼安人的命运迅速地以不可逆转之势上升）；另一个群体即优卑亚人，他们的作用是开辟希腊在西方的殖民之路。彭塔斯洛斯（Pentathlos，公元前 570 年）和多里乌斯（Dorieus，公元前 510 年）[①] 所做的努力，起到了一个醒世的作用。希腊人想利用他们的殖民定居点阻断南地中海腓尼基人控制下的贸易路线。腓尼基人对撒丁岛矿藏、非洲奢侈品和西班牙贵金属保持着浓厚的兴趣，因此优先考虑穿过地中海南部的航线，这些航线将一直

① 文中提到的这两个人物都是古希腊冒险者在西地中海的殖民领袖，前者似乎出自古希腊尼多斯（Cnidos）和罗得岛，后者是斯巴达人。

克拉泽墨涅（Clazomene）是小亚细亚海岸的一个希腊城市。和爱奥尼亚的其他希腊殖民地一样，它与波斯的冲突历史悠久，直到公元前469年雅典取得决定性胜利才得以解决。这枚硬币的年代大约比公元前469年还要早30年，它的反面是野猪，即克拉泽墨涅的城标。（*103*）

是他们的特殊保护区，直到罗马在这些水域取得进展为止。为了实现这些目标，腓尼基人建立了从事贸易的定居点，并很快将其发展成为殖民地。迦太基和利比亚范围内的商业圈，连同西西里西部的摩提亚，似乎能够阻止圈外人进入西西里海峡。西西里岛的索隆托姆（Soluntum）和撒丁岛的苏尔奇斯（Sulcis）地区的许多港口形成了坚固的屏障，阻挡了通往地中海西南部的通道，这一地域被腓尼基人视为其有效的私人领地。他们在西部的基地进一步巩固了他们的地位：如在巴利阿里群岛（Balearic Islands）的伊比沙，在直布罗陀海峡外的加的斯，以及在摩洛哥海岸建立的贸易站都起到巩固其地位的作用。

反之，西地中海的中部和北部地区则长期由伊特鲁里亚人的海军控制。公元前7世纪至公元前4世纪，伊特鲁里亚人的贸易从利古里亚（Liguria）扩散到普罗旺斯，这在考古记录中都有充分的记载，这些考古记录在地中海沿岸和罗讷河下游各支流的利古里亚及克尔特人的城镇（oppida）地区被发现。过了很久，这个贸易网络才被希腊人控制。最终，他们完全控制了在亚得里亚海的航行，并占领了墨西拿（Messina）海峡，阻止了伊特鲁里亚海盗进入爱奥尼亚海。但更早一些时候，卡尔基迪亚人的基地在皮特库萨（Pithekoussai）和库米（Cumae）建立起来，在公元前 7 世纪末的锡巴里斯（Sybaris）扩张之前没有直接的后续行动，只是在第勒尼安海的中部和南部面对伊特鲁里亚人的袭击时，表现得很弱势，至少直到公元前 474 年，在库迈战役中锡拉库扎人（Syracusans）的海军优势才得以展示。甚至后来在公元前 7 世纪末，伊特鲁里亚人对第勒尼安海中部和南部的控制受到了针对同一地区进行贸易活动的福凯亚人（Phocaean）的挑战。就这样，形成了伊特鲁里亚–腓尼基轴心，这使他们和腓尼基的迦太基继任者与“大希腊”（意大利南部）以及西西里岛的希腊人对抗。这种对抗一直持续到公元前 4 世纪末，那时不仅权力关系发生了变化，希腊人、伊特鲁里亚人和迦太基人的需求、生活方式和经济模式也发生了变化，从而对这些群体之间的经济和政治联系产生了影响。

古代航海与交流：腓尼基模式

我们现在可以看出，腓尼基人在公元前 1000 年和接下来的 200 年里所采用的商业交换形式构成了希腊人和伊特鲁里亚人进行地中海贸易的模式。桑托·马扎里诺（Santo Mazzarin）在他于1947年做的经典研究《东方与西方之间》(*Between East and West*)中提出，公元前第二个千年的菲尼克人和公元前第一个千年的菲尼克人不应该相互混淆。在某种程度上，这掩盖了迈锡尼航海者的记忆。当时他们也沿着同样的贸易路线航行，并在公元前第二个千年的下半叶与其造访过的各地土著建立了联系。然而，历史记载中的菲尼克人无疑就是腓尼基人[①]。至少从公元前11世纪起，腓尼基人从他们的发源地比布鲁斯、推罗和西顿，以及在他们管控下的塞浦路斯领土，辐射到整个地中海，扩展到了西班牙、非洲、撒丁岛、西西里岛。在这一问题上，埃及的文件已经承认他们是商人，他们一直保持着一股力量，直到公元前8世纪末亚述的扩张和不断强大起来的希腊才威胁到他们的垄断地位。

腓尼基人的存在对西方具有重要的历史意义，原因有几个：首先对于希腊人，其次对于伊特鲁里亚人、意大利人、利比亚人和伊比利亚人来说，腓尼基人都是贸易行为模式的强有力代表，他们也促进了文化模式、社会制度和整个生活方式的传播。奢侈品的传播是通过许多复杂的渠道实现的，与自然资源丰富的地域进行原材料交换尤其是金属的交换密切相关。腓尼基人的兴趣多种多样，在《圣经》中多有记载。比如《以西结书》(*Ezekiel*)和《列王纪》(*Book of Kings*)都提到过，更不用说古典作家，如希罗多德(关于葡萄酒)、伪亚里士多德(Pseudo-Aristotle，关于油)和西利乌斯·伊塔利库斯(Silius Italicus，关于木材)等。我

① 此处是因希腊文与拉丁文发音不同而有差异。拉丁语中的C在希腊语中发音为K。

公元前 7 世纪中期的希腊瓶绘上有两种船，一种是希腊式的，一种是伊特鲁里亚式的。这艘希腊船有五个桨手，是倒划着前进，正向右面划去。船头画有一只公羊，只有一只眼睛。（*104–105*）

们很快就会看到，他们运送的奢侈品同时也是传达意识形态的媒介，但是，根植于东方模式的交流结构，在腓尼基人与地中海土著相遇的地区被完整地复制，并成为东方文化传播的主要内容。

腓尼基人实际上是影响力很大、专业能力很强的制作工艺的传承者。这是腓尼基人本身的传统，或至少起源于叙利亚－黎巴嫩－塞浦路斯（Syria-Lebanon-Cyprus）地区。但是他们也从埃及、安纳托利亚、美索不达米亚和乌拉尔图（Urartu）带回了很多实物和模型。货物清单不长，包括金属、象牙或者细纹木材这样的贵重材料制成的物品：青铜、金、银制成的饮具；大型祭器如香炉、手推车、大锅和三脚架；以彩釉陶器、玻璃杯或雪花石膏制品为容器的香水；镶嵌金属或象牙配件的家具。此外还

此艘伊特鲁里亚船显然严阵以待，准备好击退敌人。这个花瓶似乎与希腊殖民者有关，图案和已经在地中海西部定居者进行交战的一个时期有关。

有玩具（athyrmata）[①]、“陶器”、鸵鸟蛋制成的动物工艺品（配上衣领、嘴和象牙腿等），或者彩釉陶或半宝石做的海豹和圣甲虫。与腓尼基商人接触的上层社会由于获得了这些物品，导致了这些精英生活习惯的突变，最终造成全社会对新月沃土精英生活习惯的模仿（如正式的宴会，或者在大锅里面煮肉），而且还采用了与东方大国君主类似的以权力意识形态为前提的生活方式。同样，从东方引进的制品之中，有些东西是明确地表明王者身份与形象的，因为这些东西本来就是东方宫廷精心设计的，其中有宝座、脚凳、权杖、拂尘、护胸甲、手镯、金色和紫色的法衣等等。由于这些带有象征意义的物件没有间断地从伊特鲁里亚传到

① 此名词来自希腊语 ἀθυρμα，复数为 αθυρματα，是玩具、小玩意的意思。

这个高度复杂的镀金银锅，是从腓尼基人的起源地（可能是塞浦路斯）进入伊特鲁里亚城市的。锅身的图形分为两个叙事带，表现的是战士徒步、骑马、乘战车、狩猎和乡村场景。锅边缘上的蛇做工较差，很可能是伊特鲁里亚手艺人后加上去的。（*106*）

罗马，再从罗马传到中世纪，所以成为超越远古时代的王者和统治者权力的象征符号。

来自伊比利亚半岛（Iberian peninsula）的塔尔提索斯（Tartessian）精英们是被伊特鲁里亚人的青铜时代文化同化了的群体，在青铜时代，对祖先的崇拜有着特殊的重要性，由于他们与西班牙南部的腓尼基人聚落保持密切而持续的联系，这个群体具有腓尼基文化的许多特征。在希腊和希腊殖民地这种环境下，正如在伊特鲁里亚和意大利的环境下一样（以此为起点，腓尼基文化扩散到了欧洲的大部），腓尼基人带来的东方文化在当地被迅速效仿。这一点在法国的维克斯（Vix）、德国的阿斯佩格（Asperg）和霍赫多夫（Hochdorf）等埋葬克尔特诸王公的墓葬中可以看到；这种文化成为古风时代行使权力的不可缺少的工具，原始的王权理念演变为贵族精英的统治理念，而贵族精英的权力建立在某种奴性依赖的基础上。我们首先看到的是基于祭师王权（priest-kingship）仪式的东方式皇室仪式，然后是全部模仿东方模式（有时也包括书写的模式）的项目繁多、庄严奢华的场面。事实证明，从长远来看，这与新兴贵族阶层开始分享权力是一致的，并成为这些受到腓尼基文化模式影响的社会进一步发展的模式。

因此，东方化文化的传播依赖于腓尼基贸易网络中确立起来的各族群之间的接触方式，尽管贸易中心（从其相对边远的位置可以看出）基本上位于主流社会的边缘。在这个问题上，重要的是交易的性质和商人接触的人们所在的组织和所处的社会地位：在偶尔与非常不发达的社会接触时，标准的模式是无声的贸易，没有面对面的接触，就像腓尼基人与利比亚人交易时那样。在考察到与复杂社团建立更稳定的关系时，腓尼基商人的出现，是基于他们与当地居民首领签订了协议，控制了海岸边和海岛基地上的安全港，并建立了他们自己的贸易中心（emporia）。从希腊人到来之前西西里岛的证据和塞恩（Cerne）的案例［可能是现代摩洛哥的索维拉（Essaouira）或摩加多尔（Mogador）］可以清楚地看出这一点。考古学家已经确认了真正的贸易定居点的存在，那里有金属作坊和工匠区，例如西班牙的托斯卡诺斯（Toscanos）和特拉亚马尔（Trayamar）。这些可能就是腓尼

意大利南部的一个只有几厘米高的镀金银质手镯上的微型浮雕，讲的是神话故事，主要内容是英雄斗怪兽。时间约公元前 500 年。（*107a*）

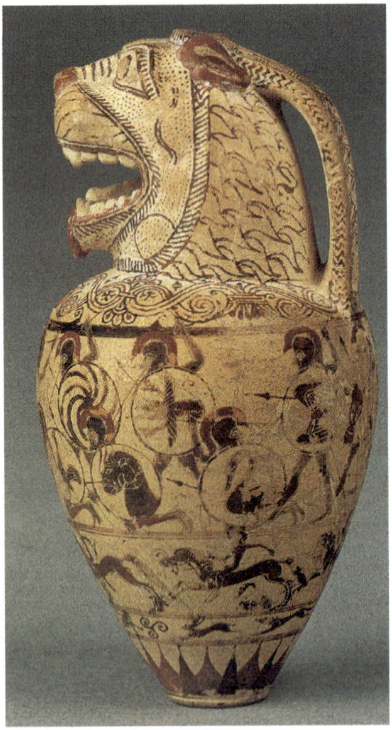

在底比斯发现了一个奇异的香水瓶。香水瓶顶部有个狮头，瓶身展示的是战士和他的猎物，其画风是原始科林斯式的。（*107b*）

基商人与当地统治者发展关系的中心地带。这似乎反映了几个世纪之后腓尼基商人和罗马塔尔昆尼亚人（Tarquins）之间的关系，查士丁尼的一段著名的文字证明了这一点，这段文字见于对福凯亚人的殖民和定居有着深刻了解的马赛历史学家庞培·特罗格斯的作品中，在修昔底德对于阿姆菲波利斯（Amphipolis）如何从一个商业中心发展成为一个城邦（或城市）的描述中，我们可以知道，这些供货基地发展成为真正的殖民地，其主要特征通常是擅长海上活动，总是建立在单独的岛屿、半岛或者易于防守的海岸地区。因为这些地域周围都是环礁湖或者沼泽地，能起到保护作用。例如西班牙的加的斯、非洲的里索斯（Lixus）、尤蒂卡（Utica）和迦太基、西西里岛的摩提亚、索隆托姆和巴勒莫、撒丁岛的诺拉（Nora）、卡利亚里（Cagliari）、比西亚（Bithia）、苏尔奇斯和塔罗斯（Tharros）等等。这些殖民地的巨大影响，从古迦太基语言文化对西班牙、非洲、撒丁岛（虽然很少在西西里）各民族居民的不断渗透来判断，其渗透程度之深就是到了罗马帝国时期仍然可以见到，比如努米底亚（Numidia）和利比亚人–柏柏尔人（Libyan-Berber）地区。

腓尼基市场名扬整个地中海（正如《伊利亚特》和《奥德赛》所证明的那样）。大市场围绕着圣殿而建，那些圣殿即使是由当地居民控制的，也都是供奉腓尼基神灵的，并以叙利亚腓尼基宗教的传统仪式为特征。古代的资料和现代的研究都认为是腓尼基人的到来奠定了古典时期几个重要的和声名卓著的神殿的基础，比如位于基西拉（Kythera）、科林斯和伊特鲁里亚的皮尔吉港（Pyrgi）的伊什塔尔/阿芙洛狄忒神殿，在撒丁岛的锡

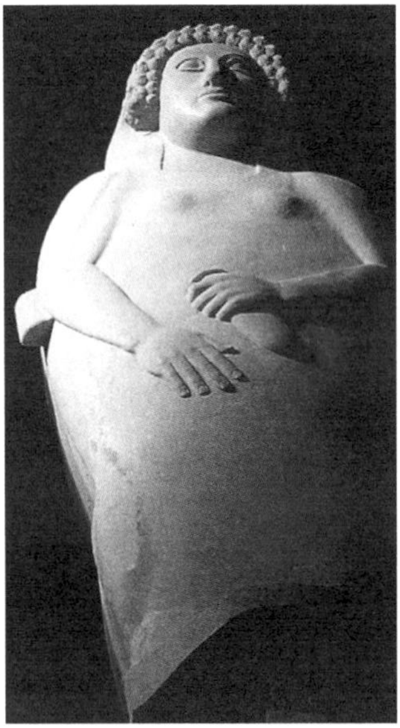

人体形状的棺材可能与崇拜祖先有关，起源于腓尼基人的家乡，并在地中海的所有姊妹城市被接受。本发掘物来自腓尼基人的加的斯港。（*108l*）

伊特鲁里亚石棺中已婚夫妇在宴会上斜倚着的画面所表现出的温情，给人一种伊特鲁里亚妇女享有一定的平等和社会地位的印象。对罗马人来说，这只是伊特鲁里亚人柔弱的证据。（*108r*）

德/萨尔杜斯佩特（Sid/Sardus Pater）神殿，在西班牙加的斯和在罗马台伯港的梅尔凯特（Melkart）/海格立斯神殿。从这些神殿和相类似的圣殿中，宗教仪式的重要特征被当地居民采用，从而促进了与东方权力结构密切相关的思想的进一步传播。我们可以从与阿多尼斯（Adonis）故事有关的神圣婚姻仪式中看出这一点。它的起源可以追溯到腓尼基与王权仪式相关的城市比布鲁斯，然后这种仪式传遍了希腊罗马世界，在那里持续繁荣直到古代结束。

腓尼基人经商的模式很快被希腊人模仿，他们沿着腓尼基人已经安排好的许多成熟的贸易路线，并开辟了以前较少使用的海上路线；希腊人还从腓尼基人的闪米特语中获得了与贸易有关的技术术语，并从腓尼基人那里引进了字母文字，进一步便利了商业活动。因此，随着叙利亚贸易的进程中（当然是在早期阶段）与腓尼基人的融合，希腊人开始渗透到利凡特地区。首先，是在公元前 9 到公元前 7 世纪的优卑亚商人，然后是在公元前 7 世纪到公元前 6 世纪来自爱奥尼亚和埃伊纳岛（Aigina）的贸易商，在腓尼基的海岸、在哈马（Hama）王国的泰勒苏卡斯（Tell Sukas）山区和巴昔特（Bassit，古代城址）之间、在奥龙特斯河口的阿尔米纳港，还有埃及的瑙克拉提斯（Naukratis）等地都建立了商业中心。于是，希腊人向西方挺进，去往意大利、法国和

公元前 7 世纪的一个罕见的青铜宝座见证了伊特鲁里亚人的成熟。这个座位是修复的，只有用抽象浮雕图案装饰的靠背保存完好。（*109*）

比布鲁斯（公元前 2000 年）锻造的黄金项圈可以追溯到腓尼基隶属于埃及的时期。中间的荷鲁斯鹰（The Horus-hawk）是典型的埃及图案，但底部边缘的鸡蛋和飞镖是腓尼基图案，后来被引入希腊艺术中。(*110*)

西班牙海岸边，与寻求同一商品的腓尼基人展开了激烈的竞争，他们不仅交换东方商品，还交换希腊产品，尤其是陶器。因此，在公元前 7 世纪末到公元前 4 世纪之间，希腊商品成为地中海地区最广泛的交易商品。

在最古老的西部大商场皮特库塞，人们可以明显地看到仿腓尼基模式的贸易柜台，这些柜台通常位于岛屿基地或被城墙（teichos[①]）环绕的滨海地区；这种形式在整个地中海被广泛使用，从黑海海岸、南部色雷斯（Thrace）到法国南部马赛和西班牙南部；在西班牙我们找到一处定居点，尽管它已经演变成一个真正

① teichos 为希腊语 τήχος（“城墙”“围墙”）的拉丁化转写。

正在进行中的交易：拉科尼亚（Laconian）杯子上的非常真实的场景表现的是包装、称重（注意精美的天平）然后带走。左边的监督人名叫阿克希拉斯（Arkesilas），是昔兰尼（Cyrene）国王，袋子里装的可能是罗盘草（silphium），是这个王国最有价值的出口物品之一，这种珍贵的药用植物只在北非昔兰尼加（Cyrenaica）王国沿海高原生长，在那个国家的硬币上也有它的图案。（*111r*）

准确的度量衡是做生意的关键。这个青铜和铅合金的秤砣，出土于切尔韦泰里（Cerveteri）伊特鲁里亚人的坟墓。上面的铭文被认为是秤砣主人的名字，这曾经是献给神殿的贡品。（*111l*）

的城市，却仍然用恩波里翁（Emporion，即市场）这个名字，此即现代的安普里亚斯［或恩普里埃斯（Empuries）］市[①]。这种模式的演进是有其明确目的的，就是要保证商场在与当地居民的关系中有政治和财政上的自主权。另外，当商业中心建立在当地居民直接或间接控制下的这类地区时，希腊人就像腓尼基人一样，根据当地的社会经济结构的性质来组织自己的交换体制。这样一来，在部落式结构的社会中，商业交换直接由当地商人控制。但是，就像公元前 7 世纪和公元前 6 世纪在伊特鲁里亚和拉丁姆那样，当地的社会结构复杂（当地的王者是史前时期君主家族的继承人，并形成了城市综合体），这时，商场倾向于遵循经典的腓尼基模式，特别是诺克拉提斯的模式。此处的焦点是拥有庇护权的神殿，能确保商业伙伴和捐赠给寺庙的资金管理人员的安全，这就构成了历史上最早的税收类型。这种商场有很多，如在皮尔吉的凯莱（Caere）港的尤尼（Uni）/伊斯塔尔神殿，位于格拉维斯卡（Gravisca）的塔尔奎尼亚（Tarquinii）港的阿芙洛狄忒神殿，以及赫拉萝（Hero）神殿、得墨忒耳（Demeter）神殿和阿波罗神殿等，显而易见都是追随腓尼基的模式。我们可以把意大利的各类神殿与这类宗教崇拜中心联系起来。在神殿可以进行商务交流，也可以缔结婚姻关系，这就更进一步地促进了社会与文化的交融。随着共和政体的建立，这种集体控制交易的趋势将在伊特鲁里亚城市得到进一步强调，从而结束商人与国王/专权者之间旧的个人关系，希腊历史

① “市场”一词的不同词形。

彩绘双耳罐式奢侈品在希腊地中海地区随处可见，这是葡萄酒和食用油贸易兴旺的物证。其装饰风格可以大致表明年代，但很少能说明其产地是何处。其最早的风格被称为几何图形，后来引入了人物形象。(*112*)

学家波利比乌斯（Polybius）记录的公元前509年罗马－迦太基条约的条款中明确表明了这一点；就像在希腊的城市里那样，贸易从圣殿周边转移到集市或广场，由政府官员监控。而商人“完成他们的献祭并为旅途备好水”之后，不允许滞留超过必要的时间。作为“殖民地”贸易中心或服务整个地区的商业中心，圣殿商场的模式因城市自身控制的市场的出现而获得了新的生命，并在与宗教节日相关的定期集市和赶集日（nundinae）得以延续，成为古代世界结束后遍布欧洲的一种制度。这也是一个特别牢固的系统，因为斯特拉波的证据表明，他在弗雷盖莱（Fregellae）的拉丁殖民地被摧毁一个半世纪后到访了该殖民地，结果发现在拉丁道（Via Latina）上，邻近城镇的居民“在弗雷盖莱聚会，参与集市，并举行某项著名的宗教仪式”。

从优卑亚人的优势地位到大爱奥尼亚（Great Ionia）的崛起：公元前7—前6世纪

正如所见，腓尼基人在公元前11世纪和公元前8世纪之间创造的交换形式为他们的主要竞争对手希腊人提供了模式。希腊人在易于防御的位置建立了自己的贸易区，这一贸易区同时也是宗教中心。贸易日益复杂，反映了希腊世界日益发展的社会政治结构的变化。无论是在希腊本土还是在爱奥尼亚海岸，公元前8世纪到公元前7世纪之间，城市和城市机构的最终扩张都反映在以重步兵为中心的军事组织上，也反映在贵族从国王手中夺取权力的政治组织上。这种情况发生在优卑亚人、科林斯人、阿凯亚人、斯巴达人、克里特人、奥拉佐梅尼亚人（Olazomenians）、莱斯比亚人（Lesbians）、福凯亚人，以及占领爱奥尼亚海岸、第勒尼安海南部、西西里岛东部、爱琴海南部和黑海海岸的其他地方的人群中间。他们还在昔兰尼加、阿非利加、安普里亚斯、西班牙、马赛、高卢（Gaul）以及亚得里亚海东部海岸设立了独立的前沿阵地。

因此，希腊人的贸易范围迅速扩大。早在公元前8世纪，科林斯就占据了主导地位。首先，我们发现它的几何纹样陶器在优卑亚商人的西行贸易航线上分布得非常广泛，这是一个相当惊人的现象。修昔底德的一段著名文字评论了科林斯商业帝国获得的特殊地位，不仅在色雷斯——一个类似“黄金之城”

（El Dorado）[①]之地——的方向上，他们在公元前 6 世纪初于此建立波提代亚（Potidaia）城，而且更重要的是在亚得里亚海的航线上，在那里我们首先观察到了科西拉的建立，巴基亚人（Bacchiads）从优卑亚原住民手中将它夺取。然后，呈现在眼前的是在公元前 625 年的埃皮达姆诺斯（Epidamnos），即都拉索［Durazzo，杜拉斯（Dürres）］的城市遗存，随后就是由安布拉吉亚（Ambrakia）人、卢亚斯人（Leuas）、阿纳克托利翁人（Anaktorion）和阿波罗尼亚人所建的城市之遗存。这些中心有助于巩固科林斯对贸易的控制，特别是对亚得里亚海巴尔干沿岸与意大利之间的平静航道的控制。克基拉岛是科林斯试图沿着亚得里亚海和爱奥尼亚海的贸易航线上建立起统治权的节点。这一点可以从古希腊历史上记载的第一次海战中找到证据，修昔底德将海战的时间确定于公元前 674 年，海战中科林斯与克基拉岛对峙。克基拉岛显然试图建立自己在海上的势力范围。

很快，一场激烈的对抗使科林斯人和优卑亚人离心离德，尽管科林斯的特殊地理位置允许它在与其他大国进行的贸易（尤其是远距离贸易）中获得巨大利益，其中爱奥尼亚东部的希腊人从公元前 7 世纪后期起就十分突出。这些情况有助于解释意大利和西西里岛上的爱奥尼亚海岸殖民的影响力，这反映了希腊内部为控制通向地中海中部的贸易路线而爆发的冲突。卡尔基迪亚人基本上控制了墨西拿海峡这个通往第勒尼安海的咽喉要道。修昔底德解释了他们是如何从当初的海盗，发展为雷吉乌姆［Rhegium，

① El Dorado 是西班牙语，在大航海时期经常用此名词描述新大陆。但其典故应该出自古希腊神话故事，此处指色雷斯地区。

卡拉布里亚的雷焦（Reggio di Calabria）〕和赞克尔（Zankle）的殖民聚落，他们与纳索斯人（Nassos）一起在西西里岛东部海岸的整个南部进行殖民，从赞克尔一直延伸到莱昂蒂诺伊（Leontinoi）。另外，科林斯人得到了在同一海岸线建立统一治权的许诺，并在西西里岛建立了自己独立控制的殖民地叙拉古。来自麦加拉伊布莱亚（Megara Hyblaia）的麦加拉人（Megaris）充实了科林斯的两翼，它利用来自阿凯亚、洛克里斯（Lokris）和拉科尼亚（Lakonia）的盟友，即来自伯罗奔尼撒地区或科林斯海岸线周围的盟友之力，将从塔兰托湾到雷吉奥的整个爱奥尼亚海岸都纳入了自己的贸易网络。在科林斯人的支持下，这种强大的殖民运动导致了优卑亚人影响力的下降，我们可以从公元前7世纪中叶的情况发现这一点。虽然优卑亚人的商务活动似乎是按着腓尼基人的习惯集中于奢侈品的交换以及科林斯的名牌陶器的销售，但科林斯及其附属国的贸易却另有特点，其出口物品除了自产的陶器以外，还增加了货源——来自阿提卡（开始）和科林斯（后期）的葡萄酒和油。出口地区以伊特鲁里亚为目标，在那里我们可以看到被称为SOS的阿提卡双耳罐的出现，随后在整个公元前6世纪，科林斯双耳罐的出口量激增。

然而，考虑到希腊各城市在诺克拉提斯建立过程中所扮演的角色，我们可以更好地理解科林斯人在公元前7世纪和公元前6世纪的大部分时间里都主宰着希腊商业的意义。这是埃及法老在尼罗河三角洲对希腊商人让步的唯一港口，可能在公元前7世纪中叶就已经很活跃了。实际上，那些参与建设诺克拉提斯的城

科林斯诸邦的硬币以所谓的“科皮”（koppi，在飞马下面，其形状像一个放大镜）来辨别。在科林斯的殖民地，“科皮”上会印上相关城市的首字母。科林斯位于连接希腊北部和南部的地峡上，这给了它商业上的优势。（*113a*）

埃及唯一对希腊商人开放的港口是尼罗河三角洲的诺克拉提斯，从那里产生了这个融希腊图案与东方元素为一体的碗。（*113b*）

市都是希腊东部的城市，埃伊纳岛（很快下文还会有叙述）除外。在诺克拉提斯的贸易中发挥最大作用的城镇当然是米利都和萨摩斯。公元前 6 世纪上半叶的考古证据验证了这些城镇作为意大利市场的东希腊供应商的重要性。他们把适合于餐桌的陶器即所谓的“套装陶器”（Trader Complex）运来售卖，这可能是献给公元前 7 世纪晚期的阿芙洛狄忒神殿的商品，发现于科林斯市场以北，在通往乐凯翁（Lechaion）港口的沿途，还发现了丰富的希腊东部商品、拉科尼亚商品、外表呈黑色的伊特鲁里亚布切罗（bucchero）陶瓶以及精美的科林斯陶器。因此，这一市场看起来同希腊人所使用的、自诺克拉提斯到格拉维斯卡港口间的大商场

布切罗陶器是一种精美的黑陶，是独特的伊特鲁里亚制品。这个来自米歇尔山（地处维依）的陶器可以追溯到公元前 640 年。这种装香油的小容器在希腊的各大商场随处可见。说起它，人们自然会想到地中海东部各地的货物。（*114*）

非常相似。科林斯坐落在爱奥尼亚海和爱琴海之间的地峡上，它以希腊东部的水手为中介，既能够提供海路运输，又能提供陆路运输，所以地位特别重要。它可以为他们提供技术支持，如科林斯的阿米诺克尔斯（Aminokles）就为萨米亚人（Samians）造船（正如修昔底德所述）；它还可以牵线搭桥为开发有价值的贸易提供难得的机会。由于米利都作为海上强国的巨大成功，爱奥尼亚的希腊人被许诺可以随时穿过爱琴海获得重要的原产地商品。同样，克里米亚（Crimea）和萨马提亚（Sarmatian）平原的珍贵粮食也越来越多地渗透到他们的所在地区，为联系色雷斯、克里米亚和高加索的黑海贸易奠定了基础。这在古典时期、希腊化时期和拜占庭时期都有特别重要的意义，因为当时希腊的城市缺乏现成的食物供应。

与科林斯和东部希腊时期相关的、具有伟大文化意义的经贸活动的另一方面也占有重要地位，此即熟练劳动力和新的技术人员来到蛮族地域，他们的流入往往伴随着一些流离失所的贵族，其在早期贸易关系中扮演了主角。事实上，从最初论及伊特鲁里亚人，以及随后论及西西里岛的大希腊（Magna Graecia）地区的过程中，我们发现了希腊移民（特别是在伊特鲁里亚）的到来能够迎合伊特鲁里亚精英对奢侈品的口味。一个最好的例子是狄马拉图斯（Demaratus）的际遇。他出身于科林斯的巴基阿斯族系，活跃于商界，据说他被科林斯驱逐，来到塔昆尼亚安身，娶了一位伊特鲁里亚名门之女为妻，他们的儿子塔奎尼乌斯·布里斯库斯（Tarquinius Priscus）后来成为罗马伊特鲁里亚国王。如果大普林尼（Pliny the Elder）的资料可信的话，狄马拉图斯带来了屋顶装饰画家和专门技术人员，由此创立了应用艺术的一个重要分支。

因此，希腊的商业中心不仅是商业的载体，更是人才、思想和工艺技术的载体。这在一定程度上要归功于为海外人士提供避风港的神殿。希腊人最早的创新之一当然是对精品葡萄酒的引进，这也许是腓尼基人和希腊人的奢侈品贸易的最重要特征，因为与葡萄酒相伴而至的是与葡萄酒消费相关的仪式，尤其是酒宴或宴会的仪式。与葡萄酒消费相关的社会习俗在蛮族中也有相似之处。根据斐涅斯特拉（Fenestella）的研究，战争中橄榄树种植的传播可以追溯到公元前 7 世纪末。我们还可以看到，安纳托利亚和伊特鲁里亚的希腊式陶瓷见证了社会、文化和经济上的联系。技术随人流而动。依照希腊模式进行的农业和工业生产的转

希腊殖民扩大到黑海海岸，远至高加索地区。这枚硬币来自米利都的殖民地克里米亚的潘提凯翁（Pantikaion），此硬币属于公元前 4 世纪末，上面印着一只长着翅膀和角的神兽，它的嘴里叼着一支矛。（*115*）

型，随之而来的希腊文化元素的同化，反映了古风时代贸易往来的性质。即使是最具魅力的东方文明如埃及文明，也被古风时代希腊人的独特技能折服，这些技能可以用于建立他们自己的政治和社会框架；正如希罗多德所述，公元前7世纪和公元前6世纪的法老尽管坚信自己的文明更为优越，却仍然对希腊文明表现出极大的尊重，并向伟大的希腊神殿敬献礼物。他们还非常欣赏希腊的军事技能，使用了希腊的雇佣军，这一点在现存的铭文中有很好的记录。希腊籍的工匠和商人活跃于吕底亚和波斯宫廷。但真正重要的是希腊技术在西方的“外邦人”①社会发展中所起的作用——这些“外邦人”社会变得越来越希腊化。这种现象在时间和空间上是如此的广泛，以至于很难列出一个清单，精确到物件、人物和地点。但这一过程有一部分源于希腊精英与“外邦人”群体的接触。而希腊工匠深入“外邦人”社会，构成了所有这些商品地方化生产的基础。这表明了希腊风俗习惯的传播。

这些希腊商业联系在希腊文化传播到希腊以外的过程中的重要性怎么估计也不为过：来自格拉维斯卡的考古和铭文的丰富证据，揭示了希腊商人在远离家乡的地方所产生的影响，同样，在别列赞（Berezan）、安普里亚斯和佩奇马赫发现的数量不是很多的铅字铭文，也产生了这方面的影响；在这些资料中，我们发现了精确的借贷系统，以及个人担保已经存在的证据，这些文件的

---

① 原文是barbarian，即“野蛮人”之意。但希腊人通常将所有不讲希腊语的人都称为“barbarian”，意思是他们讲话“哇啦哇啦”的，希腊人听不懂。所以，译者以为，谈及此时希腊民族之外的族群，用“外邦人”比较好。

残存的碑文为希腊内外世界的商业往来活动和宗教仪式提供了证据。在西班牙的佩奇马赫，人们发现了铅板（上图，*116a*）上的铭文，写着贷款和担保（公元前 5 世纪）的内容。还有一个来自公元前 7 世纪的切尔韦泰里（Cerveteri）的陶瓶，是对图兰（Turan）即伊特鲁里亚的阿芙洛狄忒神殿的供品。（*116b*）

签署将当地居民与希腊和伊特鲁里亚商人联系在一起。这种日益增长的希腊化，虽然强度与规模不同，但在安纳托利亚的“外邦人”族群之间的影响非常之大。如在巴尔干半岛、意大利、古迦太基地区、伊比利亚和某些克尔特人地区，其实这种影响远在公元前 4 世纪创立希腊化世界的伟大浪潮之前就已经存在。希腊城邦经济和社会运作体系的声望不断提高，仅仅是希腊文化传播的一个因素；但是同样重要的因素是商业关系的持续性、持久性以及希腊技能在偏远地区（这些地区渴望获得由能干的希腊工匠生产的商品）的传播。在这里，廉价获得这些商品远胜于千辛万苦冒着危险从希腊购回这些商品，这也是一个考虑因素。值得注意的是，尽管有关航海和货物来源的资料通常极度缺失，但考古获取的资料往往为货物和人口的流动提供了最好的证据。

古风时代晚期和古典时代贸易的性质

公元前 6 世纪初，最新奇的是一种新型船只的面世，取代了速度较慢且带有众所周知的弓形船头的船只（strongylon），自史前时代这种古船就一直为地中海水手所用。新船是五十桨的快速战船（pentekontura）。根据希罗多德的说法，最先采用这种新船的是福凯亚。这项创新产生了许多重要的成果。这些船非常适合亡命的海盗使用，当时海盗在地中海已经很普遍，如早期资料所示已经遍布于地中海。这种新的快船因其船上空间不大，便于小型珍贵货物的运输，从而使得贸易的性质发生了相应的变化。幸存下来的唯一重要案例是在第勒尼安海吉里奥岛（Giglio）附近发现的沉船，上面载有武器和有限数量的商品。这就明显揭示了当时的海上贸易已变得不再安全，而且贸易物品已转向奢侈品。在这一发展过程中，重要的是福凯亚人在建立马赛（公元前 600 年）和后来的恩波里翁 / 安普里亚斯（约公元前 520 年）港口中起到的作用。这些地区传统上是伊特鲁里亚和腓尼基航运的势力范围。

但这一阶段的持续时间相对较短。公元前 6 世纪中期，吕底亚统治者给予安纳托利亚海岸的压力导致了传统上由希腊人控制的爱奥尼亚航线的衰落。公元前 542 年福凯亚居民的出走象征着贸易和航海方面正在发生变化。福凯亚人被迫背井离乡，试图在与他们血统关系密切的西部希腊人（特别是在马赛的表亲）处落脚，但是他们被拒绝了。然后他们试图在科西嘉岛的阿莱里亚（Alalia，Aleria）定居，这对伊特鲁里亚人造成了威胁。对伊特鲁里亚人来说，附近的厄尔巴岛是自己主要的财富来源，而且对他们来说，从阿尔诺河到罗讷河口（利古里亚人居住于此地）的海岸贸易也很重要。伊特鲁里亚人没有退缩，两支舰队在撒丁岛附近的海域相遇。伊特鲁里亚人得到了他们的传统盟友迦太基人的支持。迦太基人不久之前开始接管撒丁岛和西西里岛的腓尼基殖民地，他们急于保持地中海西部的现状。尽管伊特鲁里亚人这次战役损失惨重，但他们迫使福凯亚人永远地放弃了科西嘉，而逃往坎帕尼亚。在坎帕尼亚，有了波塞多尼亚（Poseidonia）人的支持（波塞多尼亚曾经被伊奥尼亚人的传统盟友锡巴里斯安置下来并得到他们的保护），于是福凯亚人建立了殖民地埃利亚（Elea）。

随着波斯人进入该地区，爱奥尼亚城市的压力不断加大，引发了东方希腊人反抗其新主人的起义。公元前 494 年，波斯人在拉迪斯（Ladis）海战中击败了反叛者。此后，东方希腊人在海上取得的成就成了记忆。但从公元前 6 世纪上半叶起，埃伊纳和雅典两个城市成为重要的海上强国。事实上，它们都是卡劳利亚（Kalauria）城古老的安菲克西尼（Amphyctionic）联盟的成员，尽管这两个城市在几百年前的殖民运动中扮演的角色微不足道，而且在公元前 8 世纪和公元前 7 世纪的大部分时间，在共享市场和贸易路线过程中只有边缘性作用。但是，它们在公元前 6 世纪的崛起非常迅速。埃伊纳在诺克拉提斯已经有了一个神殿，并在公元前 6 世纪开始接管以前由东方希腊人所占据的航海路线。它很快就把自己最古老的希腊货币强加于它所服务的市场。公元前 510 年，在萨摩斯被波斯统治之后，埃伊纳在克里特海岸的科多尼亚（Kydonia）贸易中接替了萨摩斯的角色。公元前 6 世纪末，希罗多德将埃伊纳的拉斯达曼特斯（Lasdamantes）的儿子索斯特拉托斯（Sostratos）描述为“有史以来最伟大的商人”，从考古证据和铭文中，他也被认为是诺克拉提斯和格拉维斯卡圣地的赞助人，以及向伊特鲁里亚运送数量空前的阿提卡陶器的代理人。在梭伦（Solon）统治之后的几年里，雅典实际上发展了制陶业，并利用现有的商务网络，到公元前 6 世纪中叶已经占据了所有的地中海市场。在同一时期，一种阿提卡徽章硬币（Wappenmünzen）大量出现在“水手区”（naukrariai，传统上水手居住的地区），这也显示了雅典在公海上的航运一帆风顺。公元前 5 世纪初，埃伊纳和雅典之间形成反差，敌对情绪逐

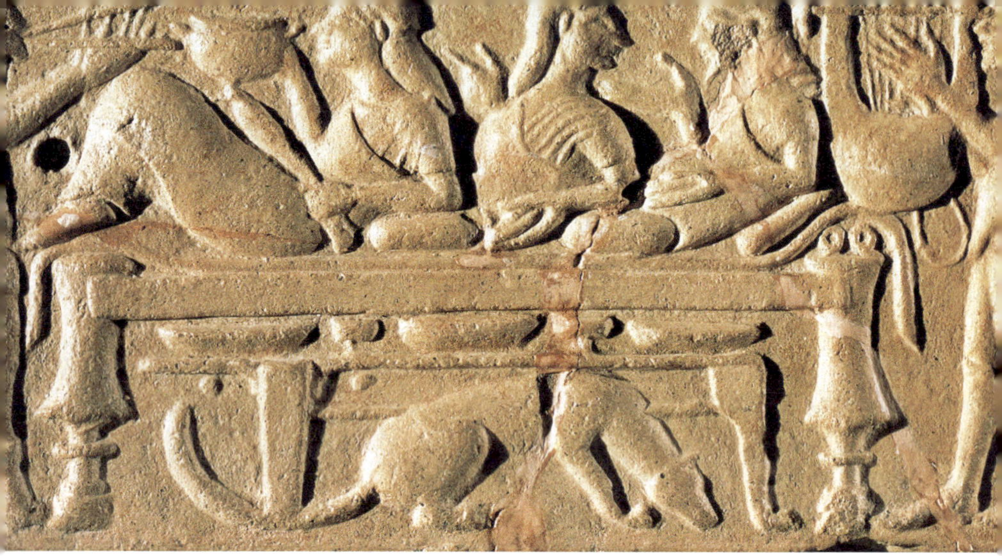

希腊人和腓尼基人的美酒带来了新的社会风尚，这一事实不仅被伊特鲁里亚墓穴中发现的极多酒器证明，而且也被他们的艺术作品中对宴会的频繁描绘证明。在维泰博（Viterbo）附近发现的模制陶土浮雕上，男男女女斜靠在长凳上，右边的碗里盛着酒，中间一个男孩在弹奏七弦琴（里拉琴），左边的一个人在吹长笛。（*118–119*）

渐激烈，表现为武装冲突和战争。到公元前 458 年，雅典人彻底送走了埃伊纳人，势力大增，显然不可抗争。波斯战争的良好结局和提洛同盟（Delian League）的建立，使雅典和它的阿提卡同盟在海上获得了毫无争议的主导地位。雅典的霸权允许阿提卡船只（尤其是雅典盟国的船只）穿越爱琴海和东地中海，承载色雷斯黄金、马其顿木材、黑海谷物，这是一个庞大的贸易网络中最重要的项目，其基础在前几个世纪由希腊城市及其殖民地奠定。

但是事态的变化不仅仅发生在爱琴海市场。在公元前 5 世纪的开始和与波斯战争的结束时期，“大希腊”和西西里岛希腊殖民地（特别是叙拉古）以一种比古风时代更具有决定意义的方式，在地中海中部交通的发展中起到了至关重要的作用。迦太基人于公元前 480 年在希麦拉（Himera）陆上遭遇的严重失败，以

及伊特鲁里亚人海军在库米战争（公元前 474 年）中的失败，都说明了伊特鲁里亚的传统海上势力开始衰落，而强大的叙拉古海军进入第勒尼安水域。随后叙拉古人占领了皮特库塞，又在公元前 453 年对厄尔巴岛和科西嘉岛进行了突袭，这有助于人们理解日益脆弱的古代社会在古风时代是如何平衡的，以及一系列新的关系是如何形成的。遥远的西部仍然是迦太基无可争议的势力范

从帕莱斯特里纳（Palestrina）一座公元前 7 世纪的坟墓中出土的象牙杯是最豪华的伊特鲁里亚仪式用器皿。此杯周围有四个女性人像作为支柱，杯子上端装饰着神话中的动物，反映了希腊和腓尼基的影响。（*119*）

来自迦太基的伊特鲁里亚人、希腊人和腓尼基人经常在希梅拉、西西里岛和那不勒斯附近的库米海上发生冲突。为了纪念库米海上的这场战斗，人们制作了一个伊特鲁里亚人的头盔，标明以此献于宙斯，在公元前 474 年后存放在奥林匹亚的神殿中。(*120*)

围，这种状态延续到公元前 3 世纪迦太基与罗马发生冲突后才终止。然而，这条穿越地中海中部通往伊特鲁里亚和狮子湾（Gulf of Lions）的重要市场的航线，先是被优卑亚人控制，然后又被爱奥尼亚人控制，现在却成为雅典人和叙拉古人之间竞争的焦点。这不仅体现在雅典人与大希腊殖民地之间的紧密联盟［包括公元前 444 年图里奥（Thourioi）城的建立］，也体现在公元前 433 年，迪奥提马思（Diotymas）代表雅典以部分外交、部分军事的方式远征那不勒斯这一事件上。同时，由于雅典与科西拉牢固的联盟关系，由亚得里亚海向北直至波河三角洲的贸易地段落入雅典人之手，其生产的陶瓶在帕多瓦（Paduan）平原伊特鲁里亚人控制下土地肥沃的殖民地随处可见，包括从爱奥尼亚和伊利里亚（Illyria）的科林斯殖民地运来的被称为“科林斯 B 型”（Corinthian B）的装葡萄酒用的陶瓶。伊特鲁里亚的沿海城市转而支持雅典对抗叙拉古，支持雅典在公元前 415 年对西西里的进攻。科林斯的前景与其前殖民地叙拉古的财富一脉相连，而已经取代了埃伊纳岛的钱币成为在希腊西部城市流通的主要货币的科林斯钱币，则开始与雅典的钱币在有争议的第勒尼安海诸市场展开竞争。

通过对伯罗奔尼撒的战争背景尤其是对叙拉古的灾难性远征的考察，我们可以观察到东西方争夺贸易航线而产生的对抗。由于对陶瓷证据越来越细致的分析，特别是对整个地中海陶罐挖掘的深入研究，公元前 5 世纪和公元前 4 世纪的贸易航线有了更清晰的眉目。贸易路线（与古风时代相比）显得相当稳定。迦太基在腓尼基传统势力范围之外的影响是非常有限的。然而，从伊特鲁里亚格拉维斯卡发现的公元前 6 世纪双耳罐的数据显示，十分之一的双耳罐是布匿形制的，在第勒尼安海中部重要

左上图为埃伊纳的货币（*117a*），乌龟是其海权的象征。但是在公元前 458 年，埃伊纳被雅典打败，失去了制海权。当这种情况发生时，阿吉涅坦人（Aiginetans）用旱龟代替了他们的海龟，这种改变可能是由雅典人决定的。雅典的标志之一（在公元前 530—前 520 年的一枚硬币底部，*117b*）是蛇发女妖的头部，肯定也是表达侵略与征服的意志。

在英格兰东部的米尔登霍尔（Mildenhall）发现了一个巨大的银碟以及另外30件物品。银碟的中央是海神（Oceanus）。他的头上缠绕着海草，头发中露出了海豚。在他的周围，海洋主题的元素还是以骑着海马的少女为主。这个盘子不太可能是在英国制作的，它可能起源于罗马高卢甚至更远的地方，可以追溯到公元前4世纪中叶。（*122–123*）

市场的贸易中，这几乎是不可忽视的占比。公元前5世纪和公元前4世纪的大部分时间里，伊特鲁里亚人通往利古里亚和法国南部（包括对西班牙北部偶尔的到访）的贸易路线上，也曾出现过类似的情况。科林斯B型双耳罐在古风时代和古典时期的广泛传播是科西拉后来的独立政策的标志，科西拉现在与它的母邦科林斯形成全面的竞争，并成为雅典的同盟。在意大利东北部的斯皮纳，公元前5世纪和公元前4世纪的双耳罐几乎都来自科西拉，科西拉与雅典的联盟给了这个前科林斯殖民地一个有力的促进。大希腊和西西里岛的角色则越发不确定。在古风时代传播广泛的、可能溯源于希腊西部殖民地的所谓爱奥尼亚－马萨利奥（Ionic-Massaliot[①]）双耳罐，与公元前4世纪大希腊和西西里岛的双耳罐非常相似，值得我们注意。考虑到它们与科林斯B型双耳罐的更多相似之处，这一资讯将使学者们能够说明意大利双耳罐的起源和发展，从而搞清其与科林斯和爱奥尼亚的渊源，并能描述希腊西部贸易的路线以及它与伊特鲁里亚和迦太基商圈的重叠程度（就像古风时代的爱奥尼亚贸易一样）。然而，也应该记住，迦太基在公元前4世纪征服了西西里岛中部和西部，给西西里岛的迦太基城市以外地区的葡萄酒贸易带来了布匿的风格。

与公元前6世纪相比，古典时期主要是换了贸易网络的主人，只是在很小的程度上改变了运输的货源和目的地。地中海贸易中心的路线、生产方式和货物交换的真正变化发生在公元前4世纪

① Massaliot（形容词化名词，名词为Massalia），是马赛的古名。

下半叶，表现在希腊－意大利双耳罐在市场上的数量越来越大，装运着罗马和坎帕尼亚葡萄园的农产品，来自葡萄园的葡萄酒是罗马贵族和坎帕尼亚骑士阶层联盟的成果。但这属于罗马帝国历史上的事件。当时罗马帝国正处于一个缓慢的、似乎不可阻挡的孕育阶段。一个真正的巨人正慢慢地、令人恐惧地从意大利半岛中心的薄雾中显露出来。

马里奥·托列里所描述的地中海上，有腓尼基人、后来的迦太基人、伊特鲁里亚人和希腊人在争夺贸易路线的控制权，随着罗马——它的起源（撇开丰富多彩的埃涅阿斯和罗慕路斯传说不谈，必须追溯到台伯河口伊特鲁里亚和拉丁文化交汇处）——的崛起，其贸易争夺之战的特征发生了决定性的变化。伊特鲁里亚对罗马的影响之深，从罗马的许多神和英雄之名称的重塑上可以看得出来：这些名字来自希腊，之后以伊特鲁里亚语言因素进入拉丁语，比如：珀尔塞福涅（Persephone）变成普罗塞耳皮娜（Proserpina），奥德修斯（Odysseus）变成尤利西斯（Ulysses），而拉丁名称的雅典娜［Athena，和米涅尔瓦（Minerva）］变成与伊特鲁里亚人共享的密涅瓦（Menrva）。贸易上的需要使得罗马人也采用了伊特鲁里亚人的拼音字母。然而，没有人会想到罗马的未来，尽管罗马人在公元前 396 年摧毁了强大的竞争对手和近邻维伊（Veii），但高卢人（Gallic）在公元前 390 年的入侵表明，罗马人和伊特鲁里亚人之间的战争并不是产生动荡的唯一原因。罗马进行了三场针对另一个强大的地中海国家迦太基的战争之后，结束了地中海中部地区的布匿势力所构成的威胁。取得这些胜利的同时，对罗马征服的地区实行殖民统治，以及把拉丁文化融入意大利半岛多元化的种族及其文化，并最终赢得对地中海岛屿的控制，这一缓慢的过程为罗马这个急剧扩张的政治权威提供了必要的深度。与伊特鲁里亚人一样，罗马非常敬重希腊文化模式，所以最早的拉丁文学也包括翻译过来的希腊戏剧的片段，而拉丁诗人也试图适应希腊语的韵律系统，使其融入这种声音响亮的语言，以适应于自己所使用的困难得多的语言之需要。

公元前4世纪时，西方发生的这些事件与东方发生的重大变化是同步的。在公元前5世纪，伯罗奔尼撒战争说明了为控制希腊、意大利和亚得里亚海之间的贸易路线而争斗的持久性与重要性，它也标志着雅典在面对斯巴达人的严峻挑战时坚持其政治价值观的英雄气概，但城邦政治却将永远改变其性质。在过去，雅典及其盟友击退了波斯皇帝。但现在真正的挑战更多是地方性的。马其顿王国（其居民被希腊城市看作半野蛮人）首先在马其顿的腓力二世[①]统治之下成为一个强国，然后扩大到世界范围，他的儿子亚历山大领导的军队远征至叙利亚、埃及、巴比伦、波斯和印度的边界。虽然他英年早逝，帝国也被三个敌对的军阀瓜分，但亚历山大留下了绝对重要的遗产。希腊文化与波斯和埃及古代文化相融合，深深扎根于地中海东部。希腊化时期是一个活跃的城市建设时期，贸易繁荣，为始于希腊和埃及的神祇崇拜的传播，提供了一个重要

---

① 原文为菲力浦五世，疑错。腓力二世于公元前359—前336年在位，其子亚历山大组织了全希腊联军对波斯影响下的东方长达10年的远征。

亚历山大征服世界在一定程度上是罗马帝国创立的前奏。在他去世后，该地区在政治上分裂，但在文化上保持统一，希腊语成为东地中海的共同语言，就像拉丁语在西方一样。(*125*)

的环境。一个产生于犹太教的新宗教，在传播过程中很快演变成更加重视自己的使命的宗教，即保罗的基督教（Pauline Christianity）①。即使罗马人在公元前1世纪中叶征服了希腊，并在恺撒（Julius Caesar）和安东尼（Mark Antony）时期在埃及建立了罗马政权，却也没有削弱希腊文化的主导地位。

这种文化的象征是一个海洋城市，这里居住着数百个族群的民众，但它仍然保留着希腊文化的优势地位，它就是亚历山大大帝建立的城市——埃及的亚历山大城，它将拥有古代世界

① 基督教学者认为，现在全世界广泛传播和信徒众多的基督教，并不是耶稣基督原来传播的信仰，而是后来皈依基督教的晚期使徒保罗的思想，他主张犹太人与外邦人融合，主张罗马的臣民应该服从皇帝的统治，强调君权神授观等，已经脱离了当年耶稣基督的主旨，所以称之为“保罗的基督教”。

最伟大的图书馆。在亚历山大城这个众多犹太人社区聚集的城市中，妥拉（Torah）经典[①]都是用希腊文进行每周诵读的，因为这座城市的72名智者分别翻译了希伯来《圣经》，结果产生了（传说中）72个相同的版本，被称为“七十子译本”，在希腊正教中一直沿用至今。我们甚至不清楚亚历山大的犹太哲学家斐洛是否能读懂希伯来语，他的作品也被希腊教会保存了下来。

亚历山大港的斐洛。这是他死了很长一段时间后出现在9世纪的肖像。斐洛属于亚历山大港的犹太人群体，他的著作（都用希腊语写成）旨在调和犹太教和柏拉图哲学的关系。（*124*）

① 即犹太人所言《摩西五经》《律法书》，其主要内容包括基督教《旧约全书》经典的前五卷。

与此同时，罗马的扩张（它将囊括迦太基人在西班牙的领土和意大利）以及希腊化社团（Hellenistic oikoumene）的出现，通过强化政治和文化上的统一，改变了地中海的面貌。拉丁西方与希腊东方之间的差异持续了若干个世纪，但这两大区域逐渐达成了和谐。确实，埃及的托勒密（Ptolemaids）王朝和叙利亚的塞琉古（Seleucids）王朝，以及其他一些军事首脑仍然在无休止地争权夺势，使这些地段在希腊化时期以前的竞争持久化。他们不善于处理地方上的问题，比如安条奥库斯·埃彼凡尼（Antiochus Epiphanes）在“犹太”（Judaea）[①]试图将自己的宗教信仰引入犹太神殿，导致了马加比（Maccabaean）动乱。但这仍然是这样一个世界，即个人对于雅典和斯巴达等城邦的关注，现在服从于更大的政治实体。随着海盗活动受到限制，以及重要商品（如埃及和西西里谷物）的长途运输得到便利，政治团结的增强为商业带来了繁荣。在整个地中海地区采用古典风格建筑和雕塑所带来的影响也很明显。罗马人对希腊古典艺术表现出如此强烈的喜爱，以至于皇帝和其他大人物在他们的宫殿里摆满了普拉克西特列斯（Praxiteles）和菲迪亚斯（Pheidias）作品的复制品。事实上，许多伟大的古希腊雕塑作品现在只能通过现存的罗马复制品才为人所知。在接下来的章节中，杰弗里·里克曼展示了罗马的希腊历史学家波利比乌斯是如何意识到地中海周围的事件都是相互关联的。地中海正在成为一个整体。

① 地名，古代罗马所统治的一个地区。

在罗马帝国的统治下，整个地中海第一次也是最后一次在政治上统一。这是一个漫长的强权时代，一个商业扩张与海事进步的时代。罗马海军清除了海盗，海船给罗马运来粮食，港口也有官方管理与维护。这是一幅描绘停泊在港口的一艘船和灯塔的镶嵌画，是在罗马奎里纳勒山上（Quirinale，皇室区）的一座建筑中发现的。（*126*）

第四章

“我们的海”的生成[1]

公元前 300—500 年

① 本章作者为杰弗里·里克曼。

公元前 323 年，亚历山大大帝在巴比伦去世。他一生所征服的疆域范围极为广阔，已深入亚洲大陆。他在美索不达米亚去世似乎表明当时的世界发生了变化，整个世界的焦点已经转移到东方，深入内陆，离地中海越来越远。

然而，事实证明情况并非如此。亚历山大帝国相互敌对的后继者们所统辖的王国地域分布广，遍布于马其顿和希腊北部，直至小亚细亚、埃及和叙利亚。他们为争夺陆上和海上的权力展开了激烈的争斗，尤其是马其顿的安条克诸王和埃及的托勒密王朝成员，为争夺东地中海的控制权而陷入了激烈的冲突。

亚历山大死后的世界被现代学者称为“希腊化世界”，从其语言、文化和制度上看的确是希腊化的，至少从表面上看，亚历山大统治下的诸多族群是如此，在这些地区遍布筑有寺庙、集市和体育场等建筑的希腊风格的城市，而且它们之间的相处模式和理念亦有共同之处。但与过去一样，除个别情况外，这些地区更多是行政单位，而不是自治的政治实体。旧城邦（即希腊世界的城邦）的规模与资源，甚至像雅典和科林斯这样强大的城邦，也都被新的王国远远超越。这使安条克王朝和托勒密王朝得以在海上进行军备竞赛，并建造了更大的战船。三列桨战船（Triremes）舰队，是早期雅典舰队的标准战船，低矮、速度快、攻击力强，可巧妙地用来撞击敌人，后逐渐被四列桨、五列桨、八列桨、十六列桨、二十列桨、三十列桨甚至四十列桨组成的舰队取代。

针对如何划桨和操纵这些战船，人们仍有争议。船上桨排的数量不太可能超过以前三列桨战船上桨排的数量，但是每支桨的桨手人数、位置和划桨动作可能随之而变。幸运的是，这个“影响深远”的时代和希腊化时期诸王的浮夸作风没有持续下去。从公元前 3 世纪中叶开始，地中海地区最常见的战船是五列桨战船（quinquireme）。那时，东部海域的继承者们为了能决定地中海的命运而进行的激烈争斗最终也没有结束。至此，我们需要再向西看。

公元前 273 年，希腊北部伊庇鲁斯（Epirus）国王皮洛士（Pyrrhus）开始觊觎亚历山大的政权。他试图干涉意大利南部和西西里岛的事务，以扩大自己的影响力和财力，妄图成为西方的亚历山大大帝，但他的计谋被意大利中部的一个小的共和政体——罗马——粉碎了。在希腊军事威望达到顶峰、其国王又统率着一支强大军队的时候，受到冷遇一定是一种不祥之兆，这无疑让罗马受到更广泛的关注。

正是西西里岛与腓尼基的迦太基之间的冲突，将罗马坚定地推向了地中海的舞台，并使其成为海上强国。后来的传说夸大了罗马人在公元前 264 年第一次布匿战争爆发前对海洋的无知与经验的不足。罗马人世世代代与北部的伊特鲁里亚人以及南部的希腊殖民地都有关系，他们还有优良的航海传统。迦太基本身是腓尼基人的北非殖民地，坐落于现今的突尼斯北岸，雄心勃勃地想要控制西西里岛，它与整个地中海西部和东部利凡特都有海上联系。从大概公元前 6 世纪开始，罗马就与迦太基签订了一系列条约，这些条约规定了罗马船只可以去或者不可以去的地方。到公元前 311 年，罗马已经建立了一个叫“船舶修造署”（duumviri navales）的机构，可能是出于海防原因，又在公元前 267 年增设

唯一能与罗马帝国匹敌的是腓尼基人的殖民地迦太基，即今天的突尼斯。罗马是陆地霸主，迦太基掌控着海上霸权。为了应对敌人，迦太基组建了一支陆军，入侵意大利，几乎征服了罗马。罗马建立了海军，正是这支海军最终打败了迦太基。下图为少数图像资料中的一只腓尼基船，出自后来在西顿发现的罗马浮雕。（*128*）

了“舰队监察官”（questores classici）驻扎在各个沿海城镇，如台伯河口的奥斯蒂亚（Ostia）。

然而罗马意识到，与迦太基在西西里岛的战争不可能仅靠陆地战取胜，而是需要切断迦太基的海上联系，罗马的计划给海军增加了难度。它需要一支比曾经所拥有的舰队更大规模的五列桨船组成的新舰队。事实上，在这场持续了23年的战争中，需要建立一支又一支的舰队，每支舰队都要有数百艘战船，双方都遭受了巨大的损失。迦太基人海战能力更强，罗马人为了能有效对抗他们，一开始就改变战略，将海战转变为陆战。他们在船的末端固定上爪钉，称之为“乌鸦”（corvi'crows），牢牢钩住敌船，形成连锁，再让士兵蜂拥到敌船上。后来这些设备被放弃了，由于罗马海军技术的进步与无与伦比的后续兵力，他们在战争中坚持时间更长，最终战胜了敌人。

罗马强大的奥秘在于它建立的意大利同盟者体系。罗马没有向盟国索取贡品，而是要求他们派遣军队。盟军参加罗马的战役，与罗马共享胜利和战利品。相比之下，迦太基头上压着一个收取“贡品”的帝国，还有一支只为钱而出战的雇佣军。在公元前241年战争结束时，这一点得到了进一步的印证。当时，罗马在西西里岛以西的埃加泰斯（Aegates 或 Egidi）的海上战役中取得了胜利，西西里岛的大部分地区被割让给罗马。公元前238年，科西嘉岛和撒丁岛也被迅速地割让给罗马。这些地方的雇佣军没有得到报酬，与迦太基反目，并离开了拖欠报酬的雇主。

迦太基在战争中受到的屈辱和损失促使它到西班牙南部和东部寻求补偿，这是一个农业和矿产资源丰富的地区。一个显赫的迦太基将军家族——其中最著名的人物是汉尼拔——在这一地区十分成功地扩大了自己的权力和影响。汉尼拔对罗马的盟国西班牙东海岸城镇萨贡托（Saguntum）的攻击，成为迦太基与罗马之间第二次大战（公元前 218 年—前 201 年）的导火索。罗马想要打这场战争，正像上次远离意大利一样，需要到西班牙和非洲作战。但是汉尼拔却在这场战争中先发制人，带领军队越过阿尔卑斯山入侵意大利。起初，他在这个半岛赢得了一系列惊人的胜利，但最终入侵的结果还是以失败告终。10 年后，他被迫前往非洲，指望能够保卫迦太基。在这一紧要关头，他没能动摇意大利中部大多数盟国对罗马的忠诚，罗马的成功也可使得这些盟国从中受益。盟国继续派出多支军队在西班牙作战，并帮助罗马人

罗马舰队后来成为地中海有史以来最强大的舰队。罗马人对这些战船如此着迷，以至于他们在竞技场里灌满了水来进行模拟战争（海战演习）。此幅画可能是庞贝城的壁画，战舰描绘准确。甲板上的战士们整装待发，手持盾牌，船头的涂漆神似海豚。（*130–131*）

侵非洲。与此同时，他们在意大利紧跟着汉尼拔的行踪。但最终导致汉尼拔入侵失败的，也正是导致这次入侵的原因之一，即迦太基人的软弱以及在海战上的信心不足——这便是第一次布匿战争（the First Punic War）遗留的问题。汉尼拔很难从西班牙或非洲得到生力军的加入。随着汉尼拔在非洲的最终失败和战争的结束，迦太基南部和东部海岸的西班牙领地被割让给了罗马。西地中海沿岸连同第勒尼安海，纷纷落入罗马之手。

罗马的希腊历史学家、一个具有敏锐眼光且享有特权的观察家——波利比乌斯，他目睹罗马强盛起来。因为他有机会在战胜了汉尼拔的西庇阿（Scipio）家族当“人质兼客卿”（hostage-cum-guest）。他于公元前2世纪论及了罗马人对汉尼拔的胜利，对“汉尼拔战争”（Hannibalic War）做了著名的论断。他说：“在此之前，人类世界的所有行为都是不一致的……但从这一天开始（公元前220—前216年；第140个奥林匹亚4年周期），历史就成了一个有机的整体，意大利和非洲的事务与希腊和亚洲的事务联系在一起，通向一个终点。”波利比乌斯的故事，讲的是罗马人如何成为这片土地的领主，用他的话来说是如何成为“我们的海”的领主。

波利比乌斯的话很有见地，当然他是正确的。可这是为什么呢？答案藏在汉尼拔战争的后果中。当汉尼拔在意大利时，马其顿的腓力二世成为汉尼拔的盟友。罗马坚决要惩罚他，于是卷入了对马其顿王国的战争，这便是亚历山大本人的古老王国。与对西方的战略不同，罗马人似乎并不想在这一地区获得新的领土。甚至在公元前196年，希腊以相当高调的姿态宣布独立。但这只汉尼拔（Hannibal）的远征在意大利持续了15年，这是军事天才与顽强毅力的典型较量。汉尼拔（右图为西班牙硬币上的图像，*129a*）带领军队安全越过阿尔卑斯山（公元前218年）后，在特雷比亚河（Trebbia River）、特拉西米诺湖（Lake Trasimene）和坎尼（Cannae）取得了一系列的辉煌胜利，罗马人在这些战役中损失惨重。在那之后，罗马将军法比尤斯（Fabius）避免激战。更重要的是，罗马的盟友中没有一个被说服改变立场。到了公元前203年，汉尼拔不得不返回迦太基保卫它免受罗马攻击。

迦太基被彻底摧毁后，被重建为罗马殖民地。只在坟墓中和石碑上才能发现迦太基人的遗迹，现已被罗马拱顶墓穴（Roman vault）覆盖。（*129b*）

是对亚洲的塞琉古国王安条奥库斯的诱惑，使其干涉希腊事务。他也必然受到了惩罚，被赶出希腊，并被追击到小亚细亚（现在的土耳其）。这是罗马人第一次越境进入东方。历史证实了希腊王国不是罗马的对手，罗马正不可避免地卷入东方事务之中，尽管其早些时候曾试图撤兵。

到了公元前 146 年，罗马人的态度变得强硬起来，这时发生了两起震惊地中海世界的暴行：同年，西方的迦太基古城和东方的科林斯古城被摧毁。公元前 149 年，罗马人要求迦太基迁居到远离大海的地方，由此引发了一场短暂的战争。在进行了艰苦的围攻之后，城市被夷为平地。科林斯的命运更加飘摇不定，这也给希腊的其他国家一个可怕的警告，让它们在享受自由的同时要好自为之。这两个国家都是古典时期的伟大国家，都十分重视海洋领域，后来都由罗马人自己重建。这其中传达的信息十分明确：罗马不能容忍任何对手主宰海洋，也不能容忍任何对手主宰这个由海洋联系着的世界。

罗马一向不能容忍有海上对手的存在。然而，罗马没能在公元前 2 世纪建立起自己的大型舰队，就像在公元前 3 世纪第一次布匿战争期间建立起自己的舰队那样。渐渐地，罗马越来越依赖意大利南部希腊盟国的船只。随着在东方的战役的发展，在卢库鲁斯（Lucullus）和庞培将军的率领下，罗马依赖的是爱琴海和地中海东部利凡特的传统海上盟友国家的船只。由于罗马缺少正规的海军舰队，以及政策制定得较为随意，例如轻视罗得岛的海上治安，所以海盗在海上活动频繁。罗马人对土耳其南部奇里乞亚的主要海盗基地的打击力度不够，或者说并没有足够的能力击溃他们。直到公元前1世纪，海盗的存在俨然成为一种威胁。即使是在意大利境内，距罗马仅20千米的台伯河口的奥斯蒂亚，也曾在公元前87年遭到过海盗的袭击，这种情况绝不能持续下去。公元前67年，庞培受命消灭地中海的海盗，不到60天的时间，他就完成了任务。尽管海盗从未完全消失，但数百年来，地中海地区再也没有出现过大规模的海盗活动。

此时，在所有希腊化的各王国继承者中，也许只有似乎最富庶的托勒密王国尚未被罗马吞并或控制。托勒密王国的最后一位统治者克娄巴特拉试图恢复其王国的全部权力及其外围领地的全部家当，并指望利用尤利乌斯·恺撒和马克·安东尼以实现自己的目的，这就使得埃及完全卷入了罗马政治的中心，而罗马对地中海的全面控制即将实现。

罗马直接干预埃及的可能性，对共和国最后几十年的所有主要政治人物来说都是一个诱人的前景。但它最终表现为马克·安东尼和屋大维（Octavian）——后来的皇帝奥古斯都（Augustus）——争夺权力的结果。公元前31年，这场争斗并不发生在陆地，而是在古代历史上最后一次发生在希腊西海岸的大海战——亚克兴（Actium）之战中结束的。此次胜利以及随后夺取埃及，对屋大维来说是一次重大举动。此次吞并使他获得了巨大财富和大量自然资源，尤其是罗马和地中海世界急需的粮食。到手的还有一个大口岸——亚历山大港，它不仅是运输埃及资源的出海口，也是来自阿拉伯、印度和中国的奇珍异宝和其他商品的出海口。这样看来，埃及虽然是罗马的一个省，但一直由皇帝亲自管辖就不奇怪了。

屋大维极为狡诈，逐渐从共和国晚期的最后一个王朝竞争者转变为罗马第一位皇帝奥古斯都。在他总是伪装着共和体及共和体政府还继续存在之时，现实却在变化，而且不仅仅是在海上。他在法国南部的尤利乌斯广场［Forum Iulii，即弗雷瑞斯（Frejus）］花费时间把各种战斗舰队的残余力量集结在一起后，在那不勒斯湾的米塞努（Misenum）和亚得里亚海的拉文纳（Ravenna）建立了新的永久性海军基地。较小的海军分队被部署在其他地方，如北非海岸和黑海，以保持长久的海上控制。当然，罗马的目标不仅仅是通过控制所有通往意大利的道路来确保皇帝本人的安全。正如罗马历史学家塔西佗（Tacitus）深刻指出的那样："陆军、行省和舰队在整个体系中都是相互关联的。"但有一支常备海军也有助于抑制海盗猖獗、海上抢劫和海上普遍存在的各种为非作歹的行为。

不管新皇帝在打什么主意，或是进行了怎样的政治诡辩，最终的结果是罗马实现了对地中海的统治并将其置于帝国的控制之下，这一点毫无悬念。人们了解这一点，并心存感激。罗马传记

埃及的"卡普它"（Aegypt［a］capta）[1]。公元前30年，随着埃及艳后克娄巴特拉（Cleopatra）的去世，埃及漫长的法老时代结束了。埃及成为罗马帝国的一部分。左图：一枚公元前27年发行的纪念币，上面印着象征尼罗河的鳄鱼。（*131*）

① 埃及的一种钱币的名字。

作家苏埃托尼乌斯（Suetonius）所写的一则动人的故事证明了这一点。公元 14 年，在奥古斯都弥留之际，他和老皇帝一起乘坐的船遇到了一艘从亚历山大港驶往那不勒斯湾（Bay of Naples）普特奥利（Puteoli）港的大型粮船。船上的乘客和船员认出了他，都穿上白袍，戴上花环，给他烧香，向他表示祝福和感谢，感谢他对海上安全做出的贡献。一个伟大的时代就这样开始了。

水下考古学这门新学科的出现，大幅度增加了我们对现在海上交通的了解。雅克·库斯托（Jacques Cousteau）在第二次世界大战后发明并改进了潜水服，使人们首次对海底进行了较为深入的研究，至少在浅水区是这样。潜水员能够在水下停留较长时间，相对不因环境受到太大的阻碍。这意味着不仅有可能找到单个物体，如古代盛放油或酒的双耳陶罐，而且可以对沉船地点进行适当的水下挖掘。这样的挖掘工作使我们对当时的造船技术、船只大小、运输的货物和航线的了解越来越明确。但是，在我们

上图为一条交易船正将商品（可能是金属棒）运到海边，并在卸货之后过秤。这幅镶嵌画大约公元 250 年于突尼斯的一个罗马人墓穴出土。(*133*)

得出结论和做总结概括时必须谨慎，因为各研究领域之间发展并不平衡，有些领域的研究比其他领域更深入。早期的一些发掘专业水平并不高，而地中海的深海区域是潜水器还不能到达的。即便如此，在这片水域已经发现了 1 000 多艘沉船。从对于这些沉船的研究中可以清楚地看出，在公元前 200 年到公元 200 年期间，海上交通非常密集，这是 1 000 年来无法比拟的。地中海对罗马及其帝国世界是至关重要的，这一点毫无疑问。

罗马人给海洋命名的方式也强化了这一结论。最初地中海被认为是一系列较小面积的海域，而其名字通常取自邻近的海岸

我们关于古代世界的许多知识都是从水下考古得来，水下考古有着悠久的历史。一幅 1614 年的雕版画显示了如何从海底捞起一门大炮。（*132a*）右图是一名现代潜水员在意大利海岸附近打捞一个残缺的伊特鲁里亚双耳罐。（*132b*）

或岛屿的名称，比如第勒尼安海（Mare Tyrrhenum 或 Tyrrhenian Sea）、巴利阿里海（Mare Balearicum 或 Balearic Sea），直到相对较晚的时候才采用“地中海”这一名称。地理学家索利努斯（Solinus）在公元 3 世纪下半叶就使用过这个词，而我们对它的第一次直接了解是在公元 6 世纪塞维利亚的伊西多尔笔下。当罗马人想要谈论整个海洋时，他们称它为“大海”（Mare Magnum）、“内海”（Mare Internum）或“我们的海”，后两个称呼是最有意思的。地中海作为帝国的内部航线，确实为罗马的扩张提供了有利条件。这些词被官员、士兵、移居者、奴隶、工匠和四处游历的传教士使用，这些群体的数量绝不少于商人。罗马人把海洋周围的所有地区掌握在自己的手里，地中海变成一个内湖——“我们的海”。在这一点上，希腊人以前也有过类似的说法。“地中海”就是我们通行的海（he thalassa he kath’hemas[①]）、“我们面对的大海”，更确切地说，是“我们的海”。但这只是严格意义上的地中海。对于早期帝国的罗马人来说，这的确是“我们的海”，即所有的一切，包括附属于它的黑海和红海，甚至直到直布罗陀海峡之外的海域。一个大国对整个地中海在政治上的这种完全的政治支配，是前无古人、后无来者的。

罗马人在用各种方式享受着这片海域带给他们生活的乐趣。例如，那不勒斯湾等热门地区的海边别苑（Villas by the sea），仿佛在向匆匆过往的船只炫耀别苑主人的富有和品味，而这些高层建筑和柱廊反过来又为过往的航船提供了可供识别的白昼

① 这是希腊文“我们的海”（ἡ θάλασσα ἡ καθ' ἡμᾶς）的拉丁文转写。

海边别苑有塔楼和柱廊，有的别苑还有小型码头，给附近的航船起到可参照地标的作用。这些是罗马人享受大海的象征，即一片消除了海盗足迹的安全的大海。上图为尼罗河的一个画面（注意图中的鳄鱼），是约公元 70 年的壁画。（*134*）下一页的图是同一时期卡斯特拉马雷［Castellammare，即斯塔比亚（Stabiae）］港口的海边别苑，位于庞贝城的南部。（*135*）

地标。这些别苑有自己的小型港口和系泊设施，就像设备齐全的手工作坊一样，在亚得里亚海北部的伊斯特里亚（Istrian）半岛等地，手工艺行业也有码头来装载货物。奥斯蒂亚的沿海边有盐田，意大利的科萨有养鱼场，而西班牙南部的海岸更是如此。后者可以作为生产咸鱼等产品的大型商业性场所，尤其是鱼酱（garum），它将被运往罗马世界的各个地方。

自古以来，罗马的贸易活动一直以近海型（cabotage）的、从一个港口运输到下一个港口的小规模贸易为主体。地中海的海岸线是相互连接的，但是其内陆地区往往被大山或沼泽阻断。而这种相互联系也会由于各地的气候条件和生产力——甚至是那些非常接近的地方——的差异，比人们可能相信的关于"地中海式气候"和"地中海作物"的笼统概括要大得多。尽管宣传了"自给自足"的理想，但只要有可能，在那个时代还是需要互通有无、相互依存，而海洋使这种相互依存成为可能。古代的航行条

件，很大程度上会受到风向和天气的影响，且只能依靠人力划船，还要看自己随身能够携带多少淡水和粮食。这就决定了行船途中需要有港口、码头、避难所，或者至少每隔一段距离（比如每隔 50～70 千米）应该有可以登陆的海滩。因此，近海航行无论从哪个角度来说都是一种天然的航行方式。

但随着罗马全面主宰时代的到来，也出现了其他的航海模式。自从腓尼基人时代（或许更早），就一直存在必要的远程航行。腓尼基人的贸易与殖民从利凡特延伸到非洲、西班牙和其他一些地区。希腊人曾派人远征西西里岛、意大利南部和地中海西部地区。但随着罗马帝国的到来，所有主要商品都能进行长距离的公海贸易，且货船来往有一定的规律，以全年为周期，就像在陆地上经商一样。这种长途贸易的重点交易对象不是军队，而是罗马城本身。多数情况下，是国家的意志决定了贸易的模式，尽管实际的操作权力可能留在个体商人手中。

在奥古斯都时代，罗马及其周边地区的人口数量至少有 100 万，甚至更多。在这一地区要维持这么多人的生存将会耗尽当地的所有资源。罗马需要从资源有盈余的地区进口大量的粮食、食用油和葡萄酒，这些资源通常来自地中海的南部。公元前 241 年，第一次布匿战争使得整个西西里岛——这个地中海历史上的传统粮仓之一——落入罗马人手里；公元前 201 年，第二次布匿战争使得西班牙南部和东部也接连落入罗马之手，这两个地区只要在和平年代，农业生产上就会有很大盈余，尤其是橄榄油；公元前 146 年，第三次布匿战争使迦太基人的故乡非洲陷落于罗马手中，此地被迦太基人经营得很好（他们有一套完整的农学技术文献，

罗马统治的一个优势是地中海范围内粮食可以自由流动，特别是从西西里岛、非洲到罗马城。右图为一块象征着夏季的大丰收的大理石牌匾，它来自公元6到7世纪的科尔多瓦。(*136a*)

为了到达罗马，远洋船只必须在奥斯蒂亚靠岸，将货物转装至内河船，然后顺着台伯河逆流而上。这幅从奥斯蒂亚出土的镶嵌画上，右边是大船，船头画着海豚的形状。小船的桅杆已经不能挂帆行驶，可能只用于牵引船只。(*136b*)

后被翻译成拉丁语），有潜在的丰富粮食和油料资源；随着公元前 30 年，克娄巴特拉女王死亡，埃及——从《圣经》时代开始，埃及就盛产粮食——成为罗马列位皇帝的财产的一部分。

在共和国晚期，正如我们从西塞罗（Cicero）在公元前 1 世纪抨击西西里的地方长官韦雷斯（Verres）的演讲中得知，罗马人按着叙拉古的统治者希耶隆（Hieron）当年所开创的税收制度，定期向西西里岛征收粮食税。同样，罗马人似乎很快就控制了埃及的粮食管理体系。由于尼罗河难以驾驭以及每年洪水泛滥的影响，埃及的粮食一直高度集中管理，特别是在托勒密统治之时。罗马很容易就接管了对洪水的管控，粮食在收割后运输到下游亚历山大港，保存在该市的尼亚波利（Neapolis）和莫库里乌姆（Mercurium）区的粮库里。之后粮食出库，依次通过港口并途经著名的法洛斯（Pharos）灯塔，驶向大海。按照规定，罗马是粮食运输的主要目的地。

事实上，这些船只最初并不是驶向罗马，而是驶向普特奥利。普特奥利是那不勒斯湾上的天然港口，一直是意大利从地中海东部出发后到达的天然目的地。几个世纪以来，位于意大利南部地区的希腊各国家设立了海事设施，而罗马本身却缺乏一个合适的港口。公元 1 世纪中叶的塞内加（Seneca）在一封信中讲述了普特奥利第一次看到来自亚历山大的运粮船队先驱者时的兴奋，以及人们是如何聚集在一起只为亲眼见到来自埃及的大型货船到港。不难看出，政府官员和一些政府组织参与了亚历山大的运粮船队活动。但正如最近在穆雷辛（Murecine，靠近庞贝和普特奥利）发现的一组蜡板文书（wax tablets）所显示的那样，至少有一部分普特奥利的普通商人和商家也参与了粮食贸易，他们为此筹集贷款、进行投机活动等。参与谷物贸易者既有官方人士亦有个体商人。

到公元 2 世纪，北非的领土和迦太基内陆面积扩展得越来越大。地中海南岸的诸多港口（在当今的突尼斯）向罗马运送的粮食数量越来越多。在那个世纪末，罗马皇帝康茂德（Commodus）模仿亚历山大，组建了一支非洲谷物运输船队。到了公元 4 世纪，我们从晚期帝国的《狄奥多西法典》（*Codex Theodosianus*）中得知，从非洲收集和运输粮食是经过精心组织的。其他的一些农产品如橄榄油，通常是由非洲港口到罗马的短途航线运送。但是，大量的食用油主要来自西班牙南部。这些是源于罗马泰斯塔乔山（Monte Testaccio）古墓中破碎的圆形双耳罐等文物显示的信息。

罗马依靠来自亚历山大港运粮船队的粮食来养活其庞大的人口。在奥斯蒂亚的墓葬里有一幅关于人们正在装船的壁画。这艘船的名字叫作伊西斯吉米尼亚纳（Isis Giminiana）。船长（magister）叫法尔纳塞（Farnaces），在他旁边的可能是一位政府官员，他手持着理货杖。然后是船主（可能是墓葬的主人）阿巴斯坎塔斯（Abascantus），正看着人们把小袋装的粮食折到大袋子里，另一个人说：“我做完了（feci）。”（*137*）

西班牙的瓜达尔基维尔河（Guadalquivir）流域，从加的斯上行，一直到塞维利亚及更远的贝提卡（Baetica）省，是一大片丰饶的农业区，食用油、粮食、葡萄酒样样都有。整个地区水陆交通畅通，富裕的托运人以及其他商人在加的斯早就创造了条件，时刻等待着机会加以利用。这些始自西班牙南部和东部，以及罗马高卢南部的运输，显得繁忙而有序。

在某些情况下，用于这种交通运输的船只类型很多，且非常专业。例如，我们知道，葡萄酒运输船不是像平常那样简单地在货舱里堆放葡萄酒罐，而是事实上的“酒仓”(tankers)①，里面装着十几个或更多用于灌入普通葡萄酒的多利亚陶罐（dolia)，还有装灌葡萄酒原汁（vin ordinaire）的大陶瓶，这些都在造船时直接置于船舱里。还有专门的“运石船”（naves lapidariae)，其船体坚固，需求量极大。大量的建筑材料，包括石柱、花岗岩和大理石等，从爱琴海、土耳其、埃及和非洲的采石场运送到罗马，以实现罗马皇帝宏伟的建筑规划。

但是大部分运载船的种类是不同的。大多数船都很小，能够运输重量为60～70吨的混装货物。例如，在同一艘沉船中，人们发现了磨盘、金属锭、双耳陶罐、精致的厨房用具等等。还有许多船只比这艘还要大，载重量可达300～400吨。在法国南部港口吉恩斯渔港（Madrague de Giens）的水下考古发掘活动堪称水下考古的典范，在挖掘过程中就发现了这样一艘载重量达300～400吨的船。船上有大量装在陶罐内的葡萄酒，几乎是

① 原义为油罐状大型液体容器，此处略为引申。

以精密计算后的模式一排排堆放的。还有比这艘罗马货船更大的船，但具体多大就成了一个具有争议的话题。文字记载中提到过有负载 1 000 吨及以上货物的“巨兽”（monsters）级船只。在古代的船舶技术方面，没有任何理由不能建造这样大的船只，尽管可能有经济上的原因而达不到技术上的极限。然而，人们一直认为，从亚历山大港到达意大利的运粮船就是这样的巨大船只，尤其是运输这样的大宗商品在经济收益上是可观的。但在得到进一步的证据之前，还不能随便下定结论。不幸的是，谷物是最容易腐败的货物。但是，正是这种货物才有助于保护散落在海床上的船体残骸，使之较为完整地保存原有样貌。

无论是多大的船只，货船的形状和结构大体都是一样的。船的外形是圆的，横梁宽大，有一个很高的后甲板，舵手在此处操控船尾的两个转向舵，可以向前瞭望。一个宽阔的方形主帆，可以很快地被一连串的卷帆索收起，就和百叶窗的原理一样。通常船头也有一个向前的小叶帆、一个短帆（artemon）、一个有助于操纵的斜帆，或可更好地接近风向航行。船体的制造遵循“先塑形”的原则，成形的铺板以榫卯接合方式紧紧地咬合（如精致的家具那样），只有在后来才插入内螺纹，船内构架在之后插入。船的强度关键不在于船骨，而在于船体。有时船体会附上一层薄薄的铅皮，这样做可以防止海洋生物的啃咬，再蒙上一层用沥青或树脂浸过的编织物。用这种方法精心建造的船只，其造价必然高昂。满载货物的船只若有损失，则要付出相当惨重的代价。

与战舰不同的是，这些货船是地中海的交通工具，被用来运

船舶在大小、尺寸和式样上要根据货物的类型进行不同的设计。这些货物中有一些特定商品，如葡萄酒和粮食，还有其他较重的材料，如石柱和花岗岩石方等。在突尼斯的苏塞（Sousse）出土了一幅镶嵌画，画中展示了一艘巨大的商船，有船桨、海豚样式的船头和高而弯曲的船尾。（*138a*）

图中为严密包裹着的双耳葡萄酒罐（wine amphorae）及法国南部海岸发现的一艘沉船。船舱内整齐而紧凑地摆放着葡萄酒罐。我们的大部分考古信息来自考古残骸，但是很少有像这样完整的。这艘船能装载货物的重量可能会达到400吨。（*138b*）

送货物和乘客。《使徒行传》(*The Acts of the Apostles*)讲述了保罗在一艘运粮船上前往罗马并最终在马耳他罹难，这则故事许多人都听说过。皇帝盖乌斯(Gaius)叮嘱他的朋友犹太王希律·亚基帕(Herod Agrippa)，在他需要回到巴勒斯坦时，顺便搭乘一艘货船到亚历山大港，因为这些船长在旅途中会“像赛马一样”拼命行船。船上的乘客会携带被褥、食物以及一两个仆人，因为在甲板下乘客住宿的空间内，几乎没有任何备用品。

鉴于这些情况和气候条件，冬天被认为是一个封闭的季节，不适合在地中海即“封闭的海”(Mare Clausum)上航行，因此这并不奇怪。航海时间是从5月到9月，或从4月到10月，这些都是惯例。即便在适航期，天气也是多变的，风暴可能会突然出现。地方生成的风会给海岬内绕行造成困难，即使夏天盛行的风也会给往返航行带来很大的影响。从普特奥利出发到亚历山大港之间的航行是最为清楚的例证：刮着西北风时去埃及，风推船行，全程只需要一周；回程迎风而动，可能会用一个多月。此外，客观条件也影响了人们采用的航行路线。从埃及出发北行之路是借道塞浦路斯、小亚细亚南部，途经罗得岛、尼多斯岛或是克里特群岛南端，上行至马耳他和墨西拿，然后沿意大利西海岸上行。南行线沿非洲海岸行驶，借用陆路和海上起微风时航行，一直到昔兰尼加。但是，这两条航线航行起来都很慢。回程到埃及，航船可以从意大利南部出海，顺风而行，抵达尼罗河入海口。

刺激这种长途贸易的真正动力显然是国家的需求，正是这些需求推进了一整套港口设施的建设、码头的布局与开发，提供了

考虑到定期航行中的季节性规律，风向能够在一定程度上被预测到。例如，意大利南部和埃及之间常见的风是西北风，所以去程速度是返程速度的四倍。这幅镶嵌画来自西班牙的梅里达，表现出了风的拟人化形象。(*139a*)

信贷的便利与船舶航行的条件。一旦这些设施得到落实，就可以用于开展其他贸易活动。政府的做法确定下来，相应的道路、港口等项目也就跟了上来，个体商人与群体商人也就有了愿望去追求自己有利可图的项目。因此，在罗马帝国，陶器和其他手工艺品等本身可能不值得长距离携带，但是这些东西的市场很大，有时会达到令人吃惊的程度，因此就出现了一种依赖于“背驮式运输”(piggy-back)的贸易。非洲的一种餐桌用品“红条状”(red slip)陶罐，就是这样一种产品。看来，这些东西备受欢迎并流传广泛，至少是由于帝国管制之下的非洲在其他贸易方面很有活力才形成如此局面，特别是粮食和食用油的交易本来是在牲畜背上进行的。这种情况的缺点是，如果国家的粮食运输出了问题，或者在一个时段内出现问题，那么这种装饰性的餐具及其他“背驮式运输”的贸易也会出现问题。

因此，这在很大程度上取决于皇帝的政治意愿，以确保他们认为自己的利益和国家的利益能得到适当的满足。也许在古代地中海，这种意愿最明显和最著名的表现方式就是在台伯河口附近建造了一个巨大的人工双港。它是克劳狄乌斯（Claudius）和图拉真皇帝在公元 1 世纪和公元 2 世纪初的作品，每一个港口都花了几十年的时间完成，分别是从公元 42 年到（可能是）公元 64 年，从公元 100 年到公元 112 年。

罗马长期以来一直利用其南方坎帕尼亚的天然港口普特奥利。在共和后期，这是罗马港口网络中不可分割的一部分。在帝国初期，它的作用得到了提升。这可能是奥古斯都在那里建造著名的拱廊防波堤的原因。拱廊防波堤有实用功能，是当时水利工程的奇迹，也是旅游景点。一系列的码头和仓库沿着海岸线即霍坦西亚纳海堤（ripa hortensiana）向北延伸，正是这些设施使得普特奥利成为一个大港口。这些设施可能已经延伸到并包括现在被海水淹没的部分，仍然可以在尤利乌斯港（Portus Iulius）和卢克林湖（Lucrine Lake）附近的水下看到。早期皇帝对这一地区的兴趣是显而易见的。克劳狄乌斯亲自派遣城市民兵到普提奥利以及台伯河口的奥斯蒂亚担起消防的责任。

皇帝们还担心从地中海到普特奥利，再从那里上行到台伯河口的路线会有危险。公元 1 世纪的犹太历史学家约瑟夫斯

（Josephus）称赞皇帝盖乌斯开始扩大雷吉乌姆即雷焦卡拉布里亚港口的建设。此港口位于自意大利的南端脚趾形地段穿越墨西拿海峡的路途中间，是一个众所周知的危险地点，港口的建设特别是给亚历山大港粮食船队带来了益处。同样地，罗马皇帝哈德良（Hadrian）在小亚细亚南部的帕塔拉（Patara）和米拉（Myra）建造的巨大仓库，也正是亚历山大运粮船可以停靠的地方，这些便是我们从圣保罗的故事中所了解到的。根据公元 3 世纪历史学家迪奥（Dio）的说法，哈德良在建设和改善港口方面的投入不菲。

自普特奥利港出发经由意大利西海岸北上到台伯河口的奥斯蒂亚港的海上航线也同样需要注意，因为这条航线容易受到来自西北方向的风暴的侵袭，而且没有几个天然港口可以躲避风暴。尤利乌斯·恺撒考虑到应该在奥斯蒂亚建造一个合适的港口，以取代或补充内河码头。他也考虑挖掘至少一条从泰拉奇纳（Terracina）到罗马的内陆运河。尼禄（Nero）重新提出这个想法，他下定决心把普特奥利与台伯河的水道联系起来，通过运河和内陆水道，利用海岸外部的天然礁湖一直到阿佛纳斯湖（Lake

Avernus，位于库米以南），到达奥斯蒂亚，再从奥斯蒂亚到罗马。在这里，河水本身是沿着一条弯弯曲曲的河道流动的，这就使得驳船向上游得既曲折又缓慢。尽管西尔塞伊（Circeii）附近仍有施工的痕迹，但这个工程失败了。这项工程始于公元 64 年，纪念硬币显示的是克劳狄乌斯在奥斯蒂亚以北修建的环形海港完工的日期，说明这是为解决罗马港口问题的系列战略性工程中的一部分，既涉及坎帕尼亚也涉及台伯河。塔西佗和苏埃托尼乌斯认为尼禄的行为纯粹是愚蠢的，但在与拉文纳有关的波河河谷地区修建运河的类似计划却取得了成功。罗马人在整个帝国都开发和改造了内陆水运交通，比如在罗讷河的入海口修建的著名的马略运河（fossae Marianae），就是在公元前 1 世纪为了减少运输困难而修建的。这几乎是在北欧和西欧都可见的一种交通河流化（fluvialization）政策。

早期的皇帝建造了巨大的港口设施。其中最著名的是奥古斯都皇帝为罗马南部的普特奥利港建造的一系列造船厂、修船行和仓库，其情景可能在当代镶嵌画中有所体现。几百年来，这种类型的建筑一直是地中海海上强国的标准建筑。从威尼斯时期开始，在克里特岛干尼亚（Khania）的海边，就一直保存着一排这样的建筑。（*140–141*）

克劳狄乌斯规划中的波图斯新港，位于奥斯蒂亚以北约 3 千米，在台伯河河口，被认为是对期待着继续进行的坎帕尼亚规划的补充。经过不懈的努力，一个巨大的、大致呈圆形的港口，建成于河流弯曲处附近的一个潟湖湾中，通过水道与之相连，港口深度有 4～5 米，面积达 80 公顷。建设人工港口的目的是让台伯河河口地段航运船次增加，船在航行过程更加安全。随着港口灯塔的建立，新港也会给通往罗马的航道增加光彩，虽然还比不上亚历山大港的辉煌。正如我们从塔西佗作品中所知，港内水域太广阔，保证不了安全。在公元 62 年的一次风暴中，近 200 艘船被毁。

图拉真规划的项目，虽然看起来只是为克劳狄乌斯港建设一个更安全的内港，但是它标志着一次变革。这是一次重要的尝

在奥斯蒂亚以北，由克劳狄乌斯建造的环形港口同样有配套的船坞。在这枚硬币的边缘以间隔表示。罗马的船只也被细致地描绘。硬币底部还有个河神，无疑就是台伯河河神。事实上，这个港口太大了。在公元 62 年，由于保护不周，近 200 艘船被毁。（*141b*）

试，试图将首都的商业，尤其是粮食供应，集中在奥斯蒂亚和波图斯的港口处。六角形的内港面积约 32 公顷，水深约 5 米。此前在陆地上的发掘地被连通克劳迪亚盆地和台伯河的运河隔断，现在通过一条渠道，即图拉真渠（fossa Traiana）所联通。大大增加了航运的系泊以及靠近台伯河河口的粮仓和仓库的数量。

整个盆地和运河的总面积约为 130 万平方米，是迄今为止我们知道的最大的单一港口综合体。与此同时，在图拉真和哈德良的领导下，罗马阿文丁山[①]下市场区（Emporium）的路堤、系泊设施、仓库和城市中心的屠牛广场（老牛市）都得到了系统的改造。随着尼禄的内陆运河计划被彻底放弃，罗马似乎不再能如此依赖遥远的坎帕尼亚港口了。这使得图拉真在附近另外建造了两个港口，一个位于台伯河以北的森图姆塞利［Centumcellae，即 Civitavecchia（奇维塔韦基亚）］，另一个在南部的泰拉奇纳，每个都占有约 10 万平方米的地域。这两个海湾港口充当了现在的佩尔图斯双港的两个卫星港。更重要的是，新港的良好道路直通罗马。

虽然其他地方的港湾规模较小，但这种港湾集群布局相互连接，为主城区服务，似乎是罗马世界的典型。高卢南部奥得河（Aude）上的纳博讷在圣露西（St. Lucie）、圣马丁（St. Martin）、曼迪拉克（Mandirac）和拉诺第克（La Nautique）都有外围小港；纳提索河（Natiso）上的阿奎莱亚（Aquileia）除了与格拉多（Grado）相连的运河以及通向拉文纳陆岸的运河

① 罗马“七丘”之一。

亚历山大灯塔（The Pharos of Alexandria）是古代世界七大奇迹之一，约建于公元前290年。在靠近港口之处，灯塔的光可以引导船只平安通过危险的浅水区域。关于这座灯塔，最详细的刻画是公元1世纪在阿富汗发现的一个玻璃高脚杯，但它的顶部真的有一个巨大的神的雕像吗？灯塔的火源在哪里，又是如何持续的？这些至今仍是未解之谜。（*142l*）

亚历山大城，大海的女主人，这是公元前2世纪的象征性镶嵌画。（*142r*）

上图描绘了现代的亚历山大港仍然是地中海的主要部分之一，尽管几乎没有什么遗址能让游客想起希腊和罗马。在远处，苏丹凯特湾（Sultan Qaitbay，1477 年）的马穆鲁克（Mamluk）要塞矗立在连接城市和“灯塔岛”的古堤上。（*143*）

外，至少有四条渠道与大海相接。奥龙特斯河上的安条克与劳迪西亚（Laodicea）相连，也与皮埃里亚的塞琉西港（Seleucie-in-Pieria）连接。希思帕里斯（Hispalis，今塞维利亚）在瓜达基维尔通过河流港口加的斯输送农产品。迦太基不仅有自己的内部双港，外部港湾呈长方形，内部为环形，而且在海上和突尼斯湖上还有许多其他的停泊地点。亚历山大港是地中海东部最伟大、最优雅的港口。它在地中海上不仅有两个主要的港湾，被一条长堤“七晶石”（heptastadion）分隔开来，而且有尼罗河其他河口的设施，以及城市背后面向尼罗河的马雷奥蒂斯（Mareotis）湖。令人惊异的是，罗马帝国人口的最大集中点要么就在地中海区域内，要么就在与地中海紧密相连的地区，这可能是政治、行政等

普布留斯·朗基地努斯·卡米卢斯（Publius Longidienus Camillus）正忙着工作，一位罗马造船工人的墓碑上有这个工匠和他的船的图像。这也是在本章别处出现的熟悉画面。（*144*）

原因导致的；但他们的发展和持续增长的能力是建立在发达的海上交通基础上的。

罗马世界蓬勃发展的海上贸易所依靠的社会和经济结构一直是一些有争议的主题。铭文记录了两种现象，似乎相互矛盾。一是交易人员和商人似乎社会地位较低，最多在当地有些影响。二是信念，尤其是造船质量（与其他历史时期相比较的造船成本）上的信念。进行海上贸易，无论规模大小，需要巨大的投资才可行。然而，我们也知道，罗马富有的元老院上层阶级在公元前 2 世纪拥有的船只规模不能超过条文规定，共和与帝国的元老院文学中普遍充斥着对贸易和海上冒险的一种势利和居高临下的态度。解决这一难题的办法似乎在于认识到，尽管在其他历史时期类似的贸易“集团”在古代并不存在，但中等财富者和只在当地有重要地位的人可以聚集在一起，集中他们的资源，并在地中海地区的港口和其他重要地点之间相互配合。他们的联系或联合隐藏在“合伙人”（societas）、“家族”（familia）甚至“朋友”（amici）这样的称呼中。而且更重要的是，元老院家族甚至是最富有的皇帝，都可以利用他们的奴隶或者他们的自由人（freedmen，也就是从前的奴隶，现在却仍然被他们奴役），为他们的利益办事，而他们自己的参与却被掩藏起来。不管是哪种操作方式，事实上，当涉及资助海上贸易时，总是可以筹集到相应的资金。

在罗马世界与东方的贸易往来中，可能最明显的是与东非、阿拉伯、印度以及间接地与中国进行贸易。虽然有著名的商队穿越亚洲，从巴尔米拉（Palmyra）这样的城市进入罗马领土，或者从阿拉伯次大陆北上到佩特拉（Petra）。但是，这种贸易的主要路线在海上。他们增加了亚历山大作为地中海港口，有其独特意义。

有一部很不寻常的资料集，即公元 1 世纪初的匿名希腊商人的手册《爱利脱利亚海周航记》（*Periplous of the Erythraean Sea*）为我们提供了有关红海、东非海岸到桑给巴尔（Zanzibar）、阿拉伯海岸和印度西海岸贸易的详细信息。这本手册不仅列出了贸易地点（并注明了航行路线），还列出了可以在那里交易的商品。其中包括象牙和宝石、没药和熏香、丝绸和薄纱，尤其是香料和辣椒，我们知道罗马有很多大型仓库（指香料大仓库，horrea Piperataria），可以存放这些东西。

从红海的埃及海岸各港口，如米奥斯赫尔墨斯（Myos Hormos）、米瑟尔港（Mussel Harbour）和贝勒尼斯（Berenice）等处出发，船只可以驶往东非海岸或印度。东非贸易是沿海岸近海航行的贸易，这些船只不需要处于最好的状态。但这种贸易过程是缓慢的，用两年时间才能完成一个航行周期，回到红海。另外，与印度的贸易是一场远洋航行，必须赶在暴风季前出航，船只需要十分坚固，才能在海上经得起狂风暴雨的考验，但只用一

公元2世纪的神和人。在奥斯蒂亚的港口，众多船工摩肩接踵。船的索具被描绘得相当详细，垂直系列绳索用于使船帆在甲板上改变方向。在这幅图中央拿着三叉戟（trident）的形象是海王。（*145*）

年的时间就能回到埃及。这是因为船只一旦扬帆驶上了红海的航程，就可以赶上7月份的西南季风，并在12月乘着东北季风返回埃及。古代人把这些有关季风的知识与希帕洛斯（Hippalos）的名字联系到一起，可以追溯到公元前2世纪。但这些季风的知识是从帝国早期开始才迅速应用在商业目的上。

这是一个需要兼具技巧、胆量和大量资源来为其筹措资金的行业。皇帝是否从官方的角度鼓励贸易，或者国家在这方面有某种政策？这似乎不太可能，尽管皇帝和其他人都充分享受了贸易的成果。这是一个奢侈品行业，完全不同于帝国内部包括皇帝自己也要消耗的粮食的运输。近期在维也纳披露的一份草纸文献清楚地表明，埃及富有的家族在红海港口雇用着自己的代理人，处理其家族与印度贸易中的经济事务。但这并没有阻止大普林尼这样的罗马作家在公元1世纪末对这种现象进行说教。他声称，这种贸易耗尽了帝国的贵金属。当然，罗马金币和银币已经在印度发现，而且有一定数量，特别是在印度西南部的穆吉里斯（Muziris）。但从尼禄时代开始，贵金属的纯度逐渐降低。它们的含金量在下降，货币的使用频率也急剧下降。

货物从红海的港口出发，穿过一大片沙漠，到达尼罗河上的科普托斯（Coptos）。在那里，它们可以顺流而下，到达亚历山大港。这条线路确实需要国家出面，而且要做大量组织工作，如提供饮水井、休息场所以及警卫。在该地区也有一些重要的采石场，如克劳迪亚努斯山（Mons Claudianus）。这座采石场可以为罗马和其他地方的重大建筑项目提供石材，来自港口的贸易可能只是利用了现有的资源条件。当然，与东方和上埃及（Upper

Egypt）的采石场进行贸易，极大地增加了货物的多样性和异域性。这些货物纷纷通过亚历山大港进入地中海。

毫无疑问，罗马人及其控制下的多语种人口已经彻底地将地中海视为自己的海，即“我们的海”，这片海不仅见证了商品的流通，还见证了人的流动。随着人们的迁徙，不同的思想，尤其是不同的宗教理念，也传播开来。毕竟，各种港口、海湾、避难所和各种登陆点都是潜在危险元素——海洋的到达地和出发点。因此，他们在出发前自然会感到紧张、需要放松，而是在安全着陆时感恩。人们期望通过仪式、献祭或祈祷来平定神的力量。普特奥利港或奥斯蒂亚港口的铭文和考古遗迹揭示了宗教实践的广泛性，特别是在公元2世纪，传统宗教以信奉奥林匹斯诸神（Gods of Olympus）的形式存在，尤其是信奉商人之神赫尔墨斯与更多来自东方的异族崇拜同时存在，如对塞拉比斯（Serapis）或伊希斯（Isis）的崇拜，通常附带一句祝福语：“顺利航行”（euploia）。来自东方各地的外国水手带来了他们的神明，尤其是犹太人。最近在奥斯蒂亚还发现了一座犹太教堂。所有这一切都意味着，正如地中海世界的通用语言——希腊语和拉丁语——比仅限于基督教起源地的阿拉姆语更能帮助基督教的广泛普及，因此繁荣的地中海通信网络也有助于从异教世界向基督教世界的转变。公元1世纪，圣保罗的流浪清楚地说明了这一点，后来，基督教化（Christianization）和基督教生活方式的强大动力，也就是朝圣者和十字军运动又极大地强化了这一点。我们得到的关于地中海地区进入中世纪以及后期的持续的人员流动与广泛联系的证据，大多来自圣徒的生活，以及他们散落四处的遗物。到处点

在奥斯蒂亚港口发现的犹太会堂，生动地展现了犹太人在罗马世界的生活。传统意义上的经典设计是，石板的底部刻有犹太教的标志性符号——多枝烛台（menorah）、羊角号（shofar）、棕榈枝（lulab）和柑橘（etrog）。（*147*）

缀着神殿、避难所和圣地的古代异教世界的海岸，在新宗教的活动中得到重新神圣化和仪式化。在海边岬角上，如阿索斯山（Mount Athos）那样的宗教奉献仪式和圣坛，在一个新的基督教世界或者转变为基督教和伊斯兰教共存的世界中繁荣昌盛。

这个世界究竟是如何出现的，并不在本章的讨论范围，而且无论如何都是一个有争议的问题。但是，在这里必须谈一下罗马帝国的解体及其对地中海统一的影响。考古所得到的证据表明，

后罗马时代的地中海虽然在政治上支离破碎，但并没有立即丧失其海上的联系。直到7世纪伊斯兰突然入侵之前，许多古老的文化和贸易联系仍然存在，可以追溯到基督教圣徒们（在世时）的流浪和他们的遗物（去世时）。在东方，拜占庭文明取代了罗马文明。像希腊北部阿索斯山的修道院［下图为多奇阿里乌（Dochiariou）修道院，建于10世纪晚期］这样的建筑是新世界到来的标志。（*148*）

我们不应夸大北方蛮族入侵地中海对贸易的影响。尽管这些入侵取得了惊人的成功，特别是在“西部帝国”，在迦太基、罗马和其他地方的考古挖掘表明，直到公元 6 世纪及以后，地中海地区的商业活动一直在持续，尽管规模在缩小。410 年，哥特人阿拉里克（Alaric）短暂占领了罗马。476 年，西方最后一个、罗马末代未成年皇帝罗慕路斯·奥古斯都路斯（Romulus Augustulus）在拉文纳被日耳曼首领奥多亚塞（Odoacer）罢黜。这些都是在复杂的变革过程中发生并引人注目的事件，绝非偶然。即使是 438 年在迦太基建立的汪达尔（Vandal）王国及它的海上突袭舰队，似乎也没有突然破坏海上活动的连续性。无论如何，这个王国在 6 世纪中期为拜占庭的查士丁尼（Justinian）收复西方领地时所摧毁。

但是，帝国的衰弱和中央集权失控的迹象已经显露。帝国宫廷从米兰撤退到亚得里亚海的拉文纳，即罗慕路斯·奥古斯都路斯被废黜之地，躲避在沼泽的保护之下。权力早已离开了罗马。当时的情况似乎是帝国的意志逐渐在内部崩溃，当然是在地中海西部。正是这种帝国的意志造就了罗马，并使得罗马在 1800 年的伦敦之前，成为西方世界最大的和人口最多的城市。这座城市的人口数量迅速下降，从巅峰时期的 100 多万降至 450 年的 30 万，然后到 500 年降至约 10 万。这意味着，即使非洲的汪达尔人乐于继续向罗马运送或出售粮食，一个日渐衰弱的罗马也不再需要或负担不起这么多粮食的支出。发生这种情况之后，非洲的各种行业赖以生存的基础设施开始消失，包括陶艺在内，这对一般的长途贸易造成了可怕的后果。

在西方，贸易往来仍在继续，但更多的是小规模的沿海贸易。公海再次变得越来越空旷。东方的新首都君士坦丁堡在313年[①]建立，继续从埃及获取小麦的供应，而以谷物贸易为基础的商业繁荣仍然是它的支柱，超越了西方整整一个世纪。但即使在查士丁尼统治下，君士坦丁堡统治下的拜占庭帝国在试图装备舰队以控制西方的方面也承受了过重的财政负担。因此，拜占庭不再能够利用西地中海所提供的机会，而西方的野蛮王国的政治和经济发展太不成熟，在没有拜占庭式经济刺激的情况下，没有能力启动大规模商业活动。在500年，地中海出现了一种新的情况。不是因为这片海洋在某一天被分割，而是因为随着变革的发生，变革后的世界不再是一个有凝聚力的整体。地中海及其周边地区不再是单一大国的垄断疆土，没有能力随时行使自己在政治与行政上的意志，使国家或者大陆之间强行联合。关于这种想法，波利比乌斯早在公元前2世纪就已经表述过。

这一事实在欧洲、非洲和近东的历史上是非常重要的。一位敏锐的现代观察家将罗马帝国描述为“水上”帝国的时代已经一去不复返了。地中海不再是只属于罗马的“湖”了。无论他们会有什么主张，未来也没有人会以罗马人的那种绝对信念再把地中海叫成“我们的海”了。

地中海地区各海岸区域之间的联系不仅通过政治和经济上的接触实现，也通过宗教和思想的传播实现，逝去的古代世界历经

① 原文如此，应该有误。君士坦丁堡奠基的确切年代是324年，330年完成基础建设并完成了从罗马迁至君士坦丁堡的正规程序。

了地中海的宗教变迁。亚伯拉罕的一神论的犹太教、基督教与伊斯兰教逐渐产生影响而导致异教不断收缩，以至于原罗马帝国的官方信仰体系在君士坦丁时代以后让位于罗马帝国对基督教身份越来越强的认同。但这并不意味着异教消失了，在西班牙的农村地区，当地的狂热宗教信仰仍然是一股强大的力量，甚至持续到711年的伊斯兰征服时期。但是建立在非基督教哲学教育基础上的哲学学院，比如著名的雅典学院（Athens Academy），在6世纪被查士丁尼封禁了。异教徒的主题在早期基督教社会中也被改编和采用，因此，对基督教圣迹的崇拜顺利地取代了人们对本土神祇的崇拜，在许多圣殿中，帕提侬雅典娜（Parthenos[①] Athene）的形象被圣母玛利亚（Virgin Mary）取代，如雅典卫城所行。教会为了赢得新的成员而采用的妥协态度在与犹太教的竞争中取得了决定性的优势（犹太教在7世纪仍然是个劝异教徒改宗的宗教），这个主题在后来的其他大洲国家——如16世纪的墨西哥，或者17世纪的日本——将会重复。另外，早期的基督教教义有一种令人震惊的分裂能力：在325年，由尚未皈依基督的君士坦丁主持的尼西亚（Nicaea）会议，出现了一种复杂的三位一体（Trinity）的神学理念，但它却未能够团结所有基督徒。此后拜占庭与持不同政见的基督教团体斗争，比如基督一性派（Monophysite），在6世纪遭到迫害。但在埃及，科普特的基督教教会势力变得极度强大。而大多数侵略西欧的“蛮族”群体都接受了阿里乌派基督教，但法兰克人在他们的国王克洛维（Clovis）统治之下成为大

---

① Parthenos是希腊语中的“贞女”（Virgin）之意。希腊神话中，雅典娜是智慧之神、战争之神，也是贞女之神。

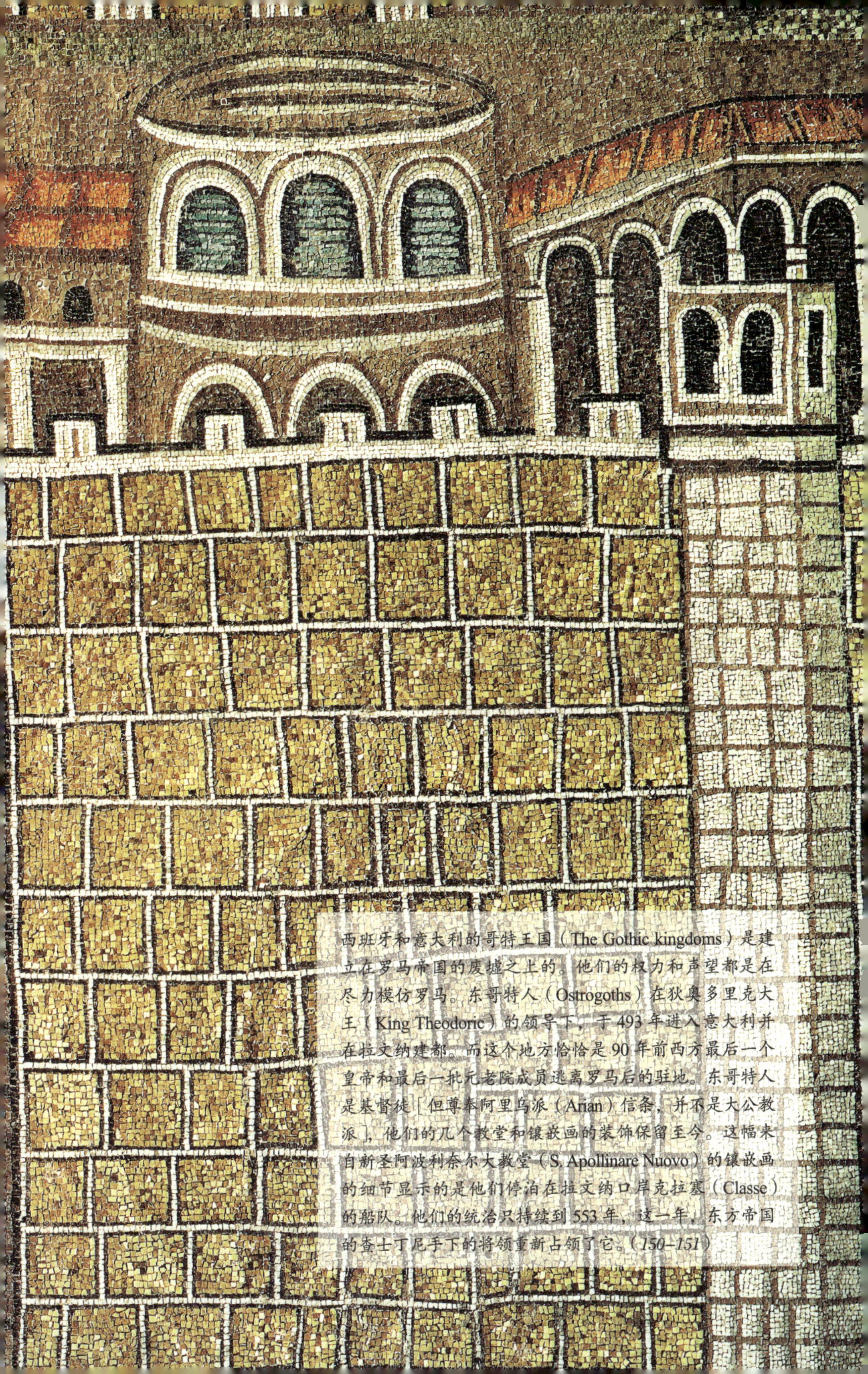

西班牙和意大利的哥特王国（The Gothic kingdoms）是建立在罗马帝国的废墟之上的。他们的权力和声望都是在尽力模仿罗马。东哥特人（Ostrogoths）在狄奥多里克大王（King Theodoric）的领导下，于 493 年进入意大利并在拉文纳建都。而这个地方恰恰是 90 年前西方最后一个皇帝和最后一批元老院成员逃离罗马后的驻地。东哥特人是基督徒［但尊奉阿里乌派（Arian）信条，并不是大公教派］，他们的几个教堂和镶嵌画的装饰保留至今。这幅来自新圣阿波利奈尔大教堂（S. Apollinare Nuovo）的镶嵌画的细节显示的是他们停泊在拉文纳口岸克拉塞（Classe）的船队。他们的统治只持续到 553 年，这一年，东方帝国的查士丁尼手下的将领重新占领了它。（*150–151*）

公教派信徒。在这段时间里，罗马教会和君士坦丁堡教会还没有决裂，尽管罗马的教宗和君士坦丁堡皇宫之间关系紧张。在西方所使用的拉丁语也使罗马的信徒与主要说希腊语的东方教会相分离。

古代晚期的地中海地区是亚伯拉罕各信仰派别间的战场。在意大利南部和北非等地区，犹太教获得了大批的信徒。在许多地区，犹太人说希腊语，甚至在犹太教堂里用希腊语阅读他们的圣书（但我们不清楚亚历山大的伟大哲学家斐洛是否懂得希伯来语）。到 400 年，米诺卡（Minorca）的精英阶层由玛戈纳

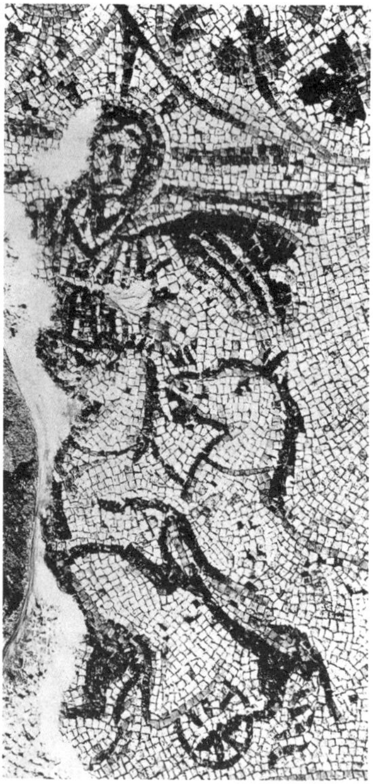

随着基督教占据主导地位，异教开始衰落。但不可避免的是，两种信仰体系之间存在着相互作用和重叠。前基督教世界的形象和概念被继承下来并赋予了新的意义，使得新的信仰转型更容易实现。这是从罗马圣彼得大教堂公元 3 世纪的墓葬出土的赫利俄斯（Helios）或福玻斯（Phoebus）太阳神镶嵌画，骑乘在太阳战车上，其形象酷似基督。（*152*）

［Magona，即今日马翁（Maó）］的犹太家庭组成。经过两个半世纪，信奉犹太教的柏柏尔人显然统治着尚未被拜占庭帝国征服的北非大片地区，这些柏柏尔人中有许多无疑是异教徒的后裔。尽管日益严厉的帝国立法试图剥夺犹太人对于基督教的指导地位，并剥夺了他们建造新犹太会堂的权利，但犹太教还是取得了成功。这种态度在5世纪北非的神学家、基督教圣徒希波（Hippo）的奥古斯丁著作中得到了强调，他认为，犹太人有权生活在基督教社会，但处于抑郁状态，因为他们未能将作为《旧约全书》原始文本的载体理解为基督教真理的证据。西班牙的西哥特（Visigothic）王，在589年才皈依大公教会，成为正统基督徒（自341年起他们曾经奉行阿里乌派信仰），开始了对犹太人的残酷迫害，他们将犹太人和异教徒都视为罗马大公教会规范的例外。但这件事本身就是个例外，因为犹太人通常能够作为农民、工匠或商人平静而圆满地生活。

第三个改变了“内海”的宗教是伊斯兰教。伊斯兰教在7世纪初出现在离红海不远的地方，其影响持续了几个世纪，东至波斯，西至地中海。伊斯兰教最初吸引的对象是阿拉伯半岛的犹太人和异教徒。伊斯兰教最初的成员和早期扩张的领袖人物都是阿拉伯人。伊斯兰教与犹太教、基督教有着许多共同的信念和关注点，它强调神的唯一性也是犹太教的核心特征。和犹太教一样，伊斯兰教也为信徒制定了一套法典，制约着他们日常生活的每一个行为，包括什么食物可以食用都有着具体规定。与此同时，伊斯兰教给予耶稣和玛利亚极大的尊重，并将犹太人和基督徒都视为误入歧途的真主安拉的崇拜者，而不是

圣母玛利亚（Mother of God）的形象也出现在异教艺术中。给儿子哈波克拉底（Harpocrates，科普特语，3 世纪）哺乳的女神伊希斯显然是基督教的圣母和圣子形象的先例，这种包容可能是基督教取得如此迅速的进展的原因之一。（*153*）

离经叛道的异类。当阿拉伯军队横扫叙利亚和埃及时，极大地增强了伊斯兰教对心怀不满的基督徒的吸引力，吸引了许多基督一性派和其他教派皈依伊斯兰教，然而，在埃及和西班牙等地，大的基督教群体依然坚持其传统信仰。“伊斯兰”的词义是服从，这种服从有两种形式：一种是接受哈里发统治的政治服从；另一种是接受先知穆罕默德所宣讲的宗教服从。伊斯兰教发现，与新的非阿拉伯族群的穆斯林［被称为“麦瓦利”（mawali）或“客户”（clients）］达成共识并不容易，就像与犹太人和基督徒达成共识那样，后者只接受征服者为政治主人，无他。但伊斯兰教的到来掠夺了晚期罗马帝国在埃及的肥沃粮仓，以及在叙利亚和北非的富裕城镇。这些损失反过来强化了我们现在称为拜占庭帝国的希腊东正教（Greek Orthodox）的特征。

第五章

地中海的解体[1]

500—1000 年

① 本章作者为约翰·普莱尔。

15 世纪早期，日耳曼部落强行攻入地中海，第一次打破了地中海的罗马化一统世界。西班牙被西哥特人占领，意大利被东哥特人占领。这种大规模移民最突出的例子是汪达尔人，他们穿越整个西班牙迁移到北非。

日耳曼人的进攻与帝国复兴：约400—560年

429 年，汪达尔人和阿兰人同盟从海上入侵了毛里塔尼亚（Mauritanias）和努米底亚两个省。435 年，西部皇帝瓦伦提尼安三世（Valentinian Ⅲ）被迫割让所有领土，只保住了迦太基，即便这样，迦太基也在 4 年后被盖萨里克（Gaiseric）统治下的汪达尔人占领，成为其首都。441 年，一支意图进攻汪达尔人的远征军到达西西里岛，但却因地处色雷斯的匈奴王阿提拉（Attila）的进攻而被召回。442 年，一项和平条约将罗马领属的北非大片土地割让给汪达尔人，同时将最西边的土地归还给罗马帝国，至少从理论上讲是这样。

汪达尔人使用从迦太基俘获的船只，然后又造了一些船只，从非洲出发袭击西西里岛。盖塞里克于455年率领一支舰队驶向奥斯蒂亚，“有条不紊”地对罗马进行了长达14天的掠夺。汪达尔人在接下来的几年里袭击了坎帕尼亚，并接连占领了巴利阿里群岛、科西嘉岛和撒丁岛，最后两地自483年起被永久占领。他们每年都对西西里岛和意大利发起攻击，468年后占领了西西里岛，并洗劫了希腊的西海岸。西方皇帝竭尽全力驱逐他们，结果均以失败而告终。东方历任皇帝也相继失败，无一例外，在474年通过谈判达成了和平协议。

然而，随着盖萨里克的去世，汪达尔人的势力变得衰弱。533年，在查士丁尼一世的将军贝利萨留（Belisarios）率领下，君士坦丁堡对非洲进行了大规模的海上入侵，最终收复了毛里塔尼亚。撒丁岛、科西嘉岛、巴利阿里群岛和西西里回归罗马（即拜占庭）统治。到546年，北非已经和平。

汪达尔人占领的地区具有十分重要的意义。它不只是一个海盗王国，而且是一个建立在粮食生产基础上的国度，并融入了地中海的海上贸易网络。汪达尔人是基督徒，但却是阿里乌派异端的追随者，该异端教导说，圣子并非与圣父同质永恒，而是由圣父从无到有创造出来的。阿里乌派虽然在325年的尼西亚会议上受到谴责，但在皈依基督教的日耳曼人（汪达尔人、东哥特人、西哥特人）中广泛传播。汪达尔人和东哥特人保持着阿里乌派信仰，只有西哥特人最终在589年皈依了天主教。

阻挡了蛮族入侵浪潮的是坐落在君士坦丁堡的东罗马帝国。在查士丁尼统治时期，意大利大部分地区、西班牙部分地区和北非被收复。553 年，东哥特王国（Ostrogothic）的拉文纳被收复，颂扬皇帝的镶嵌画取代了狄奥多里克的镶嵌画。在圣维塔（S. Vitale）教堂里，查士丁尼和狄奥多拉皇后（Theodora）的画像在圣坛两侧对视。（*154*）

罗马统治下的北非，是帝国最繁荣的地区之一，429年被汪达尔人占领。汪达尔人粉碎了所有驱逐他们的企图。和东哥特人一样，他们的统治继承了罗马文化的许多方面，这种情况一直持续到546年。在这幅约公元500年的镶嵌画中可见，汪达尔人地主正如行省中的罗马人那样舒适地生活。（*156*）

476年，罗马帝国的西部皇统终结，此后东罗马皇帝只能在亚得里亚海维持其有限的海军力量。508年，阿纳斯塔修斯一世（Anastasios Ⅰ）派出了100艘被称为德罗蒙（dromons）①的新型大帆船在意大利海岸巡航。东哥特国王狄奥多里克似乎无法在海上抵抗。直到执政晚期，他才开始考虑使用海军来对抗拜占庭人或汪达尔人。然而，他的计划由于他的去世而落空。

10年后，东哥特人似乎没有多少海军力量能够用来对抗查士丁尼时期帝国对意大利的入侵。哥特战争（Gothic War）始于535年，帝国以海陆两军对东哥特前哨发起进攻。贝利萨留受命出征，带着海陆两军攻占了西西里，并在第二年越海到达卡拉布里亚（Calabria）。战争的第一阶段是哥特人保卫自己王国的防御

---

① 一种航海适用的快速帆船，在中世纪早期经常用于海战，成为海军的主要装备。

西哥特人通过伟大的拉丁学者塞维利亚的圣伊西多尔给中世纪的欧洲文化留下了持久的印记。西哥特人对异教徒和犹太人充满敌意，其内部也四分五裂。711 年，西哥特人的独立被阿拉伯人的征服摧毁。只有在遥远的北方，一个很小的西哥特王国阿斯图里亚斯（Asturias）得以生存，圣米格尔·德里略（S. Miguel de Lillo）教堂就是在这一时期建造的。在西班牙的其他地方，阿拉伯人的占领对西哥特人来说并不是一场无法减轻的灾难。他们还依旧保持着自己的宗教信仰和一种被称为莫札拉布（Mozarabic）的混合型文化，由此产生出著名的文化作品，即“贝阿图斯抄本全集”（corpus of Beatus manuscripts）。（*157a*）

战，而查士丁尼每年都通过海路向意大利增派新的军队。到 538 年春，贝利萨留的海上攻势迫使东哥特人解除对罗马的围困，撤到他们的首都拉文纳。539 年春，贝利萨留向奥西莫（Osimo）进发，守住了通往拉文纳的道路。原来被他的一个副将占领的里米尼（Rimini），现在受到围困。贝利萨留安排了 1 000 人在奥西莫城外安营扎寨，派遣一支舰队协同一支陆军前往里米尼，而派另一支舰队沿着海岸北进，而他自己则向西进军。当舰队突然出现在地平线上时，受到胁迫的敌军急忙逃回拉文纳。年末，他对波河和亚得里亚海的围困使拉文纳断粮。拉文纳在饥饿难忍的情况之下只好投降。540 年，他无须使用武力便进入了拉文纳。一支运粮船队进入了克拉塞港口，为此城提供补给。

541 年，东哥特新拥立的国王托提拉（Totila）认识到需要动用海上军力来对抗意大利的敌人。542 年，他击败了北方的拜占庭军队，并攻入意大利南部，围攻那不勒斯。查士丁尼派遣了一支由禁卫军长官马克西米诺斯（Maximinos）领导的舰队迎战，这支舰队随后被托提拉摧毁。在这次遭遇战中，我们首次明确地提到了哥特人使用了德罗蒙战船。马克西米诺斯去了叙拉古，在那里驻守了一整个夏天，然后在秋天把他的舰队派到那不勒斯。舰队遇上一场风暴，部分船被吹上岸，大部分船被毁。托提拉对海上形势的掌控迫使那不勒斯于543年春天投降。545年，贝利萨留派人向查士丁尼请求军队、金钱、武器和马匹的补给。托提拉向罗马进军，切断了罗马的海路。

从545年到552年，托提拉对罗马的围攻持续了7年，影响战争命运最终走向的关键在于制海权。查士丁尼的军队倾尽全力向罗马城运送补给。虽然许多次运送补给的行动都失败了，但还是有足够多的补给成功运抵罗马城，挽救罗马城不至于战败投降。运送补给的任务十分艰巨，因为托提拉仍然控制着半岛的大部分地区，而拜占庭人只控制着孤立的沿海城镇港口，如罗马、拉文纳、奥特朗托（Otranto）、克罗托内（Crotone）和安科纳（Ancona）。查士丁尼派遣骑兵和马匹增援时，他们必须在意大利南部上岸，并沿海岸运送，而不能直接走陆路。决定战争结局的战役都是在海上进行的，最著名的是551年拜占庭在塞尼加利亚（Senigallia）海域的胜利。

550年，贝利萨留被纳尔泽斯（Narses）取代。552年，托提拉去世，形势最终发生了逆转。由于缺少足够的船只来运送全部军队，帝国军队只能绕着亚得里亚海岬前进。561年，固守于维罗纳（Verona）和布雷西亚（Brescia）的最后一批哥特驻军投

有关北方入侵者和罗马继承人之间冲突的这段不堪回首的岁月在历史文献中记载不多，但相关的传说有很多。在6世纪中叶，东哥特人在托提拉国王统率下对抗查士丁尼的军队，围攻罗马7年。有一个故事说：托提拉想去著名的蒙特卡西诺（Montecassino，又称卡西诺山[①]）修道院拜访圣本尼迪克特（St.Benedict）本尊。为了测试这位圣者的能力，他派了自己的一个护卫乔装打扮成他，但是被本尼迪克特一眼看穿。托提拉深受感动，来到这里跪在圣徒面前。这个动人的故事在15世纪晚期仍然广为流传，当时的西诺莱利（Signorelli）把此内容融入了奇乌塞尔（Chiusure）的蒙奥利弗马焦雷修道院（Monteoliveto Maggiore）的一幅壁画中。（*157*）

① “Mont”在意大利文中就是“山”，所以“Montecassino”可意译为“卡西诺山”，下文的“Monteoliveto”又作“Monteo Oiveto”，即“奥利弗山”。

降，帝国再次控制了整个地中海海岸线、意大利半岛和附属的所有岛屿，而西班牙的西哥特人以及朗格多克和普罗旺斯的法兰克人所控制的西部狭长地带除外。但这两个国家都不乐于在海上作战，因此地中海又恢复了往日的平静。然而，和平是短暂的。不到 10 年，新的威胁又出现了，那就是伦巴第人（Lombards）。

阿拉伯人的进攻与帝国复兴：约560—750年

568 年，在阿尔博因（Alboin）统领下的伦巴第人入侵意大利，起因是 6 世纪中叶阿瓦尔人（Avars）对其祖居地多瑙河进攻的压力。在意大利东北部，阿奎莱亚的居民在伦巴第人入侵前逃到了潟湖岛礁地区，建立了威尼斯政权。意大利半岛北部的内陆城市迅速沦陷，只剩下从海上获得补给的沿海要塞还保留在帝国之手。3 年后，帕维亚（Pavia）陷落。571 年，伦巴第人横扫意大利南部，建立了以贝内文托（Benevento）为中心的公国。7 年内，意大利大部分地区接连被占领。拜占庭帝国的存在仅限于新创建的拉文纳总督区，以及西南地区至罗马的带状地区，连同阿普利亚（Apulia）和卡拉布里亚的大部分区域。在接下来的两个世纪里，罗马逐渐衰落，8 世纪上半叶，罗马逐渐落入教宗之手。751 年，拉文纳陷落。到 9 世纪初，拜占庭帝国的控制范围仅限于南阿普利亚和卡拉布里亚。然而，伦巴第人并没有试图控制意大利海岸。尽管伦巴第人确实分裂了意大利，但他们从未像汪达尔人那样认定自己就是整个地中海的霸主。伦巴第人对整个地中海的影响很小，海上主权仍然掌握在帝国手中。

然而，与拜占庭帝国的摩擦仍在继续。626年，阿瓦尔人和波斯人结成了前所未有的联盟，后围攻君士坦丁堡，结果并没有成功。但在接下来的一年里，希拉克略（Heraclius）皇帝率领拜占庭军队进入波斯，并在距尼尼微（Nineveh）不远处赢得了决定性的胜利，有效地终结了萨珊（Sassanid）波斯帝国。在君士坦丁堡，形势似乎已经恢复了正常。东方很安全，帝国再次统领了海洋。西哥特人、法兰克人和伦巴第人大多被限制在内陆，不能构成对帝国的威胁。皇帝可能期待着在他统治时期可以长治久安。然而，事实并非如此。仅仅过了9年之后，在636年的雅穆克河（Yarmuk）战役中，新兴的伊斯兰势力在外约旦地区消灭了帝国军队。阿拉伯人占领了叙利亚和巴勒斯坦，640—642年埃及沦陷，这宣告着地中海世界的宗教统一局面已被打破。与阿拉伯人将要发动的猛攻相比，以前对阿里乌派的汪达尔人、西哥特人和东哥特人的攻势简直微不足道。

然而，拜占庭人仍然掌握着海上控制权并可以随心所欲地发起进攻，例如在645—646年，他们重新占领了亚历山大港，又在埃及引发了叛乱，并且沿着海岸建立了瞭望塔和信号系统。然而，叙利亚和埃及的统治者开始建立海军时，最初的海军船员是由当地的基督徒组成的。他们的海军初建于尼罗河上福斯塔特（Fustat）对面的劳代岛（Rawdah）。舰队于649年首次对塞浦路斯采取行动，迫使该岛签订盟约，在此盟约限制下，塞浦路斯人在帝国和伊斯兰的哈里发国家之间保持中立。652年至654年，克里特岛、罗得岛和西西里岛遭到袭击，舰队也于653年回到塞浦路斯。655年，地中海的海洋完整性受到了第一次沉重打击。一支阿拉伯舰队与君士坦丁二世指挥的拜占庭舰队主力在吕西亚海域交战。拜占庭人被彻底击败，皇帝幸免于难。这场“船桅之战”（Battle of the Masts）使得地中海的中部地区开始受到阿拉伯人的攻击，而在萨摩斯基地的拜占庭卡拉比西亚尼（Karabisianoi）舰队可能就是在此后不久建立的防御前线。

自 673 年始，罗得岛被阿拉伯人占领了 7 年。为了应对君士坦丁堡的大规模进攻，塞浦路斯大概在 670 年左右被重新占据。这场围攻战开始于 671—672 年，当时两支舰队进入爱琴海，在士麦那（Smyrna）、奇里乞亚和吕西亚过冬。672 年，他们开始围城。这场围城持续了 7 年，尽管封锁并不严密。阿拉伯小舰

相对于来自北方的任何入侵都更具破坏力的是阿拉伯人的猛攻，这一进攻自7世纪起，从阿拉伯半岛突然发动，令人毫无戒备。地中海曾经不稳定的统一局面也终于成为历史。阿拉伯人无意将自己视为罗马的继承人，也不愿意融入意识形态上的基督教大家庭。几十年内，他们成为整个近东和北非的霸主，大马士革的倭马亚（Umayyad）王朝成为他们的统治者。这枚硬币上刻有哈里发阿卜杜·马利克（Abd al Malik，685—705）的头像。（*159*）

598年，新的入侵者伦巴第人出现在意大利，并迅速在数年内统治了整个半岛。他们遗留下的为数不多的古物中，有一顶镀金铜头盔的装饰部分（如下图所示）。它上面刻画着他们的国王阿吉卢夫（Agilulf）正在莅朝听政，而臣服的其他民族前来进贡。和其他侵略者一样，伦巴第人认为自己是罗马人的继承者。注意那些残酷的经典“胜利”（Victories）都带有“Victoria”（胜利女神）的标志。（*158–159*）

队在冬天撤退到基奇科斯（Kyzikos）、克里特岛和罗得岛，于每年春天返回。最后，一种新型燃烧弹——“希腊火”（Greek Fire）——从德罗蒙战舰船头上的设备中喷射而出，彻底击败了阿拉伯舰队，迫使其解除围攻。阿拉伯残余舰队在撤退期间被暴风雨击沉。他们不得不达成一份30年的休战协议，并撤离塞浦路斯和罗得岛。

直到这一世纪末，战争的中心才转移到了北非。早在665年，一支阿拉伯远征军就被派往非洲的罗马时期的行省伊夫里基亚（Ifriqiya）地区，只击败了拜占庭的两栖部队，没有取得什么重大成果。669年，阿拉伯军队返回，在盖拉万（Qayrawan）建立了一个前哨基地，并袭击了柏柏尔人部落的内陆地区。但是于681年，他们进行了一次远征，据记载这次远航到达了大西洋。

拯救了拜占庭帝国的秘密武器是“希腊火”。它是在公元670年时由聪明的叙利亚人发明的。它由生石灰、石油和硫黄相混合而成，一接触水就会燃烧起来（所以下图中14世纪的文字说明是很不准确的）。阿拉伯人从来没有发现它的配方。（*160*）

拜占庭海军切断了他们的交通线，他们的首领在阿尔及利亚的塔胡达（Tahuda）附近被柏柏尔人部落和拜占庭军队联盟击败并杀掉。柏柏尔人和拜占庭人随后占领了盖拉万，迫使阿拉伯人回到埃及边境。693 年，由哈桑・伊本・努曼・加萨尼（Hasan ibn al-Nu'man al-Ghassani）率领的一支庞大军队终于占领了迦太基。由神秘的女王卡希娜（al-Kahina）领导的一次柏柏尔人起义（她可能是信奉犹太教的柏柏尔人），曾经与拜占庭两栖作战部队配合，攻击了迦太基。然而，随着卡希娜被击败，拜占庭人被迫撤离，这一撤退宣告拜占庭人的北非时代结束了。由于迦太基港过于脆弱，无法抵御来自海上的进攻，所以新的阿拉伯首都设在突尼斯，并在这里建成了一座军火库，通过一条沿海地带的运河将内陆湖与大海连接起来。埃及总督派遣了 1 000 名科普特造船师来到新城市落户，并建立了一个由 100 艘战舰组成的舰队，在新的首领穆萨・伊本・努赛尔（Musa ibn Nusayr）的领导下，这支舰队从 704 年开始，以阻止拜占庭人进入其余的前沿防砦的方式，开辟了征服马格里布的道路，并对西地中海、撒丁岛和巴利阿里群岛（Balearics）进行攻击。

穆萨还与入侵西班牙的事件有关。导致阿拉伯人入侵西班牙的原因尚不清楚。据记载，由于某种原因，丹吉尔（Tangier）总督塔利克・伊本・齐亚德（Tariq ibn Ziyad）在 710 年派遣了探险队乘四艘船穿越直布罗陀海峡，这四艘船是由休达的基督徒朱利安伯爵出于个人原因提供的。探险活动的成功驱使塔利克在接下来的一年里亲自领导了一次全面的后续行动，参与这次行动的船只显然还是由朱利安提供的。大概是在 711 年 4

月，在直布罗陀的贾巴尔·塔利克（Jabal Tariq）——后来叫作塔利克山（Tariqs Mount）——附近登陆。西哥特国王罗德里克（Roderick）当时正在东北部地区镇压反叛者。但他集结了所有西哥特人的兵力，大举南下。两军在瓜达莱特河（Guadalete）附近相遇，罗德里克在战斗中失踪，西哥特王国瓦解。712 年 6 月或 7 月，穆萨·伊本·努赛尔亲自率领一支新的军队在阿尔赫西拉斯（Algeciras）登陆。塔利克在托莱多（Toledo）城外会见了他的主人，两人商议着手平息半岛乱局。尽管阿拉伯人的统治在一段时间内仍然有些飘摇，而且据说哈里发曾考虑过在 718 年放弃征服，但阿拉伯人最终还是巩固了自己的统治地位，但北部阿斯图里亚山脉的部分地区没有臣服，那里有一位名叫佩拉吉乌斯（Pelagius）或佩拉伊奥（Pelayo）的西哥特贵族兴兵反抗阿拉伯人的统治。据传，他在科瓦东加（Covadonga）山崖附近战胜了阿拉伯人总督派来的军队，后来被围困在那里。他继续抵抗阿拉伯人，直到他们放弃包围。据说只有 30 名男性基督徒和 10 名女性基督徒幸存下来。于是在阿斯图里亚诞生了一小块基督教飞地，至于这些基督教战士在多大程度上认为自己是国家抵抗运动的先驱这一点还有待探讨。

一方面，阿拉伯人的攻占行动在许多方面是相对平和的。由于在数量上不占绝对优势，阿拉伯人不得不向西哥特贵族让步，这一点从阿卜杜·阿齐兹·伊本·穆萨和狄奥德米公爵（Theodemir）在 713 年签订的协议中可以清楚地看出。协议的第一段作为臣服的回报，确认了他本人、他的领主和他的 7 个城镇的居民的财产，并且他们有权履行基督教仪式，条件是每年向阿拉伯人缴纳贡赋，即人头税（jizyah）。另一方面，征服者也并非总是实行宽容政策，在纳博讷城变成阿拉伯军营之前，男人遭到大批屠杀，妇女和儿童受到奴役。历任总督都在北部山区压制基督教的抵抗，并且这些阿拉伯人在716年、721年和726年越过比利牛斯山，入侵法国，到达尼姆（Nîmes）、欧坦（Autun）和桑斯（Sens）一带。所有的总督中最为著名的是阿卜杜·赖哈曼·加菲基（Abd-ar-Rahman al-Ghafiqi）[①]。他虽然带回了大量战利品，但他的最后一次远征却以在公元732年的图尔（Tours）战役中战败而告终，死于法兰克宫相查理·马特（Charles Martel）之手。但是在公元737年，穿越比利牛斯山脉的战役又重新开始。哥特式阅军周（Septimania）成了以纳博讷为中心的阿拉伯人大进军的炫耀仪式。阿拉伯人的存在受到当地原住民中上层人士的欢迎，因为他们可以此抗衡法兰克人。由于过度扩张，资源逐渐耗尽，再加上739年马格里布柏柏尔人的起义蔓延到了安达卢西亚（al-Andalus，即阿拉伯语的“西班牙”），阿拉伯人的猛攻最终结束。

阿拉伯人对君士坦丁堡的第二次进攻使君士坦丁堡的命运跌入谷底。瓦利德（al-Walid）的战争准备导致阿纳斯塔修斯二世准备好舰队、修好城墙、装备好守城器械、增加补给，并命令那些生活储备不足三年用度的居民从城中撤离。为抢占先机，海军远征队被派去摧毁阿拉伯舰队，在罗得岛切断吕西亚的木材供应链。717年，当阿拉伯人的进攻势头渐强时，拜占庭皇位被安纳托利亚军区的将军（strategos）篡夺，他就是后来的皇帝利奥三世（Leo Ⅲ）。在

---

① 此人是西班牙省督，有多种拼写方法，希提著，马坚译《阿拉伯通史》中译作：阿卜杜勒·赖哈曼·伊本·阿卡杜勒·加菲基（新世界出版社，2008）。

技术上的优势带给了拜占庭人在海上作战的优势。这份9世纪的手稿展示了造船者（左图实际上是所罗门传记的插图，161l）和（下图，161）一个有三排桨的拜占庭“德罗蒙”（dromon）战舰。

哈里发的兄弟率领下，一支陆军和舰队向君士坦丁堡挺进。有史以来第一次，通往“金角湾”的入口被铁链拦截，许多船只被“希腊火”袭击而烧毁，阿拉伯军队在严酷的冬天挨饿受冻，加之由基督徒组成的埃及辅助军队纷纷逃遁，君士坦丁堡城市周边的军队又受到保加尔·可汗·泰尔韦尔（Bulgar Khan Tervel）与利奥三世的同盟军袭击，阿拉伯人在718年8月放弃了围攻。

725年，利奥下令从君士坦丁堡大宫殿的查尔克大门（Chalke）的门廊处移除基督的圣像，由此引发了一场关于圣像崇拜的争论。这场争论破坏并削弱了帝国的实力。727年，希腊舰队和基克拉迪斯舰队起义，但被帝国舰队用“希腊火”击败。当帝国官员试图在意大利推行圣像破坏运动时，叛乱爆发了，伦巴第国王利乌特普兰德（Liutprand）夺取了鲁尼（Luni），也许还有科西嘉岛。730年，被派去恢复秩序的海军远征舰队在亚得里亚海失事。735年，教宗格里高利三世（Gregory Ⅲ）和伦巴第人将拜占庭总督赶出拉文纳。但罗马教宗很快就与伦巴第人失和。742年，威尼斯和扎哈利（Zachary）教宗将拉文纳归还给拜占庭帝国。动荡一直持续到787年，直到第二次尼西亚会议谴责了反圣像运动。虽然在813年至843年之间重新出现破坏圣像的骚乱，但第二次混乱并不严重，破坏力也不大。

693年，阿拉伯人收复塞浦路斯并派兵驻守，次年塞浦路斯又落入拜占庭人之手，并在695年再次被阿拉伯人收复。显然，岛民违背了他们的盟约，持续帮助拜占庭帝国，阿拉伯人不得不反复加强他们的宗主权。可能在713年，克里特岛也遭到过袭击。703年，一支埃及舰队在伊夫里基亚总督穆萨·伊本·努萨伊尔的要求下袭击了西西

在整个8、9世纪，地中海是拜占庭和伊斯兰势力对抗的战场。北非仍在伊斯兰教的控制下，但拜占庭人不断从海上进攻，这导致了他们建造“堡垒修道院”（fortressmonasterie）堡砦作为防御。左图（*162*）与下图（*163*）为突尼斯的莫纳斯提尔（Monastir）和苏塞的两处堡砦。

里岛。在接下来的50年内，这个岛实际上一直受到阿拉伯人的袭击。撒丁岛在708年和711年遭到攻击，巴利阿里群岛也在708年遭到袭击。相反，拜占庭人在709年袭击了埃及并捕获了其舰队指挥官，于是开始了一系列对叙利亚和埃及沿海城镇的攻击。与之相对的是陆地上无休止的进攻和反攻。大约750年，由于拜占庭的复兴和伊斯兰世界内部出现的问题，阿拉伯人逐渐停止了攻击。在接下来的半个世纪里，拜占庭帝国本来可以拥有地中海地区几乎唯一的海军力量。然而，在前半个世纪的争斗中，整个地中海成了荒无人烟的海域。

混乱的平衡：约750—875年

直到现在，阿拉伯帝国一直由倭马亚哈里发统治，首都在大马士革。但是在750年，倭马亚最后一个哈里发被废黜，最终被阿拔斯王朝的阿布尔·阿拔斯（Abu Abbas），即赛法哈（Saffah）的军队杀害。阿拔斯所在的什叶派（Shia）认为，哈里发应该是通过穆罕默德的堂弟阿里·伊本·阿比－塔利布（Ali ibn Abi-Talib）的血脉传承下来的，但他们一直受到迫害。他们的伊玛目也被倭马亚家族的秘密安全系统逼入地下。阿拔斯胜利后，几乎所有的倭马亚家族成员都被追捕或杀害。然而，有一个叫阿卜杜·拉赫曼·伊本·穆阿维亚（Abd-ar-Rahman ibn Muawiya）的倭马亚家族成员设法通过北非逃到西班牙，并于756年在那里掌控了统治权。西班牙倭马亚酋长国[①]的建立是阿拉

① 历史上也称之为“后倭马亚王朝”。

伯统一政体的第一次破裂，但这仅仅是个开始。随后，第二代阿拔斯哈里发曼苏尔（al-Mansur）无视大马士革，于762年在巴格达建立了新的首都，这反映了政权中心的转移，波斯文化的影响在这里变得突出。从此以后，哈里发将关注地中海的东部和南部而不是地中海本身，阿拔斯哈里发采用了逊尼派（Sunni）的理念，与什叶派脱离了干系。

阿拔斯王朝迅速崛起，在哈伦·拉希德（Harun ar-Rashid）统治时期达到顶峰。然而在他去世后，809年爆发了内战，导致阿拔斯王朝在821年失去了波斯大省呼罗珊（Khurasan）。在萨迈拉（Samarra）建立新首都的尝试适得其反。在那里，卫兵将哈里发们囚禁在他们自己的城市里。呼罗珊没有被收回。869年到883年，一次危险的黑种人奴隶赞吉（Zanj）起义使伊拉克南部陷入了混乱。

伊斯兰世界中心地带的乱象和虚弱导致了地中海西部世界的分裂。马格里布（北非）的统治者们正忙于维护权威以驾驭多事的阿拉伯定居者和柏柏尔人部落，没有能力控制突尼斯以西地区。那些柏柏尔人部落虽已经皈依伊斯兰教，却受到哈里吉（Khariji）分离派（Seceder）[①]的严重影响。他们怀念欧麦尔·伊本·卡塔布（Umar ibn al-Kattab）哈里发时代所谓的穆斯林纯洁性，认为哈里发的继承权应该由真主安拉来决定，也就是说，由社会群体决定而不是由家族血脉传承来决定。这一运动的一个分

① 此是伊斯兰教早期的一个分离派别。穆罕默德的堂弟和女婿阿里在继任第四代哈里发后，其内部的激进派别因不满足于阿里对意欲篡权者穆阿维叶的妥协态度，起而出走，另立派别，后成为伊斯兰教中独树一帜的反对派。

支是阿卜杜拉·伊本·鲁斯塔姆（Abdallah ibn Rustam）建立的以塔哈尔（Tahart）为中心的国家。此人是扎那塔（Zanata）柏柏尔人的伊巴迪（Ibadi）教派领袖，后来在777年成为所有伊巴迪教派（Ibadiyya）的伊玛目。最终，鲁斯塔德（Rustamid）政权遭遇了西部什叶派伊德里斯（Idrisids）王朝和东部的逊尼派阿格拉布（Aghlabids）王朝的抵制，与安达卢西亚的倭马亚人结成联盟。来自阿尔梅里亚/佩契纳（Almería/Pechina）的安达卢西亚水手于875—876年在塔哈尔北部海岸的特内斯（Tenes）附近建立了一个殖民地，这使得鲁斯塔德和倭马亚统治下的安达卢西亚建立了经济关系。

马格里布的什叶派服从伊德里斯王朝的管辖，伊德里斯人是阿里·伊本·阿比－塔利布的玄孙的后代。阿里·伊本·阿比－塔利布于793年在菲斯（Fez）建立了一个新首都。他和他的后代自称哈里发。然而，他们的哈里发国家在830年左右开始分裂，城镇被家族瓜分。至10世纪，它被迫承认921年占领了菲斯的什叶派法蒂玛王朝（Shi’ite Fatimids）的宗主权。从基督教的角度来看，其中最重要的是马格里布分离出来的阿格拉布国家。易卜拉欣·伊本·阿格拉布（Ibrahim ibn al-Aghlab）于800年被哈伦·拉希德任命为伊夫里基亚总督，但实际上已经独立于巴格达。阿格拉布人直奔海洋，意志坚定而凶狠。他们的舰队不断骚扰意大利南部、科西嘉岛、撒丁岛、西西里岛，甚至滨海的阿尔卑斯山脉。

从阿拔斯革命（Abbasid revolution）到拜占庭皇帝瓦西里一世（Basil Ⅰ）于867年登基，这段时期见证了阿拉伯人地位的顶峰。很久以后，伊本·赫勒敦（Ibn Khaldun）写道：“阿拉

阿拉伯马匹是阿拉伯人迅速征服利凡特和北非的关键因素之一。经过特别培育，它的力量和速度都超过了欧洲战马。这幅画出自10世纪的阿拉伯文手稿。（*164*）

伯人控制了整个地中海。他们的权力和统治力是巨大的。基督教国家在地中海上的任何区域都不能奈何阿拉伯舰队。阿拉伯人随时随地可以掀动征服的巨浪。”尽管有些夸张，但是阿拉伯人对地中海岛屿的征服和舰队在海上的活动确实使各伊斯兰国家占有优势地位。然而，他们并非一意孤行，这一时期战术上的特征更多的是进攻和反击。此外，伊斯兰国家之间以及与巴格达的哈里发国之间的关系变得很不和谐，而拜占庭人不得不与第一保加利亚王国打交道，意大利半岛则被伦巴第人和法兰克人之间的冲突破坏。

在陆地上，阿拔斯王朝维持着由倭马亚人开始的跨越陶鲁斯山脉（Taurus）的边界无休止的突袭和反突袭。阿拉伯人建立了许多边界上的山寨（ribats），他们的拜占庭对手是边境“领主”阿克里特（akritai）。其中最著名的是虚构的狄吉尼斯·阿克里特（Digenes Akritas）的故事。[①] 跨越边界的遭遇战都反映在后来的史诗《哈特·阿尔·希马汉》（*Dhat al-Himmah*）[②] 和《一千零一夜》（*Thousand and One Nights*）版本的许多故事中。第一次海上进攻发生在 790 年，阿拉伯舰队在阿塔利亚（Attaleia）湾与拜占庭的基比里奥泰（Kibyrrhaiotai）[③] 舰队对抗，拜占庭将军战败被俘，后来被杀害。806 年，哈伦·拉希德因怀疑塞浦路斯不保持中立而将许多塞浦路斯人驱逐出境。克里特岛和罗得岛在他统治期间也遭到了袭击。

在安达卢西亚，阿卜杜·拉赫曼一世（Abd-ar-Rahman Ⅰ）忙于巩固他自己的统治，尽管他也在 778 年击退了查理大帝（Charlemagne）对萨拉戈萨（Saragossa）的征伐。那次远征以法兰克人在比利牛斯山口（Pyrenean pass）的朗塞瓦尔峡谷

① 拜占庭有一史诗 *Basil Digenes Akrites* 即以此人为主角，该书已经译成中文，叫《狄吉尼斯·阿克里特：混血的边境之王》，译者为刘建军（北京大学出版社，2017）。

② 或可译为《哈特·伊玛汗的传说》，为中世纪阿拉伯世界著名史诗。

③ Kibyrrhaiotai，拉丁文作 Cibyraiot，是拜占庭的一个海军军区或海军驻地，活跃于 7—8 世纪，主要防守小亚细亚到叙利亚一带的沿海地区及海上岛屿，后因参与托马斯叛乱而被帝国皇帝取缔。

（Roncesvalles）中的知名灾难告终，此役败于巴斯克人，而非后来传说的阿拉伯人。拉赫曼的继任者不仅攻击了阿斯图里亚王国、巴斯克地区和阿拉贡（Aragon）的早期基督教国家以及在巴塞罗那的“法兰克马尔克”[1]，还越过了比利牛斯山脉。793年，伊沙姆一世（Hisham Ⅰ）的军队摧毁了赫罗纳（Girona），并向纳博讷和法兰克领土推进。801—803年，阿基坦（Aquitaine）的路易占领了巴塞罗那。但在808年和809年，倭马亚人的部队把他的军队从托尔托萨（Tortosa）赶走，813年（或815年），他们在巴塞罗那外围打败了法兰克人。阿卜杜·拉赫曼二世于828年派遣军队到巴塞罗那，与法兰克军队交战，并摧毁了赫罗纳以北地区，巴塞罗那在852年被重新占领。

在意大利，旧的秩序正在改变。罗马和教宗与君士坦丁堡分离。最后一位到访罗马的皇帝是663年的康斯坦斯二世（Constans Ⅱ）。最后一位于711年访问君士坦丁堡的教宗是君士坦丁。在帝国权力空缺时，教宗转而投靠了法兰克宫相查理·马特，之后是他的儿子丕平三世（Pepin Ⅲ）控制下的法兰克王国。751年，丕平提出了一个酝酿已久的问题：谁应该拥有“国王”的头衔，是掌握实权的人，还是有名无实的墨洛温（Merovingian）王朝的现任统治者？教宗斯蒂芬一世（Stephen Ⅰ）给了他想要的答案，于是丕平被加冕为国王。教宗和法兰克王国结成了重要的同盟，最终导致丕平的儿子查理曼在公元800年被加冕为皇帝。

---

① 马尔克，源自法兰克人早期历史中的领属地划分原则，是建立在部落和农村公社的基础上的。后来指边境地区的封地，可理解为“边区”“边地”。

教宗担心的是伦巴第人，他们的国王阿斯图尔夫（Aistulf）在752年要求罗马教宗向他们进贡，并控制教宗领地内的要塞。应斯蒂芬二世之召，丕平入侵意大利并击败了阿斯图尔夫。当伦巴第国王德西德鲁斯（Desiderius）于772—773年进攻教宗的领土时，哈德良一世（Hadrian Ⅰ）求助于查理曼。查理曼入侵，击败伦巴第军队，围攻并夺取帕维亚，并于774年加冕。他征服的疆域有北部的法兰克王国和中部的教宗领地。在贝内文托的阿里奇斯公爵（Duke Arichis）统治下的法国南部，名义上附属于查理曼，但仅此而已。787年，阿里奇斯去世，为了让他那位还被困作人质的遗孀从查理曼宫廷得到释放，作为交换，他的遗孀接受了加洛林王朝为其宗主。然而，这种局面是短暂的，到了9世纪，伦巴第人有了第二个首都萨莱诺（Salerno），在南部占主导地位。

哈卡姆一世（Al-Hakam Ⅰ）试图将他的统治扩展到科西嘉岛甚至撒丁岛。早在798年，安达卢西亚舰队就袭击过巴利阿里人。806年，查理曼的儿子意大利国王丕平从意大利派遣一支舰队到科西嘉岛，攻打劫掠过该岛的安达卢西亚的摩尔人。第二年，由于他们经常骚扰该岛，查理曼派出一支舰队到科西嘉取得了对阿拉伯军队的胜利。810年，阿拉伯人再次派出一支庞大的舰队前往撒丁岛和科西嘉岛，并几乎完全控制了科西嘉岛。813年，安普里亚斯伯爵在马略卡岛附近拦截了从科西嘉岛返回的阿拉伯舰队，并俘获了8艘船。为了报复，阿拉伯人洗劫了奇维塔韦基亚和尼斯，并袭击了撒丁岛。阿拉伯海盗于838年袭击了马赛，后在842年和850年袭击了阿尔勒，并在869年之前于卡马格（Camargue）建立了一个永久性的基地。849年，300艘战船

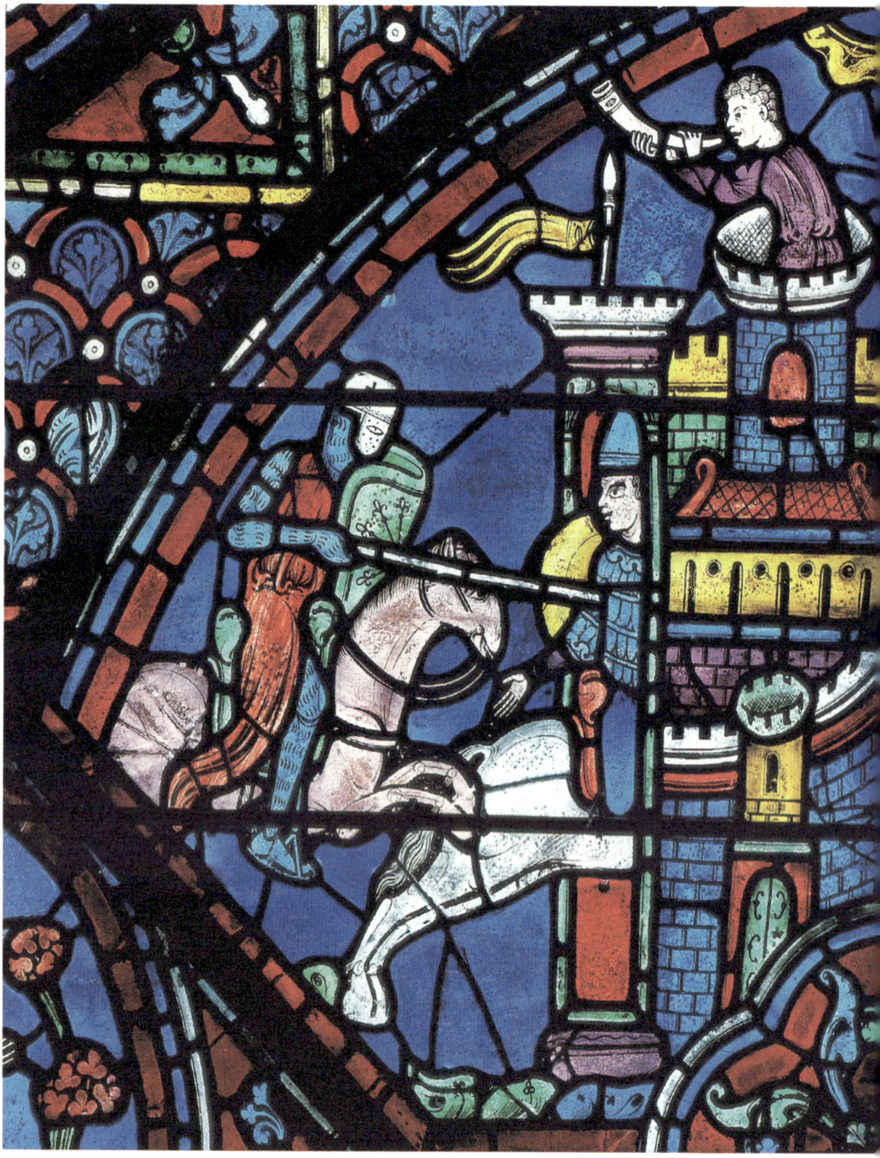

查理大帝[①]（742—814）在西班牙与摩尔人的战争中成为基督教对抗伊斯兰教的传奇英雄。这幅图来自13世纪沙特尔（Chartres）大教堂的彩色镶嵌玻璃窗，展示了在查理曼攻击一个摩尔人的城镇时，对方的一个士兵在塔楼上吹着号角。（*165*）

① 即查理曼，原文是拉丁文，即“伟大的查理曼”之意。

公元6世纪至9世纪期间，君士坦丁堡曾多次受到来自北方和南方的各种敌军的围攻。这是一幅取材于11世纪拜占庭历史学家约翰·斯齐利茨（John Skylitzes）编年史的生动微缩画，展示了820年被斯拉夫人托马斯包围的城市。他成功地组建了一支由忿忿不平的拜占庭人、阿拉伯人和亚美尼亚人组成的混合军队，攻城无果，被击退。（*166*）

征服了巴利阿里人，并将他们同伊斯兰西班牙的契约地位降低，就像塞浦路斯在阿拔斯哈里发统治时期的地位一样。然而，直到902—903年，他们才真正被征服。

9世纪，地中海也开始遭受北欧海盗的侵犯，因此刺激了安达卢西亚海军的发展。844年，一支北欧海盗舰队进入塔霍河（Tagus），袭击了里斯本。这支海盗军队被击退后，继续向南航行，洗劫了塞维利亚。在遭到阿拉伯骑兵重创后，他们重新上船，袭击了摩洛哥的阿西拉（Asilah），然后退守阿基坦过冬。859—

860 年，北欧海盗船只再次靠港，停留在瓜达基维尔河，被阿拉伯军队阻止。他们继续抢劫阿尔赫西拉斯，部分舰队袭击了摩洛哥的努库尔，其余的则掠夺了巴利阿里人。一支分队沿埃布罗河（Ebro）上行至潘普洛纳（Pamplona），然后他们在撤退前洗劫了阿尔勒、尼姆、普罗旺斯的瓦朗斯（Valence）和利古里亚的鲁尼。

在意大利北部，威尼斯潟湖地区的内讧最终导致威尼斯在 805 年屈服于查理曼。809—810 年，拜占庭派出军队，想让威尼斯重新效忠希腊人，结果失败。810 年，丕平试图将威尼斯并入自己的领地，但被威尼斯人保卫潟湖的军队逼退，结果每年只能得到一些贡品。威尼斯开始崛起，成为亚得里亚海的主人。8 世纪下半叶，伊夫里基亚的阿拔斯统治者软弱，给了地中海诸岛喘息之机。但在易卜拉欣·伊本·阿格拉布夺取政权后，他的舰船又开始攻伐地中海中部。805 年，他们袭击了伯罗奔尼撒（Peloponnese）半岛，812 年和 813 年，袭击了科西嘉岛和撒丁岛、兰佩杜萨岛（Lampedusa）、蓬扎（Ponza）和伊斯基亚。820 年，海盗劫持了 8 艘从撒丁岛返回意大利的商船。在接下来的一年里，阿拉伯舰队突袭了撒丁岛，却被击退。827 年，齐亚达特·安拉一世（Ziyadat-Allah Ⅰ）开始征服西西里。然而，加洛林王朝的军队确实试图以同样的方式回报阿格拉布的光顾。828 年，来自比萨和鲁尼的船只袭击了阿尔及利亚的波尼（Bône）。科西嘉总督则率领舰船到非洲，在尤蒂卡（Utica）和迦太基之间袭击侵扰。

9 世纪上半叶的拜占庭帝国正处于水深火热之中。在前几任保加尔可汗统治时期，拜占庭人和定居于多瑙河两岸广袤地区的突厥人族群保加尔人之间，保持着相当友好的关系；但在 807 年，新任可汗克鲁姆开始与拜占庭相敌对。公元 811 年，他设伏围歼了拜占庭军队，杀死了皇帝尼斯弗鲁斯一世，据称将其头骨制成了酒杯。813 年，克鲁姆再次获胜，并且开始向君士坦丁堡挺进。然而，他的死亡使君士坦丁堡都城得以幸存。他的儿子奥穆尔塔格（Omurtag）于 816 年与拜占庭缔结了 30 年和平条约。这种威胁刚消除，帝国又被 820 年斯拉夫人托马斯（Thomas）的叛乱动摇。托马斯成功地赢得了大多数势力的支持，包括基比里奥泰（Kibyrrhaiotai）的海军。托马斯的得势原因有多种，如少数民族

拜占庭的另外一支敌人是保加尔人（Bulgars），他们占领了多瑙河（Danube）南部的土地。807 年，他们在其新的可汗克鲁姆（Krum）的统治下。811 年，尼斯弗鲁斯一世（Nikephoros Ⅰ）不明智地率领一支远征军去攻打克鲁姆（左下图），遭到伏击，败迹被俘（右下图，他的双手被缚）并被处决。直到 813 年克鲁姆去世，君士坦丁堡才幸免于难。（*167l, r*）

对希腊的不满情绪、反对破坏圣像以及早期社会中的不满心态等等。尽管他在821—823年有能力攻下君士坦丁堡，但他的军队最终被用“希腊火”的帝国舰队和为履行条约而赶来救援的奥穆尔塔格的军队击散。

基比里奥泰军区的叛变削弱了海军的防御。这很可能是安达卢西亚海盗有机会在824年至827年之间登陆克里特岛的原因。克里特岛的失守从根本上改变了东地中海的战略局面。阿拉伯人在爱琴海上横行，从钱达克斯（Chandax）港口要塞掠夺奴隶和其他战利品，并对爱琴海南部获得一定程度的控制权，时而占领一些岛屿，并强迫另外的岛屿进贡。阿拉伯人对罗得岛和塞浦路斯几乎有着决定性的影响，尽管他们从未试图占领这些地方。839年左右，阿拉伯人在萨索斯（Thasos）海域大败拜占庭舰队。860年左右，他们突袭了基克拉迪斯群岛，并深入马尔马拉海域。可能是作为事后措施，帝国将北部诸岛组建成行省（或“军区”），称之为“爱琴海（Aigaion Pelagos）军区”，而将南部各岛组建成萨摩斯军区。尽管拜占庭人的确取得了一些成功，但这些措施的效果还有待商榷。大约840—842年，一支克里特岛的军队登陆掠夺，被歼灭。然后在853年，意识到克里特岛背后有埃及的支持，一支拜占庭舰队攻击了达米埃塔（Damietta），将其洗劫并夺取了运往克里特岛的武器，还摧毁了他们的海军补给。

阿拉伯人攻占西西里的行动始于827年。当时拜占庭的海军指挥官在西西里叛变，以承认齐亚达特·安拉一世的宗主权来换取自己的总督头衔。阿拉伯人对西西里的征服甚至比对克里特岛的征服更具破坏性。在玛扎拉（Mazara）登陆时，阿格拉布的军队遭遇了顽强的抵抗。对叙拉古的袭击也遭到了失败，威尼斯的救援亦未能成功。巴勒莫在 831 年陷落，那时阿拉伯人控制了该岛西部的大部分地区。到 843 年，他们占领了墨西拿，并控制了墨西拿的海峡枢纽，意大利南部的墨西拿城受到阿拉伯人入侵的威胁，事实上，在这座城市沦陷之前，阿拉伯人的入侵行动就已经开始了。布林迪西（Brindisi）和塔兰托分别在 838 年和 839 年被占领。840 年，帝国请求派去解救塔兰托的一支威尼斯舰队亦被击败。841 年，巴里（Bari）被占领。阿拉伯舰队从那里袭击北部，洗劫了安科纳（Ancona），并于 842 年在克瓦内尔湾（Quarnero）对威尼斯人进行了另一次重大打击。阿拉伯人将注意力转向卡拉布里亚和地中海西岸，继而进攻罗马，并于 846 年掠夺圣彼得大教堂。伊斯兰教各派势力虽然被查理曼的孙子——这位已

拜占庭海军指挥官的背叛导致西西里沦陷于阿拉伯人手中。斯齐利茨手稿中的另一幅微型画描绘的是 843 年墨西拿被攻陷的场景。画中所呈现的这座城市的面目并不是用写实手法表现的，但对阿拉伯人帐篷的渲染性描绘有一定的真实性。（*168*）

经继承意大利的法兰克皇帝洛泰尔一世（Emperor Lothar Ⅰ）——的军队驱逐，而且最终在加埃塔（Gaeta）被那不勒斯舰队驱散。但在这些年中，他们却成功地在沿海建立了自己的据点。巴里成为一个酋长国的首都，存续了30年。

作为对阿拉伯人突袭的回应，洛泰尔分别在848年和849年派他的儿子路易二世（Louis Ⅱ）攻打阿普利亚，据说他取得了一定胜利，然而他于852年第二次远征时，在包围巴里时遭遇失败。随后阿拉伯人的突袭远至贝内文托和坎帕尼亚，促使路易二世在866年再次介入。第二年，阿格拉布袭击了拉古萨－杜布罗夫尼克（Ragusa-Dubrovnik），迫使拜占庭皇帝瓦西里一世派遣一支舰队去解救这座城市，威尼斯也派出一支舰队，在塔兰托击败了阿拉伯人。路易二世与帝国结成联盟。然而，盟军在869年对巴里的围攻却失败了。直到871年，路易的军队在克罗地亚舰队的帮助下，才终于占领了这座城市。塔兰托的阿拉伯人试图扭转这一败局，结果还是失败了。后来路易的行为使其与贝内文托人疏离，人们把他关进了监狱，送回北方，并让其承诺永远不再回来。当他在875年去世时，拜占庭人占领了巴里。在随后的200年里，巴里成为拜占庭人的意大利首府。

基督教的支配地位：约875—1025年

867年，瓦西里一世夺取了拜占庭的王位，标志着抵抗阿拉伯人进攻的趋势出现了转折，尽管在当时似乎看不出这种苗头。阿拉伯人对东罗马帝国的攻势仍然在继续，他们在地中海中部攻打西西里的拜占庭残部，又深入伦巴第领土，在西部地区攻入普罗旺斯。然而，阿拉伯人的攻势已经是强弩之末。在接下来的一个世纪里，除了伊比利亚半岛，地中海的所有边界都向南推进。

阿拉伯政体的政治分裂速度依然很快。在埃及，一个土耳其兵痞艾哈迈德·伊本·图伦（Ahmad ibn Tulun）于 868 年获得了总督一职，并将他的权力范围扩大到了巴勒斯坦和叙利亚。图伦（Tulunids）王朝理论上归属于阿拔斯王朝，实际上是独立的。阿拉伯第一支舰队十分强大，它们的情况绝不是只言片语可以描述的，其影响遍及利凡特。阿拉伯的奇里乞亚从 878 年到 882 年受图伦王朝控制，从 892 年到 897 年再度被其掌控。阿拔斯派军队前往埃及，在 905 年结束了图伦王朝的统治。但重新建立起来的阿拔斯政权持续时间极短。从 935 年到 966 年，埃及落入另一位土耳其兵痞穆罕默德·伊本·图吉·伊克希德（Muhammad ibn Tughj al-Ikhshid）和他的几个儿子手中。

此时，法蒂玛王朝即阿里·伊本·阿比－塔利布和他的妻子——穆罕默德的女儿法蒂玛的后裔——进入了埃及历史的舞台。法蒂玛·欧贝杜拉（Fatimid Ubaydallah）推翻了阿格拉布王朝和鲁斯塔姆（Rustamids）王朝，获得了突尼斯（即伊德里斯）的统治权，之后在突尼斯东海岸的马赫迪耶（al-Mahdiyyahon）建立了新的首都和海军基地。969 年，法蒂玛的一位将军贾哈尔（Jawhar）征服了埃及，并为 973 年的哈里发阿尔穆伊兹（al-Mu‘izz）迁到埃及铺平了道路。他建立了一个新的首都卡希拉（al-Qahira），或叫“开罗”，意为“凯旋”。法蒂玛人从埃及开始扩大自己的统治权，向巴勒斯坦、叙利亚和汉志（Hijaz）延伸。

拜占庭人也有自己的困境。来自保加利亚的威胁暂时平息，但是在西梅恩（Symeon）可汗执政期间还会出现。然而北方出现了新的威胁。斯堪的纳维亚人（Scandinavians）沿着第聂伯河（Dnieper）定居下来，被人称作“罗斯”（Rhos）[由此出现了 Rus（罗斯）、Russia（俄罗斯）的称呼]。860 年，他们对君士坦丁堡发动了第一次进攻（以后还有数次），虽然这次进攻被击退了，但它预示着一股新的、强大的力量将影响帝国几个世纪，特别是在 988 年，基辅（Kiev）罗斯的弗拉基米尔大公（Prince Vladimir）皈依基督教，以及 1043 年“罗斯”对君士坦丁堡的最后一次攻击失败之后。

斯拉夫居民称为杜布罗夫尼克（Dubrovnik），而意大利人称为拉古萨（Ragusa）的这座城市逐渐演变为 9 世纪和 10 世纪的安全港，不受萨拉森人或者其他海盗袭击。在商业和文化作用上，它扮演着联系威尼斯、南意大利、巴尔干半岛和利凡特的一座桥梁。（*169*）

伊斯兰教和基督教一样，都不是一盘散沙。969 年，一个什叶派王朝——法蒂玛王朝在埃及掌权，并很快将其统治扩大到地中海东部。一个早期的法蒂玛碗（见右图）上有一幅民俗画：在到处是鱼虾的大海里，有一艘有两根桅杆的帆桨船（galley）。（*170a*）

阿布·曼苏尔在这幅 11 世纪的法蒂玛画作上题词——辉煌与繁荣（glory and prosperity）。图中描绘了两个战士，一个戴着土耳其头巾，另一个戴着头盔，都执长枪，其中一个还持有佩剑。（*170b*）

与此同时，在陶鲁斯边境，独立的阿拔斯王朝的边境，埃米尔（酋长）们持续着每年重演的攻击战。塔索斯（Tarsos）以西，奇里乞亚境内的拉莫斯河是界河，从805年到946年，它的河岸见证了一系列令人沮丧的囚犯交换和赎回场面。在海上，克里特人继续着他们的海盗战争，在872年袭击了达尔马提亚（Dalmatia），尽管他们通常只在爱琴海一带活动。然而，帝国小舰队从870年之后其实力开始有所提升。大约873年，海军将领尼基塔斯·奥里法斯（Niketas Ooryphas）在卡迪亚海域（Kardia）摧毁了近20艘海盗船。879年，他在科林斯海湾摧毁了一支突袭伊奥尼亚的小舰队。

阿拔斯人也开始着手重建海军，到860年以塔索斯为基地的若干小舰队强大到足以攻击阿塔利亚。从那时起，直到10世纪晚期，拜占庭人和阿拉伯人之间不断发生海战，双方各有胜负，命运不断波动。883年，拜占庭派人攻打塔索斯的一支庞大军队，被阿拉伯埃米尔——雅扎曼·卡蒂姆（Yazaman al-Khadim）歼灭，后者因其擅长海上突袭而闻名。不久之后，他率领30艘船进攻尤里普斯（Euripos），被“希腊火”击退，之后他继续与希腊人为敌，直到891年去世。898年，一个塔西沃特（Tarsiote）的小舰队遭遇了一个拜占庭舰队——很可能是基比里奥泰军区的舰队，并击败了它，俘获了许多船只，将3 000名海员斩首。这场胜利使爱琴海暴露在海盗头子的黎波里的利奥的掠夺视线之内。利奥以前是拜占庭的水手，来自基比里奥泰军区，后来皈依了伊斯兰教。904年，他领导了一次对爱琴海的毁灭性袭击，洗劫了阿比多斯（Abydos）和塞萨洛尼卡（Thessalonika），之后带着战利品和囚犯回到的黎波里。根据塔巴里（al-Tabari）的说法，利奥在塞萨洛尼基杀掉了 5 000 人，释放了 4 000 名阿拉伯俘虏，劫持了 60 艘船，带走了数千名战俘。参与出征的每个人都从战利品中得到了 1 000 枚金第纳尔（gold dinars）。

为了结束这种掠夺，皇帝利奥六世（Leo Ⅵ）在 910 年派了一支庞大的舰队到利凡特，由保有贵族（patrikios）头衔的希梅里奥斯（Himerios）统领。作为回应，塔索斯的埃米尔，即另一位皈依了伊斯兰教的达米亚诺斯（Damianos），在塞浦路斯肆虐了 4 个月，可能是由于当地居民帮助了希梅里奥斯。希梅里奥斯可能随后袭击了克里特岛，但没有成功。他的舰队于 912 年 10 月在基奥斯（Chios）北部被的黎波里的利奥和达米亚诺斯歼灭。

突发的毁灭性袭击威胁着拜占庭帝国的城镇。904 年，希腊北部的塞萨洛尼卡遭到的黎波里（Tripoli）的利奥所率军队的袭击。利奥曾是拜占庭的水手，后来皈依了伊斯兰教。成千上万的人被杀害，还有成千上万的人（据斯齐利茨编年史）沦为奴隶。(*171*)

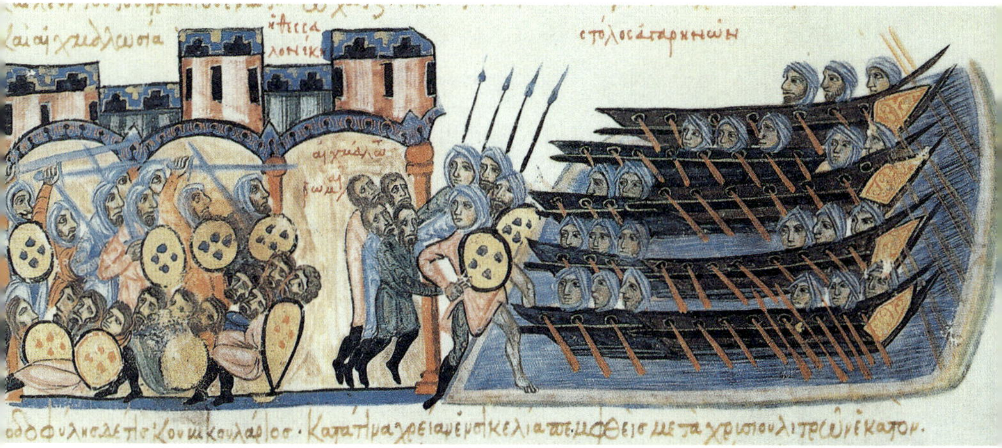

在利凡特和爱琴海入口，一项为期三年的旨在削弱伊斯兰势力的行动，开始时很成功，后来却成为灾难。直到20多年后，这股战争潮才真正开始退去。923年，的黎波里的利奥在利姆诺斯被击败，之后从历史上消失。第二年，达米亚诺斯在围攻斯特罗比洛斯（Strobilos）的基比里奥泰（Kibyrrhaiotai）要塞时丧生。

858年，西西里岛的恩纳（Enna）陷落，拜占庭人被限制在陶尔米纳（Taormina）到叙拉古之间的沿海狭长地带，西西里周围的岛屿全部沦陷。870年，马耳他沦陷。871年到872年，萨莱诺被围困了一年之余。875年，阿拉伯人渗透到亚得里亚海的里雅斯特（Trieste）和格拉多（Grado）等地。他们撤退时，把威尼斯以南不远的科马基奥（Comacchio）夷为平地。与此同时，他们对远在罗马以北的卡拉布里亚和坎帕尼亚实施了突袭。伦巴第公国、加埃塔、那不勒斯和阿马尔菲等准独立公国的早期政治结构不成熟，给阿拉伯人的攻击提供了机会。880年，那不勒斯的阿塔纳修二世（Athanasius Ⅱ）允许一群阿拉伯人在维苏威（Vesuvius）山下落户。后来，另一支阿拉伯人在切塔拉（Cetara）湾定居下来。那不勒斯和萨莱诺在881年至883年之间联合起来，将这些阿拉伯人驱赶出去。但阿拉伯人向北迁移，并在加里利亚诺河（Garigliano）上加入了其他阿拉伯人群体。884年，古老的蒙特卡西诺（Montecassino）修道院遭到了袭击。西西里岛的叙拉古最终于878年沦陷。幸存的希腊人坚守在陶尔米纳，直到902年该城沦陷。

880年，一支突袭爱奥尼亚海的阿格拉布舰队被拜占庭海军司令纳萨尔指挥的一次大胆的夜袭摧毁。纳萨尔继续西行，在巴

西西里是希腊人和阿拉伯人之间长达 20 多年争斗的战场，从 9 世纪 40 年代墨西拿陷落，到 60 年代陶尔米纳和叙拉古之间的大部分中心地带被阿拉伯人占领。斯齐利茨编年史显示侵略者手持圆形盾牌，屠杀（左）、抓捕（中）、处决（右）陶尔米纳的居民。（*172*）

勒莫附近登陆，将该地区洗劫一空，俘获了许多阿拉伯船只，并在返回意大利时在蓬塔斯提洛（Punta Stilo）海域赢得了与阿格拉布小舰队交战的又一次胜利，舰队向君士坦丁堡凯旋。而在意大利，拜占庭人最终夺回了塔兰托。随后，瓦西里一世于 885 年派尼斯弗鲁斯·福卡斯（Nikephoras Phokas）前往意大利，他迅速攻下了许多城镇和要塞。此战打得如此漂亮，以至于利奥六世在编写他著名的军事手册《战术》（*Taktika*）时，专门用一整章的篇幅来描述这一事件。

915 年，拜占庭舰队封锁了那不勒斯北部的加里利亚诺，教宗联盟的武装最终消灭了海盗巢穴。然而，即使不再有阿拉伯人入侵的威胁，还有西西里海盗对海岸长达 50 年的持续骚扰，时常还伴随法蒂玛哈里发组建的小舰队的突袭。

10 世纪前 10 年，帝国又面临北方的新威胁。保加利亚的西梅恩尽管在君士坦丁堡接受过教育，但事实证明他仍是一个冷酷无情、令人畏惧的敌人。896 年，他歼灭了一支拜占庭军队，之后他同意休战。然而，敌对行动复又发生。西梅恩在 914 年和

917年再次击溃了几支拜占庭军队，保加利亚纵队袭击了远至南部的科林斯湾，为罗曼努斯·利卡潘努斯（Romanos Lekapenos）夺取王位创造了条件。利卡潘努斯尽力压制保加利亚人的企图收效甚微；922年，西梅恩再次入侵，并在马尔马拉海的佩盖（Pegai）战役中取得了胜利。亚得里亚堡（Adrianople）暂时失守。926年西梅恩被克罗地亚的托米斯拉夫大公（Prince Tomislav）打败，直至927年他死亡，保加利亚的威胁才得以消除。

正是在托米斯拉夫统治时期（约910—928年），7世纪进入巴尔干的克罗地亚斯拉夫（Croatian Slavs）人中形成了一个很有影响力的政治群体。克罗地亚南部和杜克利亚（Duklja）省沿海地区生活着其他斯拉夫部族，这些人后来被称为塞尔维亚人（Serboi）。在内雷特瓦河（Naretva）河口以北，远至西提纳，以及离岸岛屿上居住着纳勒特尔贾尼（Neretljani）部落，威尼斯人称之为纳伦坦（Narentan）海盗。从9世纪开始，他们就严重威胁着威尼斯的航运。早在839年，威尼斯总督彼得罗·特拉托尼科（Pietro Tradonico）就曾经出航与他们对抗。889年，总督彼得罗·坎蒂亚诺一世（Pietro Candiano Ⅰ）率领进行了另一次远征，却以失败告终，战死沙场。皮埃特罗·坎蒂亚诺三世于948年重返战场，但纳伦坦海盗造成的威胁仍旧无法消除。威尼斯继续支付保护费以确保达尔马提亚海岸能安全通行。直到1000年，彼得罗·奥尔赛奥罗二世（Pietro Orseolo Ⅱ）最终征服了他们，巩固了威尼斯在亚得里亚海的霸权，并获得了达尔马提亚公爵的称号。

西班牙倭马亚王朝在阿卜杜·拉赫曼三世的长期统治下达到了其巅峰时期，拉赫曼于929年起用哈里发的称号。当他意识到法蒂玛舰队所构成的威胁后，便建造了自己的舰队。这使他能够在927年拿下梅利利拉（Melilla），931年拿下休达。倭马亚最重要的海军基地是佩奇那（Pechina）以及它的阿尔梅里亚（Almeria）港。在那里，有阿拉伯和西班牙血统的水手混居。在884年之前，他们形成了一个自治体。10世纪中叶，他们搬到了阿尔梅里亚，那里也成为许多犹太商人的聚集地。在阿卜杜·拉赫曼三世的统治下，他们的舰队是倭马亚王朝在马格里布对抗法蒂玛人的主要力量。如果我们相信伊本·赫勒敦的言论，在他统治期间，倭马亚和法蒂玛人的舰队规模都发展到令人生畏的200艘船之多。890年左右，一群安达卢西亚海盗在圣特罗佩登陆，并在拉加尔达弗洛内（La Garde Freinet）的弗拉欣尼坦（Fraxinetum）的一个山顶上设防。从那里，他们向西袭击了马赛，向北袭击了维也纳，向东袭击了阿斯蒂（Asti），向东北袭击了瑞士的圣加尔（St. Gall）修道院。普罗旺斯和都灵的几个伯爵在931年和942年几次驱逐法蒂玛人势力的努力均告失败，直到972年才得以成功。在普罗旺斯海岸附近发现的10世纪阿拉伯船只的残骸表明，这块飞地与阿拉伯主体世界在海上有着频繁的交流活动。

到10世纪20年代，意大利被分割成几个区域，一方面是拜占庭的伦巴迪亚（Longobardia）军区、伦巴第公国的卡普亚-贝内文托（Capua-Benevento）和萨莱诺、亚平宁山脉（Apennines）西部的教宗领地，另外一方面是查理曼后代统治下的、自阿布鲁齐（Abruzzi）到托斯卡纳的意大利王国。然而，尽管王统依然存续，但真正控制北方大部分地区的是托斯卡纳、伊夫里亚（Ivrea）和弗留利（Friuli）三位侯爵，以及斯波莱托（Spoleto）的公爵们。从922年开始，整个半岛受到马扎尔人（Magyar）的严重侵扰，其袭击范围扩展到阿普利亚和萨莱诺，进入巴尔干半岛，在934年到达了君士坦丁堡。在955年的莱赫（Lech）战役中，他们被德意志国王奥托一世（Otto Ⅰ）击败，此后停止了进攻。

在西西里岛，法蒂玛人从910年开始取代阿格拉布王朝成为霸主。925年，派往阿普利亚的小舰队洗劫了布鲁扎诺（Bruzzano）和奥里亚（Oria），把许多犹太战俘押回伊夫里基亚。然后，在927年，一支由44艘战船组成的舰队从马赫迪耶出发，攻打并洗劫了塔兰托。935年，他们甚至洗劫了热那亚。

10世纪后半叶是各条战线上战事不断的时期。伊斯兰的武装力量分裂了，倭马亚人的船只和法蒂玛人的船只互相攻击。在北方，拜占庭人与此两派系都有冲突，与保加利亚人和罗斯人之间也有冲突。但帝国正在慢慢积聚力量。941年，罗斯对君士坦丁堡的第三次进攻被击溃。翌年，拜占庭皇帝罗曼努斯·利卡潘努斯应约向意大利派遣了一支小舰队，用"希腊火"摧毁了阿拉伯人的船只。

956年，基比里奥泰的将军在吕西亚海域大胜塔西沃特舰队，为再次进攻克里特岛开辟了道路。罗曼努斯二世任用尼斯弗鲁斯·福卡斯担任指挥，后者在960年7月到961年3月之间成功地完成了任务。尼斯弗鲁斯·福卡斯称帝后，于963年攻入奇里乞亚。965年，由36艘船组成的小舰队在一场风暴中遭到重创，剩余舰队在塞浦路斯海域被击败，阿拉伯人重建埃及舰队以解救塔索斯的尝试失败，塔索斯和塞浦路斯都得以光复。尼斯弗鲁斯随后在969年进入叙利亚，收复了安条克和阿勒颇以西的北叙利亚和的黎波里北部地区。尼斯弗鲁斯被约翰·齐米西斯（John Tzimiskes）暗杀，后者接替他成为皇帝，继续执行同样的政策，在975年收复了贝鲁特（Beirut），并迫使大马士革进贡，但围攻的黎波里的战事失败。

基辅的斯维雅托斯拉夫（Svjatoslav）大公在969年携大军入侵保加利亚，废黜了保加利亚汗鲍里斯二世（Boris Ⅱ），打算将自己的首都从基辅迁至普雷斯拉夫（Preslav）。然而，约翰·齐米西斯的军队为普雷斯拉夫解了围，并迫使斯维雅托斯拉夫退到锡利斯特拉（Silistra）。在约翰的继任者瓦西里二世（Basil Ⅱ）——“保加利亚人的刽子手”（Boulgaroktonos）——统治时期，拜占庭帝国在中世纪达到了国力的顶峰。拜占庭舰队进入多瑙河，摧毁了斯维雅托斯拉夫的船只，迫使他投降。他在撤退时被拦截并遭杀害。保加利亚被拜占庭帝国吞并，保加利亚汗鲍里斯二世被押送到君士坦丁堡。又经过多次战役，瓦西里二世终于在1014年的克雷迪恩（Kleidion）战役中取得了胜利。1.4万名保加利亚战俘被刺瞎双眼遣送回国，据说这一事件导致他们的可汗在两天内死亡。尽管抵抗仍在继续，直到1018年保加利亚被平定，并入拜占庭帝国。

962年2月，德意志统治者奥托一世获得了罗马皇帝的头衔，来到罗马城加冕。除了其他要求外，他以皇帝身份索求对意大利南部卡普亚-贝内文托和萨莱诺的宗主权。967年，他访问了贝内文托，次年又返回贝内文托和卡普亚，率领军队攻打拜占庭的巴里。他发现这里的城堡坚不可摧，就派使臣去君士坦丁堡游说，尼斯福鲁斯·福卡斯轻蔑地驳回了他的请求。这一事件引起奥托的使者——克雷莫纳（Cremona）的利乌特普兰（Liutprand）主教对这一事件做了慷慨激昂的叙述。969 年，双方再度就南意大利问题发生争执，但尼斯弗鲁斯的继承人约翰·齐米西斯提议将他的侄女塞奥法诺（Theophano）嫁给奥托的儿子奥托二世，由此结束了这场争议。972 年 4 月 14 日，婚礼在圣彼得大教堂举行，奥托一世从意大利南部撤军。

从 965 年开始，意大利南部水域留给当地的拜占庭军队，留给那不勒斯、加埃塔和阿马尔菲等不断发展的城市，以及萨莱诺的公爵们，尤其是西西里的卡尔比特（Kalbite）埃米尔们。他们从 975 年开始的突袭促使奥托二世介入。981 年，他进军阿普利亚和卡拉布里亚，引诱埃米尔阿布·卡西姆（Abu al-Qasim）横渡海峡。在蓬塔斯蒂洛，两军相遇，奥托二世遭遇了覆灭的失败。在梅泽堡（Merseburg）的蒂特马（Thietmar）的一个著名故事中，奥托二世和他的马在海浪中穿越，逃到拜占庭的一艘舰船（chelandion）[①]上避难，最终回到了北方。他对西西里的治策毁于一旦，从此弃意大利南部于自生自灭的境地。尽管他对拜占庭文化很着迷，并声称拥有罗马帝国的权威，然而他的儿子奥托三世只会扰乱卡普亚和贝内文托的那些伦巴第公国，但对拜占庭和其他意大利南部地区无所作为。

① 拜占庭的一类战舰，是德罗蒙的另一种形态。

法蒂玛王朝移居埃及后，有一段时间没有对拜占庭帝国采取任何行动。直到10世纪90年代，敌对行动才随着一系列遭遇而加剧，包括993年拜占庭对亚历山大港的突袭。可能是作为回应，阿齐兹（al-Aziz）于996年开始在开罗建造一支新的大型舰队。当一场大火烧毁了一些船只时，人们才对阿马尔菲商人有了怀疑，暴民杀害了100名商人，并洗劫了当地的基督教堂。舰队经过重建，其中24艘船被派往的黎波里，却在叙利亚海岸失事。尽管如此，998年，仍有20艘军舰被派去镇压推罗的叛乱，这支舰队有能力击败协助叛军的一支小型拜占庭舰队。

在西班牙，阿卜杜·拉赫曼三世创建的规模宏大的海军被传给他的继任者。当北欧海盗在966年回到里斯本时，在西尔韦斯（Silves）海域被塞维利亚舰队击败。尽管如此，哈卡姆二世（Al-Hakam Ⅱ）仍然下令建造北欧风格的舰队，以便能够追上北欧海盗。971年的另一次突击被阿尔梅里亚的小舰队迂回引到塞维利亚反击。第二年，舰队被派往休达，然后到丹吉尔。他们从最后的一批伊德里斯人手中夺取了丹吉尔。哈卡姆死于976年，在位期间，他得益于同君士坦丁堡的外交往来，其中永久的纪念是位于科尔多瓦大清真寺的壁龛，由拜占庭工匠和他们训练的手艺人共同装饰。哈卡姆的幼子伊沙姆二世（Hisham Ⅱ）继承了他的哈里发位，但真正的权力被移交给了哈吉布（hajib）即首相曼苏尔即“凯旋者”，基督徒称他为阿尔曼佐尔。997年，他在阿尔卡塞多萨尔（Alcácer do Sal）集结舰队，发动了一场著名的对抗贡波斯特拉的圣地亚哥（Santiago de Compostela）的战役。这场战役后，将大教堂的那些大钟运回了科尔多瓦。他使哈里发成为北

10 世纪时，在倭马亚王朝治下的摩尔人的西班牙进入了其黄金时代，这时，倭马亚家族的统治者起用了哈里发的头衔。哈卡姆二世在位时间为 961 年至 976 年。在他的引领下，在 8 世纪由第一位倭马亚哈里发开始修建的科尔多瓦大清真寺，接受了拜占庭工匠制作的装饰华丽的壁龛（mihrab，指向麦加方向，朝拜者们朝这一方向祈祷），用大理石、灰泥和镶嵌画装饰，哈里发以此寻求与拜占庭建立良好关系。(*175*)

方基督教国家闻风丧胆的恐怖存在。1002 年，他在一次战役中阵亡。然而，具有讽刺意味的是，正是他所采用的策略——依靠斯拉夫人奴隶、马穆鲁克人、柏柏尔人和基督教雇佣兵，而不依靠安达卢西亚的阿拉伯贵族（jund）军人——于他死后导致了国家的分崩离析。1008 年，他的儿子神秘死亡。此后哈里发国家开始瓦解。

事实上，11 世纪时，伊比利亚半岛濒临地中海的大部分地区归属基督教。1031 年倭马亚哈里发国灭亡，产生了很多邦国（taifaor）或“部族”（即所谓的 muluk at-tawa'if）王，埃米尔们统治着小的、地方性的城邦国家，无法与卡斯提尔（Castile）和

阿尔曼佐尔（Almanzor，阿拉伯语写作 al-Manṣūr，即“凯旋者”）如基督徒所知，是 10 世纪最后几年摩尔人在西班牙的首相和实际上的统治者，于 997 年在贡波斯特拉的圣地亚哥击败了基督徒。他在塞维利亚的寓所就是用这些精美的大理石浮雕装饰的，上面刻着他的名字。（*176*）

西西里岛诺曼统治者的巴勒莫宫殿礼拜堂是相互冲突的文化传统共存的最好例证。这里的墙壁由拜占庭的镶嵌画艺术家装饰，伊斯兰教工匠建造了中殿的木制天花板，12 世纪中叶的法蒂玛画家描绘了世俗生活的场景。这幅画描绘了一位统治者在宴会上，旁边有两名仆人服侍。(*177*)

阿拉贡这样日益强大的国王相抗衡。1085 年，托莱多沦陷。这是一个具有划时代文化意义的事件。945 年，位于东方的阿拔斯哈里发已经落入白益（Buyids）王朝的什叶派达拉米（Shi'a Daylami）家族的控制之下，他们掌控着实权，直到 1055 年被塞尔柱突厥人（Seljuq Turks）取代。埃及仍然是法蒂玛人掌权，但在 1036 年穆斯坦希尔（al-Mustanṣir）哈里发时期陷入无政府状态和内战。直到 1025 年瓦西里二世去世，拜占庭帝国在东方仍然保持着优势地位，而帝国本身陷入无政府状态的趋势在后来的 30 年里并没有很明显。真正重要的事件发生在地中海中部。威尼斯在 1000 年时就已经是地中海强国了，阿马尔菲次之。但到了 11 世纪，阿马尔菲黯然失色，而威尼斯的地位受到了比萨和热那亚的挑战。意大利的沿海城市，然后是普罗旺斯、朗格多克和加泰罗尼亚，纷纷开始展示自己的实力。西欧在经济、社会和宗教上信心的增强，必然导致可以算是中世纪最具历史意义的事件——第一次十字军东征（1096—1099 年）。从 1070 年左右塞尔柱人对拜占庭帝国的进攻，以及阿尔摩拉维亚人（Almoravids 或 al-Murabitun）从 1060 年左右开始的对马格里布的进攻，乃至 1086 年对安达卢西亚人的袭击都很可怕，但最终都是徒劳无功的。尽管科穆宁（Komnenoi）王朝（1081—1185 年）复苏迅猛，拜占庭帝国已经逐渐让位给强势发展的拉丁西部，并最终被其超越。

本章中所描述的实质性的政治变化与意义深远的经济变化相匹配。20 世纪早期研究地中海世界的历史学家们就中世纪早期东西方经济关系断裂的证据问题展开了一场大辩论。假设这样一个断裂确实发生了，是蛮族入侵的结果？还是由于入侵活动把西班牙、法国、意大利北部、莱茵兰、意大利北部与经济繁荣的东部拜占庭分离？拜占庭的东部包括埃及以及现在的以色列、黎巴嫩、叙利亚、土耳其和欧洲东南部的狭长地带吗？

公元第一个千年后期，在阿拉伯人大规模的东征西讨后，“十字军东征”代表了潮流的转变。西班牙的“光复运动”（Reconquista）于1085年收复了托莱多，1118年收复了萨拉戈萨。1099年，基督徒获得了最大的战利品——耶路撒冷，建立了拉丁人的耶路撒冷王国，这个王国持续了200年之久，其间不断与伊斯兰邻国刀兵相见，并不断得到来自西方的新的远征军的支持。现代历史学家对十字军东征提出了各种各样的解释。十字军东征的主要动因是宗教狂热，但它也标志着西方向东地中海的扩张和新市场的开拓。

沿海城市西顿是“拉丁东方”最重要的城市之一，但它很容易受到阿拉伯人的攻击。1227年，一座新的海上城堡开始在港口外的礁石上建造。1260年，这里移交给了圣殿骑士团。1291年阿克（Acre）陷落后，骑士们在这里坚守了两个月，但后来只能被迫放弃。它的主要防御工事面向陆地，而不是面向大海。（*178—179*）

还是在7世纪早期到8世纪早期，关键时刻是伊斯兰的兴起将埃及、叙利亚、北非和西班牙置于一种新宗教的统治之下？或是西方新出现的皇帝查理曼掌控了大权，独断地将统治扩展到意大利中部等地区，而这些地区此前曾是拜占庭的势力范围？比利时伟大的历史学家亨利·皮雷纳（Henri Pirenne）关注黄金、香料和莎草纸贸易的下滑。莎草纸是长期写作必不可少的介质，而且，有更多的考古证据能够证明在约750年前后，东部和西部的经济分离已经很明显，有极少量的东方进口货物能够到达那不勒斯和马赛这类港口，早期纵横交错于地中海的大规模商业活动（详见"'我们的海'的生成"一章）只有少数案例尚存。在皮雷纳的历史中强调，中世纪早期西方从事远程贸易的商人往往是犹太人、叙利亚人或基督徒，以至于犹太人成为"商人"的代名词。伊斯兰作家伊本·胡拉达比赫（Ibn Khuradbih）描述了犹太人中的远程贸易者"哈丹人"[①]（Rhadanites）的商队如何穿越欧洲和北非，将奴隶从异教的东欧带到伊斯兰西班牙。那里的统治者高度评价很多萨卡利巴人（Saqaliba）即斯拉夫人的军事作战技巧。

事实上，地中海东部和西部的经济发展长期以来都具有各自明显的特点，部分原因是地中海西部土地潮湿，适合种植各种各样的农作物。而东部土地尽管往往盛产谷物（埃及可以作为一例），但比较干旱，又支撑着大量的城市人口，只能通过短程和中程贸易弥补必需品的短缺。因此，像开罗这样的大城

① 《古兰经》中，因阿拉伯语语音的原因，称《圣经》中的亚当为哈丹，他不仅仅是犹太人的祖先。

市虽然位于沙漠的边缘，但仍然有可能生存。东部更加城市化，尤其是伊斯兰地区。但是，拜占庭有一个超大城市君士坦丁堡，拜占庭人横跨黑海和东地中海进行贸易，以养活膨胀的人口。到了10世纪，伊斯兰地区的商人联系着西班牙、西西里、突尼斯、埃及与印度的商业贸易，活跃于这一贸易活动的是旧开罗即福斯塔特（Fustat）的犹太人。他们在950年到1150年留下了很多商业信件，这些信件存放在被称为"开罗经冢"的文献库中，现在这些信件大部分保存在剑桥大学图书馆。尽管相互竞争的哈里发之间存在政治边界，但这些商人知道如何穿越地中海进行丝绸、棉花和香料的贸易。但他们航行的地中海是"伊斯兰共同市场"，这是伊斯兰征服的结果，他们很少渗透到拉丁基督教世界。事实上，在拉丁-基督教世界中，地中海的新主人威尼斯人、热那亚人和比萨人将会出现，他们是自信的基督徒商人，有着不止十字军的狂热。

"经冢"犹太人所知道的一个城镇是阿马尔菲，它与加埃塔、萨莱诺及阿普利亚的城市（巴里、特拉尼等）继续保持着和拜占庭的商业联系；阿马尔菲和加埃塔还向阿拉伯人控制下的西西里、马格里布和埃及派遣商人。阿马尔菲并不是罗马人的殖民地，而是一系列为躲避野蛮人入侵的难民而组建的城镇之一；这类城镇中还有达尔马提亚的杜布罗夫尼克（Dubrovnik，即拉古萨），但其中最著名的是威尼斯。阿马尔菲靠海，没有真正的腹地，但如果我们相信10世纪的伊本·霍加尔（Ibn Hawqal）等地理学家的话，那么它是阿拉伯商人真正听说过的唯一的拉丁港口。它的主要商人家族与君士坦丁堡的宫廷有联系；阿马尔菲人还被指控与第勒尼安海的萨拉森海盗做交易，以保护自己免受他们对罗马或者更远地域的攻击。然而，阿马尔菲充当了在其西部的蒙特卡西诺圣母修道院的商务代理，并向教宗和意大利南部的王公们提供丝绸和香料。然而，阿马尔菲仍然是一个神秘的所在，14 世纪时，该城有一半淹没在海水中，从任何意义上说，它不再是热那亚或威尼斯的竞争对手，而仅仅是猪油和粗布等商品的地区贸易中心。它的衰落首先归因于诺曼人对意大利南部的征服，使其受到外来势力的统治；还有 12 世纪比萨对它的进攻，以及它在君士坦丁堡的失宠。它没有参加十字军东征，正如以下几章所述，十字军东征给其他意大利城市带来极大的利益。最重要的是，它没有能力将其商品渗透到意大利北部、法国南部、莱茵兰和佛兰德斯等地区，这些地区都是威尼斯和热那亚的贸易伙伴。它残留了下来，成为一个时代的遗迹，那个时代经过意大利的跨地中海贸易规模很小，并没有扩展到罗马和那不勒斯以外很远的地方。

阿马尔菲人是基督教商人，他们冒险进入由阿拉伯海军和阿拉伯人－犹太商人统治的地中海。1100 年后，地中海实际上成了基督教的海洋。

“地上的商人将会哭泣哀恸，因为没有人再购买他们的货物了。”《启示录》18：12[1] 中的一节文字描述了巴比伦的毁灭，给了这位 11 世纪的画家一个机会来表现他那个时代的商人的形象。（*180*）

① 原文没有标注本段文字的具体出处，经查对《圣经》原文，此段话出自《启示录》18：12，中译各版本有细微区别。

在这个陶瓷盘上描绘了 12 世纪末或 13 世纪初的叙利亚船只，船上有桨和帆。实际上，当时热那亚、比萨和威尼斯的意大利商人们已经掌控了地中海的大部分海域。

第六章

中世纪后期的地中海①

1000—1500 年

① 本章作者为巴黎大学索邦神学院的米歇尔·巴拉德。

在中世纪的最后500年里，地中海经历了许多重大的变化。首先是在海岸上掌控政治权力的国家之实力的变化，西方各国的扩张受到阿拉伯国家的伊斯兰政权衰落的制衡，同时也受到在奥斯曼帝国征服区里日益崛起的土耳其势力的制衡，土耳其势力的增长以1453年君士坦丁堡的沦陷达到顶峰。另一个重大变化是所谓的“中世纪航海革命”[此术语分别为威尼斯和热那亚的两位大史学家所使用，他们是弗雷德里克·莱恩（Frederick Lane）和罗伯特·洛佩斯（Roberto Lopez）]。这一时期见证了贸易的空前发展，并为技术进步提供了相应的手段，而技术进步直到19世纪才被超越。经常使用的海上航线在地中海纵横交错，尽管它们也是激烈对抗的目标，首先是基督徒和穆斯林之间的对抗，后来是基督教国家之间的对抗。此外，地中海沿岸地区发生的政治变革极大地影响到了由谁控制海洋的问题，尽管对陆地的支配并不一定意味着对海洋的支配。

1000年前后，地中海实际上仍然是一片封闭的海洋。直布罗陀海峡以外，是广阔无边的“阴影下的海洋”（Ocean of Shadows）。另外，直布罗陀海峡也起着连接安达卢西亚（阿拉伯人控制的西班牙）和马格里布（北非）伊斯兰地区的作用。沿海岸进行的定期季节性贸易使西班牙农产品能够与撒哈拉沙漠和大西洋沿岸的摩洛哥平原的货物进行交换。除了塞维利亚和亚历山大港之间有限的直接贸易，所有这些往来对其他地方几乎毫无影响。在北部，瑞典的瓦兰吉亚人（Varangians）乘着他们的长形小艇在俄罗斯的河流上来来往往。他们沿着黑海海岸航行，定期与君士坦丁堡进行海上联系，将蜂蜜、蜡和毛皮带到拜占庭。这种来往是在拜占庭宫廷和俄罗斯王公之间签订的协议下进行的，并没有扩展到君士坦丁堡以外。然而，在地中海东南部地区，大部分来自印度洋的贸易从波斯湾转向红海，这是前一章所述的阿拔斯哈里发国家危机的结果。从10世纪中期开始统治埃及的新建立的法蒂玛王朝引导着印度洋的货船转向了红海西岸的艾达人（Aydhab）港，从那里再转向衮斯（Qûs）和尼罗河，这保证了法蒂玛的城市开罗和亚历山大繁荣的前景。

11世纪初，拜占庭帝国和伊斯兰世界的势力形成了鲜明对比，也与拉丁欧洲的虚弱形成了鲜明反差。在瓦西里二世的统治下，拜占庭几乎控制了整个巴尔干半岛，收复了小亚细亚（Asia Minor）直到亚美尼亚，并控制了意大利，更不用说塞浦路斯和克里特岛了。换句话说，地中海沿岸的很大一部分以“海军军区”（themes，即行省[1]）的形式被拜占庭统治，其职能是确保海岸的有效防御。相比之下，就在这段时间，伊斯兰世界似乎四分五裂。但是，当阿拔斯哈里发国失去了它的光彩时，白益家族确保了对巴格达（Baghdad）的控制，而原来建立于北非中部的法蒂玛王朝将其权力伸展到福斯塔特（旧开罗）。在西部的伊斯兰地区，西班牙见证了倭马亚哈里发国家在维齐尔[2]阿米利德（Amirid viziers）日常管理下的最后辉煌；而玛蒂娜特·扎赫拉（Madînat al-Zahra）和科尔多瓦是这个开始瓦解的国家王冠上的宝石。至于基督教的领地，它们刚刚从长期的停滞中复苏。尽管威尼斯、比萨和热那亚开始重新征服地中海，西西里岛在卡尔比特的统治下经历了深刻的阿拉伯化和伊斯兰化过程，而西班牙的各基督教王国仍然经常受制于安达卢西亚的专制，它们更专注于自己的生存而不是海上扩张。海洋本身在很大程度上仍处于伊斯兰教的控制之下。

11世纪的海上航线

我们对11世纪的海事技术知之甚少，对船舶术语和船舶类型亦甚陌生。但水下考古为我们提供了证据，并结合嵌入比萨圣米歇尔（St. Michele）教堂墙壁的阿拉伯陶瓷盘（即巴西尼，

① 这是作者的观点，事实上，军区与行省虽都是拜占庭的地方管理机构，却有很大的不同。前者以军区首长、军人为大；后者是皇帝任命的地方管理者，始于罗马共和国晚期。

② 维齐尔（Vizier）指的是伊斯兰国家的高官、大臣。

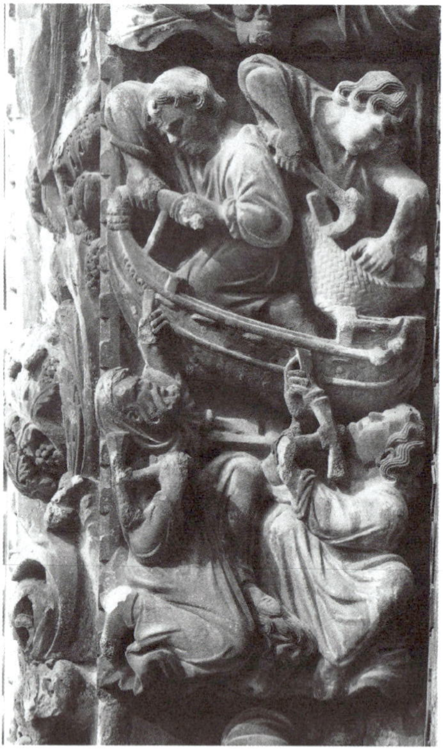

威尼斯人——一个航海民族，对《圣经》中关于建造方舟的描述特别感兴趣。这幅14世纪的位于圣马可教堂（St. Mark's）正面的浮雕，展示了当时使用的一些工具：双手钻、粗斧、锤子和凿子。（*184a*）

这艘巨轮绘于产自突尼斯或马略卡岛的瓷盘上，镶嵌在比萨附近的格拉多的圣皮埃特罗（St. Pietro）罗马教堂的砖墙上。上面的三角形帆船是11世纪早期法蒂玛王朝埃及的典型特征，在它下面是一条小船，有划桨。（*184b*） bacini）展示了三桅帆船也在使用的史实，如 shâm（单层甲板大帆船）或 kharrâq（适于远洋航行的船），船头弯曲，船尾宽大。帆桁与甲板平行，相距一码，并使用三角帆。在普罗旺斯附近发现的沉船表明这些船只是骨架结构。船板用钉子钉牢，组装成干舷（即在船板的上线和浮线之间有一个预定的空间），这意味着嵌缝的细密。在这个时期，除了船上装载的武器、作战备用品（matériel）和所谓的“希腊火”装置之外，军舰和商船之间几乎没有什么区别。

尽管地中海南岸的狭长地带都缺乏合适的木材，但埃及的亚历山大港、达米埃塔、替尼斯（Tinnis）和福斯塔特建立了军械库，使用的木材来自叙利亚北部和马格里布，或者是在对安纳托利亚的侵袭中掠夺来的木材。同样，西班牙的穆斯林在塞维利

在圣马可教堂内，有一幅 13 世纪人们建筑方舟的马赛克壁画，又一次生动地展示了造船技术。（*185*）

威尼斯圣马可教堂著名的青铜马是1204年十字军占领君士坦丁堡后的掠夺品。在那之前，青铜马可能就安置在竞技场里，可能原在古罗马。(*186*)

亚、德尼亚（Denia）、巴伦西亚，特别是阿尔梅里亚也都有武库。与此同时，在西班牙东北部和意大利的基督教港口，渔船逐渐改建为适合公海航行的商船。巴塞罗那、热那亚和威尼斯在内陆森林茂密的山区附近，很容易就找到了扩大海军建设所需的资源。早在1104年，威尼斯就建立了军械厂，最终成为中世纪西方最大的工厂。

海上贸易需要大量资金，以组织企业融资和分担风险。阿拉伯人对第勒尼安海的重新征服使比萨人和热那亚人获得了其战利品，因他们要将这些掠夺物重新投资于海军建设。阿拉伯人寄给西班牙北部基督教统治者的贡金帮助加泰罗尼亚人建造了他们的舰队。但这本身是不够的。为了造船、装备船只并装上货品，借贷或处置企业的股份是必不可少的过程。

尽管海船在概念上被分成若干股份的方法早在 1 000 多个商人团队出现之时就已经存在了，我们直到 12 世纪才看到与这一过程相关的文字记录。在穆斯林中间，我们发现有两种类型的契约，第一种是 shirka 或 sharika，即两个或两个以上的人共享他们投入的资金和劳动力所生成的财产；尤其值得关注的是第二种“吉拉德”（qirad）合同，根据合同的条款，投资者把一笔款项交给一个代理人，代表他去经营获利，在预估到可能风险的前提下签订合约。贷方将这笔钱换成商品，然后再以更高的价格出售。这些做法（模式）在 8 世纪开始使用。人们通常认为这些做法对意大利的商业合同产生了影响。此处所谓的“海洋贷款”，其起源可以追溯到古代的货币贷款，该贷款为商人提供他所需要的资金，在货船安全到达时偿还。放贷人承担了风险，作为交换，将收取一定比例的利润。更灵活的契约是“康美达”（commenda）和“海运合伙”（societas maris，即海运合伙人合同）。其中一个合伙人提供资本，另一个提供劳动力，有时还辅以更多资本。如何选择确切的合同类型取决于签约方的资金来源。从 10 世纪的最后 25 年开始，地中海世界的“康美达”成为最常用的契约类型。它的灵活性使其成为一种不仅在商业事务上，而且在社会阶梯上取得进步的工具。

11 世纪初，三种投资者和商人组成的群体包揽了地中海的贸易：穆斯林的、犹太人的和基督徒的。由于伊斯兰法学家谴责穆斯林在非伊斯兰区域进行贸易，即指“战争之所（打仗的地方）”

或“异教徒的领土”（dâr al-harb），所以在信仰基督教的欧洲很少能见到穆斯林商人。事实上，每一群商人的商业活动范围都各自不同，他们走的是不同的海上贸易路线，经营着不同的商品。

从开罗旧城的一个古老的犹太会堂中发现的“开罗经冢”文献显示，犹太商人遍布地中海的每一个角落。到1150年，他们主导了西班牙穆斯林贸易的主要区域。他们创建了一个广泛的交通网络，把西班牙和埃及、北非和叙利亚连接起来，尽管近东内地对他们来说还很陌生。他们的地中海贸易本身就进入了延伸至也门和印度的贸易路线，他们从这些贸易路线带来了香料和珠宝。至于基督教商人，正是意大利商人首创的共和政体精神，才使西方国家摆脱了长期以来的商业萧条的状态。威尼斯人在理论上仍然是君士坦丁堡的臣民，享受着拜占庭帝国的商业特权。在992年，他们获准减少缴纳达达尼尔海峡阿比多斯口岸的应付税款。之后在1082年，他们被豁免了全部税款，作为在阿尔巴尼亚援助海军对诺曼人作战的奖励。此外，阿马尔菲小镇也发挥了重要作用。从10世纪起，阿马尔菲商人在君士坦丁堡建立了殖民地，他们的商业网络牢固地建立在连接意大利南部、突尼斯、埃及（法蒂玛人欢迎他们）和拜占庭帝国的三角贸易基础上。在意大利的第勒尼安海岸，比萨和热那亚发起了对西地中海的海上征服攻势，清除了科西嘉岛和撒丁岛的萨拉森海盗，并在1087年攻占了突尼斯的主要港口马赫迪耶。掠夺和征服战所获得的战利品，加上农业盈余带来的利润，为两个第勒尼安港口的商业扩张提供了资本。

在11世纪，地中海运输工具仍然相当简单，没有显著的专业化标志。所运送的是日常消费品、原材料、奢侈品，还有人类商品，也就是奴隶。从地中海东部运来的有埃及的亚麻布、染料、调味品、香料、药品、宝石和珍珠。而君士坦丁堡向西方发出的货物是丝绸布料、礼拜仪式器具和艺术作品，如装饰阿马尔菲、萨莱诺、卡诺萨（Canosa）教堂的青铜门。西地中海提供了橄榄油、肥皂、蜡、蜂蜜、生皮、熟皮、珊瑚和藏红花。但最重要的是，在伊斯兰地区缺乏的是木材和金属材料。没有这些东西，阿拉伯陆军和舰队不可能充分地装备起来。亚得里亚海东部海岸的斯拉夫人在 10 世纪的时候，是人类商品（奴隶）的货源，后来又增加了非洲的黑种人奴隶，直到西班牙的基督教在“光复运动”中又增加了穆斯林奴隶的货源。北非的港口，是大篷车跨越撒哈拉沙漠最后到达的终点，是用羊毛和兽皮交换盐和布匹的中心，也是购买撒哈拉沙漠以南地区土地上“苏丹”国黄金的中心。到了 12 世纪，西欧的纺织品才开始打入这些市场。

从第一次十字军东征者到马穆鲁克人的到来（约1100—1250年）

11 世纪末，地中海政治形势发生了戏剧性的变化。在伊比利亚半岛，基督教的“光复运动”仍在继续，尽管有阿尔摩拉维人（Almoravids）的抵抗，他们是应召拯救伊斯兰西班牙的支离破碎的“小王国”的柏柏尔人。公元 1064 年所谓的巴瓦斯特罗（Barbastro）十字军在整个伊斯兰西班牙地区发起冲击，在公元 1085 年，卡斯提尔的阿方索六世（Alfonso Ⅵ）攻占了托莱多，而 1094 年熙德（El Cid）

占领巴伦西亚，这些事件都产生了深远的影响。1147 年，来自摩洛哥的新一波柏柏尔人入侵者——阿尔莫哈德人（Almohad）——暂时阻止了卡斯提尔人和阿拉贡人的扩张，但伊比利亚半岛的基督教国王联盟在托洛萨（Tolosa）的拉斯纳瓦斯（Las Navas）歼灭了阿尔莫哈德人的军队（1212 年）。此后，基督徒打开了通往南方的道路，1248 年塞维利亚沦陷后，安达卢西亚领地收缩为格拉纳达的一个很小的纳斯里德人（Nasrid）王国，一直维持到 1492 年。基督教的征服运动自然伴随着大规模的人口迁移。那些没有被驱逐的阿拉伯人、后来被称为

十字军首领博希蒙德（Bohemond）成为安条克公爵，1111 年，他被埋葬在意大利南部的卡诺萨。他墓穴中的青铜门上镌刻着阿拉伯语，这是在君士坦丁堡制造的。（*187*）

“穆德哈雷斯”（mudéjares）的人群构成伊比利亚人口中的少数族裔，还有一些地区，如巴伦西亚，即使是在基督教的统治之下，穆斯林居民也长期占据多数。在比利牛斯山脉以北，法兰西的卡佩（Capetian）王朝对地中海海岸表现出了新的兴趣。阿尔比（Albigensian）十字军（从1209年开始）反对二元论异教徒，使北部的法兰西人南下进入了朗格多克，20年后，国王路易八世干预了法国南部事务，最后将朗格多克并入王室领地。这是法兰西王室第一次接触地中海。路易九世（Louis Ⅸ）在这些新地区建设了新城艾格莫特（Aigues-Mortes），为他的王国修建了一个地中海港口，并为他的十字军事业提供了便利条件。与此同时，在意大利北部和中部，11世纪末和12世纪初出现了公社和城市国家，由当地精英选出的执政官执政。在教宗的帮助下，这些城市抵制了皇帝腓特烈·巴巴罗萨（Frederick Barbarossa）和他的孙子西西里王腓特烈二世（Frederick Ⅱ，死于1250年）

这座筑有城墙的城市是艾格莫特，是由路易九世建立的，因此法兰西应该在地中海上有一个出海口，而许多十字军正是在这里扬帆东渡。后来其海岸的淤塞使之再也不能发挥其港口功能，至今无多大改变。（*188*）

对城市国家的“自命不凡”的干预。随着1130年西西里岛（亦包括意大利南部）诺曼王国的建立，意大利南部的发展呈现出不同的特征。在腓特烈二世统治时期，这里成为地中海扩张政策的活跃的基地，也成为对意大利北部和中部政治干预的基础。

西方大国日益强大的同时，东地中海国家却日益衰弱。在科穆宁王朝统治下，拜占庭帝国竭尽全力抵抗突厥人的进军，分别在1071年的曼西喀特（Manzikert）和1176年的米利奥凯法隆（Myriokephalon）两次战争中败于突厥人。随着意大利南部被诺曼人占领，安纳托利亚的大部分地区被塞尔柱（Seljuk）突厥人占领，拜占庭的地中海统治权受到侵犯。然而，最后的一击却是由第四次十字军东征的军队实施的：1204年君士坦丁堡被占领、掠夺，其领土被胜利者瓜分（威尼斯获得了克里特岛的主权，后来这里成为它在地中海最重要的属地之一）。即使迈克尔八世巴列奥略（Palaiologos）最终夺回了拉丁人占据的君士坦丁堡（1261年）也未能使古老的世界帝国重生，却只建立了一个希腊民族国家。事实证明，这个国家既无法反抗意大利商人共和国日益增强的压迫，也不能抵御来自土耳其的越来越大的压力。在伊斯兰世界，赞吉（Zengids）王朝为了组建共同战线对抗十字军而进行的尝试失败了。萨拉丁（Saladin）再次提出这一目标。他在1171年成为埃及的主人，随后成为叙利亚的主宰者。但是，随着1193年这位对抗拉丁人的斗士（jihad）的死亡，这项共同的大业再次被抛弃。他自己的土地被他的阿尤布家族（Ayyubid）的继承者瓜分。他们宁愿自己互相争斗，甚至与十字军做交易，也不愿进行一场战争。

克里特岛在拜占庭、伊斯兰教和西欧列强之间的斗争中发挥了关键作用。它在第四次十字军东征（1204 年，该十字军事实上针对的是拜占庭帝国而不是穆斯林）时期，被划给了威尼斯。在赫拉克利翁（Heraklion/Iráklion）城堡门上方的飞狮见证了威尼斯人的强盛。克里特岛一直在威尼斯人手中，直到 1669 年落入土耳其人手中。此城堡是“海上罗卡”（Rocca al Mare）堡，建于 1523 年。（*189*）

征服者萨拉丁的形象在大约 1 230 年前的叙利亚压纹工艺品银船上。（*191*）

十字军东征标志着西方扩张的一个重要时刻，是地中海各大势力向着有益于拉丁西方的结局逆转的开始。在“内海”的历史上，十字军东征带来了海上交通的大规模扩张，开始了西方对伊斯兰地区的殖民。在很长一段时间内，学者们认为十字军东征与利凡特贸易的开始是同时发生的。他们认为海上共和国会参与十字军的远征是希望以此强行打开新的市场。这种过于简单化的观点并没有证据支持。事实上，在十字军东征150年以前，热那亚、比萨、威尼斯和阿马尔菲已经与埃及、叙利亚和拜占庭帝国有了商业联系。它们甚至在一些地区都有自己的贸易商栈，如威尼斯和阿马尔菲在君士坦丁堡所拥有的那种。由于这个原因，这些城市在1095年教宗乌尔班二世（Pope Urban Ⅱ）呼吁给予十字军援助时并没有立即表现出对十字军的热情，尽管他们的舰队到达地中海东部需要三年甚至更长时间。然而事实是，这些城市的援助在十字军征服叙利亚和巴勒斯坦的沿海城镇，以及在利凡特新建立的法兰克国家和西欧之间建立定期联系方面是必不可少的，因为拉丁人在东方赖以生存的货币、武器、马匹和制成品就是来自那些城市。

为了换取海军的支持与援助，十字军领袖在所征服的城镇为海商们提供住处，给予商务和法律特权。这些便利使意大利商人能够摆脱东部拉丁国家的普通管辖权。十字军要求热那亚提供协助，向东方运送菲力浦·奥古斯都（Philip Augustus）和圣路易斯（St. Louis）的军队。1202年，威尼斯派出了200艘船只运送军队，以协助第四次十字军东征。这些支持的直接结果是阿拉伯舰队几乎全部消失。在1153年法兰西攻占阿斯卡伦（Ascalon）

之后，几乎再也找不到阿拉伯舰队的痕迹。地中海成了一个“拉丁海”。在地中海范围内，拉丁商人取代了犹太人和阿拉伯人的位置，将源于远东的奢侈品运至西方。

欧洲人开始向地中海东部殖民，是十字军东征的另一个后果。海上共和国在十字军帮助下征服了叙利亚和巴勒斯坦的每个港口，海上共和国从耶路撒冷的国王、安条克的公爵以及的黎波里伯爵手中获得了非常有利的特权。整片区域划到意大利各城市公社的手中，保证了他们日常生活所需要的一切：教堂、仓库（或称 fonduk）、殿堂（用来充当办公大楼）、烘焙房、磨坊、澡堂、屠宰场、城外的耕地（可以保障粮食补给）。在意大利商人之间，阿克、推罗、贝鲁特、的黎波里、劳迪西亚和安条克都进行了类似的划分。每个区域的负责人中，执政官即贝罗［bailo，或称子爵（viscount）］行使四个主要职能：他们负责维护母城对其海外财产的权益；他们须主持法庭事务，以保护自己的同胞免于当地土豪的欺凌；他们管理公社的货物与税收；他们关注和维护商人利益，并密切关注死亡者的合同、遗嘱及无遗嘱死亡者的财产分配。简言之，在“拉丁东方”的港口，每个享有特权的公社都拥有一切必要的社会结构，以维护一个稳定的社会区域内的社会生活与经济生活，不受外界的干扰。其他的特惠条件是免除关税与商务交易税，通常被称为“税收减免”（comerchium）。有些案例是税费全免，有些是部分税费豁免。辖区内的特权包括意大利公社社员犯事后只由本公社官员审理。意大利管区和普罗旺斯管区是叙利亚和巴勒斯坦的拉丁国家内的真正殖民区。

在其他地区，在君士坦丁堡和埃及，意大利人只有交易站，其他事务仍然服从当地执政权力机构的管理。在拜占庭疆土内，意大利诸邦国在几位科穆宁皇帝（1081—1185 年在位）统治期间获得了在十分靠近“黄金角”地段驻扎的权力。威尼斯人、比萨人和热那亚人陷入了激烈的竞争中，最终导致了社区之间的小冲突，以及当地希腊人口中仇外情绪的高涨。威尼斯人在 1171 年被驱逐出拜占庭帝国，他们的货物被没收，而热那亚人和比萨人也是 1182 年反拉丁暴乱的受害者。在安吉列（Angelos）王朝（1185—1203 年）时期，一些意大利国家从拜占庭帝国的软弱中获利，获得了其受到攻击的补偿和贸易上更进一步的让利。第四次十字军东征使威尼斯人成为君士坦丁堡的有效统治者，并在自己的羽翼下保护了这个新生的柔弱的拉丁帝国。与

此同时，西方商人在埃及的活动并没有真正产生新的殖民地。法蒂玛王朝和阿尤布王朝保留了他们对意大利公社、比萨和威尼斯人仓库的控制权，这种权力是他们在 12 世纪或 1200 年前后许给商人们的。他们采取了一些措施，限制了这些商人在他们土地上的自由流动，干预了拉丁贸易，并将西方商人的商业活动集中在有限的空间里，便于对他们的观察和监视。埃及统治者则保留了他们对欧洲商人活动区域的管控权。

意大利航海共和国从这些特权中获益，只剩建立海上统治权的目标。他们对海上控制权的实现，受益于两种类型的船只同时下水使用，这两种船只构成了地中海上居主导地位舰队的特点。其中一种是

12 世纪和 13 世纪的十字军战争得到了英格兰和法兰西的热烈支持，而且这两个国家的国王都参与其中。一份 14 世纪法国手稿上的插图显示了十字军登船前往圣地的场景，展示了两个君主国的王旗。（*190*）

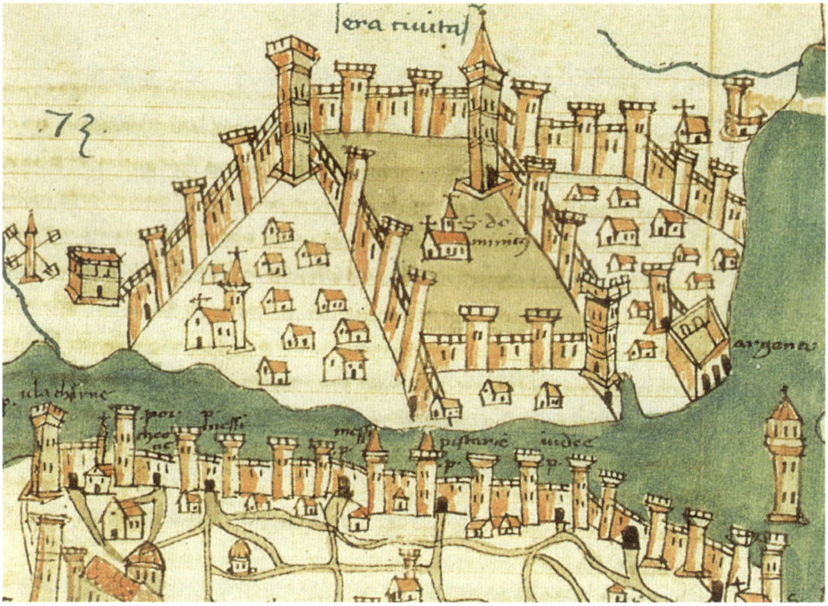

公元 1261 年后，在君士坦丁堡内的热那亚殖民地完全支配着城市贸易。殖民地处于君士坦丁堡城的北部佩拉－加拉泰（Pera-Galata）区，在“金角湾”的另一侧。这幅画展示了最初的 13 世纪中心居民点的长方形城墙与后来加固了的郊区。在近 200 年的时间里，热那亚人利用佩拉港作为地中海与黑海之间的重要节点，从中得到了粮食、奴隶与榛子。（*192*）

配备了木桨的长船，但是也有一根或两根桅杆，使用斜挂大三角帆（Lateen sails）助力；另外一种是较圆的船，只靠风力推进。这两种类型的船只，弗雷德里克·莱恩（Frederick Lane）认为是对腓尼基时代传统的继承，但在中世纪有了很大改进。根据热那亚和圣路易斯之间签订的合同，13 世纪的单层甲板帆桨船（galley），长度为 40 米，宽度为 5.5 米。这种船装有两根桅杆，用的是斜挂大三角帆，船头挂着马灯（magondaux），甲板周边是舷墙（de pavois en abord），主桅杆周围建有城堡一样的结构以加固。这种船的划桨是由两人并列划动一桨，而不是像古代一样由坐在上下两层桨座上的两个桨手划动船桨。这类使用船桨的船只进出港口自由灵活。在平静的海面，船只前行时桨就能充分显出它的作用，而斜挂大三角帆可以有效地利用海风。这些船适应性很强，很容易变换功能，可以作为战船或海盗船军用，也可以民用，作为商船运送贵重货物。这种船上有船员 140 人，很少运送 30 吨以上的货物。这就产生了很高的运输成本。单层甲板帆船系列包括其他类型船只，如“盔状船”（galeass）要短些，加利奥特船（galiote）是小型的双列式（bireme）单层甲板帆船，还有萨艾塔（saetta）船。

1204 年，十字军被威尼斯人唆使，攻陷了君士坦丁堡。这现在被认为是基督教历史上的污点。但对于威尼斯人来说，这是一件长期以来令人骄傲的事，它导致法兰克人占领希腊与爱琴海诸岛。16 世纪丁托列托（Tintoretto）为威尼斯总督宫创作的画作反映出了这种爱国热情。（*193*）

圆船涅夫（nef）与单层甲板帆桨船，是地中海1500年前后最常见的两种船。在卡巴乔（Carpaccio）为圣乌尔素拉（St. Ursula）绘制的一系列殉难图中有生动的描绘。前页图为涅夫，或称圆船，靠风力行驶，负荷量巨大，船的首尾各有一篷区。（*195*）上图是长形的帆桨船，靠船两侧的桨来推动，但是也配有风帆。（*194*）

笨重的圆形船，类别名称多样。最常见的是来自拉丁语“navis”即所谓“涅夫”圆船。威尼斯人对著名的罗卡福特（Roccaforte）船的描述文字以及非常精确的测量数字，可以在圣路易斯下达给热那亚造船厂的指令中找到，该船长38.19米，宽14.22米，高9.35米，证实了庞大、圆形的船只的存在。船上有两三个内舱或舰桥。船的两端凸起，形成船头和尾部的塔楼。船上设有平台，平台上面有锯齿状、堡垒状的包房，是给贵宾使用的。

这些船都把三角帆固定在斜桁上，需要100多名水手不停地升帆与收帆。这就意味着运营这样一艘船的费用确实是很高的。13 世纪的圆形涅夫船舱内可以装载 500 吨货物。换句话说，每个船员的生产能力是 5 吨。这些重型船只还辅以中型和小型船只［例如：lignum（即木船，加泰罗尼亚语称之为 leny）、tarida 和 bucius①］的频繁活动是这一时期商业交流数量猛增的标志。

这两种主要类型的船是如何装备和使用的？绳索、锚、帆和五金器件的高成本意味着，从 12 世纪起，造船成本往往会分为若干股份。根据船的重要性，将其建造过程中投入的资本分成 16 股、24 股或 32 股的份额，在热那亚或威尼斯，这种股份称"克拉"（carats）；在巴塞罗那分成 16 股（setzenes）。这些股份（shares）可以继续分割，可以出售或转让给其他人，这样就分担了风险。然而，航运也需要资金投入，否则船只永远不会出海。由公证人起草的租船合同，把乘客的乘船费用和商品运输费用解释得清清楚楚。就乘客而言，我们注意到，在 12 世纪末，向国王菲力浦·奥古斯都的军队所要求的运费相比 13 世纪中叶向圣路易斯的使者要求的运费略有下降。朝圣者和十字军只能在甲板中层的狭小空间凑合，而商人们在船上的条件要好得多。他们有优越的条件使自己和所带仆从及货物免费乘船。例如在热那亚，运费可以按重量计算（ad cantaratam），而其他投资者允许以商定价格把整船包租（ad scarsum）出去。依照以前的制度，投资人可以要求货物在起运时称重，运费可以用热那亚货币支付。如

① Tarida 是一种平底船，常用于在地中海运输马匹和货物。船的前部可以降低，以便直接在海滩上装卸。这种船在战争中也非常实用。Bucius 原指带有漏斗形装置的鱼笼，这里似乎也指一种小型海船。

果商人承诺使用同一条船从海外返回，同时承诺从热那亚返回时所装载的货物量与来时的数量类似，那么商人回程运费会得到一定程度的折扣，但是需要用阿克流通的贝占特（besants）货币，而不能用西方货币支付。这一复杂的系统满足了商人们的信用要求，这些信用上的要求在叙利亚不如像在家乡热那亚那么重要，因为他们已经在叙利亚卖掉了所有的商品，而在他们离开热那亚时却发现他们得把全部资金都用在购置货物上。在此基础上，13世纪在西部的大海港与利凡特海岸之间发生了一种相当规律的海上运动。出发驶往“圣地”、君士坦丁堡或者埃及通常在每年的两个时段：春天，他们在3月15日和5月1日出发，尽管有时还要早些。第二次出海通常在8月15日至9月30日之间，但特殊情况下晚些，在10月15日之前。回程也分为两个时段：夏季和11月到12月两个月。东部的冬季暂停通航，通常只停止几周，但是也打破了航行的节奏。一个值得深思的问题是，是否也有提供保护利凡特航行的护航队？这也就意味着公共当局对贸易的往来是否感兴趣。威尼斯国家的帆船护航队“穆达”（mude）只出现在13世纪末。在热那亚，在短短的几个星期内把驶往利凡特的船只集中到一起，同时要求船主遵守城市法规，这意味着各船只要集体出发，至少在航线的某些航段统一行动。与其说这种航程是在单一指挥下进行的，莫如说这是一次要求船东们相互协助的旅行。确实，14世纪海盗卷土重来后，1334年开始有了组织护航的需求。

意大利的公证合同证明，在1150年到1250年贸易得到大规模发展。海上航线成倍增多，纵横交错。在地中海东岸和伊比

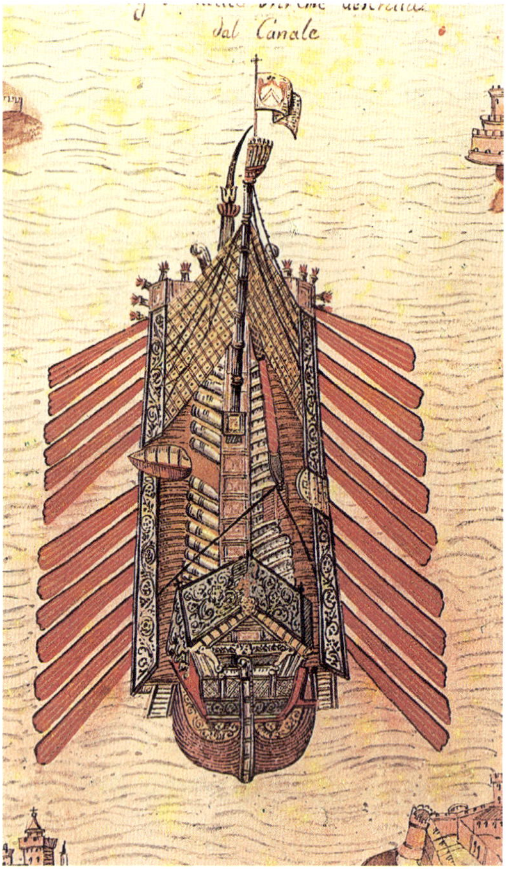

16世纪，威尼斯人的单层甲板大帆船上，一个大篷布遮盖着船的中部。在船头，一个怪模怪样的“刷子”样物件是大炮。

在15世纪中期（左下图）最大的商业帆船由木桨推动，三个为一组，三个划桨手坐在同一条长凳上，一人一桨。然而出海时，就要改用斜挂大三角帆了。（*196*）

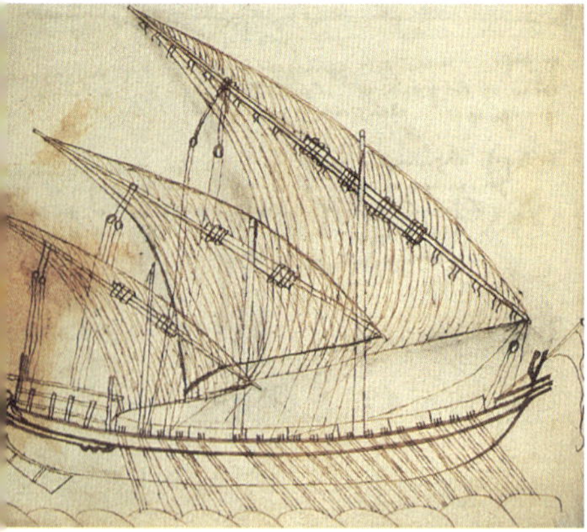

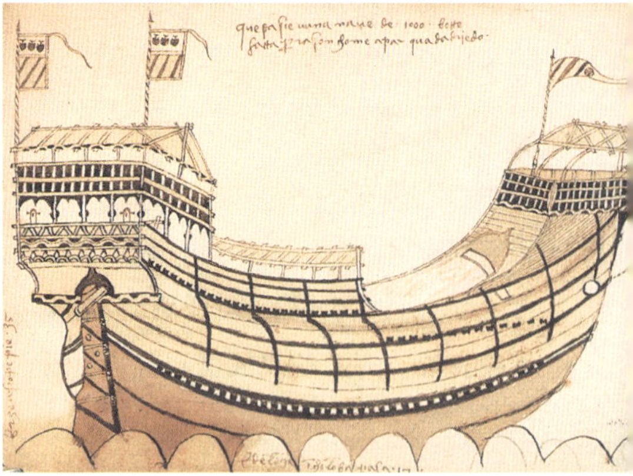

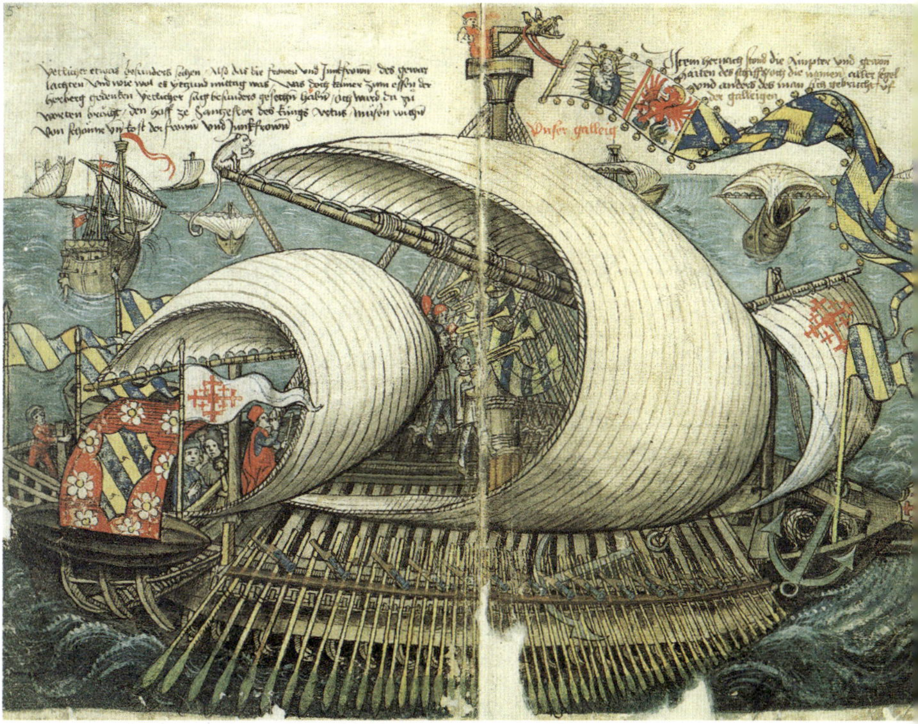

1479 年至 1494 年，“拉肯塔丽娜”号（La Contarina），威尼斯的一艘桨帆商船载着朝圣者前往“圣地”。乘客们发牢骚说，在返程的路上，他们不得不和棉花、豆子和马姆齐（malmsey）白葡萄酒桶同舱。（*197*）
前页右下图显示的是一艘没有桅杆和布帆的圆形船，但在船头和船尾都有“城堡”式客舱，供尊贵的乘客使用。

利亚半岛之间建立了直接联系，后来（1277 年）又与英格兰和佛兰德斯建立了联系。除了十字军时期，意大利人经常到访马格里布的港口，他们在亚历山大的活动也有所增加。威尼斯人控制了拉丁君士坦丁堡的贸易，并试图进入黑海，但没有取得很大成功。商业范围扩大，十字军和朝圣者［有时包括穆斯林朝圣者（hajj）］的旅行被纳入更加多样化的海运事业中。这已经不仅仅是东西方贸易的问题了，意大利舰队也参与了东方国家之间的贸易。根据1248年5月14日至31日代表船东与客户签订的150份合同的记载，马赛港的“圣埃斯普利”（Saint-Esprit）号船的载货记录，详细地描述了西方向东方出口的货物种类。其中有来自香槟、朗格多克、佛兰德斯、英格兰、巴塞尔（Basel）和阿维尼翁（Avignon）的大批量呢绒，有来自热那亚和卢卡的金丝、棉麻混纺的粗斜纹布匹、巴黎和德意志的亚麻，还有藏红花、锡、珊瑚、水银和毛皮等。因为到12世纪末，西方向东方出口服装已呈现出大宗贸易的特征。由于木材和铁可能用在武器上，原则上禁止出口到伊斯兰国家。意大利商人的产品销售证明了这一点。伊比利亚半岛在经营商品中增加了他们所生产的橄榄油、羊毛、水果、布匹和很多人类日常生活相关商品。因为基督徒在征服伊斯兰西班牙的活动中取得了进展，在“光复运动”的每个阶段都会将大量的奴隶投向市场，巴塞罗那和热那亚是主要的奴隶销售市场。

从东方运来的商品是传统香料、香水和染料，糖、亚麻、原棉、生丝和固定剂明矾［从12世纪60年代开始，福凯亚落入热那亚的扎卡里亚人（Zaccaria）手中之后］，还有一些丝绸、棉织品、亚麻布和织锦。新的变化是，农产品和原材料在东方出口品中占据了突出的地位。意大利的大城市以及巴塞罗那和马赛，都经历了人口的强劲增长，但当地缺乏粮食供应来维持这一增长，这使他们不得不依赖撒丁岛、西西里岛和更远的东部粮食生产有

15 世纪的意大利商人充分利用了航海技术的进步和商业革命带来的便利，使金融交易更加容易。欧洲船只的贸易不仅在东西方之间繁荣（因为伊斯兰法律禁止与异教徒进行贸易），甚至在东方国家之间也很繁荣。热那亚人把黑海奴隶运往埃及市场，交易活跃。（*198*）

节余的地区，尤其是在国内粮食歉收的时候。1156 年，热那亚人与西西里国王签订了一项条约，以便获得西西里的谷物和棉花。他们和比萨人为控制撒丁岛的小麦种植地进行了激烈的斗争，撒丁岛还盛产皮革、奶酪和其他基本原材料。西方商人在东方积极寻找其家乡供应不足的有色金属。虽然在 1000 年左右，东西方之间的国际收支非常有利于东方，然而这种形势在逐渐变化。随着西方纺织品出口量增长并开始压制东方纺织工业，“近东”工业衰落。西部比东部更容易获得白银供应，因此很多白银在东部被用于支付，实际上是为了“平衡账目”。加泰罗尼亚、比萨和热那亚的商人也把目光投向了穿越撒哈拉沙漠到达马格里布港口的金沙。到13世纪中期，西方经营贸易的城市已经积累了足够的黄金，使得热那亚和佛罗伦萨在1252年开始打制他们自己的金币。

12和13世纪的地中海也经历了重要的人口迁徙。关于商人的情况上文已经提及了，尽管他们的活动通常只是季节性的，但也有一些人长期定居在“圣地”或利凡特的贸易中心。十字军国家的拉丁人占当地人口的15%至20%，可能有10万至14万人。朝圣者和十字军选择在耶路撒冷王国或叙利亚海岸定居，没有返回西方的计划。当然，他们都定居在城镇，但正如最近的研究显示，他们也定居在那些有大量东部基督徒人口的农村地区，但他们倾向于避开长期以来已经被伊斯兰化的地区。意大利移民定居在他们的原籍城市所建立的贸易中心，这是一种带有民族特征的移民，是意大利城邦从周边乡村或康塔多（contado）吸引人口的城市化进程（inurbamento）的又一个例子。威尼斯人系统地分割了克里特岛的拉丁殖民地，像威尼斯一样分为六个区（sestieri）。克里特岛总共有近3 500名威尼斯人定居，与人口居多数的希腊人相比，这是一个很小的数字。移民也影响了地中海西部的地区，在西西里岛，原定居的穆斯林减少了，12世纪和13世纪早期，从意大利北部迁来的大规模移民开始使西西里岛拉丁化；在西班牙，从穆斯林手中征服的地区，比如马略卡岛（1229年）和塞维利亚（1248年），被西班牙北部的基督徒和犹太人重新定居。

因此，西方对地中海东部地区的殖民尽管在人口和经济上有重大意义，但是几乎没有文化上的影响。古典的和阿拉伯的知识遗产传播的主要地区是意大利南部和伊比利亚半岛，尤其是托莱多。在其他地区，谈论文化共存比谈论文化适应更有意义。基督徒和穆斯林生活在不同的世界，尽管他们在空间上彼此非常接近，但他们都视对方为与自己对立的异教徒。

马略卡岛是西地中海的一个要塞，从 902 年到 1229 年由摩尔人统治，是海盗最喜欢的巢穴。但就在 1229 年，它被阿拉贡的詹姆斯一世（James Ⅰ of Aragon）征服。这幅壁画描绘的是国王被身穿锁子甲的骑士簇拥着准备出征。（*199*）

从1250年到黑死病（1348—1350年）

从马穆鲁克人进入地中海到后来的黑死病（Black Death）暴发之间的100年里，地中海沿海地区发生了深刻的政治变化。在西方，西班牙的“光复运动”在阿拉贡国王詹姆斯一世（1213—1276年）统治时期达到顶峰。他征服了马略卡岛和巴伦西亚。伊斯兰教的统治区只剩下了格拉纳达（Granada）的纳斯里德王国。这些胜利导致基督徒对所征服的土地进行殖民，并在奴隶市场上出售大批穆斯林战俘。当马略卡岛成为一个连接欧洲与北非贸易的重要中心时，巴塞罗那和塞维利亚以它们所承担的角色证明其是最高级别的海事贸易中心，加泰罗尼亚人则在西西里晚祷战争（Sicilian Vespers，1282年）之后，寻求在撒丁岛和西西里岛甚至雅典公国立足。与此同时，塞维利亚在通往大西洋的航线上发挥了关键作用。在法兰西王国，卡佩王朝加强了他们在法国南部的统治地位；路易九世在卡尔卡松（Carcassonne）和博凯尔（Beaucaire）创建了他的王室领地（seneschalsies）之后，把自己的领地一直延伸到地中海。他支持在艾格莫特建设一个港口，也没有阻止他的兄弟安茹的查理一世（Charles Ⅰ of Anjou）接受教宗的提议掌管那不勒斯和西西里岛王国，而霍亨斯陶芬（Hohenstaufen）家族的最后一个继承者对西西里主权的诉求化为乌有。德王与加泰罗尼亚人之间的竞争导致了他的王国分裂，西西里归属于加泰罗尼亚人，而意大利南部归属于查理和他的安茹家族的继承人。在马格里布，阿尔摩哈德帝国的解体，导致摩洛哥、现阿尔及利亚周边的特莱姆森（Tlemcen）和突尼斯这三处建立了新的王朝。他们都乐于同基督徒建立商业关系。

在东方，原本的奴隶兵马穆鲁克人，现在成了埃及的主人，他们对叙利亚的法兰克诸国进行了最后的打击，随着 1291 年阿什拉夫（al-Ashraf）的军队控制了阿克，法兰克诸国灭亡。西方无法接受失去“圣地”这一事实。教宗试图对穆斯林实施贸易抵制，但很少能获得各海洋共和国的配合。从 13 世纪 40 年代开始，教宗开始发放贸易许可证，从这些许可证中获得的利润原则上将用于资助新的十字军。教会和世俗的理论家们为恢复“圣地”制订了许多计划，这些计划设定意大利舰队会合作，并强调了“拉丁基督教”在利凡特的前沿阵地塞浦路斯的作用。但这些计划都没有实现，因为西方统治者更急于稳定自己的国家，而不愿意为耶路撒冷去战斗。在安纳托利亚，塞尔柱人被迫接受蒙古人作为他们的宗主；两个蒙古汗国——金帐汗国（Golden Horde）和波斯的伊尔汗国（Il-khans）——与西方商人建立了和平的关系。在马可·波罗到访中国之后，这些商人利用这一形势深入中亚甚至中国；在超过四分之三世纪的时间里，地中海的贸易活动远达中国。

在博斯普鲁斯（Bosphorus）地区，希腊人在君士坦丁堡的复辟（1261 年）使黑海向他们的盟友热那亚人开放，很快也向威尼斯人开放，尽管威尼斯人曾竭尽全力支持了“君士坦丁堡拉丁帝国”，一直到其末日。热那亚和威尼斯的贸易基地建立在黑海沿岸：如克里米亚（Crimean）海岸的卡法（Caffa）、顿河口附近的塔纳（Tana）、大科穆宁（Grand Komnenoi）帝国的首都特拉比松（Trebizond）等。黑海成为国际贸易的关键节点，将地中

TARTARIA
TATARIA
POLONIA
RVSIA·ALBA
BALACHIA
Danubius
BALACHIA
Grossam
constantia
pangalia
Varna
galata
Mesember
porto lasilla
stafida
Gadopoli
Stagnara
pera
MARE·MAVR
VEL·PONTV
TRACIA
ASIA·M

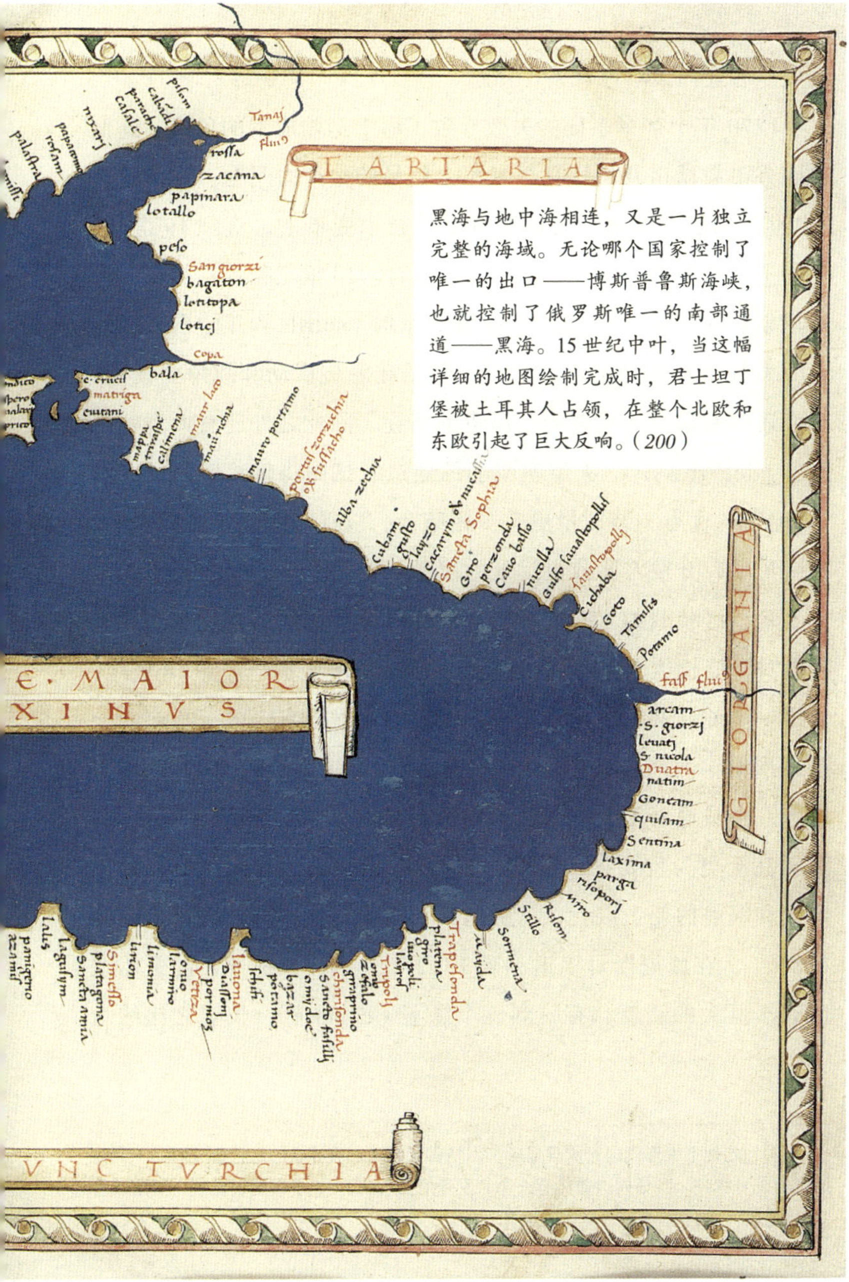

黑海与地中海相连，又是一片独立完整的海域。无论哪个国家控制了唯一的出口——博斯普鲁斯海峡，也就控制了俄罗斯唯一的南部通道——黑海。15 世纪中叶，当这幅详细的地图绘制完成时，君士坦丁堡被土耳其人占领，在整个北欧和东欧引起了巨大反响。（*200*）

海贸易和亚洲大草原联系在一起。

1270 年十字军东征的失败导致了海上运输成本的危机，这使得西方沿海城市开始认真思考海上贸易的生产力问题。其结果是“中世纪的航海革命”表现在重要的技术变革上，直到 19 世纪，随着蒸汽船出现，这些变革才显得过时。14 世纪初，在热那亚和威尼斯，我们看到了轻型桨帆船索提尔（sottile）开始出现，它充分发挥了长型划桨船的优长；除了在海盗活动和战争中使用，它们还非常适合运输轻质、昂贵的货物。除此之外还有大型帆桨船（galee grosse）。大型帆桨船的建造者试图将帆桨船的优点和“圆船”的优点（装载量更大）相结合，以提高海上贸易的产能。在威尼斯，开往希腊或更远处的罗曼尼亚[①]大型帆桨船长 40 米，宽 5 米，可装载约 130 吨货物。但驶往佛兰德斯的路程更远，这种船身可能长达 50 米，宽 9 米，可承运 250 吨货物。在 14 世纪，使用一个舵和两个主桅杆是标准配置。主桅上有三张三角帆和一张方形帆，而前桅备有风暴帆。这类船是“运营帆船”，由国家装备，由威尼斯元老院拍卖给竞标者，用来经商获利。改造后的圆船甚至更为重要：带有三角帆的涅夫被克格（cog，即配置方形帆和艉舵的船）取代，这种船第一次出现在热那亚可以追溯到 1286 年，在威尼斯可以追溯到 1312 年。但在热那亚，涅夫船改造成了巨大的圆船，有一到三个篷盖（coperte），长宽之比约为

---

① 此处不指现代国家罗马尼亚，而是古代以来一直存在的对首都（罗马）周边地区的统一称呼。罗马周边曾经有一个“罗曼尼亚”，君士坦丁堡附近也有一个区域称“罗曼尼亚”，似乎是今罗马尼亚的前身。

3.6，它的满负荷量是1 000 博蒂（botti）[①]。它服务于大宗货物的贸易，特别是福凯亚的明矾。然而，在威尼斯，克格只是大船中最小的一种。而在巴塞罗那，它是有上层结构的小船，因为加泰罗尼亚不愿意放弃纳乌船（nau），船尾只有一个舵，有一个或两个由篷布遮盖的区域，装载容量为 300 到 700 博蒂。航海本身变得更安全，这要归功于使用港口图和其他地图。皮埃特罗·多里亚（Pietro Doria）在他们航行前往突尼斯时就使用了这样一张地图，向圣路易斯解释了“天堂”（Paradiso）号船的位置。中世纪的航海革命提高了海上运输的生产力，降低了成本，使大宗货物的运输更加便捷。因此，一个新的进步刺激了伟大的地中海贸易路线。

尽管如此，日益激烈的竞争和海盗活动的增加限制了航海活动。在所有大港口，海事法律与规定越来越多，如：威尼斯的芝诺法规（statutes of Zeno）、热那亚的《卡扎尔法》（Liber Gazarie）[②]、巴塞罗那的《海上领事法》（Libre del Consulat del Mar）。有必要以这样一种方式组织贸易活动，以避免海上的危险和海盗袭击。在热那亚，由海军卫队护航商队（in conserva）已然成为惯例。在 1300 年左右，威尼斯元老院开始使用由国家武装的帆桨船队组成的穆达舰队护航，并将其租给出价最高的人。

---

① 原义为大橡木桶，在船上用于装载货物，也可以理解为扎、捆、包。

② Liber Gazarie 是热那亚人在克里米亚和黑海北岸的殖民地所使用的贸易法规。Gazarie 这个词来自 Khazaria，即卡扎尔（因为此地曾被卡扎尔人控制），自 1341 年以来在该地执行，后收入热那亚国家（城市）档案馆，1441 年以后被称为“Statuta Gazarie”。

1450 年左右，一个海难幸存者制作了一个大帆船模型作为从海难中获救的感恩献礼（ex-voto），其被存放在加泰罗尼亚的一座教堂里。（*202*）

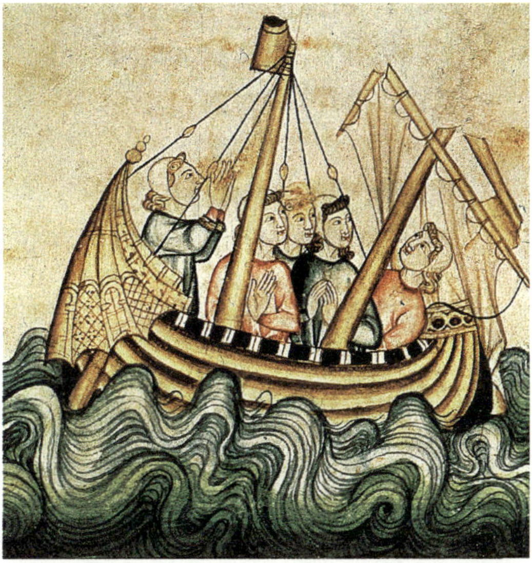

一位西班牙商人起航前往巴勒斯坦（上），在阿克（下）用他的货物交换香料。虽然这艘克格船被简化了，但帆和索具的细节是准确的，一个三角帆在船尾，一个帆桁固定在前面的桅杆上。这些场景选自卡斯提尔国王智者阿方索（King Alfonso the Wise of Castile，1252—1284 年在位）所写的《圣玛丽亚之歌》（*Cantiga Santa Maria*）手稿中的插图。（*203l, r*）

因此，在 14 世纪的头几十年，尽管教宗严格禁止与穆斯林进行贸易，却还是形成了通往佛兰德斯、罗曼尼亚、塞浦路斯、小亚美尼亚和亚历山大的常规海上航线。护航的出现为威尼斯的贸易提供了规律性活动，刺激了商品价格的升降和东方产品的再出口。尽管有这些防范措施，海盗仍然是一种祸害，加之海上共和国之间的争斗助长了海盗的活动。报复并抑制海盗的活动没有任何结果。在 14 世纪下半叶土耳其船只出现前，地中海就已成为一片不安全的海洋。

元朝的和平年代使通往中亚和远东的航海路线得以开通。与之相对的是，通往大西洋的航线也开始通航，这是 13 世纪末的一件大事。据现存记录，1277 年，一艘热那亚船首次穿越直布罗陀海峡，抵达欧洲西北部。1298 年以后，意大利和佛兰德斯这两大基督教经济区之间的海上联系成为常态，增加了向地中海东岸出口英国羊毛、佛兰德斯和法国呢绒等商品的活动，它导致香槟集市的衰落，以及沿着罗讷河下行之路以及跨越阿尔卑斯山的陆上贸易路线的衰落。这些路线曾经是将北方纺织工业的产品运抵南部、将东部的农产品运达欧洲北部的重要通道。当威尼斯坚持在贸易中使用它自己的船只，并且要求运营船只必须在威尼斯停靠时，热那亚接受了在地中海东部与佛兰德斯或英格兰之间建立直接联系的业务。事实上，热那亚的两位公民乌戈利诺（Ugolino）和瓦迪诺·维瓦尔第（Vadino Vivaldi）兄弟在 1291 年有过环绕非洲到达香料群岛的尝试。但是，瓦斯科·达·伽马（Vasco da Gama）和克里斯托弗·哥伦布（Christopher Columbus）这两位先驱却消失在“黑暗之海”中，给葡萄牙人在 15 世纪有条不紊地重新开始这一事业留下了回忆。地中海已经成为一个国际贸易网络的中心，是发现和探索未来世界的真正家园。

1495 年，威尼斯把一袋袋硬币运到那不勒斯，为抵抗法国侵略者提供资金。这个陶瓷盘子显示硬币被装上船，由总督巴巴里戈监督。

人们视野的扩大事实上伴随着地中海世界贸易活动的意外收缩。在热那亚，1293 年海关税收的总额，即“海的货币”(denarii maris)[①]，达到了 360 万英镑，而在 1347 年黑死病暴发前夕，该总额是热那亚货币的两倍多。然而，前一个数据确实表明，君士坦丁堡、黑海甚至埃及，尤其是西地中海的商业增长，在很大程度上弥补了拉丁叙利亚贸易战的损失。13 世纪末和 14 世纪初，开始有了前文提到的威尼斯的穆达舰队护航制度，即元老院拍卖装载着昂贵货物来往于希腊、黑海、塞浦路斯、小亚美尼亚，亚历山大和佛兰德斯之间的大型武装帆桨船的服务。由元老院决定由谁来指挥船只，船只停靠在哪里，停靠多久，运费是多少。拍卖价格是经济和政治情绪的一个宝贵指数，因为它表达了商人们对海上贸易可能带来的利润的希望或担忧。热那亚和巴塞罗那虽然不像威尼斯做得那样全面与系统，却也在关注着海上运输船只的往来活动，并保护他们的臣民免受海盗的侵害。

地中海上“美好的 13 世纪”，一直延续到 1300 年以后半个多世纪，却最终以一场破坏人口平衡的黑死病大灾难结束。这场大流行病很可能从克里米亚的卡法贸易港口开始，像野火一样传遍了整个地中海。1347 年君士坦丁堡被传染，同年 12 月，墨西拿和马赛被传染，到 1348 年 6 月，瘟疫肆虐于意大利各大城市。随之是加泰罗尼亚和阿拉贡。不同地区死亡率不同，死亡人口占

① “denarii maris”是拉丁语，意思是“海的货币”。在中世纪的贸易中，它常用来表示一种特定的货币或海洋贸易税收。

1486 年的威尼斯是地中海乃至整个欧洲的海上霸主。威尼斯的中心是总督府，它的海滨挤满了各种各样的船只。在图片的右侧（外部），是阿森纳（Arsenal）[①]（下页下图，*205b*），那是一个被造船厂包围的海湾，它那有纪念意义的入口顶上有一头飞翔的狮子。（*204—205*）

当时总人口的三分之一。而在随后的几十年内这种传染病的复发抑制了地中海大城市的人口增长，需要至少半个世纪才能回升到 1348 年之前的水平。与此同时，爱琴海和黑海（1348 年至 1355 年）的战争使热那亚与威尼斯、拜占庭和加泰罗尼亚交战，随着奥斯曼土耳其的崛起，地中海贸易遭到破坏，西方势力被削弱。

视野的扩大（1350—1500年）

在本节所描述的 150 年的进程中，地中海的政治格局发生了深刻的变化。在西部，阿拉贡－加泰罗尼亚人继续在撒丁岛，尤

---

① “Arsenal”源自意大利语“arsenale”，意思是船坞、船厂或军火库。在历史上，它通常指的是一个用来建造、修理和存放船只的设施，特别是在海军或航海领域中。例如，威尼斯的阿森纳是一个著名的船坞，用于建造和维护威尼斯共和国的舰队。

珐琅盘（*205a*）

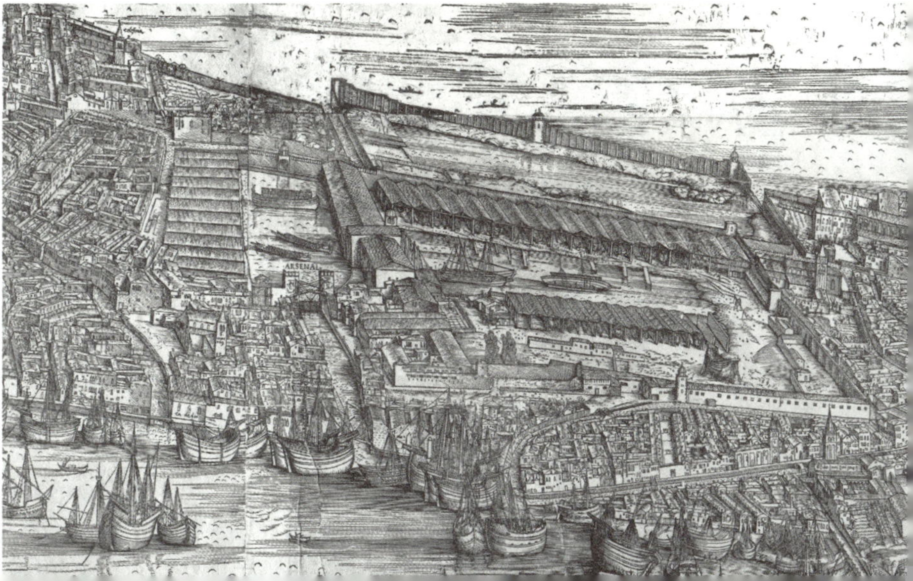

其是意大利南部扩张。伟大的阿方索从那里驱逐了安茹人，并且在 1442 年占领那不勒斯后，成为西地中海两岸的主人。卡斯提尔和阿拉贡经过多年的内斗后，阿拉贡的斐迪南（Ferdinand）与卡斯提尔的伊莎贝拉（Isabella）达成联姻，夫妇俩又取得了对葡萄牙人军队作战的胜利，1483 年取得了对伊斯兰教的格拉纳达王国的胜利，将基督教统治带到了整个西班牙，开启了天主教君主时代。同年，由于他们的支持，热那亚人克里斯托弗·哥伦布第一次踏上了新大陆，犹太人被赶出了他们原来生活的多处领地。6 年后，葡萄牙人瓦斯科·达·伽马成功地绕行非洲，到达印度。

在多梅尼科·伦齐（Domenico Lenzi）于 13 世纪 30 年代所保存的斯佩奇奥·乌马诺（Specchio Umano）的有关佛罗伦萨谷物市场价格起落的平淡无奇的编年史中，保留了这次丰收的场景。在这幅微型画中，大天使米迦勒（Michael）在堆满了一桶桶谷物的市场上吹响了他的三重号角。（*206*）

黑死病在 1347 年和 1348 年席卷了地中海，导致三分之一或更多人口的死亡，而且在接下来的 400 年里每隔一段时间就会卷土重来。大约 1445 年，在巴勒莫一家医院里的一幅可怕的《死神之凯旋》（*Triumph of Death*）壁画中，死神骑着他那匹只剩骨架的马，践踏着富有、年轻和美丽的人类。（下页图，*207*）

这一发现威胁到意大利在地中海香料贸易中的霸主地位。

意大利陷入严重的政治危机之中。在那不勒斯王国，安茹家族陷入了混乱，为阿拉贡的阿方索提供了推翻女王乔安娜二世（Joanna Ⅱ）的继承人勒内国王的机会。教宗权“大分裂”时期，有两个甚至三个教宗同时声称掌握教宗领权力，给各教宗国造成混乱。而在意大利北部自由的城市公社逐渐瓦解，代之而起的是封建王公们的势力，如米兰的维斯孔蒂（Visconti）公爵，他把自己的势力扩大到整个伦巴第，甚至有一段时间获得热那亚的权力，在热那亚，贵族家族的争斗消耗了整个城市的实力。威尼斯仍然想要对热那亚复仇，特别是在基奥贾（Chioggia）战争（1377—1381 年）中，然后投入征服内陆（Terraferma）的斗争中，以确保威尼斯潟湖的安全。佛罗伦萨先是吞并了比萨（1406 年），然后又吞并了里窝那（Livorno，1421 年），从而成为海上强国。之后，佛罗伦萨落入了美第奇（Medici）家族的控制之下，美第奇家族不仅管理着家族银行，而且实际上还全面掌管着佛罗伦萨国家。尽管法兰西各国王干涉，试图实现他们在热那亚的权益，并支持安茹家族对那不勒斯的主权要求，意大利列强还是在 1454 年聚集在一起，签署了《洛迪和约》（Peace of Lodi）。该和约为几个世纪以来的意大利半岛奠定了基本的政治版图。15 世纪末，法兰西国王被米兰召来以军事手段干预意大利事务，而几个小公国卷入了与法兰西国王的纷争。

在地中海东部，主要的政治变化是奥斯曼土耳其人的进军。1354 年，土耳其人第一次进入巴尔干半岛，但在 15 世纪初被帖木儿打败（1402 年，安卡拉）。但从 1421 年起，他们开始再次荡平拜占庭帝国的残余势力。1439 年在佛罗伦萨的会议上，希腊人同意与拉丁教会联合，形成了决议，但未能实现；1444 年西方向垂死挣扎的拜占庭帝国提供援助的瓦尔纳十字军（Varna Crusade）却也仅仅是一场灾难，最后都因 1453 年 5 月 29 日君士坦丁堡的陷落而被证实是功败垂成。接着，奥斯曼人占领了巴尔干半岛上零散的希腊人和拉丁人的领地，试图跨海进入意大利。他们在奥特朗托（Otranto）被击退（1480—1481 年）。从此以后，他们对基督教欧洲构成了巨大的威胁。基督教欧洲不得不等待 1571 年在勒班托（Lepanto）战胜土耳其舰队，并期待以此获得慰藉。

然而，在 15 世纪，我们看到利凡特贸易到了它最繁荣的时期，它得益于许多技术革新。公证合同通常是仅为一次航行而起草的，却让位于更持久的社团或公司，这些社团或公司的要素网络与代表遍及整个地中海：例如著名的“普拉托商人”（Merchant of Prato）弗朗切斯科・迪・马可・达替尼（Francesco di Marco Datini）的合同，还有在 15 世纪获得了罗马附近托尔法（Tolfa）明矾矿特许权的美第奇家族。这些社团或公司建立了完善的信息网络，处理往来函件，掌控着其他先进的银行技术，并利用海上保险保护自己免于海运风险的损失。船只在继续改进，除了威尼斯人使用的帆桨船，克格船——一种带有方形索具的笨重圆船——闯入了地中海，成为标准商船，乃至于其原来的名词 coche 竟然最后消失，被通用术语 navis 取代。在 15 世纪末，这种船演变成重型帆船 carracks。加泰罗尼亚则仍然使用有一到两个船舱的纳乌船，其装载量为 300 到 700 博蒂，因为热那亚比

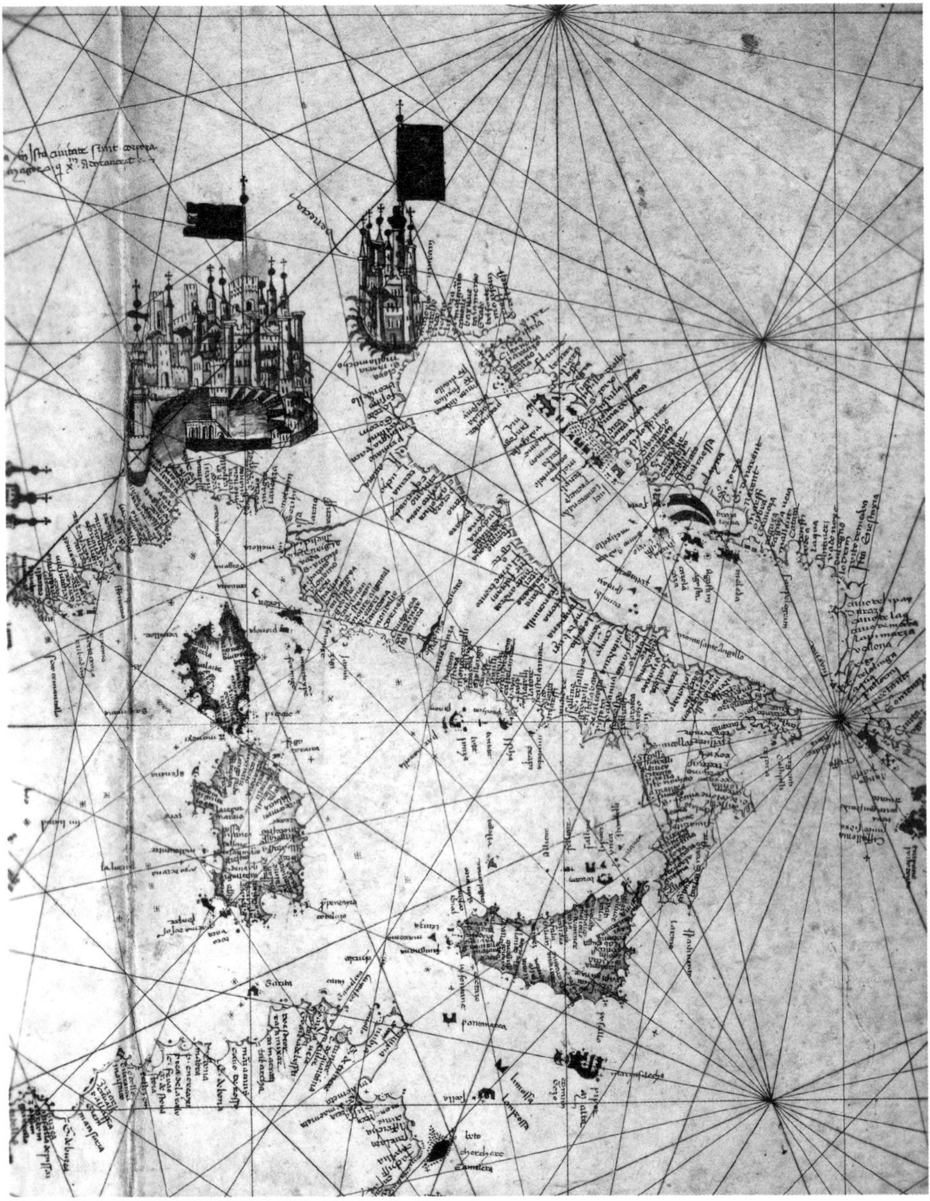

波特兰（Portolan）海图是为航海而绘制的。海图非常详细地显示了海岸和沿海城镇，以及在罗盘读数上的线条，但无视内陆的一切。这幅海图是1435年在热那亚制作的，因此突出了热那亚而弱化了其邻近的竞争对手威尼斯。这些幸存下来的海图通常是副本，可能从来没有在海上使用过。(*208*)

威尼斯对重磅商品如明矾、金属、谷物和原材料的贸易更感兴趣。各种中、小吨位的船只［热那亚木船（ligna），威尼斯木船（marano），巴塞罗那木船（leny）］都成为沿海航行的工具，重新分装运达各大港口的货物。

这些大港口实际上控制着大规模的、长途的地中海贸易，这一贸易变得越来越复杂。14 世纪下半叶，为了应对蒙古人对香料和丝绸之路的关闭，教宗逐渐解除了与穆斯林贸易的禁令。教宗的许可证最初只发给特定商人，试用期一年，但是到 1400 年就普遍放开了。威尼斯在 1399 年获得了长达 25 年的许可证，在叙利亚和埃及的西方国家中居先。亚历山大和贝鲁特的护航成为每年定期发生的事件。有时由克格船队补充，以便装载叙利亚棉花。在 15 世纪的最后几十年里，威尼斯平均每年向亚历山大和贝鲁特发送 7 艘船的货物，投资超过 15 万杜卡特（ducats）[①] 购买棉花，50 万杜卡特购买香料。其他国家在利凡特贸易中所起的作用较小。热那亚人虽然没有忽视亚历山大港，但他们对希俄斯岛（Chios）更感兴趣，因为他们与该岛有明矾和乳香贸易。他们在西地中海的塞维利亚和加的斯活动较多，这两处是通往佛兰德斯和英格兰的必经之路。加泰罗尼亚人对马穆鲁克苏丹怀有敌意，破坏了他们在利凡特的贸易，在这种局面下，每年两到三艘船就够了。至于其他的西方商人，如雅克·科尔（Jacques Cœur）派遣的法国人、普罗旺斯人（Provençaux）、蒙彼利埃人（Montpelliérains）、佛罗伦萨人、那不勒斯人、西西里人、安科

① 意大利钱币名称。

ANTIQVÆ VRBIS GENVÆ PICTVRA
TEMPORIS INIVRIA FERE CONSVMPTA
HANC AD EXEMPLVM ILLIVS VETVSTÆ
CAVSA P PRES COMMVNIS
EFFINGI MANDARVNT ANNO MDXLVIII

15 世纪 80 年代，热那亚处于鼎盛时期，这幅全景图就是在那时完成的。在图中，20 ～ 30 艘战船整装待发，6 艘大商船将驶出港口。（*210—211*）

大约1360年在托莱多为塞缪尔·阿布拉菲亚（Samuel Abulafia）修建的特兰西托（Transito）犹太教堂里，三种宗教——犹太教、基督教和伊斯兰教——和平共处被生动地展示出来。武器是由卡斯提尔和莱昂（León）（基督教的）这两国提供的。铭文上记录的捐赠者是犹太人，工匠（stuccoists）几乎可以肯定是穆斯林。有些单词是阿拉伯语，但大多数是用希伯来字母写的。（*212*）

尼人（Anconitans）、拉古萨人、英格兰人，他们的经营规模仍然很小，只是断断续续地出现。奥斯曼人征服君士坦丁堡后，与希腊和黑海的贸易陷入困境，在1475年占领卡法和其他克里米亚殖民地之前，这里的贸易活动主要由热那亚人掌控。

我们必须把南北交通流动因素附加到东部和西部之间的直接交流上，这也是至关重要的。羊毛和粮食从非洲西北部运出，盐从伊比沙岛、撒丁岛和亚得里亚海运出，水果和油出自西班牙南部，葡萄酒来自卡拉布里亚，小麦来自西西里岛，黄金出自撒哈拉沙漠随着 1492 年格拉纳达的沦陷，西班牙最后一个摩尔王国也宣告终结。同年，所有的犹太人都被迫改变信仰或移居国外。类似的命运在 1502 年降临到卡斯提尔、1525 年降临到阿拉贡和巴伦西亚的穆斯林身上。格拉纳达王室礼拜堂的彩色浮雕大约制作于 1521 年，展示了天主教国王斐迪南和王后伊莎贝拉以胜利者的姿态进入被征服的城市。(*213*)

摩尔人在安达卢西亚的最后一个前哨是格拉纳达，它的阿尔罕布拉宫（Alhambra）保存完好，让人想起伊斯兰西班牙的辉煌。它建于14世纪晚期，当时格拉纳达已经是一个被基督教国家包围的孤立的摩尔人王国。其中最精致的是“雄狮庭院”（Court of the Lions，1377年开始建造）。细长的白色大理石柱子和上面的雪松雕塑通向粉饰过的圆顶结构。中心是一个喷泉，周围环绕着12只狮子，可能是为11世纪格拉纳达的犹太大臣的宫殿雕刻的。（*214—215*）

以南的非洲。所有这些东西都到达“内海”的海岸。用原材料和食品交换高附加值的制成品，这是一种“不平等的交换”。在一些经济历史学家看来，这是许多伊斯兰国家和一些南欧地区（如西西里岛）不发达的根源。为了确保自己从贸易中获得利益，西方商业强国与突尼斯的哈夫斯人（Hafsids）、摩洛哥的马里人或西西里岛的阿拉贡国王签订了条约。他们在整个地中海西部建立了小的商业殖民地。威尼斯造了新的护航船特拉菲戈（Trafego）号驶往非洲西北部或艾格莫特港。而热那亚人把塞维利亚作为他们在地中海西部的行动总部以及大西洋岛屿殖民的起点。

贸易并不是人员流动的唯一原因。甚至在土耳其人占领君士坦丁堡之前，许多希腊学者就在西方寻求庇护。他们经常随身携带手稿，刺激了希腊学在意大利的复兴，对人文主义研究的兴起和部分古典遗产传播到西方起到了重要作用。其他来自土耳其的难民包括阿尔巴尼亚人和斯拉夫人，他们在意大利南部建立了定居点。在伊比利亚半岛，随着 1492 年斐迪南和伊莎贝拉占领格拉纳达，“光复运动”到此完成。接着就是西班牙的犹太人被驱逐（要求改变信仰或离开），然后是 10 年后卡斯提尔人统治下的阿拉伯人被驱逐。由此，新的“流散”打破了地中海世界内部的种族平衡。

到 1500 年，两大集团将内海一分为二：被分割的基督教的西方预感到土耳其人会无情地进攻，进而造成威胁；而奥斯曼帝国很快就会征服马穆鲁克人主宰的埃及，并设想继承整个伊斯兰世界的政治遗产。拜占庭消失了，随之而来的是基督教的救世主义，新生的俄罗斯公国开始宣称要取而代之。尽管受到威胁，信奉基督教的地中海各大港口仍保持着明显的经济霸权。威尼斯主导着地中海东部利凡特的贸易，尽管葡萄牙人到达印度后即将挑战这一地位。参与跨大西洋伟大发现的热那亚成为西班牙的银行，而加泰罗尼亚则逐渐输给查尔斯五世的卡斯提尔。地中海不再像1000年那样是世界的中心，但地中海仍然是锻造现代国家的熔炉。

本章描述了变化，特别是地中海东部的变化使意大利人有效地统治了内海水域。地中海与黑海也建立了联系，那里提供了亚洲大草原的森林产品、克里米亚和乌克兰的谷物，以及特拉比松的榛子。1277年，地中海另一端发生了另一件大事，通往佛兰德斯和英格兰的大西洋航运出口开放，由此地出发的商船上装载着呢绒和原毛，目标是地中海的生产者和消费者（因为14世纪是佛罗伦萨呢绒工业的黄金时代）。同在地中海东部水域一样，地中海的西端也是基督徒和穆斯林的战场，因为直到1492年，格拉纳达仍由一个伊斯兰国家控制，拥有两个繁荣的港口——马拉加（Málaga）和阿尔梅里亚。直布罗陀在1462年被基督徒占领之前，一直处于摩洛哥统治者（柏柏尔人）或格拉纳达统治者（纳斯里德人）的掌握之中。直布罗陀对面的伊斯兰大港口休达也是激烈竞争的对象，在不同势力的掌控者之间易手。在直布罗陀海峡，至少有六个国家在争夺影响力：摩洛哥人在西班牙南部寻求立足点；格拉纳达人灵活地与卡斯提尔人对抗，以保持他们自己微妙的独立；阿拉贡国王的加泰罗尼亚海军亦介入海峡之争，在基督徒和穆斯林盟友之间摇摆不定，却急于保持穿越海峡的自由通行地位。热那亚人也紧随其后。1415 年，葡萄牙人突然来到这里，占领了伊斯兰大港口休达。休达立即经历了经济崩溃和人口下降，只留下了耗资巨大的指挥所，却没有留下他们梦寐以求的黄金和丝绸贸易。

休达的陷落（休达一直在伊比利亚人的手中，在 1656 年才被转手到西班牙）通常被视为葡萄牙要建立庞大的贸易网络和帝国，将里斯本以及安特卫普（Antwerp）直接连接到印度洋群岛，而不需要经过地中海的扩张行动的第一阶段事件。

然而，毫无疑问，葡萄牙宫廷尤其是热情的“航海者”亨利亲王（Prince Henry “the Navigator”），认为休达被占领意味着遥远的伊比利亚王国重新进入了反对伊斯兰教的地中海战争，自 13 世纪中叶以来，由于与任何伊斯兰国家都没有接壤，休达与伊斯兰各国之间没有战争。葡萄牙希望夺取摩洛哥和格拉纳达的一部分领土，尽管在这些地区卡斯提尔通常被认为拥有优先权（而阿拉贡－加泰罗尼亚保留了在未来某个时候征服阿尔及利亚的权利）。1497 年，卡斯提尔人占领了至今仍是西班牙城镇的梅利利亚，宣称对摩洛哥的主权。

虽然人们很容易将伊斯兰教的格拉纳达和摩洛哥，基督教的卡斯提尔、葡萄牙和阿拉贡之间的分歧视为基督教和伊斯兰教世界之间的鸿沟。但格拉纳达的经济越来越被热那亚、佛罗伦萨和加泰罗尼亚的商人主宰。事实上，没有他们，格拉纳达作为一个国家的收入就会大大减少，阿尔罕布拉宫也可能永远不会建成。马拉加和阿尔梅里亚向西方商人提供丝绸、干果和皮革制品。在北欧，另一种需求量很大的产品是格拉纳达的陶器，以及巴伦西亚以摩尔风格生产的类似西班牙－摩尔风格的陶瓷。在15世纪，装饰有盾形纹章的全套餐具定期地通过海峡运到英格兰和佛兰德斯的皇家和贵族买家手中。巴伦西亚及其村庄也扮演了类似的经济角色。尽管巴伦西亚是一个基督教王国，自12世纪30年代以来一直在阿拉贡人的统治下，但这里有大量的摩尔人工匠和农民，他们为远至英格兰的消费者生产大米、水果和陶瓷。15世纪，巴伦西亚繁荣起来，它成了通往大西洋的长途航运的停靠点，并享受着热那亚人、米兰人、佛兰德斯人和德意志人的大量投资。这些人热衷于购买它的糖、陶瓷、干果和大米，然后出口到北欧消费者手中。甚至还有来自拉芬斯堡（Ravensburg）的德意志银行家在遥远的巴伦西亚购买他们自己的糖业种植园，雇用摩尔人为他们劳作。与此同时，西班牙沿海密集的短途行船将大量的比斯开鱼运到了巴塞罗那和巴伦西亚，尤其是在大斋期；而且这里不断有海运船只将布拉瓦海岸（Costa Brava）的木材运送到巴塞罗那的造船厂，或者从法国南部运出谷物。到1450年，食品、原材料和成品生产的区域专业化刺激了建立在短程贸易基础上的商业复兴，历史学家越来越怀疑加泰罗尼亚和西西里等地区已经进入经济的急剧衰退期。

一个非常重要的变化是人们对格拉纳达与其他一些位于地中海西部、大西洋东部的糖和干果产地的兴趣越来越浓。当时，传统上供应这些商品的地中海东部市场由于土耳其的入侵而变得难以通达。因此，优质白糖货源充足的格拉纳达、巴伦西亚和西西里岛取代了叙利亚的供应商，而来自希腊的无核葡

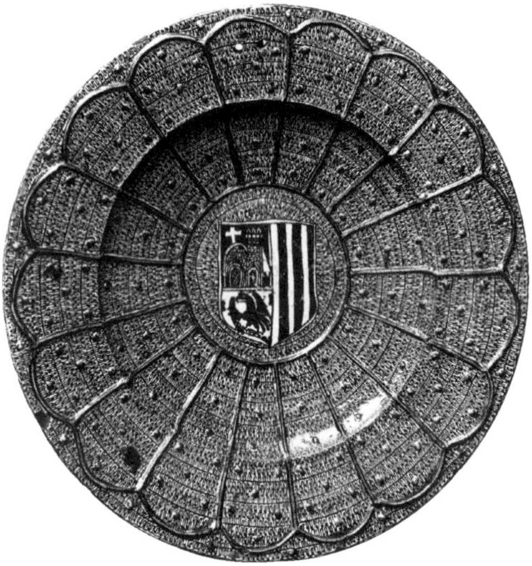

15 世纪格拉纳达和巴伦西亚的西班牙－摩尔风格的充满光泽的陶器在整个欧洲都需求旺盛。热那亚、佛罗伦萨和威尼斯的商人们把这些陶器装到他们在马拉加、阿尔梅里亚和巴伦西亚的佛兰德斯大船上。（*216a,b*）

这幅 1599 年的世界地图通过生动的小图展现了地中海的大部分地区是掌握在穆斯林手中的。西方在最上面，所以把地图侧过来看更容易理解。西班牙、法国、波兰和俄国都有了国王；德意志由皇帝统治，土耳其由“大特克”（Grand Turk）统治，埃及由巴比伦苏丹（Sultan of Babylon，不是指巴比伦，而是指古老的开罗的一个名字）统治。在非洲，在狮子、骆驼和大象中间，我们认出了的黎波里、突尼斯和摩洛哥的国王。（*218*）

萄干和普通葡萄干供应枯竭，格拉纳达和巴伦西亚成了替代货源。这一重大变化，发生在15世纪的地中海。奢侈品供应来源转向西部，深入西部很长距离，到目前为止，实际上已经越过直布罗陀海峡，进入新发现的马德拉群岛（Madeira）、亚速尔群岛（Azores）和加那利群岛（Canary）。最终，在16世纪，加勒比海和巴西因为有了自己的甘蔗种植园成为未来的糖业生产中心。

第七章

中东地区的振兴①

1500—1700 年

① 本章作者为莫莉 · 格林。

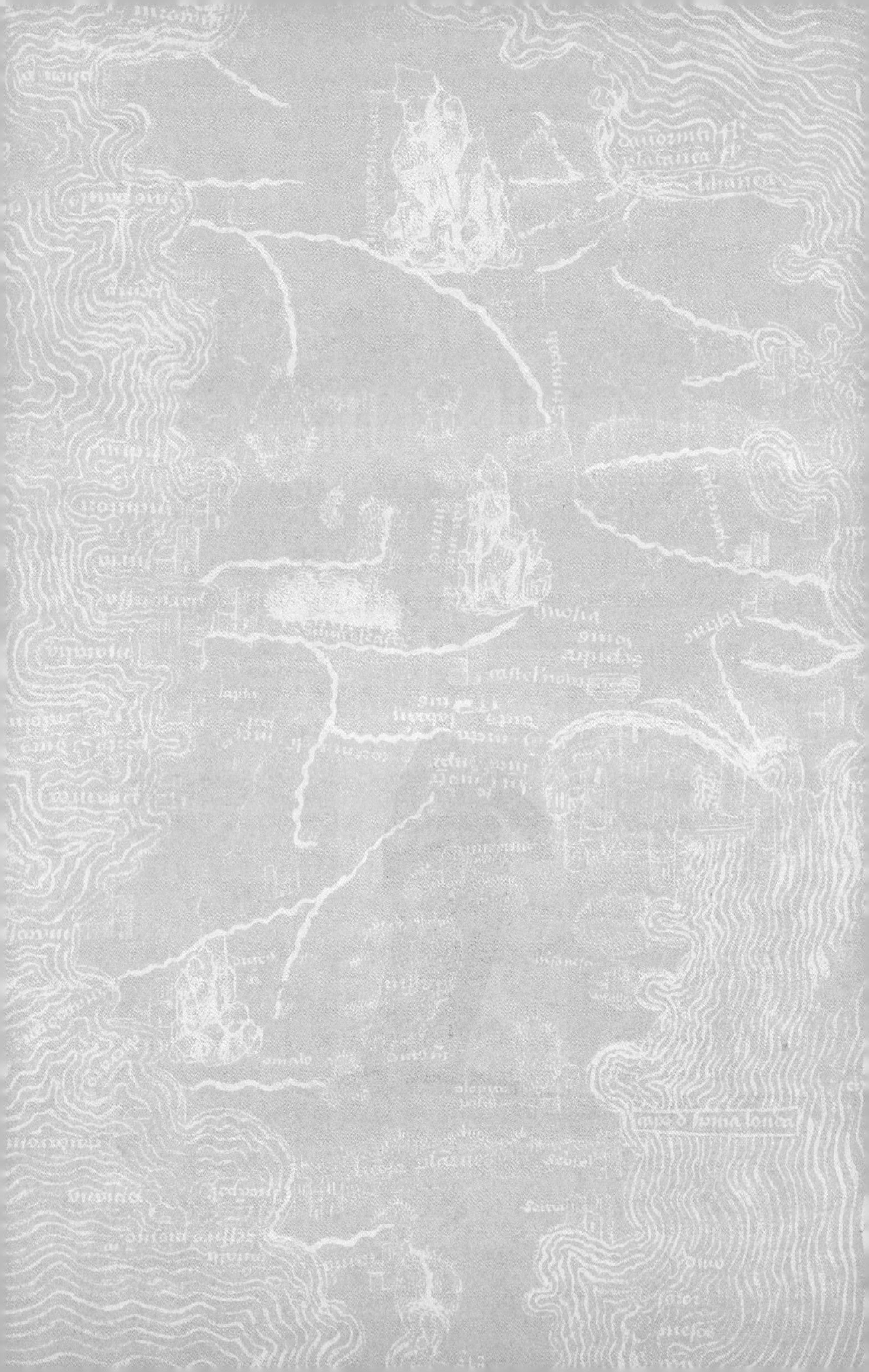

在前面的章节中，我们已经了解到罗马人的“我们的海”是如何分崩离析且不再统一的。地中海沿岸的城镇先是成为罗马帝国的重要中心，后来又成为新的基督教信仰的中心。然后在 7 世纪，一小群身份不明的勇士通过一系列闪电般的攻势，冲出阿拉伯半岛并夺取了罗马基督教的南部海岸，包括一些历史上最著名的城市如耶路撒冷、亚历山大港和迦太基。从那时开始，伊斯兰教和基督教在地中海区域的对峙不断持续，历史学家也一直在争论着这种分裂所造成的后果。当代与这些历史争论联系最紧密的人物是著名的比利时历史学家亨利·皮朗。皮朗在 20 世纪上半叶从事历史写作，毕生致力于研究古代向中世纪文明过渡的这一时期。尽管他在研究中主要关注欧洲地区，但他关于地中海的研究对西方的贸易观点，以及对研究地中海世界伊斯兰教的历史学家具有不可忽视的启发作用。亨利·皮朗认为，是伊斯兰的入侵破坏了地中海的统一并终结了罗马世界，但这并不是罗马灭亡的原因。贸易是他讨论的核心。阿拉伯人关闭了地中海与西方的商务贸易，间接导致国际贸易市场崩溃。皮朗的观点有着巨大的影响力，而后在学界产生了进一步的讨论，他的这一观点被称为“皮朗命题”。在他去世（1935 年）后的几十年里，许多著名的中世纪学者和阿拉伯学者接受了他关于早期伊斯兰政体及其在地中海世界遵循的政策的观点。尽管亨利·皮朗的其他论点经受住了时间的考验，但历史学家现在普遍认为，阿拉伯人并不希望关闭市场，也未限制地中海与西方之间的商务活动。

伊斯兰教的第二波冲击

在阿拉伯征服地中海将近 1 000 年后，一股新的伊斯兰势力再次抵达地中海海岸。它再一次征服了一座历史悠久的基督教城市——君士坦丁堡，即东罗马帝国（拜占庭帝国）的首都。这些新的胜利者是来自中亚大草原的土耳其冲击波的一部分。对君士坦丁堡的占领是他们历经至少 3 个世纪向西推进的辉煌成果。占领了这座基督教首都的土耳其战士把自己看作一个王朝，即奥斯曼（Osmanli，其奠基者为奥斯曼）王朝的后人。在西方世界，他们被称为奥斯曼人，他们建立了一个持续存在 600 年的帝国。除少数专家之外，伊斯兰教的第二波冲击并没引起很多学术上的思考。尽管对同时代的人来说，异教徒占领了这座伟大的基督教城市是一个令人震惊的事件。这一定是因为 15 世纪的欧洲历史学家已经预料到欧洲历史的重心将远离地中海，向北方和西方转移：“从万里无云的天空和蔚蓝的海洋到北欧阴暗多雨的气候”。

在现代历史意识中，“新世界”的征服发生在奥斯曼帝国击败君士坦丁堡之后，其意义超过了伊斯兰教在地中海世界的第二波冲击。地中海的各类事件其实对后来的欧洲历史和西方史学来说意义不大，这就解释了 1492 年比 1453 年更广为人知的原因。

这并不意味着人们对地中海世界的奥斯曼人缺乏认识，只不过是没有认真考虑过其存在；不出所料，旧的思想即那些被阿拉伯人抛弃但仍依附于土耳其人的思想又重新浮现。它们围绕着封闭和入侵的形象，无论是隐喻性的还是实际性的。奥斯曼帝国的出现意味着伊斯兰“铁幕”（Iron Curtain）在地中海地区竖起，这是一个西方人可能有理由害怕踏足的禁区，阿拉伯人也不愿跨越雷池半步，但亚洲人实质上闯入了属于西方的海洋。1968 年，伟大的中世纪史学家所罗门·格瓦坦写道：“只有当伊斯兰国家被外来入侵者（主要来自中亚和高加索地区的人们）接管时，地中海世界的统一才会被破坏，而在这一地区，传统上根本就没外来者的份儿。”格瓦坦写道，土耳其人“来自亚洲的深处”，“他们对海洋没有感情。他们向来更像陆军战士而不是水手”。奥斯曼人关闭了非常可靠的运输香料的陆路通道，这条通道曾经通过阿拉伯沙漠将香料运送到利凡特港口。考虑到奥斯曼人和威尼斯人曾经一起竭力阻止香料贸易改道，这种说法尤其令人不悦。用乔治·凯南（George Kennan）的话来说，土耳其人在巴尔干半岛的存在，使非欧洲文明插入欧洲大陆的东南部而显得格格不入。

事实上，奥斯曼人在打破传统的同时，也维系了传统。他们实力的日趋强大导致了与西方列强的长期战争，这其中最著名的是与威尼斯和哈布斯堡王朝西班牙的战争——但毕竟战争在地中海地区已经是司空见惯的事情。更值得注意的是奥斯曼人重新建立甚至扩大了地中海东部古老帝国的统一，这与拜占庭以及之前的罗马帝国密切相关。

奥斯曼人的地中海：战争

1451年春，征服者迈赫迪（Mehmet the Conqueror）开始在博斯普鲁斯海峡的欧洲一侧建造一个新的堡垒［巴叶济德一世（Bayezit Ⅰ）已经于1393年在海峡的亚洲一侧建造了一个城堡——安纳托利亚要塞（Anadolu Hisarl）］。他选定了一个可以俯瞰海峡的高处建立此要塞，并恰当地将其命名为“海峡切割堡”或“锁喉堡”（boghazs-kesen），我们今天称这座往昔的军事建筑为鲁梅利希萨尔（Rumeli Hisari，即鲁梅利堡）。有三挺加农炮安置在它的一个城楼上，这是迄今为止人们所见过的型号最大的炮。现在，博斯普鲁斯海峡两岸各有要塞，控制了穿行黑海和地中海之间的所有船只。此后不久，他宣布每艘经过博斯普鲁斯海峡的船只都必须靠港接受检查。若有谁胆敢不服从命令，就会被沉海处决。很快，穆罕默德就有了机会表明他说的话是认真的。在那一年的11月，一艘威尼斯帆船想直接通过，中间不停靠港口接受检查。结果重达181～272公斤的炮弹从炮膛中射出，船被击沉。船员被押解到苏丹面前斩首，船长安东尼奥·里佐（Antonio Rizzo）被用刀刺死。穆罕默德击毁威尼斯战舰的事件，第一次深刻地证明了加农炮在地中海海战中的重要地位。但是，当他从陆地上向靠近海岸的目标开火时，也完全遵循帆船战的古老传统。新事物

征服者迈赫迪实现了奥斯曼帝国征服君士坦丁堡的终极野心。右图（*220a*）为穆罕默德闻着花香，这是宁静而充满诗意的波斯风格绘画。下图（*220b*）显示出奥斯曼帝国的海军及其军事力量，为1592年的一个缩影，以防御工事为背景展示了礼仪舫（ceremonial boat）。

与旧事物之间的融合完全是16世纪的特征，因此把奥斯曼帝国作为地中海强国介绍给世人再恰当不过。

16世纪，奥斯曼帝国以巴尔干半岛和爱琴海为据点向外扩张，成为地中海强国。1516—1517年，苏丹塞利姆（Selim）打败了马穆鲁克人，并且吞并了整个东方海岸。与此同时，海盗头目与受到西班牙威胁的北非统治者结成联盟，其中最著名的是海雷丁·巴巴罗萨（Khaireddin Barbarossa）。到16世纪30年代，这些非正式的关系演变成了正式的帝国合并。在同一时期的巴巴

坚不可摧的鲁梅利堡是穆罕默德在1453年前不久建造的。它和博斯普鲁斯海峡另一边的一座城堡共同决定了君士坦丁堡的命运，也关闭了西方船只进出黑海的通道。（*221*）

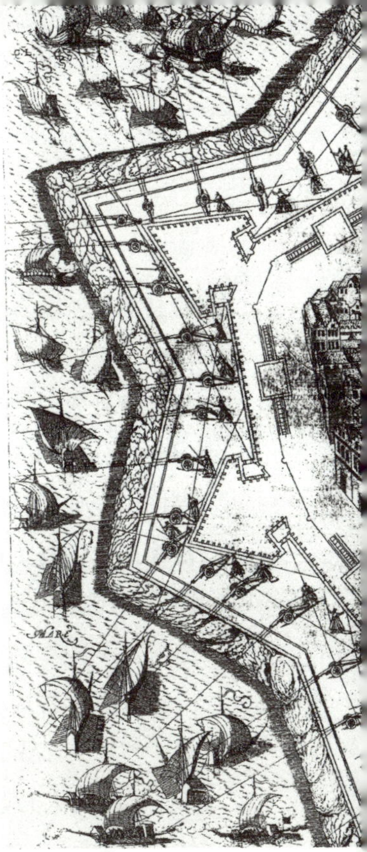

在16世纪，随着加农炮的使用，战争发生了变化，人们开始斥巨资建造巨大而坚固的防御工事。这张1599年的图展示了一个沿海城镇，外围设两道防线，面向大海的一系列堡垒都设有炮台。如果这些东西落入敌人手中，内环将提供更强大的防御。在每个堡垒的凹角上都有炮台（此处显示为空炮台），这些炮台从外面攻打难以攻克。炮台可以指挥邻近的城墙防御，与邻近的堡垒配合。（*222a*）

下图中所示为热那亚港，该图来源于1545年土耳其手稿中的一幅微型画。图中显然是正在准备防御对热那亚的进攻，细节刻画得非常准确，可能是意大利逃兵或战俘提供的，前景是一支装备有三角帆的船队。（*222b*）

罗萨，当时的海军司令苏莱曼攻下了爱琴海的许多岛屿（最著名的是克里特岛和希奥斯岛），但是，重要的威尼斯和热那亚殖民地还是得以保留。在扩张的过程中，奥斯曼人与威尼斯人，尤其是与西班牙人之间，不断地兴兵动武，西班牙人是他们在地中海（和其他地方）的宿敌。在整个16世纪，地中海中部和西部的许多据点多次易手或争夺激烈。1560年，西班牙的菲力浦二世没能占领杰尔巴岛（Jerba）。5年后，奥斯曼帝国放弃了对马耳他的围攻。1529年奥斯曼人夺取了阿尔及尔，西班牙人在1708年之前保住了奥兰（Oran）。西班牙征服了阿尔及尔东部，于16世纪末被推翻。紧接着是壮观的海战，比如1571年发生的勒班托海战，领土没有易主，但海军的损失惨重。

奥斯曼人和西班牙人在地中海的长期对抗追求的是什么？虽然经常听到“17世纪奥斯曼人失去了对地中海的控制”的说法，但约翰·吉尔马丁（John Guilmartin）在1974年提出的主张仍然成立。奥斯曼人和西班牙人都没有能力控制地中海，所以他们谁也不会输。从北大西洋经验中发展而来的“海洋控制”概念的战略思想，强调的是想控制大海就得摧毁敌人的海上贸易。先摧毁他的舰队，然后封锁他的港口，以切断他的海上贸易。这些战略目标在16世纪的地中海地区都不可能实现，也没有实际意义。首先，地中海的海上贸易路线对两国的国际贸易都不是至关重要的。西班牙的主要海上贸易是在大西洋，而在奥斯曼帝国统治下，最重要的贸易路线是陆路。唯一的例外是亚历山大—伊斯坦布尔路线，奥斯曼人热心地保护它。其次，由于帆船技术的特殊原因，敌对舰队在公海上的“全方位”交战往往胜负难断。

最后，即使有可能摧毁敌人的海军（navy，海军这个词用在此处是时代的错位），也不可能封锁他们的港口。由于帆船需要经常靠岸补充淡水和食品，无法在海上久留。鉴于这类原因，地中海地区的军事战略家们的目标并不是进攻敌方舰队，而是尽可能多地占领要塞港口。他们控制的港口越多，就越有装备和能力保护和部署大量的战舰。事实上，吉尔马丁认为海上力量很大程度上是由陆地力量决定的。作为持续袭击进行商船战争（guerre

马耳他岛位于地中海的正中心，它是控制整个南欧和西欧海洋的关键。1530年，被赶出罗得岛的圣约翰骑士们（医院骑士团）占领了这里。35年后（即1565年），土耳其人发动了一场大规模进攻，人数估计超过3万人，骑士团团长让·德·拉·瓦莱特（Jean de la Vallette）应敌，当时只有不到1万名基督徒。经过5个月的激战，双方损失惨重，土耳其人放弃了围城。这图显示的是8月25日在今瓦莱塔（Valletta）北端卡斯提尔骑士团哨所发生的袭击。瓦莱特本人在中间，他的斗篷上有一个大大的白色十字架。在这幅图的左边，土耳其的加农炮正跨着一片狭窄的水域开火。（*223*）

de course）的基地，港口也很重要，这是奥斯曼－西班牙战争的重要组成部分。例如，奥斯曼帝国围攻马耳他，是为了确保西地中海西班牙属地附近的突袭基地的安全。那么，大多数海军冲突如果不是发生在港口本身，就是发生在一个设防的港口附近，是舰队和港口守军之间的冲突。迈赫迪在1451年的行动完全符合这一传统（尽管在这种情况下，那条船还是要逃跑）。

然而，在战事中使用加农炮在当时却是个新鲜事。16世纪最关键的历史事件是火药武器改变了海上战争。具有讽刺意味的是，西班牙人和奥斯曼人很快就在他们的战舰上安装了加农炮，最终加农炮泛滥让战舰失去了战斗力。在整个16世纪，双方都发现自己不情愿地陷入了一个代价高昂的成本上升状况，而随着装备精良的北方船只的出现，情况变得更糟。

当他们在船上装了越来越多的加农炮时，他们发现船体本身必须加大加固。因此，船上必须添加更多的人手，包括战士和划桨手。这就意味着在价格上涨、加农炮占据越来越大空间的时候，每次都需要更多的给养。帆桨船投入战争的费用变得非常高昂。部署一艘帆船的配送需求不断增加，更不用说一支舰队了，这也进一步缩小了本已有限的行动范围。到了16世纪中期，奥斯曼人已经无法再向西挺进到突尼斯以外的地区了，他们希望在冬季风暴来临之前有足够的时间进入一场旷日持久的围城战。

费尔南·布罗代尔提醒我们，尽管地中海一直以自己的阳光、缤纷色彩和温暖吸引着北方人，但从根本上说，地中海是一个资源匮乏的地区。16世纪，不断扩大的战争规模受到了资源耗尽的限制。奥斯曼人和西班牙人发现，他们再也无法为他们的战争机器提供必要的人力和物力资源。从这个角度来看，发生在1571年的勒班托战役是一场经典的帆桨船海战（galley warfare），与其说它是一个转折点，不如说是一个系统的最后一次震颤，这个系统正在缓慢地停止运转，在自身的重压下崩溃。尽管西班牙（与其他西方国家结盟）确实击败了奥斯曼帝国，但它并不准备派遣战船进入地中海东部，以追求自己的优势，就像奥斯曼帝国不准备在安达卢西亚登陆一样。在勒班托战役一年后，奥斯曼人重建了他们的舰队，这表明奥斯曼人并不愿意发动战争，而不是没有能力与西班牙进行大规模的帆船战争。勒班托战役之后，土耳其人和西班牙人都撤退到地中海各据一方，不愿为不断缩水的收益付出不断增加的代价。因此，“大战”时代即将结束。17世纪将出现一种截然不同的海上冲突，更分散，更少有记载，因此更难追踪。

奥斯曼人的地中海：贸易

在东地中海地区，随着小国的增多和大国的衰落，帝国统一和相应的秩序已经不复存在。在贸易领域，就像在其他许多领域一样，奥斯曼人寻求恢复帝国统一和秩序。奥斯曼帝国的苏丹并不想阻止西方商人或其他商人在奥斯曼帝国地盘上进行贸易，他们也没有打算在自己和国际贸易世界之间设置障碍。对他们来说，这样做毫无意义，贸易关税是国家重要的收入来源，当然货物本身也很重要。然而，他们下定决心维护自己的主权，从而避免像中世纪晚期拜占庭－拉丁世界关系的主流特征那样陷于对贸易的极端依赖。凯特·弗利特（Kate Fleet）发表了一篇引人入胜

上图为威尼斯总督府画中的土耳其指挥官阿里·帕夏（Ali Pasha）。站在基督教一边的士兵中有《堂吉诃德》的作者塞万提斯。（他后来被巴巴里海盗[①]俘获，当了5年奴隶。）（*224*）

① Barbary pirates，欧洲人的说法。即以北非柏柏尔人为主体的海盗群体。

上一次与帆船作战的海战是在勒班托（1571年），交战双方是土耳其和奥地利人唐·约翰（Don John）领导的威尼斯、热那亚和西班牙联合舰队。这是一场血战，土耳其损失了25 000人，欧洲损失了8 000人。虽然从技术上讲，后者获得了一场胜利，但事实上，双方都已精疲力竭、弹尽粮绝，谁也无法占到优势，海战长期持续的结果就是变成僵局。上图为这场战役的全景图，数百艘战船参与其中。（*225*）

的文章评论：与其他土耳其酋长国相比，奥斯曼似乎是更坚定的经济管理者，但其原因目前还不清楚。相比之下，西班牙和教宗实际上是出于意识形态的原因禁止贸易。在伊斯兰教统治下，伊比利亚半岛的贸易往来在某种程度上是自由宽松的；但基督教统治下的伊比利亚就不一定如此。拉丁人——这里主要是指热那亚人和威尼斯人——将不再能够享受关税的完全豁免或无限制的市场准入。这种变化归结为奥斯曼帝国给西方贸易设置了障碍，例如，斯蒂文·朗西曼（Steven Runciman）将黑海热那亚贸易殖民地的消亡原因之一归咎于乐意应苏丹官员的要求支付过路费的商人越来越少。1453 年之后，征服者迈赫迪提高贸易关税的说法备受争议，现存的档案资料显示，热那亚商人没有抱怨过路费问题。凯特·弗利特再次证明了 1453 年前后奥斯曼帝国贸易政策的连续性。正如她所指出的，这表明热那亚人从地中海东部的撤退很可能与奥斯曼帝国的政策没有什么关系。

1453 年，奥斯曼人占领伊斯坦布尔后，试图全面重建昔日使拜占庭君士坦丁堡繁荣起来的贸易网络，甚至还利用拜占庭原有的建筑来促进商业发展，并保留原有的商业中心。他们下定了决心，要让这座皇城再次成为辉煌的首都。任何关于奥斯曼帝国统治下的东地中海的讨论，都必须首先理解伊斯坦布尔的巨大吸引力。到了 16 世纪，它俨然已经成为欧洲人口最多的城市。关键的纽带是黑海，与相对人口众多、资源匮乏的爱琴海相比，这是一个重要的平价供应来源。可以毫不夸张地说，来自黑海北部人口稀少海岸的小麦、肉类和食盐促进了伊斯坦布尔的经济发展，就像公元 1204 年前拜占庭的情况那样。征服者迈赫迪承认黑海的

所向披靡的土耳其人最终控制了从巴尔干半岛到埃及的整个地中海东部。从1326年开始，他们的第一个首都是位于安纳托利亚的布尔萨（Bursa），后来这里成为行政和文化中心。此图为位于土耳其布尔萨的“绿陵”（Green Tomb）。（*228*）

重要性，他自封为这两个区域的苏丹和两海的可汗，控制海峡的这个国家也一直在努力控制黑海。为了确保伊斯坦布尔的粮食供应，迈赫迪禁止外国船只从黑海地区输出谷物、棉花、皮革、蜂蜡、动物脂肪、奴隶等商品。正如我们所看到的，所有的船只都必须在博斯普鲁斯海峡的城堡下停泊接受检查。该地区的国际贸易在1453年之前就已经在走下坡路，在1453年之后必然会进一步萎缩。但随着阿克曼（Akkerman）、卡法、科斯坦塔（Costanta）和布尔加斯（Burgas）等港口向这个快速发展的首都运送了大量小麦、原材料和奴隶，该地区的贸易呈现了巨大的发展空间。

奥斯曼人并不满足于征服拜占庭帝国的领土。1517年，他们占领了埃及，结束了利凡特的马穆鲁克人的统治。随后，他们很快征服了北非。埃及是地中海的传统粮仓之一（另一个是西西里岛）。当时的伊斯坦布尔和埃及在近1 000年来首次在同一个主人的统治之下。从埃及到君士坦丁堡的粮食税在7世纪被阿拉伯人废除，现在又得以恢复。尼罗河谷的粮食成为当时伊斯坦布尔又一个重要的粮食供应来源。1581年，一个西班牙人在家中写道，从亚历山大港来了8艘满载小麦的船只，但这些小麦连一天的供应需求都满足不了。

16世纪，奥斯曼帝国在整个东地中海的统一，不仅对于首都来说是个好消息，这种统一还强化了中世纪晚期以来一直在发生的变动。在整个中世纪，西地中海一直与起源于亚洲的远程转运的奢侈品和香料贸易活动关系紧密。伊斯兰西班牙是东方与西方（或者更确切地说是南方与北方）相遇并交换商品的地方。从阿拉伯半岛延伸到伊比利亚半岛，伊斯兰国家形成了一个牢固的板块，联系着地中海和印度洋两片海域；商人们可以轻松地穿越这片广阔的地域，这正是所罗门·格瓦坦研究的“开罗经冢”文献中所记载的内容。一条重要的贸易路线从西班牙向南，沿着地中海南岸东行，然后通过海路或陆路到达印度洋。地中海北岸最初是这种国际经济活动在偶然间选用的路线。众所周知，西班牙的“光复运动”和意大利各商业共和国的崛起结束了这片区域的原有状态。至于后来发生了什么事情，人们对此关注较少。东西方之间的联系转移到了地中海东部，一直持续到17世纪（关于香料贸易在16世纪已经停止的论断，已经证明为时过早）。阿拉伯人和其他商人以往是在伊比利亚采购，然后运往东方，现在他们靠其他市场可供应同样的货物。例如，早在13世纪晚期，埃及的奴隶贩子就开始向中亚寻求奴隶供给，而不是向西班牙寻求货源。

国际丝绸市场的东移对奥斯曼帝国的崛起尤为关键。到13世纪早期，为伊斯兰西班牙提供卓越出口机会的安达卢西亚的丝绸工业开始衰落。造成工业衰落的原因有很多，其中一个重要的原因是意大利人和阿拉伯商人现在都发现在蒙古人的内乱一度限制了与中国的贸易之时，他们有更好的渠道获得拜占庭、中国和伊朗的生丝。意大利人和阿拉伯人都受益于元朝的和平时期，打开了通往中国的丝绸之路。意大利人也受益于对拜占庭市场日益增强的控制能力。到1300年，意大利丝绸工业消耗的大部分生丝来自波斯的里海各省。（后来，意大利本身成为一个重要的生丝产地。）通往西部的新的贸易路线也直接延伸到安纳托利亚。1326年，奥斯曼人在安纳托利亚西部的布尔萨建立了他们的第一

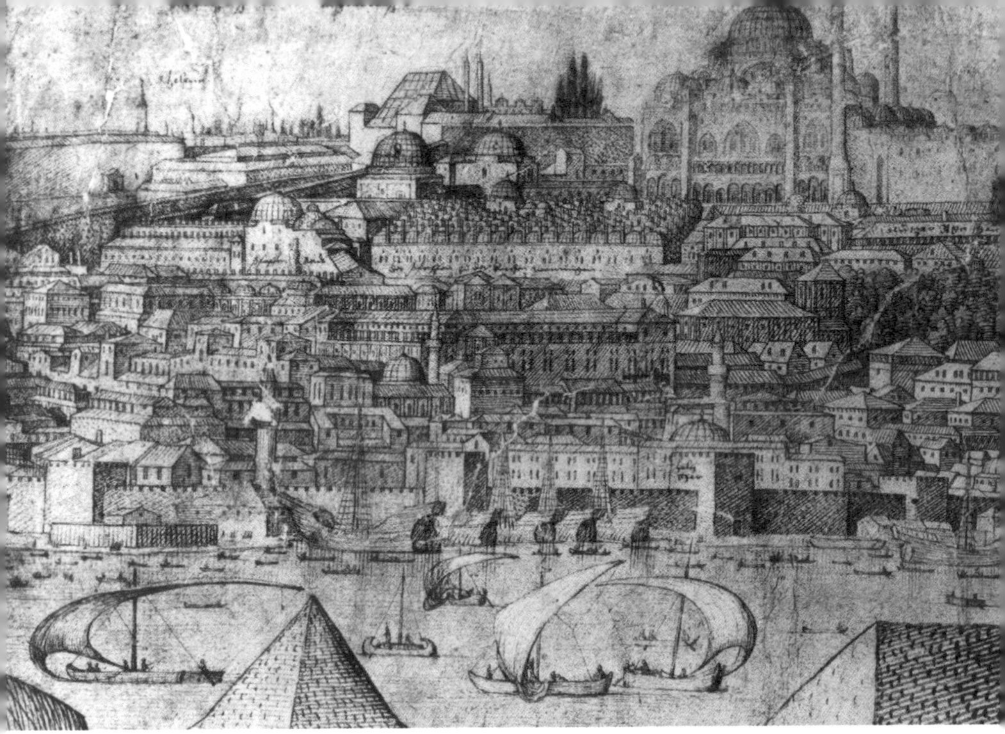

在当时的土耳其首都伊斯坦布尔，外国商人随处可见。在16世纪，伊斯坦布尔是欧洲人口最多的城市，奥斯曼苏丹从与西方的贸易通行费中赚取了可观的利润。来自黑海的某些出口货物被完全禁止，这对热那亚等遥远的港口产生了影响。这个16世纪的画面主体建筑是位于中心的巴叶济德清真寺建筑群。（*226—227*）

个首都，从而成为这条重要的新贸易路线的主人。然后，他们着手把布尔萨变成东西方之间的国际市场，不仅经营生丝，也经营来自亚洲的其他商品。这一努力取得了巨大的成功。易纳尔西克（Inalcık）教授写道："这个城市成了亚洲贸易的大商场，超过了巴格达和其他近东世界贸易的出口。"后来，随着对叙利亚和埃及的征服，奥斯曼人也从途经红海的香料路线的收入中获益。

东地中海港口从此获得了新的重要地位，这些港口的建设早于奥斯曼帝国的入侵，但他们无疑也投入了资金，地中海的北部和南部海岸在一个统治者的管理下统一，给16世纪的东地中海带来一种活力以及在许多世纪中都不曾体会到的统一。以伊斯坦布

16 世纪奥斯曼帝国的欧洲商人。一个来自半独立港口杜布罗夫尼克的拉古萨人和一个犹太人。（*227l, r*）

尔供应为基础的高度发达的区域经济与国际大都市如布尔萨、开罗和阿勒颇的发展并存，这些城市在现今成为东西方的交汇点。

1453 年之后，当奥斯曼人成为君士坦丁堡的主人时，他们也变成了伊斯兰世界无可争议的霸主。博斯普鲁斯海峡的欧洲一侧，即通往巴尔干半岛最终到达维也纳的通道，这时也变得重要起来。埃迪尔内（Edirne）即亚得里亚堡（Adrianople），是 1361 年至 1453 年奥斯曼帝国的首都，是当时的主要城市。这是锡南设计建造的最后一座清真寺的原址，该清真寺被普遍认为是他的经典之作。(*229*)

伊斯兰帝国

随着拜占庭人和马穆鲁克人的接连战败，奥斯曼人结束了地中海东部长期以来的政治分裂。15 和 16 世纪的苏丹巩固了他们作为伊斯兰世界的领袖地位之后，支持高端文化生活的辉煌复兴，并在地中海区域加强了伊斯兰文化的传播。虽然中世纪的伊斯兰世界也许是由法律专家和国际商人的频繁往来维系在一起的，但如今一个自信的伊斯兰帝国从伊斯坦布尔向外辐射，深入巴尔干河谷，隔着大海到达阿拉伯世界的古城。

在巴尔干半岛，奥斯曼帝国推行了一项充满活力的城市化规划。萨拉热窝和莫斯塔尔（Mostar）等城市都是奥斯曼帝国创建的；而其他地区，如普罗夫迪夫（Plovdiv，位于今天的保加利亚）和卡瓦拉（Kavalla，位于今天的希腊），则由小城镇逐步发展成为大的商业和文化中心。建筑师锡南在 16 世纪下半叶于埃迪尔内市建造的塞利米耶清真寺（Selimiye），被许多人认为是奥斯曼建筑的最高成就。在所有这些地方，那些土耳其名流按照苏丹仆人的倡议和期望，建立了名为瓦克夫（evkaf，单数为 vakıf 即 waqf）的虔敬基金会。这个基金会为帝国城市和一个不断扩张的帝国不可或缺的建筑活动提供资金。于是，清真寺、学校、浴场和小型客栈（khans）的数量激增，还有市场、高架水渠和壮观的纪念性桥梁，如在伊沃·安德里克的名著《德里纳河上的桥》（*The Bridge on the Drina*）中使之名满天下的那座桥。

在阿拉伯世界，伟大的苏莱曼重建了耶路撒冷的城墙和一个稳定的建筑项目，即在瓦克夫项目的推动下，再一次扩建了阿拉

16 世纪奥斯曼帝国苏丹们几乎已经在说“我们的海”，因为土耳其人控制了意大利和法国以外的整个地中海海岸。许多巴尔干城镇，如萨拉热窝（Sarajevo），是奥斯曼帝国时期建立的，直到 20 世纪 50 年代它都保持着伊斯兰教的氛围。（*230*）

伯世界的古城。马穆鲁克开罗很大程度上局限于原法蒂玛时期的古开罗城址。在奥斯曼帝国统治下，这座城市很快就超过了原有的边界。随着公共喷泉的建设，可以看到早在 16 世纪，人们居住的地区就开始向南延伸。在那之后，邻近的新社区在西部发展起来，跨越了在传统意义上标志着城市西部边缘的运河。19 世纪的历史学家阿里 · 帕夏 · 穆巴拉克（Ali Pasha Mubarak）注意到，这座城市的一些皮革厂在 16 世纪移至更偏远的地方，并明确地将这种移动与人口增长联系在一起。16 世纪中期，奥斯曼帝国的阿勒颇总督胡斯鲁·帕夏（Husru Pasha）负责城堡南部地区的开发，他修建了一个我们今天可以称为购物中心的地方，包括库尔特贝伊商栈（khan of Qurt Bey）、仓库和商店。新建筑项目占地超过 4 公顷，收入用于支持阿勒颇城内以他的名字命名的清真寺的运转。远至北非，奥斯曼人的到来平定了各部落，他们与西班牙人对峙，恢复了往日的城市生活。仅 1500 年到 1580 年，阿尔及尔（Algiers）的人口数量增加了两倍。商业精英再次委托人建造清真寺复合建筑群，以满足城市生活和宗教活动的需要。土耳其人在阿尔及尔的大清真寺，上有圆顶和圆形尖塔，将东方的建筑风格带到北非的城市。那里的尖塔传统上是直线的，清真寺顶部覆盖着绿色瓷瓦，这些商业精英项目是奥斯曼社会和政治更大轨迹的一部分。1453 年之后，苏丹们需要保护自己的帝国，这意味着，来自边境公国的那些令人兴奋的群体，[主要是加齐（gazis）战士和反律法的苏非派教团]被视为威胁，并被系统地边缘化。从此以后，宫殿的仆人将成为奥斯曼文化的信使。也许矛盾的是，边境社会既是伊斯兰勇士精神所在的区域，也是伊斯兰教和基督教社会复杂的融合区域，特别是在神秘教团的框架内。在 15 世纪早期，谢赫·贝德雷丁（Seyh Bedreddin），联合土库曼人（Turcomans）、加齐战士、基督教农民和其他心怀不满者起义，试图驱逐奥斯曼人。

令人震惊的是，在地中海的另一端，西班牙哈布斯堡王朝也终结了边境社会的存在，终结了基督教和伊斯兰教长期共存的历史，尽管是以一种更加戏剧性和决定性的方式。如果我们把这两曾经在历史上被摧毁和重建了很多次的阿勒颇城堡，在16世纪的一个奥斯曼人手稿中得到了准确描绘。城市本身大致呈矩形，城堡建在中央一个巨大的土堆上，经一座横跨护城河的桥才能进入。（*231*）

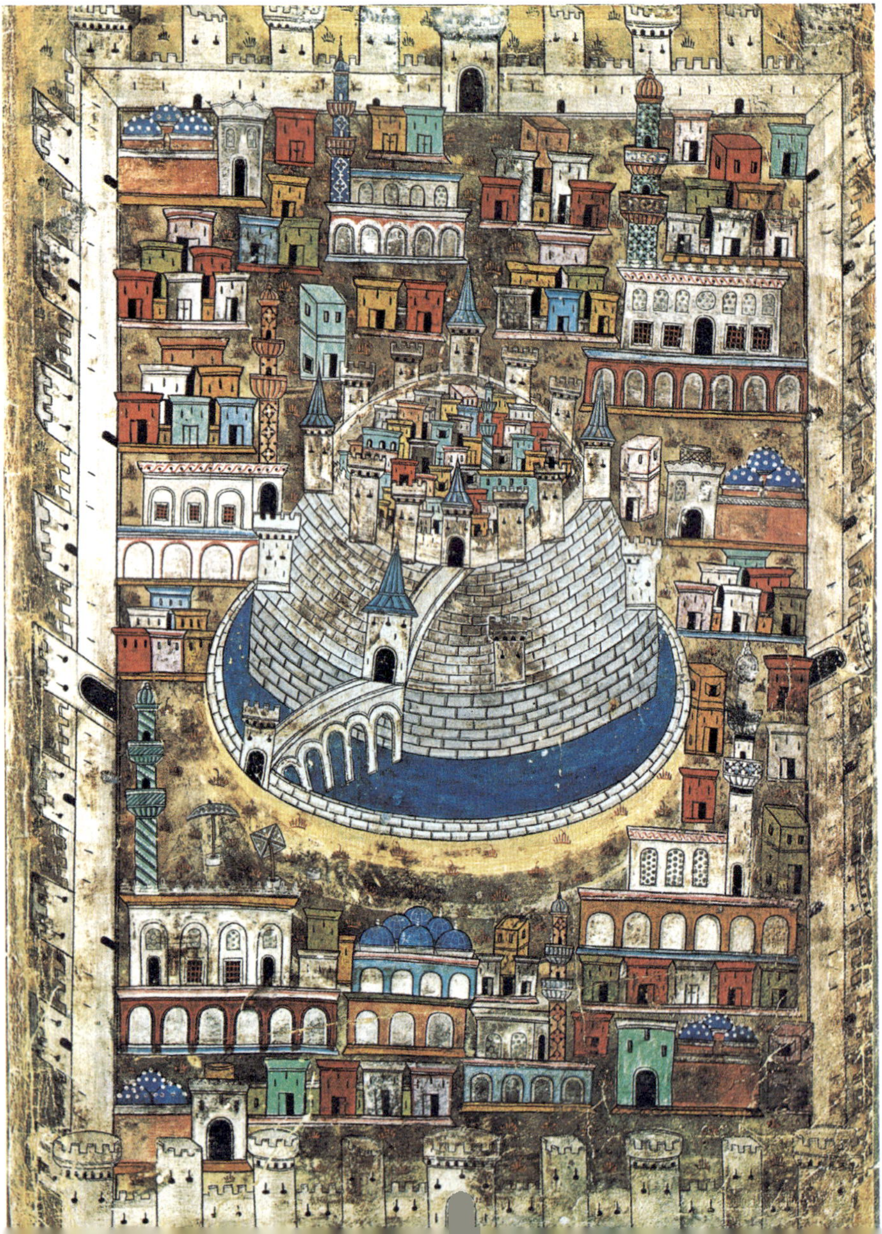

在1502年和1525年被迫皈依基督教之后，西班牙的摩尔人继续秘密地搞伊斯兰教活动，并顽强地保留了许多伊斯兰教习俗。在一场血腥的起义之后，菲力浦三世驱逐了几乎全部的摩里斯科人（Moriscos），大约有30万人前往北非，这幅当代画作记录了这一事件。(*232*)

件事情放在一起考虑，再加上勒班托海战之后军事边界稳定了这一因素，我们肯定要问，在文化或宗教上是否也有过类似的硬性的一刀切现象。安德鲁·赫斯（Andrew Hess）确实论证过这一点。他说道："坦率地讲，我认为地中海世界被划分为不同的、明确界定的文化区是16世纪地中海历史的主题。"赫斯的观点对地中海西部来说是有说服力的。西班牙的"光复运动"打破了伊比利亚半岛和北非之间的长期联系。地中海洋面现在将基督教世界与伊斯兰世界截然分隔开来。

然而，东部的情况更为复杂。首先，奥斯曼人不但没有被击败，反而恢复了在地中海东部长久以来的帝国计划。对苏丹来说，他统治着如此多的民族和宗教，是一种骄傲，而不是软弱。其次，人们常常忘记，地中海东部不是两种文明，而是伊斯兰教、拉丁基督教和东正教这三种不朽文明的交汇点。在这里，奥斯曼帝国的征服不仅是伊斯兰教以基督教为代价的进步（虽然这是历史的一部分内容），而且对于拉丁基督教的命运来说也是好的逆转。几个世纪以来，东正教第一次得到强大且不断扩张的军事大国的支持，即使是出于“现实政治”（realpolitik）的原因。奥斯曼人延续了伊斯兰统治者自 12 世纪萨拉丁收复耶路撒冷以来所遵循的政策：让拉丁基督徒和东正教

基督教的圣地主要是耶路撒冷的几所圣墓教堂，伯利恒（Bethlehem）的耶稣诞生教堂不仅是基督徒和穆斯林之间，而且是基督教派别之间不和的根源。通常情况下，奥斯曼帝国支持希腊东正教反对罗马天主教。（*233*）

徒互相争斗，这样做是为了防止形成一个可能会威胁到帝国统一的基督教阵线。奥斯曼人和东正教徒都对抑制拉丁人感兴趣，因为拉丁人发起了十字军，后来又在拜占庭帝国中发挥了主导作用，而东正教的复兴紧随其后。

当然，这一过程出现在拉丁人最强大的帝国地区，即地中海东部（特别是爱琴海）和巴勒斯坦的海岸地区及岛屿，这一点非常重要。在更远的内陆地区例如巴尔干地区，情况是截然不同的。在1543年的耶路撒冷，一位名叫格尔马诺斯（Germanos）的修士从伊斯坦布尔来到这里，接管了大主教的权位。他通过改革，确保了城市教会的各级管理者将由讲希腊语的人担任，而不是讲阿拉伯语的人担任。不到10年，他又支持了一场最终成功的伊斯兰运动，将方济会（Franciscans）成员从马可楼[①]教堂（Cenacle）的底层驱逐出去。在17世纪，东正教各层级的希腊教士在对抗拉丁基督徒的斗争中战果累累，包括控制了圣诞教堂和基督复活教堂内部的大部分圣迹。在希腊语世界的海岛上，奥斯曼人在15世纪到18世纪早期的一系列战争中，夺取了一片又一片大公教会的土地。在所有这些地方，讲希腊语的东正教各阶层教士取代了离去的拉丁人。在威尼斯人占据克里特岛的500年中，他们不允许岛上有任何一个东正教主教，并采取行动随时逮捕任何破坏上述禁令的人。但现在形势逆转了。16世纪30年代，爱琴海中部的纳克索斯岛向奥斯曼帝国投降，并同意由君士坦丁堡牧首任命一位希腊东正教主教。1540年，当一位拉丁主教在没有得到奥斯曼

① 马可楼又名晚餐楼，位于锡安山，是《新约全书》中许多事件包括“最后的晚餐”的发生地点。

帝国当局许可的情况下出现在岛上时，他被逮捕了。

奥斯曼文化本身并不等同于正统的伊斯兰文化，这是一种建立在多重继承基础上的帝国文化，是亚洲内陆、安纳托利亚、拜占庭、伊斯兰和欧洲文化的集合。当然，随着帝国的发展，苏丹们热衷鼓励的是伊斯兰传统中更为保守的一面。但是他们无意拒绝苏非主义（Sufism）和苏非主义的传统，只要其建立在不破坏社会和国家稳定的基础上。17 世纪，连续多位奥斯曼苏丹保护苏非派的传统习俗，抵御伊斯兰改革者的持续攻击。奥斯曼帝国的苏丹们一直与某些苏非派教团有着紧密的个人联系。1648 年至 1687 年在位的苏丹穆拉德四世（Murad Ⅳ）就是一个很好的例子，他的母亲是哈勒维（Halveti）教团慷慨的赞助人。在穆拉德四世登基仪式上，他选择了苏非派教团（Sufi Orders）的酋长贾尔维（Celveti）为他佩上君主佩剑。这位酋长是他父亲艾哈迈德一世（Ahmed Ⅰ）敬爱的老师。在他统治期间，穆拉德在宫殿里欣赏塞玛（sema）表演[①]，这是梅夫莱维（Mevlevi）神秘仪式的一部分。

最后，奥斯曼宫廷是一个跨越宗教界限的文化创新之地。例如，到了 16 世纪末，苏丹们开始远离波斯音乐家们的全部宫廷演奏。这种依赖性的产生是由于波斯艺术形式的多样性带来了巨大威望。在 17 世纪，借鉴了来自土耳其、亚美尼亚和希腊的音乐传统，出现了一种新的音乐流派。

① Sema，也称为“旋转舞”或“旋转仪式”，是伊斯兰教托钵僧团苏非派的一项神秘仪式，表现为一人或多人的圈舞，人们随着鼓乐不停地旋转，寻找融于自然、忘却自我的感觉。

17世纪：贸易战

17 世纪的地中海在之前的奥斯曼扩张时期和 18 世纪由欧洲主导的商业繁荣期之间处境尴尬。这是一个海盗横行、执政者随心所欲以及诸多身份不明的人皈依基督教的黑暗时代。历史学家的注意力只集中在国家的层面，而常常忽略这一点。在这一时期的大部分时间里，没有任何一个大国能够统治海洋。意大利各城市国家失去了主导地位，威尼斯商船的实力仅在 1550 年到 1590 年就削弱了一半。但法国由于国内动乱，还无法取代意大利。保罗·马松（Paul Masson）在他对马赛贸易的不朽研究中，认为 17 世纪危机不断，法国人不断受到商业毁灭的威胁。事实上，法国在地中海东部港口的贸易额从 1648 年的 700 万里弗尔（livres）下降到 1660 年的 250 万到 300 万里弗尔，直到 1685 年才开始复苏。荷兰和英国无疑居海上强国之首位，但它们在意大利东部的出现却时断时续。因此，在 17 世纪 30 年代晚期，威尼斯柏罗[①]（bailo）注意到君士坦丁堡只有两个荷兰商家，而荷兰船只在君士坦丁堡也很罕见，“从这个国家驶往君士坦丁堡的船只非常少见，他们在这里只有两家商号”。奥斯曼人不得不努力在一些关键的海上通道维持最低程度的订单，比如在开罗和伊斯坦布尔之间。正因为如此，地中海世界比 14 世纪以来的任何时候都更加显得民族混杂、支离破碎。然而在不知不觉中，一个历史性的变化正在形成。正是在这段时期，某些欧洲领袖，尤其是法国君主，

① 来自阿拉伯语，13 世纪后专指威尼斯派出的在西方拉丁人管理的各希腊港口负责海事业务的代理者。

经过艰苦的斗争，最终成功地在一个传统上更多地以宗教和帝国而不是民族或国家定义的世界中建立了一个类似于民族－国家界限的东西。然而，在17世纪的上半叶，欧洲在“三十年战争”的痛苦中沉没，海盗统治了海洋。海盗们在地中海上的霸权之所以成为可能，是因为奥斯曼人和西班牙人在经历了16世纪连续不断的争斗后决定休战。这两个帝国将注意力转向了其他地方，奥斯曼帝国转向了东方，西班牙则转向了“新世界”。

北非海岸线是穆斯林海盗活动的中心地带，而马耳他小岛则庇护着最可怕的基督徒掠食者——圣约翰医院骑士团（他们原驻罗得岛，再之前驻耶路撒冷）。阿尔及尔曾是北非最强大的城市，在17世纪20年代，拥有100艘武装帆船和大约8艘大型帆桨船。马耳他骑士团（Knights of Malta）以及其他一些不太知名的基督徒海盗，如比萨的圣斯蒂法诺（Santo Stefano）骑士团，集中在地中海东部活动。在奥斯曼帝国于勒班托（1571年）海战失败之前，基督徒海盗在奥斯曼帝国水域几乎不为人知。但在那之后，他们蜂拥而至，享受了足有一个多世纪的丰富贸易带来的盛宴。其中最大的战果是袭击了定期往返于埃及和伊斯坦布尔之间的护航船队。在1644年发生了一起突袭，一艘从伊斯坦布尔驶往埃及的船在克里特岛附近被马耳他人劫持，船上有一些奥斯曼帝国的高级官员。其中有许多人被杀，包括后宫的首领，他的财宝被海盗瓜分。因此引起了奥斯曼人的极度愤怒，加上更为有利的国际形势，奥斯曼人试图从威尼斯人手中夺取克里特岛，因为他们认为威尼斯人惯于给马耳他骑士团在岛上提供避风港（但威尼斯人极力否认这一指控）。奥斯曼人最终征服了克里特岛，但他们

带有意识形态色彩的海盗打劫活动在西地中海的两岸都很猖獗。阿尔及尔成了臭名昭著的海盗巢穴。17 世纪的阿尔及尔有强大的陆地和海洋防御设施。从查理五世（Charles V）开始，西方列强征服它的尝试均以失败告终。（*234*）

的胜利并没有改善地中海东部的安全状况。在 1669 年，也就是奥斯曼人取得胜利的那一年，一支由加布里埃尔·德·特梅里库尔（Gabriel de Téméricourt）率领的舰队缴获了自伊斯坦布尔驶往埃及的一艘巨大的帆船和几艘较小的船只，这一事件一定使奥斯曼人感到很气馁。

北非各地方政权——的黎波里、阿尔及尔和突尼斯——的船只更多地在地中海西部活动，甚至进入大西洋。毕竟，它们在 16

当土耳其人离开后，马耳他就变成了一个坚不可摧的堡垒，以防止类似的威胁再次出现。原来的定居点是由平面图左边的两个海岬组成的。现在中部的大海角成了新的城市瓦莱塔。它呈网格状布局，周围环绕着巨大的城墙，尤其是在向着陆地的一侧，这些城墙至今仍是世界上最令人惊叹的军事工程实例之一。(*237*)

世纪早期的崛起与奥斯曼帝国和西班牙的对抗是分不开的，甚至在苏丹们退出战斗后这种趋势仍在继续。16 世纪末英国和西班牙之间的持久战是另一个大好机会，因为英国人利用非洲港口作为基地来攻击自己的敌人。正是在这场战争的过程之中，英国的冒险家蜂拥而至北非海岸，使这些城市变得更加国际化。1609 年，英国驻阿尔及尔领事记录了当时抵达的一艘巨轮，这艘巨轮建造于吕贝克（Lübeck），其船员队伍是由土耳其、英国和荷兰的水手混合组成。英国海盗缓慢地向东移动，并非常活跃地对威尼斯的航运进行了多方面的攻击，这极大地破坏了威尼斯在地中海东部数个世纪的地位。在 1604 年，威尼斯一官员在克里特岛上大吐苦水，发回的报告中说“这些该死的布列塔尼人（bertons）[①]在

---

① bertons 表示复数的布列塔尼人，是 breton 的复数形式，属于古法语。breton 指与布列塔尼语或人有关的族群。

这些水域航行，为所欲为，见人就偷就抢，他们无恶不作，甚至不允许一艘装满谷物的土耳其商船靠近，他们一直以来都是如此”。

随着时间的推移，北非人获得了另一项近在咫尺的巨大好处。越来越多的荷兰的和英国的船只穿过直布罗陀海峡，首先是与意大利城市进行贸易，然后是与奥斯曼帝国本身进行贸易。这些大型船只，连同一大批较小的法国船只，构成了一个非常诱人的目

当一位荷兰人船长成功地俘获了一艘海盗船时，随后的复仇是残酷的。在这里，海盗们要么被扔进海里，要么被吊死在离他们家门口不远的帆桁上。(*235*)

标。巴巴里海盗对欧洲船舶的攻击成为17世纪地中海世界最著名的特征之一。

尽管各方的海盗活动都以宗教标榜自己的行为是正义的，但如果认为基督教和伊斯兰教之间会像16世纪西班牙与奥斯曼帝国的对抗那样诉诸一场战争，那就是错误的。基督徒海盗也可能袭击基督徒的船只——对威尼斯确凿无疑的攻击就是最引人注目的例子，而安全通行证的销售（保护买家不受海盗的攻击）也完全跨越了宗教界限。众所周知，北非人甚至向马耳他商人出售安全通行证。17世纪下半叶在突尼斯的法国商人达尔维耶（D'Arvieux）有些吃惊地注意到："这个王国的港口对全世界都是自由的……甚至马耳他人——尽管突尼斯人和巴巴里人是不可调和的敌人……亦满载着货物，悬挂着他们自己的旗帜，来到这里。"

1647年，迫于"圣地"天主教官员的压力，马耳他骑士团禁止马耳他船只接近巴勒斯坦海岸16千米以内的区域。1697年，禁区扩大到80千米。1679年，法国国王路易十四颁布了一项命令，禁止法国臣民服役于在地中海的利凡特区域航行的马耳他海盗船只。他更广泛推行这一政策，对"圣殿骑士"施加了巨大的压力，迫使他们从地中海东部撤回其战船，还发出了没收该教团在法国的所有财产等多种威胁。教宗与法国政府的双方联合，最终成功地结束了天主教东地中海海盗的活动，尽管直到18世纪40年代早期，骑士团大团长（Grand Master of the Order）才正式宣布不再允许海盗在利凡特巡航，而在此前20年里，海盗活动一直处于最少的状态。有趣的是，是两个基督教强国而不是奥斯曼帝国海军，在地中海东部控制了中世纪十字军的最后残余。他们的动机是什么？

从教宗的角度看，问题很简单。他想保护近东的基督徒，并让人们看到是他在保护他们。他还不断寻求对圣约翰骑士团的约束，圣约翰骑士团毕竟是归属于教宗的骑士团，尽管它并不总是能符合罗马的意愿。法国的君主们则有着截然不同的动机。到了17世纪60年代，法国恢复了和平，国王的大臣让-巴蒂斯特·科尔伯特（Jean-Baptiste Colbert）努力扩大法国在地中海的贸易。这首先意味着增加与奥斯曼帝国的往来。在这种情况下，圣约翰骑士团就变得令人讨厌。骑士们忠于他们的十字军理念，声称自己有权干扰、惩罚基督徒和穆斯林之间建立商业关系的举动，即使这些船只属于基督教国王陛下。在法国商业扩张的时代，这种观念已不再被人接受。对马耳他骑士团施加的压力，只是法国君主努力重塑地中海商业局势的诸多措施之一，让贸易为国家服务，而不是为那些身份不同、忠诚程度不确定的个人服务。到了这个世纪的最后25年，北非和马耳他的海盗不再被允许叫停并检查法国船只，以及查禁违反海上运输规则（corso）的货物或乘客。与此同时，法国加强了对法国驻地中海领事的控制，并将利凡特所有法国人的管辖权转授马赛商会。在地中海对岸，路易十四试图切割法国人和当地人之间发展起来的婚姻、财产和宗教关系。国王特使皮顿·德·图尔纳福尔（Pitton de Tournefort）在1700年访问了爱琴海锡基诺斯岛（Sikinos）上的法国殖民地，他的话清楚地表明了这些政策与国家建设之间的联系：

基督徒的海盗行为并不比穆斯林少。马耳他骑士团声称有权掠夺摩尔人的船只，但这种限制并不总是得到遵守。基督徒自己也很可能被抢劫。法国政府和教宗（骑士团名义上的上级）共同努力，才消除了这一弊端。左图是詹保罗·拉斯卡里斯·卡斯特拉尔（Gianpaolo Lascaris Castellar）的坟墓，他担任了27年的骑士团长，享年97岁。（*238*）

对一个古老罪愆的惩罚手段，最严厉者莫过于在希腊结婚，或者，他们娶的女人既无美德亦无财产；然而，有人似乎在这样做，尽管国王严格禁止，为了国家的荣誉，他非常明智地规定，未经国王的大使或他的一位代理人允许，他的臣民不得在利凡特结婚。

换句话说，国家不仅捍卫了地中海的国家贸易，还在国家贸易的形成过程中起到了重要作用，其中很多举措都是在 17 世纪完成的。对两大海盗城市瓦莱塔和阿尔及尔的惩戒不仅意味着 18 世纪的大海更加平静（尽管这是一个重要的结果），还意味着压制了两个按照宗教习俗组织起来的多民族社会的发展，有利于以国家名义定义的贸易团体的形成。

里窝那与士麦那

17 世纪见证了两大商业中心利用当时的混乱和暴力环境得以发展。里窝那和士麦那［今天的伊兹密尔（Izmir）］是那个时代的象征，就像热那亚和威尼斯曾经代表着意大利海上共和国的崛起一样。里窝那港（Leghorn）是由佛罗伦萨的美第奇家族（Medici of Florence）创建的。到 17 世纪中叶，它从一个仅 500 人的小型聚落发展成为一个人口超过 1.2 万人的商业中心。从斐迪南一世（1587—1609 年在位）开始，美第奇家族取得了成功，部分原因是他们勇于面对那个时代所出现的问题。在其鼎盛时期，热那亚和威尼斯通过了有利于本国商人和本国航运的港口条例，把其他商人排除在外［因此在 14 世纪早期，一个名叫科斯塔·米歇尔（Costa Michel）的克里特岛商人想办法将一批胡椒运到威尼斯。但当他到达这座城市时，胡椒被没收了，因为他的名字不在威尼斯公民名单上］。然而，到了 17 世纪，意大利所有港口城市的海军实力和商业活力都在衰退。成功的关键不再是排斥外国人，而是把外国人吸引到自己的港口而不去邻国的港口。这对于像威尼斯这样等级制度完善的老城市来说是很困难的，因为威尼斯为了保护自己的商人而不给外国人任何特权。

里窝那作为一个新的居民点则没有这种障碍。1591 年和 1593 年，美第奇家族通过了一系列特权，被称为“里窝那特权”（Livornine）。这些法律邀请外国商人来里窝那定居，并向他们提供诸如贸易自由、免税权、良好的住房、仓储设施和相对的宗教自由等条件。来自西班牙的犹太难民得到了特别关注，他们中的许多人现在已经在利凡特和北非安定下来。他们是往来于托斯卡纳和奥斯曼帝国的理想的中间人。虽然国际性港口城市在奥斯曼帝国是常见的，但它们在基督教的欧洲仍然是引人注目的，以至于里窝那成了众所周知的理想城市和每个人的家乡。美第奇家族还利用巧妙办法将里窝那变成自由港（porto franco）。在这里，过境贸易不需缴税，外国商人在此定居所付的关税也比其他地方要少。“里窝那特权”的实施受益于地中海持续的粮食危机，这使意大利半岛遭受重创。历史上第一次，来自欧洲北部（德国、波兰、英格兰）的谷物船大批进入意大利的港口，托斯卡纳大公成为这股潮流的引领者。1590 年，他成为第一个向但泽（Danzig）派遣代理人的意大利统治者（威尼斯紧随其后）。久而久之，里窝那成为谷物贸易的重要场所。不足为奇的是，北方商人也被邀请到里窝那定居。这个新的港口也成了英国人的最爱，他们用“莱亨”这个听来有些怪异的名字称呼里窝那。

里窝那在从东西方之间的过境贸易中获得巨大利润的同时，也因靠近北非港口而受益。作为一个 17 世纪的城市，里窝那与连接地中海南北海岸的海盗经济密不可分。一份 1624 年的威尼斯报告解释了它是如何运作的：“里窝那人、科西嘉人、热那亚人、法兰西人、佛兰德斯人、英格兰人、犹太人、威尼斯人和其他地区的商人在阿尔及利亚和突尼斯定居。他们买下所有被盗的商品，将其运往里窝那自由港，然后从那里分销到意大利各地。”这种关系虽然积极扩展，广为人知，但出于显而易见的原因，没有被公开。在公开场合，美第奇家族支持基督教十字军反对异教徒，尽管里窝那本身实行宗教宽容政策。该港口是圣斯蒂法诺骑士团的大本营，该骑士团建于 1562 年，效仿马耳他岛上一个名

里窝那是佛罗伦萨的美第奇家族建立起来的多民族社群的理想城市，是众人的故乡。外国商人因享有法律特权、免税权和宗教自由而被鼓励在这里定居。里窝那成为东西方的欢聚之地。这幅图中港口的大理石镶嵌画可以追溯到 1604 年。(*239*)

声更大的骑士团的模式。由于骑士团的攻击行为，里窝那受益于捕获穆斯林奴隶（无论是土耳其人奴隶还是北非人奴隶）的有利可图的交易。而科西莫二世（1609—1621 年在位）确保了有十艘战船随时准备发动这样的攻击。这里仅举一个例子：1607 年，骑士团烧毁了阿尔及利亚东部的主要商业港口波内，杀死了 470 人，并抓捕了 1 500 名俘虏。

位于安纳托利亚西海岸的士麦那港（伊兹密尔），与 17 世纪的里窝那港非常相似，尽管背景不同。在 16 世纪的大部分时间

被双方抓获的倒霉战俘都成了奴隶。圣斯蒂法诺骑士团的成员都努力拯救被摩尔人俘获的基督徒，但他们自己有条件时也俘获摩尔人。其中一名骑士伊格纳齐奥·法布罗尼（Ignazio Fabroni）画了一系列有趣的画作，记录了 1684 年至 1688 年期间在船上的生活。从这幅画中能够看到一群穆斯林，其中一人明显被套上了锁链。在海上没有风的时候，他们的日子过得还算轻松。（*240*）

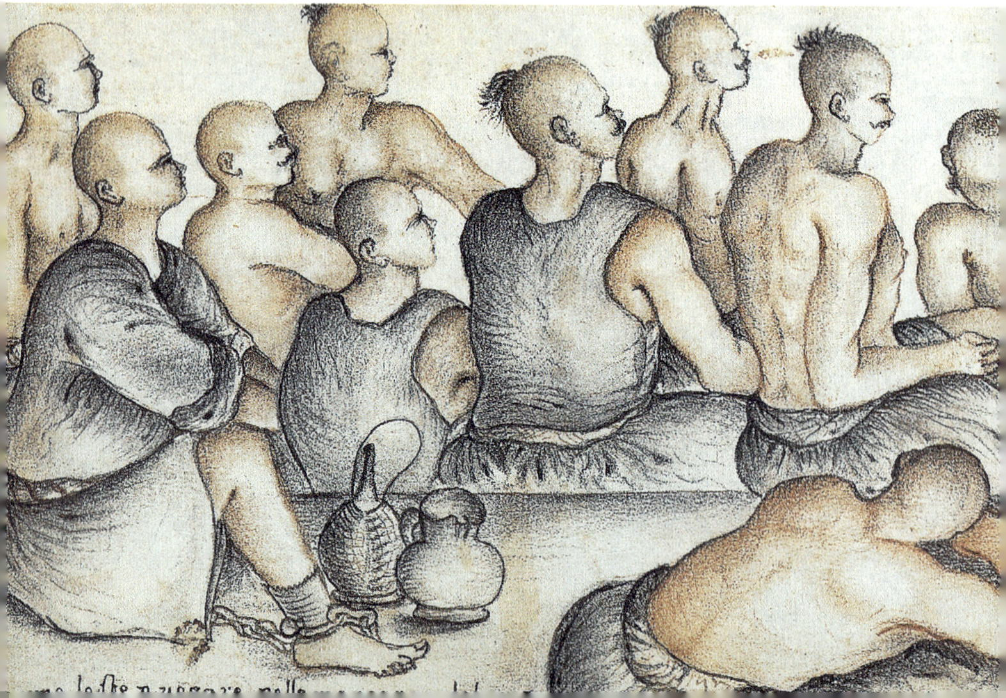

被打败的摩尔人无力反抗且很无助，承受着沉重的负担，这成了巴洛克时代雕塑的常见主题。这是基督徒认为自己在穆斯林手中将会忍受暴行的替代性补偿手段。这尊彼得罗·塔卡（Pietro Tacca，17世纪早期）的铜像装饰着里窝那大公斐迪南一世的纪念碑。里窝那是一座积极抗击巴巴里海盗的城市。（*241*）

里，士麦那只是安纳托利亚海岸众多港口小镇中的一个。如果有少量的农产品剩余，都被送往帝都，伊斯坦布尔鼓励这种供应关系。苏丹急于确保城市补给品的供应，不希望帝国的食品转运给西方商人。到了16世纪末，这种平静的局面开始发生变化。有一些西方商人一直在这一地区做生意，而曲折的海岸线和众多的入海口使小规模走私有了得天独厚的条件。16世纪90年代粮食危机频频发生，西方商人的数量开始增加，先是威尼斯人，然后是荷兰人、英国人和法国人，走私的规模也逐渐开始扩大。士麦那处于这种贸易的中心位置。西安纳托利亚发生的一系列动乱，即一直持续到17世纪的塞拉利（celali）[①]起义，极大地帮助了渴求谷物的西方商人和他们的奥斯曼同伙。安全措施不到位使得奥斯曼政府很难像过去那样（以国家规定的低价）保障首都的补给，当地人很快就利用了这一局势。在1592年的一份文件中，我们读到一个在士麦那附近游荡的名叫芬林奇·奥格鲁·莱斯（Fırıncı oglu Reis）的游手好闲的流氓强盗，自称是一艘皇家帆桨船的船长，被派出为伊斯坦布尔购买粮食。他用这种手段以官方规定的低价购买了大量粮食，然后转手卖给西方商人，赚取了巨额利润。最初吸引西方人的是粮食，但是他们很快就发现安纳托利亚西部肥沃的山谷还生产许多其他产品，如蜂蜜、水果、坚果、棉毛和烟草等。后来在17世纪，士麦那因其成为地中海从东方进口丝绸的配送货源地而闻名于世。在西方有需求、安纳托利

① celali是指16世纪时期（1590—1610）在奥斯曼帝国出现的一系列农民起义和叛乱运动。许多起义领袖声称自己是“celali”的领袖，这一名称可能来源于波斯语中的“jelali”，意为“尊严”或“光荣”。

亚本身不安全，加之在当地同谋者的共同推动下，士麦那开始快速发展。1600 年，只有不到 5 000 人居住在这个城镇；到 1650 年，这个数字已经上升到 3 万或 4 万。虽然 1600 年没有欧洲的外交代表进驻士麦那，但到 1620 年，荷兰人、英国人、法国人和威尼斯人都有了自己的代表。

和里窝那一样，士麦那也是在 17 世纪开始超越像阿勒颇这类老商业中心的一座新城。就像在那些意大利港口城市一样，推动城市发展的人和聚集于此的人们都是新来者，尤其是来自北欧的人。荷兰人和英国人青睐士麦那，部分原因是那里的商业网络仍在发展，因此还没有被威尼斯人和马赛的商人等古老的地中海大国势力控制。当然，威尼斯商人也出现在士麦那。但事实证明，他们对 17 世纪变化的环境适应能力较差，不像荷兰人和英国人发展得那么繁荣。威尼斯人由于长期的习惯和僵化的官僚作风，向伊斯坦布尔当局抱怨土匪和腐败官员影响了他们的生意。英国人和荷兰人收买了这些人并稳扎稳打，将他们的触角延伸到内陆地区。他们所做的努力包括招募当地的犹太人、希腊人和亚美尼亚人的基督徒作为中间人，因此，17 世纪的士麦那也预示着非穆斯林尤其是基督徒的奥斯曼社区的崛起。这种发展是地中海东部特有的现象。由于大量西班牙裔犹太人的移入和犹太社区的扩大，在经历了一次较大的文化复兴后，这座城市不仅是许多犹太工匠的故乡，也是 17 世纪中期希伯来印刷术和犹太神秘主义的中心。这是沙巴泰・泽维（Shabbetai Zevi）[①] 的诞生地，他声称自己是

① 17 世纪犹太人神秘主义派别“安息日派”（Sabbatean）的创建者，伪弥赛亚。

与里窝那相对应的伊斯兰城市是安纳托利亚西海岸的士麦那（伊兹密尔）。17世纪上半叶，这里的人口增长了8倍，它是荷兰、英国、法国和意大利商人最喜爱的居住地。和其他地方一样，这里优先考虑商业利益而非宗教。该图的正面景观是1665年左右为荷兰领事举行的招待会。（*242—243*）

在 17 世纪之前，士麦那是安纳托利亚农民将自己的农产品运往伊斯坦布尔的传统港口。在这幅 1575 年的法国版画上，人们正往骆驼背上捆绑包裹。直到 1590 年后，欧洲贸易才变得更加重要，出口粮食获得巨大利润，有时对伊斯坦布尔本身不利。(*245*)

救世主弥赛亚（Messiah）并吸引了大批追随者。

于是，两个新兴的城市里到处都是外国商人，他们毫不犹豫地与海盗交易，与土匪进行买卖。然而，里窝那和士麦那之间有一个至关重要的区别。里窝那的商业繁荣标志着托斯卡纳大公雄心的实现。而士麦那的崛起，虽然有利于奥斯曼帝国的某些人，但不是奥斯曼帝国实施政策的结果，而且在一些重要问题上与伊斯坦布尔政治阶层的目标有冲突。这并不是要再次唤起奥斯曼帝国衰败的疲惫不堪的幽灵。最近的研究表明，随着时间的推移，奥斯曼帝国能够对东地中海日益增强的商业化氛围做出反应，并从中获益，但是却并未改变伊斯坦布尔没有制定新规则的事实。

来自地中海以外的第二次入侵是经济性质的入侵，同时也是帝国主义的入侵。当英国、法国、西班牙和荷兰开始打开整个世界的大门时，地中海只是广阔的欧洲和世界历史的一部分。在19世纪，内海不是被任何地中海国家统治，而是被英国人统治，这回轮到英国人自信地称它为“我们的海”了。内海由原来文明世界的中心，正在慢慢地变成一潭死水。

本章讨论的这个时期，是以海盗的动荡、西班牙哈布斯堡王朝与奥斯曼土耳其之间的对抗为标志，也是人民流离失所与人口危机的一个时期。危机的一个来源是鼠疫（bubonic plague）。它在16世纪的暴发相对较弱，但在17世纪中期又卷土重来。意大利小说家亚历山德罗·曼佐尼（Alessandro Manzoni）在他1827年出版的《约婚夫妇》（*I Promessi Sposi*）一书中生动地记录了鼠疫在当时对米兰的影响。为了写这部书，他认真研究了这座城市的档案，他认为那里三分之二的居民都感染了鼠疫。然而，尽管与14、15世纪相比，鼠疫在这一地区大规模暴发的次数要少得多，但鼠疫在士麦那等地区似乎已经成为地方病，生活在这个城市的商人们似乎已经接受了这种病与生命共存的事实，其与出生和死亡一样寻常。总的来说，事实上，从15世纪末开始，瘟疫的再次出现似乎并没有抑制人口的普遍稳步增长，这刺激了对粮食的需求，使西西里

在18和19世纪，来自北欧的新“入侵者”渗透到地中海。他们并不是残暴的野蛮人，而是久经世故的贵族和富有的业余爱好者。对他们而言，这次旅行是接受古典教育的最终回报。他们的口袋里揣着普林尼和维吉尔的作品，身边还有一位顾问或导游。他们的主要目的地是罗马，但也有很多人选择了米兰、佛罗伦萨、威尼斯和那不勒斯。歌德在1786年9月到1788年4月之间进行了这样的旅行。在雅各布·菲利普·哈克特（Jakob Philippe Hackert）的这幅画作中，可以看到他正凝视着罗马圆形斗兽场。站在他旁边夹着文件夹的人可能是艺术家蒂什拜因（Tischbein），是他的朋友兼向导。（*246—247*）

在奥斯曼帝国统治下，君士坦丁堡是世界上最国际化的城市之一，几乎每个国家的人都在这里建有自己的居所。17 世纪的一系列法国版画包含了不同国家的丰富多彩的例子。这幅图中是一个犹太女人。(*248*)

岛等地区的粮食贸易重新活跃起来。荷兰和其他北方国家的一些商人发现，把北方的谷物运到地中海是有利可图的。在现代地中海早期，北方商人的大量出现，也反映了内海传统商业势力的相对衰落。且不说 1450 年加泰罗尼亚人在国际贸易中是否已成为强弩之末，但是到 1650 年，他们成为强弩之末已成定局。尤其是加泰罗尼亚的政治动荡破坏了经济的发展，加速了曾经引以为傲的文化上的卡斯蒂利亚化（本土化）的发展。热那亚尽管在西班牙的那不勒斯王国等地区仍然是一支异常强大的经济力量，却已将其注意力（通过塞维利亚）转到为跨大西洋贸易提供服务，并向西班牙的哈布斯堡王朝提供银行服务。随着纺织和玻璃工业的发展，贵族家庭不再投资远程贸易，而是投资延伸到伦巴第平原深处的内陆地区，威尼斯经济也开始变得多样化。由于未能推行积极的婚姻政策，许多威尼斯贵族不结婚，而许多贵族女性也选择出家进入修道院，结果导致一些主要家族在18世纪消亡。

另一个导致人口重大变化的是宗教冲突造成的内海分裂。1492年，伊斯兰教的格拉纳达政权倒台后，非基督徒被完全驱逐出西班牙，这对巴伦西亚和阿拉贡造成了严重后果。这两个地区本就是由天主教徒斐迪南统治，未曾得到他的第一任妻子伊莎贝拉的正式帮助。在那里，部分出于经济上的原因，穆斯林被允许实践他们的宗教，直到1525年，无数被迫皈依的人在德意志地区农民起义期间接受洗礼，导致查理五世下令在阿拉贡和巴伦西亚镇压穆斯林。当局很少有人真正关注到使摩尔人基督化的问题，他们皈依基督教后被称为摩里斯科人，被强制穿上基督徒的服装，被迫抑制摩尔的传统习俗，如传统舞蹈等，但收效甚微；事实上，许多本应在摩里斯科人居住地主持圣仪的基督教神职人员都不敢进入这样的场所。结果是，伊斯兰教在西班牙远未被消灭，尽管宗教裁判所在找不到马拉诺人（Marranos，即秘密的犹太人）[①]、新教徒和女巫时，就开始追捕

① 指那些表面接受了基督教，但骨子里从来不放弃犹太人信仰的犹太人。

摩里斯科人。问题的根源在于，没有人热衷于从东部沿海地区赶走大批量劳动人口。独特的西班牙－摩尔风格的陶器仍在继续生产，水稻和各类引进品种仍在培育，西班牙没有足够的人力资源移居到原摩里斯科人生活的地区。从 1492 年驱逐犹太人一例就可以看出，这种驱逐会产生严重的经济后果［17 世纪中期，国王的大臣奥利瓦雷斯（Olivares）得出结论，重新接纳犹太人将符合西班牙的利益，尽管没有实施］。另外，摩里斯科人是官方认可的基督徒，驱逐他们的行动本身就有问题。与此相反的论点是，他们被视为土耳其的潜在盟友。由于西班牙海岸经常遭到袭击，这种论点得到再次强调。例如，外来侵扰者袭击摧毁了马略卡岛，并导致许多内陆沿海定居点重建。直到 1609—1614 年，摩里斯科人才被驱逐，大部分人转移到北非，在那里他们进入了早期的西班牙裔伊斯兰安达卢西亚人的居住区奥兰和布日伊（Bougie）两市定居。当然，有些人准备以牙还牙，参与袭击他们被迫离开的海岸。可以证实，大约有 25 万摩里斯科人被赶出了阿拉贡和巴伦西亚。

土耳其人对宗教少数派采取了截然相反的政策。他们已经欢迎了西班牙犹太人，后者的手艺是众所周知的。他们把伊斯坦布尔变成了一个非伊斯兰社区繁荣的城市，所以在加拉塔（Galata）有一个很大的犹太人区，还有很多希腊人和亚美尼亚人的定居点。到了 18 世纪，一种半官方的制度出现了，给宗教团体的领袖以荣誉，比如希腊东正教大主教的权威仍然在扩大，扩展到希腊和小亚细亚的大片地区，以及犹太人的首席拉比（Haham Bashi）等人，允许这些人在管理社区事务方面保持极大的自主权，只要他们缴纳应缴的税赋。这是一个建立在早期伊斯兰帝国有条件的宽容原则基础上的体系，当时，由于在大片地区，伊斯兰教仍是少数民族宗教，这一体系成为必要的，尽管它确实在远至波斯尼亚和阿尔巴尼亚的西部获得了许多新的信徒。基督教团体所付出的代价是为奥斯曼帝国军队——著名的近卫军（即耶尼切里兵团，janissary corps）——征召年轻男子。奥斯曼帝国在许多地区将残忍压迫与放任态度相结合，把伊斯坦布尔与士麦那的经济复苏和阿尔巴尼亚和希腊的经济衰退相结合。阿尔巴尼亚和希腊陷入了西班牙和土耳其的冲突。接下来涌现的问题是，到了 18 世纪时，力量之源是否仍会继续战胜软弱之源。

第八章

欧洲列强的战场①

1700—1900 年

① 本章作者为杰里米 · 布莱克。

在本章所讲述的历史时期的中段，两个欧洲大国之间发生了一场史诗般的战争。这场战争决定性地影响了接下来一个世纪的地中海历史。1798 年 8 月 1 日，英国海军司令霍雷肖·纳尔逊（Horatio Nelson）率领的舰队发现了在埃及地中海沿岸的阿布基尔湾（Aboukir Bay）停泊的法国舰队。黄昏时分，纳尔逊出人意料地发起进攻，从法军的两个侧翼进行攻击，一侧是靠近海岸的浅水区，法国人还没有做好抵抗的准备；同时，在法军的“卡洛登”（H.M.S Culloden）号搁浅，无法参战的另一侧进行不无风险的佯攻。在一场夜战中，英军近距离开火。法军损失了 13 艘战船中的 11 艘，另外 2 艘逃遁。但在 1800 年底，这 2 艘战船也无一幸免于难。

当时，法国阵地的情况使纳尔逊能够实现一场歼灭战。他首先击败了法军运输船上的船只，然后攻击那些停泊在其后的船只，后者无法对先前的攻击提供助力。事实证明，法军的火力不足，

1798年8月，在尼罗河三角洲，霍雷肖·纳尔逊所领导的英国舰队是如何击败德·布伊斯（De Bueys）将军领导的法国舰队的？这是一个迹象，表明地中海正成为欧洲大国对抗的温床。就在此前一个月，当时的法国军队总司令拿破仑入侵埃及，意欲实施通过切断英国与印度的联系来削弱英国的计划。但是，尼罗河战役使这种希望破灭了。拿破仑的一艘战船“拉姆龙”（La Muiron）号是具有44门大炮的护卫舰，于1789年在威尼斯建造，1797年被这位法国人据为己有。这款黄杨木模型是拿破仑在1803年担任第一执政官时委托人制作的。（*250*）

并且法军不仅没有很好的部署，对英国的进攻也没有足够的反应。英国海军是一支团结一致的部队，纳尔逊事先做好巧妙的部署，让他的船长们做好准备。不管发生什么情况都要积极配合，并向他们充分说明了自己的战术。英国人的航海技术比法国人更高一筹，训练有素的炮手填充弹药的动作比法国人反应要快。

这场决定性的战役不仅改变了1798年的战略局势，破坏了拿破仑的埃及战役，而且改变了地中海的历史。从1798年直到英国海军力量在1945年后的衰落，地中海如果不算是英国的湖泊，至少也是由他们的海军实力主导的海域。这成为英国在地中海及其周边海岸的帝国实力的前提条件，直接或间接地影响到马耳他、伊奥尼亚群岛、塞浦路斯、埃及和巴勒斯坦等地。

这种情况是怎么发生的？为什么1798年英法两国军队要争夺埃及水域的控制权？要回答这个问题，我们必须追溯到100年前，了解地中海是如何在国际舞台上占据一个新地位的，即地中海不再是世界的中心。伊斯兰教的扩张被阻止，威尼斯陷入了衰落，贸易和文化交流的关键路线不再穿越和环绕蓝色的海洋。库克（Cook）船长探索欧洲的“地球的黑暗面”（dark side of the Earth），罗伯特·克莱夫（Robert Clive）为大英帝国在印度开辟了道路，欧洲国家开始主宰世界……这些具有深远意义的大事件会很容易把地中海当作一个无关紧要的穷乡僻壤，但那样看也会是一个错误。

伊斯兰的衰落与西方复兴

伊斯兰势力在17和18世纪的衰落是一个较为复杂的问题。

1683 年，奥斯曼帝国在维也纳城外被奥地利、德国和波兰军队击败，这一事件经常被认为是证明了奥斯曼帝国和整个伊斯兰世界不可避免的衰落进程的开始。1717 年，贝尔格莱德（Belgrade）落入奥地利人之手。1783 年，俄国占领克里米亚。1827 年，埃及舰队在纳瓦里诺角（Cape Navarino）被击溃，奥斯曼帝国失去了占领希腊的机会。

然而，也有一些重要的反向指标。1711 年，奥斯曼人迫使被包围的俄国彼得大帝在普鲁特河（River Pruth）接受屈辱的条件。1715 年，威尼斯人在这个世纪最具决定性的一次战役中被赶出了摩里亚（Morea，希腊南部的伯罗奔尼撒半岛）。虽然威尼斯人在 1717 年占领了科孚岛以抵抗奥斯曼帝国的进攻，但奥斯曼人却占领了摩里亚岛以抵抗威尼斯人的反击。1739 年，奥地利人被奥斯曼人赶回贝尔格莱德，惊恐的将军们投降并交出了要塞。下一个世纪，奥斯曼人一直控制着摩里亚和贝尔格莱德。

在海上，18 世纪早期奥斯曼帝国的海军力量已经不像以前在阿拉伯海或东非海岸那样强大了，但在黑海和地中海仍然举足轻重。在 17—18 世纪之交，奥斯曼人放弃了对传统帆桨船的依赖，建立了一支新的海上舰队，由船帆驱动的可装载更多大炮的大帆船（galleons）组成。在 18 世纪上半叶，奥斯曼人在地中海东部阻止了基督教海军的进攻。1718 年，在基斯岛（Cerigo）附近，奥斯曼帝国的舰队战胜了与之对抗的、主要由威尼斯战舰组成的基督教舰队，基督徒损失了近 2 000 人。

在更远的西部，欧洲列强以国家名义派遣海上远征队，阻止北非人从事私掠活动——例如 1766 年在约瑟夫 · 德 · 鲍夫雷蒙

年轻的英雄：纳尔逊在18岁时（在他失去一只眼睛和一只手臂之前）就已经是一名前途无量的军官。这幅肖像绘制于1777年，当时的他在西印度群岛服役。(*252a*)

奥斯曼帝国在18世纪的衰落，在事后看来非常明显，但实际上是一个逐步下滑的过程，其间有多次回升，如土耳其人对西方列强（1715年和1718年战胜威尼斯人；1739年战胜奥地利人）的数次胜利。到了1700年，奥斯曼帝国的舰队已经放弃了对传统帆桨船的依赖，在技术上实际上已经与西方保持了同步。1732年意大利的一份手稿显示，现代战舰与传统的伊斯兰船只并肩作战。(*252b*)

（Joseph de Bauffremont）领导下，法国展示了它的武力——但这些行为并没有产生持久的影响。偶尔，私掠船基地也会遭到攻击。但事实证明，这些基地通常都是很难攻击的目标。1775 年，西班牙对阿尔及尔的进攻被击退，暴露于敌军面前的西班牙军队遭受了猛烈的炮火，而他们自己的大炮因海岸的沙石而难以及时到位。1784 年，当一支庞大的西班牙舰队袭击阿尔及尔时，一列阿尔及利亚战舰阻止了西班牙人靠近海岸的行动。

然而，在更远的东方，俄罗斯帝国的崛起将奥斯曼帝国暴露在了一个难以对付的敌人面前。1739 年，俄国人成功入侵了比萨拉比亚（Bessarabia）和摩尔达维亚（Moldavia），在斯塔夫查纳赫（Stavuchanakh）击败了奥斯曼人，并占领了霍廷（Khotin）和雅西（Iasi）。在 1768—1774 年的战争中，俄国人在 1770 年和 1774 年的战役中取得了惊人的胜利，突破了奥斯曼人设在多瑙河上的一系列堡垒。在 1787—1792 年的战争中，俄国人又一次取得胜利，再次向多瑙河以南挺进。

俄国人在海上也很成功。一支俄国舰队首次进入地中海，并在这里越冬，在里窝那获得补给。1770 年 7 月 5 日，由 20 艘战列舰、护卫舰和至少 13 艘大帆船组成的奥斯曼帝国舰队，在希奥斯附近被一个小型的俄国舰队击败，几乎完全被“火船”（fireships）摧毁，这场大战造成大约 11 000 名奥斯曼人阵亡。俄国人本想占领利姆诺斯、优卑亚和罗得岛，但是都没有成功，尽管当时俄国人是有能力封锁达达尼尔海峡的。在俄国承诺要给予援助的鼓舞下，摩里亚的希腊人反叛了，但俄国人失信了，没有提供他们承诺的支持，而且他们也很难协调希腊人的行动。于

1780 年，在安纳托利亚海岸的切什梅（Chesme）战役中，由叶卡捷琳娜（Catherine）[①] 大帝的宠臣阿列克谢·奥尔洛夫（Alexei Orlov）指挥的俄国舰队打败了土耳其人。这是俄罗斯帝国在黑海地区持续扩张计划的一部分，同时也是奥斯曼帝国实力对应损失的一部分。（*253*）

是，奥斯曼人有能力镇压起义。然而俄国的海军力量对奥斯曼帝国产生了严重的经济影响，其他地中海大国被迫考虑俄国扩大其势力可能带来的影响。1773 年，当俄国在赞特（Zante）的军舰无视威尼斯的检疫和其他规定时，观察者们并不知道俄国从奥斯

① 此处译名参照俄国历史，采用俄国译名叶卡捷琳娜，而不是西文的译名卡特琳娜。

曼帝国获得的利益，包括在地中海东部建立一个基地将会带来什么样的军事、政治和商业后果。

在法国革命和拿破仑战争期间，俄国海军又一次向地中海投入武装力量。1799 年，一支俄国－奥斯曼人联军占领了爱奥尼亚群岛。由于这两个大国曾经是死敌，这种非同寻常的合作证明了法国入侵所带来的意想不到的后果。这也表明，地中海伊斯兰世界的安全现在至少在一定程度上依赖于欧洲的援助。奥斯曼人和欧洲基督教国家之间的联盟并不是什么新鲜事。在 16 世纪早期，奥斯曼人曾与法国的弗朗西斯一世（Francis Ⅰ of France）合作对抗查理五世皇帝。但这些联盟在 18 世纪的性质发生了变化，变得越来越强调防御性。

同样，18 世纪晚期也是历史上的关键时期。早些时候曾有人谈论要把奥斯曼人赶出巴尔干半岛，当时奥地利或俄国军队已经这样做了，或似乎即将做得很好，例如在 17 世纪 90 年代初、1711 年和 1770—1771 年，但从 18 世纪 80 年代开始，这种说法变得更加坚定不移。俄国吞并克里米亚，引起了其他国家同样对于获得利益的兴趣。法国外交部档案中 1787 年的一份备忘录声称，如果法国加入奥地利和俄国联盟一起对抗奥斯曼帝国，那么法国就有希望从奥斯曼帝国手中获取克里特岛和埃及。这份备忘录还建议法国占领塞浦路斯和罗得岛，并强调了有必要阻止英国占领埃及。1798 年，法国军队登陆埃及，攻击在那里最有影响力的马穆鲁克的贝伊们（beys）。

法国的政策模式发生了重大转变，这对地中海区域产生了重大影响。此前，在 16 世纪和 17 世纪，法国一直是奥斯曼人最坚定的基督教盟友，因为法国人认为他们是对抗哈布斯堡王朝的盟友，在18世纪，法国人认为俄国的势力威胁到奥斯曼人对欧洲的认识。到18世纪80年代，法国在地中海东部的对外贸易中占据了主导地位，出于政治和商业上的因素，法国成为奥斯曼帝国最有影响力的外国势力，并为之提供军事援助。法国人也越来越意识到埃及的战略重要性。1785年，他们与当地权贵贝伊们签订了一项协议，开放了通往印度的红海航线，通过苏伊士地峡进行贸易。然而，马赛商人乐于利用这条航线。

法国人的观点尤其重要，因为法国在地中海的地位在18世纪初得到了极大的巩固。法国路易十四的第二个孙子安茹公爵菲力浦，以菲力浦五世（1700—1746年在位）的身份登上了西班牙王位，并在西班牙王位继承战争（1701—1714年）中击败了奥地利哈布斯堡王朝的候选人。作为补偿，奥地利人得到了米兰、那不勒斯和撒丁岛，但这对菲力浦来说是不可接受的。1717年，西班牙人成功入侵撒丁岛，1718年入侵西西里岛。大多数西西里人都没有支持他们的国王——萨沃伊-皮德蒙特的统治者维克多·阿玛迪斯二世（Victor Amadeus Ⅱ），于是这个岛很快沦陷。然而其他强权国家决定，只有他们同意，才能改变1713—1714年签署的和平协议。英国舰队阻止西班牙人的入侵无果，遂于1718年8月11日在帕萨罗角（Cape Passaro）附近摧毁了西班牙舰队的大部，供给不足的奥地利军队没能把孤立的西班牙人从西西里岛赶走。但英国海军的制衡力量削弱了他们的地位，同时法国军队成功入侵了西班牙，四国同盟战争在1718年结束。西西里岛被奥地利占领，撒丁岛被维克多·阿玛迪斯占领。

在列强的战略中，那不勒斯的地位是至关重要的。在1800年前后，那不勒斯的历史进入了不安宁阶段。到1791年，也就是这幅画的创作阶段，那不勒斯的统治者波旁家族的一个分支开始转而反对法国革命，并在1793年加入了抗法战争联盟。那不勒斯成为纳尔逊海军的重要基地，并在1798年在纳尔逊战胜拿破仑的埃及战役中发挥了重要作用。但第二年，在法国的援助下，革命的共和党人推翻了君主制，却被纳尔逊击败。奥斯特利茨（Austerlitz）战役（1805年）后，拿破仑把那不勒斯给了他的兄弟约瑟夫（Joseph）。（*254—255*）

1733年，法国、西班牙和维克多·阿玛迪斯进攻奥地利，意大利境内的战争重新开始。他们计划为维克多·阿玛迪斯赢得米兰，为菲力浦五世和他的第二任妻子伊丽莎白·法尔内塞（Elizabeth Farnese）的长子唐·卡洛斯（Don Carlos）赢得那不勒斯和西西里。那年冬天，法国和撒丁岛军队轻而易举地征服了米兰人。1734年的比通托（Bitonto）战役是这个世纪最具决定性的战役之一。西班牙军队在意大利南部击败了奥地利军队。随后，西班牙征服了那不勒斯和西西里王国的其余地区。1735年战争结束，根据1738年第三次维也纳条约，奥地利人重新夺回米兰，卡洛斯则留在了那不勒斯和西西里。列强主宰着意大利各公国的命运。意大利被要求提供补偿，并将其从其他地方所获得的

奥斯曼帝国的宫廷（The Ottoman court）在礼节规范上绝不会放松。在本图里，苏丹艾哈迈德三世（Ahmed Ⅲ）于1724年10月17日接见了法国驻伊斯坦布尔大使安德烈泽尔（Andrezel）子爵。按照奥斯曼帝国的礼仪，大使一行人的两侧各有两名土耳其官员，鼓励他们跪拜在苏丹面前，苏丹是唯一被允许坐下的人。(*255*)

收益与列强平分。1737 年，美第奇家族的最后一个成员约翰·加斯顿（John Gaston）去世，奥地利皇帝的女婿弗朗西斯继承了托斯卡纳的王位，这是作为他自己把洛林（Lorraine）丢给岳父法王路易十五的补偿。但托斯卡纳保持独立的建议被忽视了。

在奥地利王位继承战争（1740—1748 年）中，奥地利人试图挑战波旁王朝在意大利南部的地位，但没有成功。奥地利人想夺回热那亚，他们是在 1746 年 12 月被当地民众起义驱逐的，没能如愿。然而，这场战争也显示了意大利各国的脆弱性。1742 年，当唐·卡洛斯准备进攻意大利境内的奥地利人时，他被英国海军的炮击威胁吓倒。这迫使卡洛斯宣布了他的中立立场，此事件被认为是那个世纪最引人注目的海军威慑效果的一次展示。

急于将奥地利人驱逐出意大利的法国外交部长达根森（d'Argenson）曾提议让萨沃伊 - 皮德蒙特和撒丁岛的统治者查尔斯·伊曼纽尔（Charles Emmanuel）成为伦巴第国王兼意大利联邦的领导人。达根森主张，意大利统治者为了对抗奥地利滥用权力和暴政而寻求自由，波旁王朝应该利用这一点。但查尔斯·伊曼纽尔决定重新加入奥地利，这一主张变成纸上谈兵。他们之间的和约使得波旁王朝在意大利南部占据统治地位，哈布斯堡王朝在意大利北部占据统治地位，而查尔斯·伊曼纽尔获得了更多米兰人的支持。哈布斯堡家族不得不将帕尔马（Parma）和皮亚琴察给予路易十五的女婿唐·菲力浦（Don Philip），从而在意大利建立了一个新的波旁公国。

这个解决方案结束了“意大利问题”，确保了意大利在 18 世纪 90 年代初期之前基本上是和平的。奥地利、法国和西班牙在意大利的利益得到了保障，就能够抽身将注意力从意大利转移出来，奥地利转向与普鲁士的冲突，并在 18 世纪 80 年代重新开始与奥斯曼帝国对抗，法国和西班牙转向与英国的海洋斗争。撒丁岛扩张领土的野心实际上被意大利新的领土稳定遏制。

法国不愿意支持从米兰人手中夺取领土的计划，也没有任何势力会支持撒丁岛从热那亚手中夺取利古里亚沿海地区的计划，对此计划的推行，在 18 世纪 40 年代的“结局”（Finale）中，暴露了查尔斯·伊曼纽尔可能成为意大利联盟中不偏不倚的领导人的想法是错误的。

竞争着的对手：法兰西和英格兰

1768 年，法国政府从热那亚手中买下了科西嘉岛。然而，科西嘉岛的大部分民众长期以来都在抵制和反对法国的占领。最初，科西嘉人凭借着他们的决心、对环境的了解和战斗力，借着法国人的过度自信和缺乏周密计划的弱点，取得了战争的胜利。但是，在 1769—1770 年，法国人凭着更强大的军队、更灵活的战术，加之使用了摧毁性的恐怖手段，还强化了道路建设，取得了胜利。科西嘉岛并入法国，使 1769 年出生的拿破仑·波拿巴成为法国的臣民，法国人也因科西嘉人缺乏外国支持而受益。这次占领受到了伏尔泰和卢梭等人的批评，他们认为政府应该专注于国内问题而不是参与国外的冒险行动，并将科西嘉人浪漫化。然而，法国行政当局确实为该岛的社会和经济发展制定了一份蓝图。

致力于保留奥斯曼帝国的行为反映了地中海世界和更广泛的

在西方人眼中，土耳其人是懒惰、无知的民族，不配成为欧洲古典遗产的守护者。在画家威廉·帕尔斯（William Pars）绘制的迪迪玛（Didyma）阿波罗神庙的水彩画中，他们懒洋洋地抽着烟斗，对周围的辉煌往事毫不理会。（*257*）

地缘政治的变化。从地缘政治角度来说，这是18世纪晚期英国人的一个新的关注点。1791年，对俄国向地中海扩张之可能性的担忧导致了奥恰科夫（Ochakov）危机。在这场危机中，英国几乎与俄国开战，并首次考虑向黑海派遣一支舰队。这场危机导致英国派遣了军事观察员到奥斯曼国家，他们认为有必要对奥斯曼制度进行全面改革。英国炮兵部队的德国人乔治·克勒（George Koehler）在1791—1792年花了6个月的时间研究形势。他认为，奥斯曼人需要的不仅仅是购买新武器。相反，“他们必须在政府、

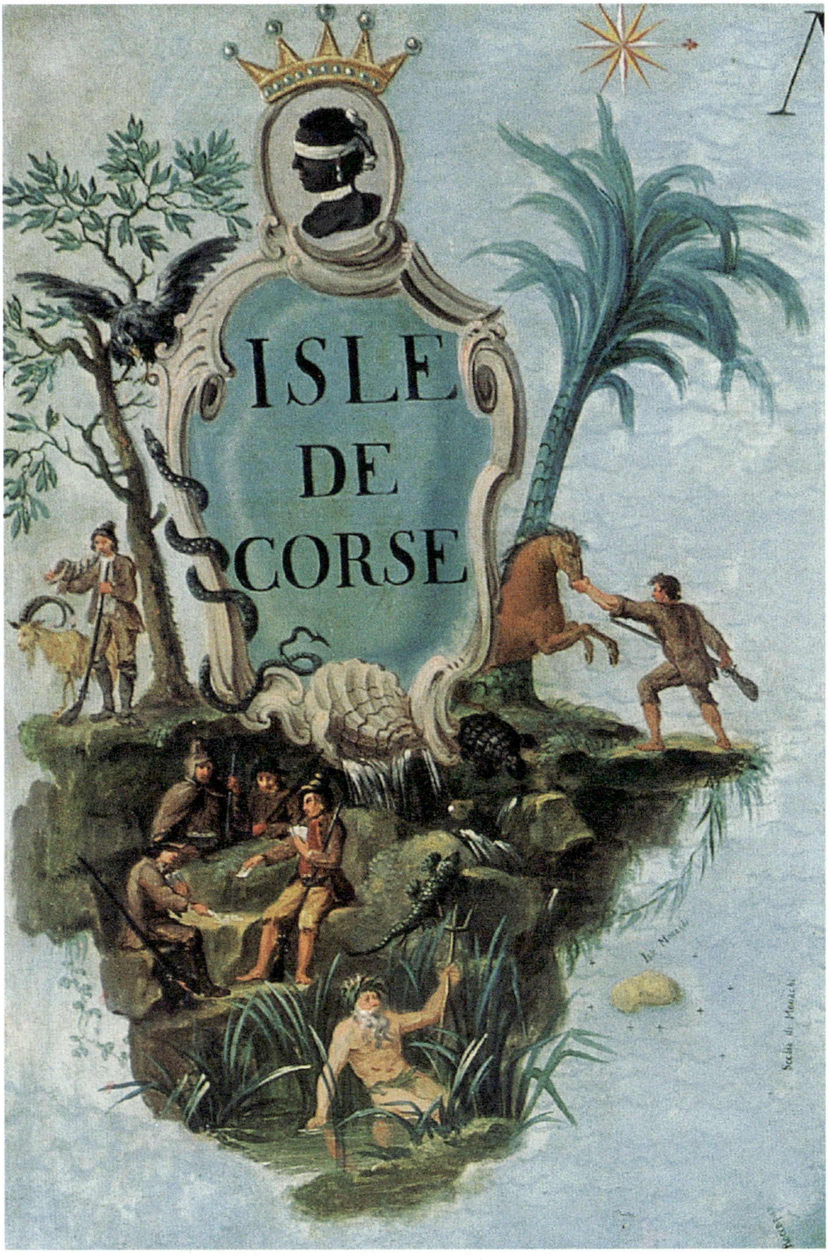

科西嘉岛虽然是地中海最大的岛屿之一，但其作用相对较小。也许科西嘉岛的历史上最重要的事件是 1768 年法国从热那亚手中购买了此岛。这使得拿破仑·波拿巴（生于 1769 年）从意大利人变成法国人。（*256*）

财政、民族性格、机械技术等方面完成一场彻底的革命……奥斯曼人的这种冷漠贯穿于其政府机构的每一个部门，包括民事和军事部门，这也许是他们进步的最大障碍”。乔治·门罗（George Monro）在 1793 年补充说道：“在我看来，奥斯曼人没有一些欧洲大国的帮助就完全不可能使土耳其更长久地维持其在欧洲的地位。如果他们不在每个部门都做出这样的全面改革，就会引发奥斯曼宪法的彻底革命。”

这些评论标志着对东方文明的新的态度，16 世纪的恐惧和敬畏感被轻视和优越感取代。这种优越感忽视了其他文化的内在力量。这样的评论也意味着预见了 1797 年地中海世界的巨大危机。

在 1797 年，威尼斯这个地中海文化与贸易的长期支点，同时也是近千年来的一个大国失去了独立。法国大革命改变了欧洲的权力平衡，使拿破仑首先成为共和国战无不胜的将军，然后成为第一执政官（1799 年），最后成为皇帝（1804 年）。法国的政策旨在输出革命的意识形态，并扩大法国在北欧和地中海的影响力。拿破仑在战胜撒丁岛和意大利北部的奥地利军队后，继续挺进到距离维也纳不到 112 千米的地方。奥地利人被迫在“坎波福尔米奥条约”（Treaty of Campo Formio，1797 年）中接受一个新的解决意大利问题的方案：爱奥尼亚群岛、威尼斯所属阿尔巴尼亚（Venetian Albania）和曼图亚（Mantua）归法国，意大利北方大部的南阿尔卑斯（Cisalpine）共和国成为法国的附庸国，威尼斯和威尼托（Veneto）被割让给奥地利。

然而，这种情况并没有持续太久，因为拿破仑于 1805 年在奥斯特利茨战胜了奥地利和俄国军队，把威尼斯、威尼托和威尼斯的达尔马提亚（Dalmatia）并入了他的意大利王国。地中海的命运被距离其海岸很远的地方确定。拿破仑在1805年成为意大利国王，并戴上伦巴第皇冠。1808年，王国因占领安科纳及其周边地区而扩大。1807年法国直接占领托斯卡纳，1809年占领了教宗国，同年占领了奥地利所属达尔马提亚，包括特里雅斯特、阜姆（Fiume）和克罗地亚。

拿破仑不仅占领了威尼斯，还把那里的珍贵文物带回了法国。这是文化掠夺的一部分，同时也是为了提升法国的地位。1796年，拿破仑在意大利全面推行了这一举措。

拿破仑之梦

在1797年征服了意大利北部之后，拿破仑计划入侵英国，但他认为这样的入侵会失败，因此他决定改变计划，转而主张入侵埃及，这样既可以保持自己的军事地位，也可以让法国更好地挑战英国在印度的地位。这次入侵于1798年发动，是拿破仑的一项重大独立行动。这揭示了一个特点，即拿破仑缺乏对彼此的相互了解，而这对国际体系成功运作至关重要。他认为，奥斯曼帝国作为事实上自治的埃及的帝国主人，可以被恐吓或贿赂接受法国的行动，之后再实施一系列挑衅行为。这些假设结合了他对奥斯曼帝国作为一个军事力量的蔑视。

法国派往埃及的最后一支军队是十字军。和以前的十字军一样，有必要从心理和理性的角度来理解这次入侵。拿破仑的豪言壮语以及“东方是为自己的观点服务的”的信念是从他的回忆中浮现出来的。

拿破仑说道："在埃及，我发现自己摆脱了一种令人生厌的文明的障碍，我满怀梦想……我看到自己正在创建一个宗教，我在向亚洲进军，骑在大象上，头上戴着穆斯林头巾，手里拿着一本新的《古兰经》——那是我根据自己的需要编写的。在我的事业中，我会结合两个世界的经验，为自己的利益利用所有历史舞台，攻击英国在印度的势力，并通过这种征服恢复与旧欧洲的联系。在埃及度过的时光是我一生中最美好的，因为那是最理想的。"

1798 年 7 月 1 日，拿破仑的军队首先攻占了脆弱的马耳他，并登陆埃及。在占领亚历山大港之后，他在埃及的舒卜拉希特（Shubra Khit，7 月 13 日）和恩巴贝（Embabeh）的金字塔之战（7 月 21 日）中，击败了马穆鲁克人。这是一场防御火力胜过突击战术的胜利，法国步枪被形容为"熊熊烈火上面沸腾的锅"。

开罗陷落了，但本书已经论及了尼罗河战役，本章就是从尼罗河战役开始的。纳尔逊的胜利使得法国陷入困境，面对开罗的敌对民众——他们发动的起义被残酷镇压，拿破仑巩固了自己的阵地，派出德塞（Desaix）沿尼罗河溯源而上以便控制"上游的埃及"。拿破仑和他的大部分军队入侵了当时被奥斯曼帝国统治的巴勒斯坦。埃尔阿里什（El Arish）和雅法（Jaffa）被占领，但阿克在英国海军炮手的帮助下成功进行了抵抗。拿破仑的攻城器械被英国战舰截获，他低估了对手，随后法国对阿克的连续进攻均告失败。

之后，拿破仑开始向埃及撤退。1799 年 7 月 25 日，他在阿布基尔（Aboukir）击败了新近登陆的奥斯曼军队，又率领骑兵

拿破仑的埃及冒险行动既是一次现实政治的实践，也是一次浪漫梦想的实践。本图所呈现的是他与身着东方服装的开罗总督会面的场景。（*258a*）

“士兵们！4 000 年的金字塔正俯视着你。”拿破仑在 1798 年毫不费力地击败了马穆鲁克军队，尽管这种流行的印刷品上弯刀对火器的画面反映了法国人对阿拉伯人的蔑视，而这并非军事事实。（*258b*）

1799 年，当一支奥斯曼帝国军队在阿布基尔登陆时，拿破仑又赢得了决定性的胜利。但纳尔逊在前一年摧毁了他的舰队，使他陷入困境。整个埃及远征行动失败了，其代价是高昂的。然而本次远征真正取得的成就是促进了对古埃及的学术研究，这是对欧洲文化具有长久意义的贡献。拿破仑值得赞扬之处正在于此，而不是战争的胜利。(*259*)

猛攻埃及的城防工事，但收效甚微。面对英国的海军力量，法国人仍然陷入一种孤立无援的状态。拿破仑经由海路逃回法国，留在埃及的法国军队在 1801 年被英国远征军击败。

英国运用他们在地中海区域的海军实力，在 1798 年占领了米诺卡岛，接下来在 1799 年封锁了那不勒斯湾，又在 1800 年占领了马耳他。地中海变成两个相互冲突的帝国联盟体之间的前线，这种对立在第一次世界大战中再次出现，而在第二次世界大战中更加突出和重要。然而，与罗马和迦太基之间的冲突不同，这不是一场由地中海上的国家所控制的斗争，而是由远离地中海的几个大国首都的战略学家设计的、以地缘政治为轴心来理解地中海的国家控制，并使用地中海的资源来支持他们的战略的战争。这有助于解释法国在 1808 年入侵西班牙、英国的反制，以及这两个大国在意大利南部和亚得里亚海的混战。1806 年 7 月，一支英国军队在卡拉布里亚登陆，攻击在奥斯特利茨战役之后入侵那不勒斯王国的法国人，这是第二次世界大战之前，英国唯一一次入侵意大利南部。对于 1806 年在卡拉布里亚的迈达（Maida）击败法国的英国军队来说，这就像罗马军团发现不列颠（Britannia）一样遥远。

然而，如果认为所有的争斗和问题都可以融入英法两大帝国之间的斗争，或者认为这两个帝国的强大力量可以威慑其他强国，就会产生一种误导。1807 年，英国人在埃及的遭遇就证明了它的无能为力。6年前，一支最初由拉尔夫·阿伯克龙比（Ralph Abercromby）爵士领导的英国军队击败了法国人，迫使他们投降。然而在 1807 年，英国人发现，面对当地的敌对势力，在不了解情况的条件下贸然进攻是危险的。当英国开始与奥斯曼帝国交锋时，为了防止法国人在那里驻军，派了 6 000 人围攻亚历山大，亚历山大很快陷落。但需要扩大控制范围以确保供给的误导性信息导致人们试图控制罗塞塔（Rosetta），它处在尼罗河上进行贸易的关键地点。这次袭击是一场灾难，狙击手利用高大的房屋和狭窄的街道从四面八方攻击中央纵队，使其伤亡惨重。第二次尝试也没有成功，埃及人随后从陆地

马耳他拥有极佳的深水港口瓦莱塔，这曾是几个欧洲大国觊觎的目标。拿破仑在 1798 年将其占领，但却被马耳他人驱逐。根据《巴黎和约》(Treaty of Paris，1814 年)，它成为大英帝国的一部分，并在整个 19 世纪一直是英国的一个重要海军基地，一直持续到第二次世界大战之后。(*261*)

封锁了亚历山大港。这场冲突对于英国人来说非常棘手，导致英军从冲突中撤离。

同年，英国的海军中将约翰·达克沃斯爵士（Sir John Duckworth）试图让奥斯曼帝国舰队投降，但他失败了，这表明英国在海上的实力有限。1807 年 2 月 19 日，他穿过达达尼尔海峡，冒着来自沿海要塞的炮击，摧毁了一个奥斯曼护卫舰中队，但奥斯曼人并不屈服。3 月 3 日，当达克沃斯穿过海峡返回时，他遭遇了奥斯曼帝国大炮的挑战。他们发射了重达 363 公斤的石弹，其中一枚打掉了“卡诺普斯”（Canopus）号的驱动轮。

再向西看，对法国野蛮占领卡拉布里亚和西班牙的顽强抵抗，显示出地中海人民坚持斗争的决心，尽管他们的政府机构已经陷入瘫痪状态。法国人不得不投入 4.8 万人来镇压始于 1806 年的卡拉布里亚起义，后来在 1808—1813 年虽然付出了更多的努力，也未能在西班牙取得成功。

英国海军的行动几乎遍及整个地中海地区。例如在 1812—1814 年，海军中将托马斯·弗里曼特尔（Thomas Freemantle）率领的一个中队将法国人从达尔马提亚海岸的大部分地区赶走，并且在 1813 年占领阜姆港和 1814 年占领特里雅斯特的战役中发挥了主要作用。1814 年，威廉·霍斯特（William Hoste）上尉在艰苦的阵地上建立了炮台，指挥了卡塔罗（Cattaro）和拉古萨的战斗，迫使当地的驻军投降。

西班牙在法国和英国的战争中也遭受了磨难。1808 年法国占领了西班牙，主要是针对英军先发制人。从那一年的 5 月 2 日起，马德里人民起来反抗法军，遭到野蛮的镇压。画家弗朗西斯科·德·戈雅（Francisco de Goya）目睹了这些暴行，并在《5 月 3 日》（*The Third of May*）这幅画作中描绘了拿破仑军队处决一群反叛者的场面，揭示了战争无与伦比的恐怖。（*260*）

新秩序：争斗重新开始

1814—1815 年的维也纳会议并没有把米诺卡岛［1802 年签订《亚眠和约》（Peace of Amiens）而被迫放弃的领土］归还给英国人，而是把马耳他和爱奥尼亚群岛以及 1704 年被占领的直布罗陀留给英国人。此后，英国海军在地中海发挥了重要作用。1816 年，一支英荷舰队对阿尔及尔进行轰炸，之后达成协议，结束了捕捉基督徒奴隶的活动。这件事也反映了英国工业体系的能力，仅英国中队就发射了 4 万枚球形弹和常规炮弹。

前一年，一支美国舰队迫使阿尔及尔因攻击美国的贸易活动而赔偿。在海军轰炸的威胁下，阿尔及尔在 1824 年屈从于英国的要求，这在很大程度上要归功于英国先进的枪炮制造技术。一支英法俄联合舰队在爱德华·科德灵顿（Edward Codrington）爵士指挥下于 1827 年纳瓦里诺湾摧毁了土耳其和埃及的舰队，这是帆船时代的最后一场大战。西方死亡人数远低于他们的对手，结果是 177∶17 000。这对于挫败奥斯曼帝国镇压希腊独立斗争的企图至关重要。1830 年，希腊的独立得到承认。英国海军的轰炸和对阿克的占领过程中，有一枚炮弹造成中心弹药库爆炸，这是对 1840 年从叙利亚驱逐埃及部队的决定性打击。1882 年，一支英国舰队封锁了亚历山大港附近的堡垒，这是英国征服埃及的关键一步。

然而，直到 19 世纪的最后 25 年，英国才试图利用他们的海军优势在地中海获得新的领土。事实上，1863 年，爱奥尼亚群岛被割让给了希腊，希腊于 1830 年在英国的支持下获得独立。

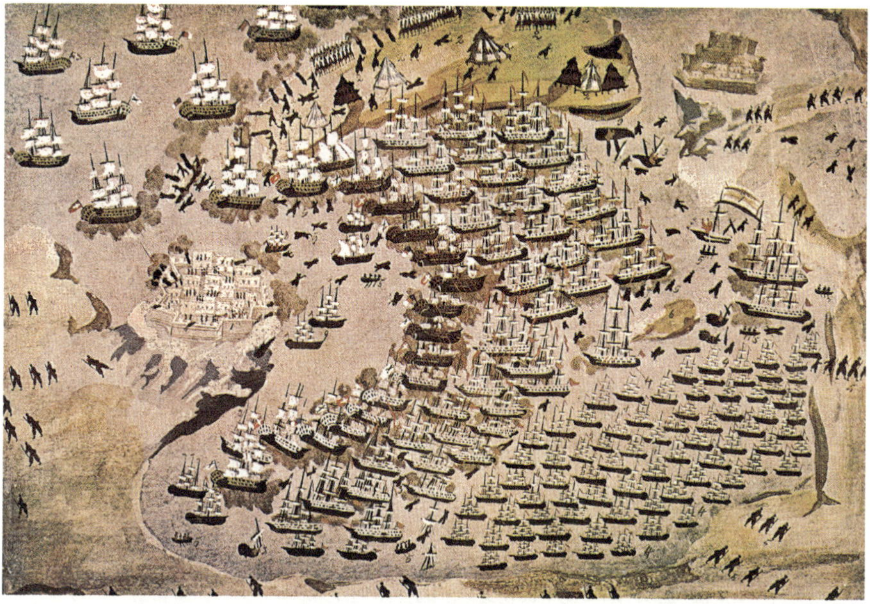

希腊受了奥斯曼帝国近3个世纪的统治，终于重新获得自由。此事强烈地燃起了英国人和法国人的浪漫情怀（也燃起了俄国人干一番事业的梦想）。1827年10月，独立战争即将结束时，这三个国家在伯罗奔尼撒半岛的纳瓦里诺湾与集结在那里的土耳其和埃及海军对峙。在随后的战斗中，土耳其人被盟军占优势的炮火歼灭，这是最后一次使用帆船进行的大型海战。(*262*)

英国在19世纪70年代末改变了政策，原因是担心另外两个国家法国和俄国在该地区扩张。法国在拿破仑时期失去了第一个殖民帝国的地位后，在1830年以3.7万人的军队占领了阿尔及尔，建立了第二个殖民帝国。这并不是为了创建一个庞大的帝国，而是为了替法国波旁王朝的最后一位国王查理十世赢得声望。这一计划失败了，查理十世在法国1830年的七月革命中垮台，但他的继任者路易·菲力浦（Louis Philippe）继续推行这一政策。奥兰在1831年被占领，波尼在1833年被占领，1834年，路易·菲力浦决定占有整条海岸线。但从1835年开始，法国遭遇了以阿卜杜·卡德尔（Abd el-Kader）为首的反对势力的顽强抵抗，来自内部的斗争使他们陷了进去。

法国人在延续其统治期间面临着政治和军事方面的各种问题，虽然他们确实受益于阿尔及利亚社会内部的分裂，也得到了一些阿尔及利亚人的支持，而通过与当地势力合作、采纳和接受现有权力结构的方式实现殖民地化，但也由于以没收土地解决法国人定居问题使其殖民过程变得更加困难。尽管如此，法国的政策受到强大军事力量的保护，到1846年，法国在阿尔及利亚有10.8万名军人，占其正规军总人数的三分之一。这意味着每25到30名阿尔及利亚人中就有一名士兵，这支军队的人数远远超过了阿卜杜·卡德尔的军队数量。他的军队由大约1万名装备精良的正规军和大约4万名装备同样精良的非正规军组成。阿卜杜·卡德尔于1847年投降，3年前，法国人指责苏丹帮助其入侵了摩洛哥，因此在伊斯利（Isly）击败了苏丹的军队。

与此同时，俄国对奥斯曼帝国造成的压力越来越大。在1806—1812年的俄国-奥斯曼战争中，俄国占领了摩尔达维亚和瓦拉几亚（Wallachia），开始在多瑙河以南行动，并在随后的和平阶段获得了比萨拉比亚。在1828—1829年的战争中，俄国人挺进到亚得里亚堡，并将其占领。

接下来的冲突，通常被称为克里米亚战争（1853—1856年），它与之前的冲突不同，因为英国和法国来援助奥斯曼人，以防止俄国掌控黑海和巴尔干半岛。冲突的起因反映了宗教的作用和对威望的追求。法国的拿破仑三世（Napoleon Ⅲ）是为了巩固自己在国内的地位和提高法国外交方面的威望。法国在近东的利益导

英国为了保护其在地中海的利益，建立了许多基地，这些基地的正式定义各不相同。根据《巴黎和约》，科孚岛成为英国的保护国。（左上图是 1853 年士兵们在打板球。10 年后，科孚岛被割让给希腊王国。）从 1882 年起，埃及实际上也是英国的保护国，尽管直到 1914 年才得到法律认可。开罗牧人酒店（Shepherd's Hotel）吸烟区的雕刻画也讲述了自己的故事。（*264l, r*）

致其支持大公教会牧师提出的进入圣地的要求。奥斯曼帝国的让步导致了俄国提出相应的要求，要使俄国成为奥斯曼境内东正教神职人员的保护者，但俄国的施压却引起了奥斯曼帝国的憎恨。尼古拉一世（Nicholas Ⅰ）试图继续牺牲脆弱的奥斯曼帝国的利益去进行俄国早期的扩张。而在过去，其他国家并没有帮助奥斯曼人。然而，尼古拉却与这些大国没有处理好关系。1855 年，撒丁岛人加入了盟军，为了在和平谈判中获得一席之地，提出意大利相关利益问题，他们向克里米亚派遣了 1.55 万名士兵。

尽管法国建议向莫斯科进军，但克里米亚战争却不是 1812 年的拿破仑战争，盟军缺乏拿破仑那样的陆地资源，但他们在海上的威力要大得多。俄国海军有能力在 1853 年的锡诺普（Sinope）

击败奥斯曼人，却没有能力打败英国人。相反，战争的重点是以海军和两栖作战来对抗俄国人。一方面波罗的海海军的行动在威胁圣彼得堡，另一方面有克里米亚的全方位远征，目的是占领俄国的塞瓦斯托波尔（Sevastopol）海军基地。这似乎是对于俄国海军在锡诺普海战胜利的恰当回应。地中海在克里米亚战争中发挥了疏导冲突的作用，而不是作为战场。

这场战争使俄国人领先了四分之一个世纪。但在1877年，俄国人在更大程度上证明了奥斯曼帝国比在以往的战争中表现得更软弱。尽管奥斯曼帝国进行了艰苦的战斗，俄军还是挺进到了距离君士坦丁堡不到15千米的地方。虽然奥斯曼人在1876年击败了塞尔维亚人，并在1897年击败了希腊人，但很明显，面对俄国的实力和野心，东方问题现在已经成为决定奥斯曼帝国命运的问题。1878年，由于怀疑俄国的意图，英国对塞浦路斯实施保护（从而在地中海东部建立了一个基地），并准备抵抗俄国海军通过达达尼尔海峡的任何行动。

由于对俄国人和法国人势力的担忧，英国人开始进军埃及。在亚历山大港建立一个海军基地似乎至关重要。此外，由于有了苏伊士运河，埃及的战略地位变得更加重要。1859年，法国与奥斯曼帝国的合作项目开始。1869年开放海运。但1875年，英国政府购买了奥斯曼帝国总督伊斯梅尔（Khedive Ismail）的股份，这直接关系到埃及的稳定。再往西行，法国在1881年将突尼斯定为保护国。一支军队从阿尔及利亚入侵，其他部队则登陆波尼和比塞塔（Bizerta）。海军随后炮击了拒绝法国控制的斯法克斯（Sfax），并成功登陆。

到 19 世纪 50 年代，大国力量的平衡已经改变。英国和法国现在开始援助土耳其，以防止俄国控制黑海和巴尔干半岛，尽管克里米亚战争的直接进程相对来说微不足道。东正教和天主教会对控制圣地（耶路撒冷和伯利恒）的要求相互冲突。这对双方来说都是悲剧，付出了昂贵的代价，这也是第一次被摄影机记录下来的战争。罗杰·芬顿（Roger Fenton）在塞瓦斯托波尔沦陷后拍下了这张照片。（*263*）

与此同时，反抗欧洲人的民族主义的“阿拉比抵抗运动”（Arabi Rebellion）在埃及达到高潮，挑战了英国的利益。英国人在 1882 年入侵埃及，并于该年 9 月 13 日在泰勒凯比尔（Tel el Kebir）彻底击败了埃及人。经过一整夜的行军，英军在没有任何预先轰炸的情况下，在黎明时分攻克了埃及的防御工事。加内特·沃尔斯利（Garnet Wolseley）爵士喜欢出奇制胜，他的步兵在战斗中使用了刺刀。获得战斗的先机是有价值的，因为沃尔斯利有自己的机动部队，它有很强的凝聚力，纪律严明且士气高昂。战争胜利后，骑兵快速推进并占领了开罗，英国确立了对埃及的准保护国地位，尽管其直到 1914 年才正式成为保护国。在那之前，奥斯曼帝国主权一直保持着表面上的控制权。

然而，后来的第一任克罗默（Cromer）伯爵伊芙琳·巴林（Evelyn Baring）在 1877 年被任命为英国负责埃及财政的专员，从 1883 年到 1907 年做总领事和总督顾问，管理埃及政务。埃及成为

1869 年，苏伊士运河通航，举行了盛大的庆祝仪式［下图为爱德华·里乌（Edouard Riou）的水彩画］，这是地中海史上的一个重大事件。但是，很快就清楚地证明，这在英国史和印度史上具有更为重要的意义。起初，英国担心法国对埃及的影响力，反对运河通航。但是 6 年之后，英国首相迪斯雷利（Disraeli）购买了埃及总督（Khedive of Egypt）的所有股份，保证英国真正拥有运河所属权，使英国处于有利地位。（*265*）

英国干预苏丹事务的基地，以支持埃及独立权力的主张。1898 年，由于在恩图曼（Omdurman）战胜了马赫迪派（Mahdists），这次干预最终取得了成功。

20 世纪初，欧洲在地中海沿岸的势力进一步扩大。1912 年，意大利人成功的征伐行动迫使奥斯曼帝国割让昔兰尼加（Cyrenaica）、的黎波里和希腊的多德卡尼斯群岛（Dodecanese）给意大利，尽管在利比亚内部仍有激烈的抵抗。而西班牙则成为摩洛哥在地中海沿岸的保护国，其内陆地区过渡给法国控制。由于奥斯曼帝国在第一次世界大战中被摧毁，1920 年，巴勒斯坦和“外约旦”（Trans-Jordan）地区成为英国的托管地，黎巴嫩和叙利亚成为法国的托管地。1920 年的《塞夫尔条约》（The Treaty of Sèvres）使土耳其部分地区暂时处于第一次世界大战战胜国的控制之下。

这些成就虽然重要，但只是延续了 19 世纪确立的模式。伊斯兰世界正在退却，英国海军制海权控制了地中海。至于地中海基督教群体能够获得优势，也只是说他们只能作为单一民族国家的一部分，而不是作为自治力量存在。因此，这回是法国、意大利和西班牙在发挥它们的优势，而不是马赛、普罗旺斯、热那亚、威尼斯、托斯卡纳、那不勒斯或巴塞罗那、加泰罗尼亚的优势。

这是欧洲政治格局的一次重要转变，一个戏剧般的转变。正值 1714 年，西班牙菲力浦五世的军队成功包围了巴塞罗那并结束了加泰罗尼亚的自治。又在 1821 年，奥地利正规军在列蒂（Rieti）击败了未经训练而且纪律松散的那不勒斯烧炭党（Neapolitan Carbonari），继而占领了那不勒斯，并在 1849 年迫使遭受饥荒和霍乱灾难的威尼斯造反者向封锁他们的奥地利投降。

1860 年 5 月至 9 月，朱塞佩 · 加里波第在一场辉煌的战役中，率领一小队帕特里奥特人（传说中的“千人军”）从皮德蒙特来到西西里岛，他们在马萨拉（Marsala）登陆（上图，*266*），在卡拉塔菲米（Calatafimi）打败了占据那不勒斯的波旁王朝的军队，占领了整个岛屿。意大利自罗马帝国灭亡以来首次成为一个国家。

西地中海国家的数量减少了。1860 年，撒丁岛（属于都灵王国）的维克托 · 伊曼纽尔二世[①] 领导的军队与朱塞佩 · 加里波第（Giuseppe Garibaldi）领导的志愿兵联合，推翻了那不勒斯的波旁王朝。此前，加里波第和 1 000 名红衫军志愿者从热那亚航行到马萨拉，帮助西西里岛反叛者攻击波旁王朝。在卡拉塔菲米击

---

① 又译维托里奥 · 埃马努埃莱二世（1820—1878），意大利语写作 Vittorio Emanuele Ⅱ，英语写作 Victor Emmanuel Ⅱ。

加里波第进入那不勒斯后，意大利的统一事业取得了胜利。从北部进入意大利的皮德蒙特的维克托·伊曼纽尔被宣布为国王。加里波第将王位授予他后，便回到他在卡普雷拉岛的农场。（*267*）

败那不勒斯军队后，加里波第经过三天的巷战占领了巴勒莫。他进而在米拉佐（Milazzo）击败了岛上剩余的那不勒斯军队，并越过墨西拿海峡向北挺进，在沃尔图诺（Volturno）击败那不勒斯人，夺得那不勒斯。与此同时，维克托·伊曼纽尔二世从博洛尼亚向南进军，在卡斯特尔菲达多（Castelfidardo）和马瑟罗恩（Macerone）分别战胜了小股教宗军队和那不勒斯人。加里波第把他的征服所得移交给维克托·伊曼纽尔，使后者能够创建意大利王国。加埃塔继续反抗侵略者，但在经过长时间的围攻后，于1861年2月败北。对“双西西里王国”(Two Sialies)[①]的征服是1816年至1913年最彻底的胜利之一。加里波第入侵西西里岛的能力使波旁家族失去了当年拿破仑军队占领那不勒斯时让他们享有的避风港。

教会与国家

旧秩序的终结在1870年更清楚地表现出来，当时教宗领地受到新的意大利军队入侵。教宗的统治只持续了这么长时间，因为法国军队在1849年恢复了教宗的权力，而在1867年教宗被加里波第击败。

与奥斯曼帝国一样，现在的旧地中海秩序也依赖于“现代”战力的支持，尽管实际情况远不止于此。1849年，法国军队使用

① 指历史上位于意大利南部的一个国家，由两个部分组成：西西里岛和那不勒斯及其周边地区。15世纪时，阿拉贡王国对其进行统治，后来它成为西班牙哈布斯堡王朝的一部分，一直到18世纪末。

罗马在获得自由（1870年，为教宗掌管这座城堡的拿破仑三世被迫撤军）之后就举行民众公投加入意大利王国。正如我们看到的公告牌所展示的那样，40 805名罗马人投了赞成票，46人投了反对票。在教宗居住的郊区莱昂尼纳区（Città Leonina），没有人投反对票。一个失望的牧师被加里波第的手下推到一边。然而，梵蒂冈本身实际上仍然是一个自治的飞地。（*268*）

蒸汽轮船［从土伦（Toulon）到奇维塔韦基亚］和铁路运兵帮助推翻了罗马共和国，恢复了教宗的权威。

教宗国的终结标志着传统天主教权力的大崩溃。尽管教会保留了许多信众的支持，但它的体系却薄弱多了。反改革的大公教会的构架已经被摧毁，这是一个漫长的过程，19世纪下半叶世俗的民族主义政府的政策只是这个过程的最后阶段。在此之前，先是各启蒙运动政府的介入，后来是法国"革命党"及其追随者的政策的侵入。

对耶稣会信徒的镇压是与反对改革的天主教联盟的决裂。耶稣会是一个特别宣誓效忠于教皇的国际性教团，在教会内部受到忌妒，但他们的倒台更像是国家击败了教会。这一国际性教团于1759年被逐出葡萄牙，1764年在法国被镇压，1767年在西班牙和那不勒斯被镇压。控制了教宗飞地阿维尼翁和贝内文托的教宗克莱门特十四世（Clement XIV），在波旁王朝统治者的压制下，被迫于1773年废除了这一教团，这反映了教宗地位的下降。随后，该教团在其余的天主教国家遭到压制。

耶稣会士的教育和施牧角色很大程度上被其他机构接手，但对该教团的压制反映出该教团执行者的信用不高。许多耶稣会信徒遭到野蛮对待，许多有用的机构遭到损毁或破坏。两位匈牙利前耶稣会诗人费伦茨·法鲁迪（Ferenc Faludi）和大卫·斯查波（David Szabó）将这种镇压视为一种文化的死亡，是欧洲社会衰落的征兆，这无疑标志着旧欧洲的消逝。

教会在其他方面也失去了自己的权威，因为统治者想保护并维持他们在自己领土上的宗教生活的控制权。牧师们在审查、教育和婚姻方面的角色被减少或终止。契约条款限制了神职人员的财政特权。然而，对传统宗教习俗的攻击是可以被抵制的。试图规范或限制传统习俗，如肖像、朝圣、节日和集会等，会导致抗议、抵制或法律诉讼，有时也会发生暴力事件，如在1790年于佛罗伦萨和里窝那所发生的事件。

这一规定在19世纪变得更加强硬，尤其是对教会的支持不再被普遍认可，反而成为被法国、意大利和西班牙等有影响力的政治团体怀疑的与之相对立的政治立场。在国际关系发生变化的同时，政治和社会文化的传统思维习惯也在发生变化。

贸易与工业

东地中海强大帝国的旧有秩序与在更远的西部且更加分散的主权格局的旧有秩序已经消失，整个地中海都向外部利益集团开放了。从一组经济统计数据就可以清楚地看出这一点。1660年，马赛只从埃及进口了19 000 公担（quintal，等于100公斤）原产自也门的咖啡。1785年，它进口了143 310公担，其中142 500公担来自西印度群岛，欧洲人已经占据了世界咖啡贸易的大部分。1725年，法属西印度群岛的咖啡被引入马提尼克（Martinique）岛和瓜德罗普（Guadeloupe）岛，1730年又被引入圣多明各（Saint-Domingue）岛。法属西印度群岛的咖啡比荷兰人在东印度群岛生产的咖啡更受欢迎，并迅速成为全球主要的咖啡来源。1770年生产了35万公担，1790年生产了95万公担。这些咖啡大部分运输到法国，很多再由此二度出口，主要从马赛

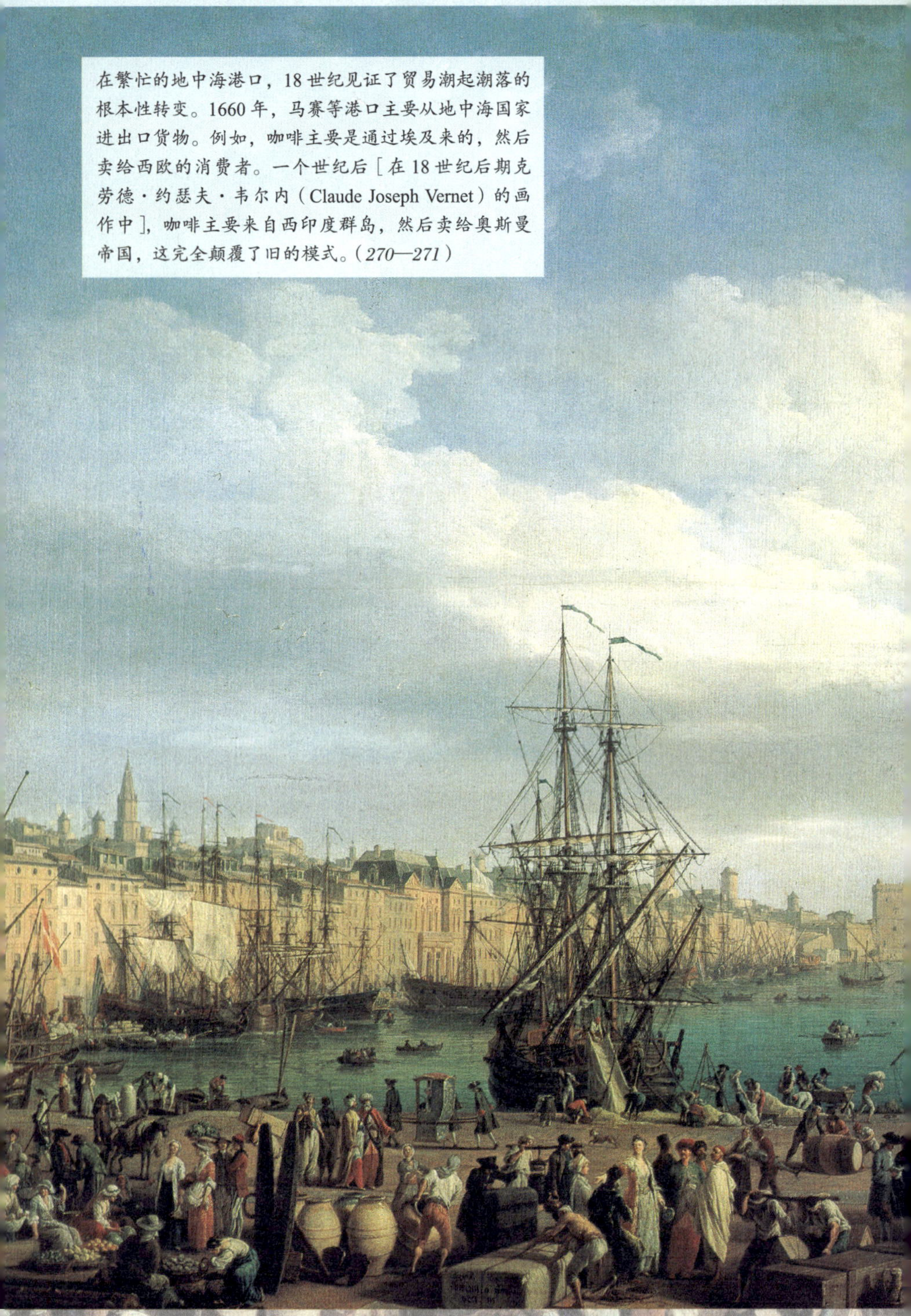

在繁忙的地中海港口，18 世纪见证了贸易潮起潮落的根本性转变。1660 年，马赛等港口主要从地中海国家进出口货物。例如，咖啡主要是通过埃及来的，然后卖给西欧的消费者。一个世纪后［在 18 世纪后期克劳德·约瑟夫·韦尔内（Claude Joseph Vernet）的画作中］，咖啡主要来自西印度群岛，然后卖给奥斯曼帝国，这完全颠覆了旧的模式。（*270—271*）

出口到奥斯曼帝国，逆转了1660年的贸易流。

地中海地区还有其他货物出售。文化是意大利的主要出口产品之一。盐来自撒丁岛的卡利亚里、西班牙的阿利坎特（Alicante）、伊比沙岛和西西里岛的特拉帕尼。它们被记录在进入波罗的海区域的“海峡通行费”货物清单中。18世纪80年代，瑞典从伊比利亚和地中海进口数量最大的商品是盐，从而使瑞典和丹麦与撒丁岛连接起来，而盐恰是撒丁岛的主要出口商品。1752年，皮德蒙特78.7%的出口商品是丝绸，这是更有价值的商品。

这些出口物品有助于金钱流入地中海，但它们无法与跨越远洋的货物价值对冲，这些跨洋商品有来自中国的茶叶，来自印度的棉布，来自新大陆的糖、咖啡和烟草，来自巴西的黄金等。地中海地区也不能生产从18世纪晚期开始不断增值的工业产品，比如来自英国的金属锻压制品和蒸汽驱动类设备。

结果，贸易越来越成为外国货物和外来商人渗透进地中海寻求销售市场和原材料的事业。自由贸易的尝试对当地经济并无太大助益。里窝那之所以成为贸易中心，很大程度上要归功于它在1675年被指定为自由港，意大利的其他统治者也试图效仿这一成就。1728年墨西拿成为自由港，之后是1732年安科纳（Ancona）成为自由港。1719年，当奥地利希望促进其在亚得里亚海的贸易时，墨西拿和里耶卡（Rijeka）被赋予了这一地位。1748年，教宗国也开始实行内部自由贸易。

然而，这些措施并不能改变经济发展。里窝那不会导致托斯卡纳工业革命。这种情况缺乏地中海的特别“原因”。在欧洲其他地方，成功的港口如拉罗谢尔（La Rochelle）和加的斯，带来

整个19世纪到20世纪，地中海国家的地方产业普遍满足的是当地百姓的需求。尽管有了现代技术，这些位于西班牙南部的老式盐田仍在继续发挥作用。（*273*）

的是飞地经济，而不是经济转型。同样，18世纪下半叶的马赛也有织布、制糖、玻璃制作、陶瓷和肥皂工厂的存在。事实上，由于大多数欧洲国家直到20世纪才经历工业化和重大的经济转型，用成败来思考问题也是没有帮助的。此外，定义经济进步所采用的标准是否充分考虑了这一时期经济活动的多样性，这一点尚不清楚。在对一些并未考虑其经济发展多方面因素的一些地域（如17世纪末的威尼托，或18世纪和19世纪的西班牙）的研究表明，这里表现出了相当程度的恢复力和适应性，这表明欧洲的经济地理将南方描绘为落后地区是毫无意义的。

考虑到这一点，这种修正的思潮还没有成功地将18世纪晚期的巴尔干半岛工业革命或西西里的工业革命当作1860年加里波第入侵的背景。事实上，西西里和那不勒斯的主要出口商品是人，这并非偶然，因为他们要在新大陆寻求经济上的发展机遇。苏格兰的情况也是如此，那里出现了工业革命，但所有的经济指标都表明两者之间存在很大差异。

新气象不仅表现在工业方面，还表现在农业方面。在西西里岛，只有扩大耕地面积才能增加小麦产量，只有在耕作过的休耕地上播种才能保持作物规模。用锄头耕地几乎刨不开土壤的表面。相比之下，在自然肥沃的农业区伦巴第，水稻种植从18世纪30年代开始增加，部分原因是有了雇佣农民的劳动，另外的原因是有足够的当地资本来支持必要的灌溉。在20世纪下半叶，伦巴第农业出现了明显的发展趋势，尤其是大米、丝绸、奶酪和黄油出口量的增长。威尼托也有显著的改善，那里的玉米种植活动大面积展开。

总的说来，意大利的处境比较惨淡，其原因是它们主要使用传统方法和粗放的耕作方式，而没有推行农业变革和集约化耕作。伦巴第平原的多种经营方式，即养殖牲畜用肥料和牛奶，在其他地方几乎没有进展，而在鼓励马铃薯的种植方面也影响不大。意大利半岛发展农业的主要问题——地形恶劣、土壤贫瘠、供水不足、通信不畅和缺乏投资——在1800年仍居主导地位，而产量增加的主要原因只是耕地面积的扩大，这尤其从19世纪中叶才开始。尽管商业性农业在20世纪下半叶在意大利大部分地区展开，公用土地被围封，自给自足的农业仍然是常态。

家畜的季节性长距离迁徙也是欧洲农业活动的重要组成部分。人们对高地牧场地带的支配利用，以及它们与地中海海岸线的联系，只是季节性的。每年的10月10日，牛群离开萨沃伊山脉前

对意大利南部的人民来说，统一并没有带来生活水平的提高，他们的感情还是忠实于本地，而非整个意大利国家。上图为那不勒斯的售奶商；左下图为索伦托的渔夫；右下图为巴勒莫的运水工。(*272*)

往山谷。大约在同一时间，西班牙羊毛大企业麦斯塔（Mesta）的羊群从西班牙中部的开放式夏季牧场向低地迁徙，这是欧洲每年规模最大的动物迁徙活动。牧场从山区获得主要利好，而且把很多地区联系起来。从亚平宁山脉到艾米利亚（Emilian）平原，从阿布鲁奇山脉到福贾（Foggia）附近的卡皮塔那塔（Capitanata）平原，等等，形成了地中海经济的复杂格局。人们把羊从鲁西荣（Roussillon）赶到巴塞罗那，把牛从皮德蒙特赶到热那亚。

交通运输已有一些改进，但在火车出现之前改观很少。1780年，阿尔卑斯山脉南端的坎德隘口（Col du Tende）向轨道交通开放，给皮德蒙特带来希望，能将葡萄酒通过尼斯出口到英国，尽管1792年法国革命战争的爆发短期切断了这一通道。在接下来的一个世纪里，火车线路网的扩大不得不应对地中海沿岸大部分地区的复杂地形，尤其是绵延到海岸的山脉。糟糕的经济状况也限制了对投资者的吸引力。因此，按每平方千米计算，巴尔干半岛、意大利南部或西班牙的铁路数量远少于德国、低地国家或英国。然而，每一条建成的线路都带来了变化。

同样，蒸汽轮船也极大地影响了地中海的航行时间和可预测性。风力和潮汐的影响减弱了，但帆船仍然很重要，尤其是购买和操作帆船的成本更低。蒸汽船需要煤，而它们的需求和运力导致了贸易集中在少数有必要设施的港口，而大量港口达不到应有的档次。这个问题在特定港口的蒸汽船-火车转运时显得很突出。

欧洲人口日益增加并富裕起来，其扩大了的需求有助于生产的发展。在19世纪，需求量的扩大延伸至巴尔干半岛，特别影响到棉花和烟草的生产。与此同时，许多活动在本质上是维持生计的，或者只是为当地经济服务的。农业和工业都是如此，并极大地影响了整体人口的心理。附近的地区而非遥远的国家，才是影响身份、利益和忠诚与否的根本，这一点在与北方统一后的意大利南部很明显。那不勒斯和西西里岛的居民对被视为异类的新意大利人的新政权进行了强烈抵制。1866 年，当 18 岁的年轻人应召去与奥地利作战时，对此不满的那不勒斯和西西里岛的人却被排除在外。然而，当地人在感情上并没有给那不勒斯波旁家族提供多少支持。新的政权相当软弱，尤其是在西西里岛，由于盗匪活动蔓延于各处，那里的许多地方都近乎不可治理。

在西班牙，19 世纪拥护卡洛斯家族（Carlists）成员利用了当地的忠诚感情争取西班牙王位的支持者，特别是在纳瓦拉和高地加泰罗尼亚两地。在第二次卡洛斯战争（1868—1876 年）期间，1873—1874 年在卡塔赫纳也发生了一次共和党人反中央集权的起义。在此之前，1730 年科西嘉人反抗热那亚人统治的起义以城（许多热那亚人集中居住的地方）乡对抗的形式出现，都在争夺肥沃的冲积平原的控制权。

在奥斯曼统治下的巴尔干半岛，地方主义也很强大，因此有可能将 18 世纪权力分散的特点与 19 世纪的软弱政府联系起来。在 18 世纪，一群新的地方统治者通常被称为 ayans（贵族、社会名流），掌控当地的地方权力机构。他们往往可以有效地管理地方事务。有势力的地方大家族在他们的私人军队支持下，控制了阿尔巴尼亚、希腊中部和摩里亚半岛。波斯尼亚是由那些贝伊控制的，贝伊是当地的强大且半独立的贵族势力，他们讲当地的语言，了解当地的习惯，而奥斯曼帝国统治者的权力在这里往往非

铁路来到那不勒斯。通过革新电讯、货物和人员的流动，铁路对现代国家的发展至关重要。铁路起源于不列颠，多由英国和法国的工程师修建，它们迅速克服了令人难以置信的自然障碍，遍及欧洲各地。（*274—275*）

常有限。奥斯曼帝国将国有土地出售给大部分地方官员的行为对增加中央权威毫无益处。中央政府的软弱迫使它招募了许多地方上的新兴贵族进入省级行政机构，特别是在困难时期，还委任他们为正式的国家官员。有时，强硬的统治权威也有决心遏制地方名流的权力，如精力充沛的首相哈立德·哈米德·帕萨（Halid

Hamid Pasa）曾在 1785 年做过这样的尝试，但由于 1787 年与俄国的战争爆发而放弃了。

因此，除了外部势力的主导、经济落后和民族国家崛起等明显的主题外，还可以设定一个更加多样化的现实主题。刚才提到的三点都是正确的，但同时，在这样一个多样而复杂的地区，也存在着人们所期待的多样性的特点，这使地中海的历史更加引人入胜。

到 1450 年，北欧与地中海之间的联系已经很紧密了。当时布鲁日作为一个巨大的交易中心，将德国的汉萨及其位于波罗的海和北海的贸易世界与以美第奇家族和其他意大利人为代表的地中海连接起来。不仅是进行商品交换，还有艺术思想上的交流。远在南部的那不勒斯的艺术家们复制了扬·凡·艾克（Jan van Eyck）工作室的主题。对于居住在荷兰平原上，在飘着白云的浩瀚晴空下的艺术家们来说，地中海山区的景观长

近代民族国家的形成和工业进步是 19 世纪改变地中海面貌的两个主要因素，甚至奥斯曼帝国也面临着区域自治的要求，希腊人争取独立的斗争只是一个迹象。在整个帝国，苏丹都被迫放松了他的独裁统治。1842 年，他在这里接待了来自不同民族的代表，他们寻求平等权利，并高举着代表三种亚伯拉罕信仰的旗帜。(*276*)

期以来一直颇具吸引力。但在18世纪末，这种亲密关系发生了转变。汉密尔顿对庞贝城的发掘对整个欧洲的艺术风格产生了惊人的影响，在乡村住宅中使用庞贝城的主题成为一股热潮。早在19世纪20年代，建筑师科克雷尔（Cockerell）就在巴塞（Bassae）进行了挖掘，发现了科林斯柱（Corinthian column）在希腊建筑中的首次使用，并在自己的建筑中热情地融入了科林斯主题。地中海正被积极地引入北方的灰色地带，来自北方的年轻绅士们的“盛大旅行”是地中海文化旅游这一新现象出现的前奏。另一些人则逃离了严冬去往南方，比如维多利亚女王访问芒通（Menton）。这一切都得益于连接法国南北的铁路的开通以及去往意大利北部通道的开放。1900年左右，疲惫不堪、满身污秽的英国旅行者到达了佛罗伦萨和那不勒斯。他们满怀信心，感觉自己一定会受到同胞们的热烈欢迎。他们打算投身于中世纪与文艺复兴时期意大利的艺术文化之中。借住在佛罗伦萨家庭小旅店的上流社会的英国男女充斥在小说家E. M. 福斯特（E.M. Forster）的作品中。因为20世纪初，在佛罗伦萨定居的英国人多达数千人。此外，英国商人在西西里岛等地区兴旺发达。在那里，惠特克（Whittakers）家族长期以来一直沉着冷静地经营着马萨拉葡萄酒的出口。或者在那不勒斯、托莱多大道两旁出现了一间间漂亮的英国裁缝店。因此，英国在地中海的存在绝不仅仅是政治和海军的存在。受过良好教育的公众贪婪地阅读英国和德国出版社出版的关于地中海地区历史的书籍，比如瑞士的雅各布·布克哈特（Jacob Burckhardt）和绅士学者约翰·艾丁顿·西蒙兹（John

Addington Symonds）关于意大利文艺复兴的作品。德国游客带着他们的导游手册来到意大利，这些手册对意大利及其邻国的建筑和艺术作品进行评估和排名，有时提供的细节详细到令人煎熬。

不可忽视的是，北欧的一些组织或机构试图把地中海的一些东西带回家。卢浮宫、大英博物馆和柏林的一些博物馆继续扩大其古典时期和文艺复兴时期艺术品的收藏，通常是相当无情的。埃尔金（Elgin）或帕提侬神庙的大理石雕塑大多被大英博物馆收藏，卢浮宫只获得了一个小小的安慰奖。柏林的神殿博物馆（Propyläen Museum）重建了一座巨大的古典时代纪念碑。古典作品被视为寻求优雅和精美风格的艺术的典范。本着这种精神，罗马和雅典建立了一系列服务于不同欧洲国家的艺术学院和考古学校。这种对意大利和希腊的兴趣的核心在于，北欧继承了这些国家的古典文化。这些文化被设想为清晰、干净、精确且理性的东西，并通过对古典语言的深入研究传递给欧洲各地一代又一代的学生。其中最具影响力的是本杰明·乔维特（Benjamin Jowett），他是牛津大学贝利奥尔学院（Balliol College）的硕士，也是柏拉图作品的译者，他本人也是英格兰一流的古典学院——圣保罗学院（St. Paul’s School）的毕业生。1509 年，圣保罗学院成立，专门教授拉丁语和希腊语，古典模式超越了学术范畴。他公开宣称的目标是向贝利奥尔学院的年轻人灌输一种公民责任感，这种责任感可以从认真阅读古典哲学家的作品中获得。也许正因此，贝利奥尔的学者在英国政治中占据了非凡的优势地位。但访问希腊并不是他感兴趣的事，他认为希腊只是一个概念，它只不过是一个贫穷的巴尔干国家，他对此不屑一顾，尽管像拜伦这类人却将现代的希腊人浪漫化为古典荣耀的继承人。

古典世界的理想化可以在19世纪晚期被称为“奥林匹亚梦想家”的英国艺术家的作品中看到。劳伦斯·阿尔玛-塔德玛（Lawrence Alma-Tadema）爵士对古典建筑、服装和景观细节的关注最为深入，他的油画反映了认真的研究结果。然而，他的裸体古典少女形象结合了纯洁的主题和窥视欲，这只会增强她们对维多利亚晚期和爱德华七世时期的公众的吸引力。温克尔曼（Winckelman）的艺术史研究不仅在德国，而且在整个欧洲和北美都是至关重要的，他在确定古典雕塑的类别和年

自伯里克利时代以来，雅典卫城（Athenian Acropoli）的希腊化达到了前所未有的程度。因为它拆除了所有后来偶然修建的附加物，将庙宇暴露在完全孤立的状态，周边环境中一无所有。（*281*）

代方面，以及最重要的是对欣赏标准的应用方面做了大量的工作。古典雕塑描绘的是理想的人体，而不是自然主义的人体。正是古典的过去作为一种理想吸引了 19 世纪的观察者，这种态度也渗透到希腊。1890 年，雅典古城被修复。也就是说，后来所有的外部附加物都被清除了，不管它们的历史意义如何，所有的建筑都变成光秃秃的骨架。

这是一派地中海的景象，焦点是古典文化的发源地意大利和希腊。对伊斯兰教的过去和现在的态度更为模糊不清。罗伯茨描绘了一个人烟稀少、贫穷的圣地，让人联想到《圣经》里的过去。在美国，华盛顿·欧文（Washington Irving）的《阿尔罕布拉宫的故事》（*Tales of the Alhambra*）让人回想起摩尔人的西班牙的异国风情的过往。与宗教裁判所的蒙昧主义和迫害时期相比，摩尔人的西班牙通常被描述为一个光荣和宽容的时代。但这是另一种东西，是一个东方世界。它之所以迷人是因为难以参透。

学院派画家劳伦斯·阿尔玛　塔德玛爵士所创造的古罗马形象，在细节刻画上纤毫毕现，堪称经典，但在美学上却完全是维多利亚式风格，尤其是对女性美的诠释，以及对人性的理想化。他的《春天》象征着谷神克瑞斯（Ceres）的节日。（*280*）

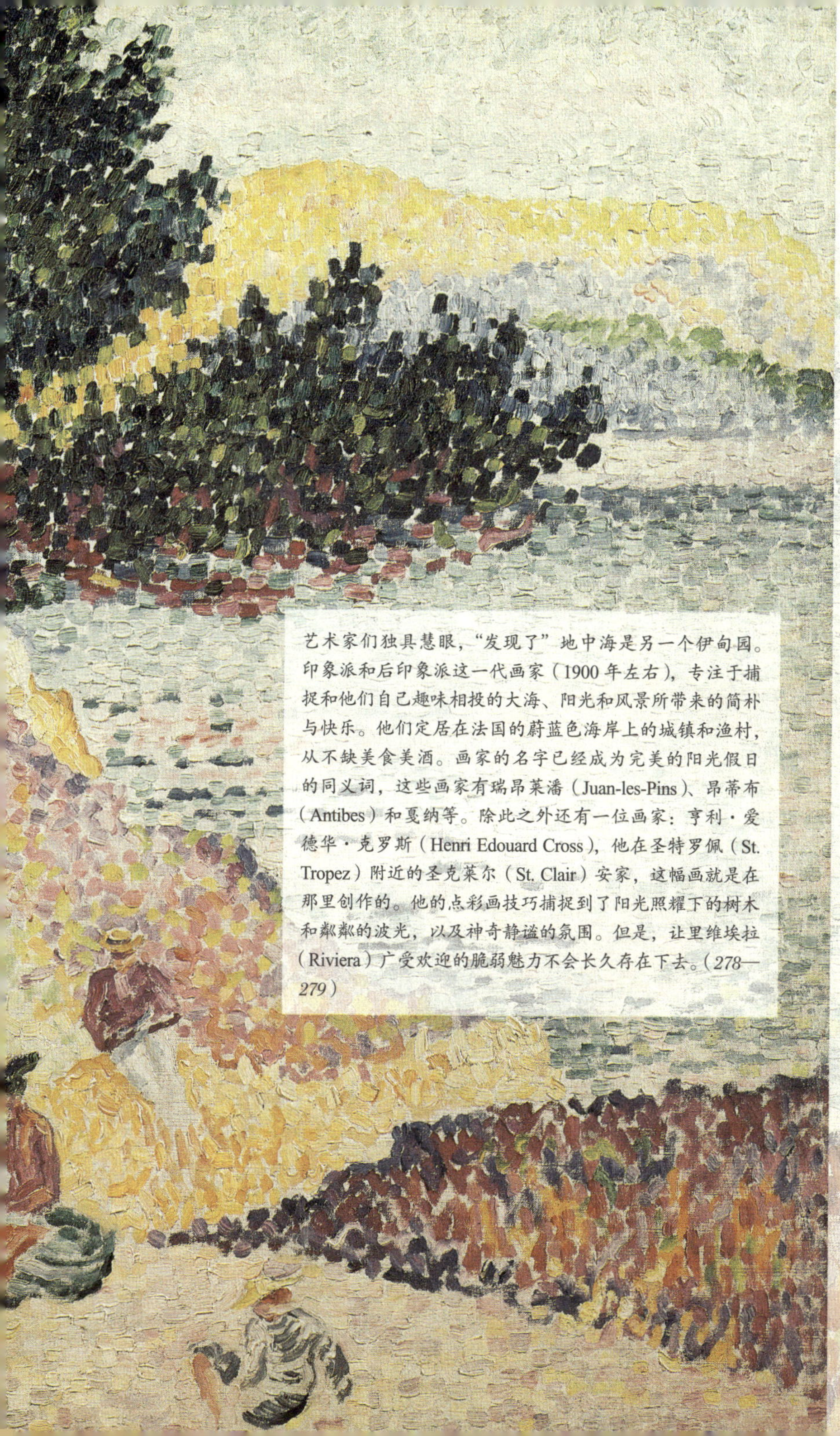

艺术家们独具慧眼，“发现了”地中海是另一个伊甸园。印象派和后印象派这一代画家（1900 年左右），专注于捕捉和他们自己趣味相投的大海、阳光和风景所带来的简朴与快乐。他们定居在法国的蔚蓝色海岸上的城镇和渔村，从不缺美食美酒。画家的名字已经成为完美的阳光假日的同义词，这些画家有瑞昂莱潘（Juan-les-Pins）、昂蒂布（Antibes）和戛纳等。除此之外还有一位画家：亨利·爱德华·克罗斯（Henri Edouard Cross），他在圣特罗佩（St. Tropez）附近的圣克莱尔（St. Clair）安家，这幅画就是在那里创作的。他的点彩画技巧捕捉到了阳光照耀下的树木和粼粼的波光，以及神奇静谧的氛围。但是，让里维埃拉（Riviera）广受欢迎的脆弱魅力不会长久存在下去。（*278—279*）

地中海作为游乐场的形象在1910年已经根深蒂固。如我们将在本书末尾看到的那样，这种形象至今仍未改变。查尔斯·贝松（Charles Besson）绘制了一幅带着一束玫瑰和一架不真实的飞机的彩色石版画，其风格确切地表达了这一点。（*282*）

第九章

全球化的地中海①

1900—2000 年

① 本章作者为大卫·阿布拉菲亚。

地中海是一片开放的海域。腓尼基商人已航行到塔尔特索斯（Tartessos），最远已到达康沃尔锡矿。从那时起，直布罗陀海峡就成为通往大西洋的通道，而博斯普鲁斯海峡是通往黑海和亚洲大草原的通道。尽管此前就有连接亚历山大港和红海的陆地通道，但19世纪中叶竣工的宏伟工程——苏伊士运河才将印度洋和地中海连接在一起。由于地中海与外部世界发生联系，因此本章主要针对地中海的转变路径进行研究，特别是20世纪地中海的变化，并探索亚历山大城出现时的各类地中海文化。这些变化不仅包括政治层面（如法国和英国在地中海地区不断增强的影响力），还有文化层面。长久以来，北欧的一个重要文化特征就是对古典历史的向往。这种渴望在“大旅行”（Grand Tour）时代之后，在挖掘希腊和意大利考古遗址的过程中，以及在重新审视文艺复兴时期德国人、英国人和其他鉴赏家的艺术作品的过程中，有了新的表现形式。

土耳其的衰落与复兴

20世纪，地中海世界发生了重大的政治变革，曾经统治海洋的各大帝国（如统治期长达5个世纪的土耳其帝国）经历了严重的衰落。帝国有得有失，如意大利人获得大量领土，却在几十年内失去所有。然而，20世纪初地中海地区似乎又建立起新秩序。其中一部分原因是英法签订的协议：1869年苏伊士运河通航后，地中海应承担北欧和印度洋之间航道的功能。从概念上讲，运河应由法国运营，实际上直到1956年，法国和英国一直共同管理运河。在地中海范围内设立要塞的战略价值越来越依赖于中东和远东的重大决策，因此运河通航标志着地中海全球化过程的开始。《乌得勒支和约》（Treaty of Utrecht）签订后，英国拥有了直布罗陀，1814年和1878年英国又分别获得马耳他和塞浦路斯。对于英国来说，获得通过地中海直接到达印度的海上通道具有重大商业意义。这条通道不但能向印度和英国的兰开夏郡（Lancashire）的纺织业提供长纤维棉花并大面积培育长纤维棉花，还能提供其他原料。苏伊士运河还提升了与帝国之间的通信速度，信件从苏伊士到达亚历山大港不到300天，到印度的时间也基本相等。随着苏伊士航线的开发，出现了金属外壳的大型蒸汽船，用于通往东方的航线，并逐渐取代了帆船的主导地位。19世纪时，蒸汽船一直是一种笨重、嘈杂且气味难闻的发明物。然而，人们在比印度离家乡更近的地方可以寻找其他机会。英国着眼于石油储量，开始谋求与中东发展密切关系，这又是技术创新的结果。从长远来看，技术创新改变了几个地中海国家以及许多远东小国的经济。内燃机的兴起促进了对石油的需求。到第二次世界大战时，伊拉克和伊朗油田控制权之争对交战各方的战略产生了根本性的影响。

除英国、法国和后来的意大利对利凡特虎视眈眈外，另一个导致臃肿的奥斯曼帝国灭亡的重要原因是帝国的内部冲突。这使帝国无法应对阿尔巴尼亚人、保加利亚人以及罗马尼亚人强烈的民族意识。同时，由穆斯塔法·凯末尔（Mustafa Kemal）为首的一大批土耳其军官参加第一次世界大战并支持德国，加剧了这一局面。早在19世纪初，奥斯曼帝国对北非的影响就已荡然无存。最明显的是对埃及的影响不再，尤其是1811年穆罕默德·阿里（Muhammad Ali）夺取政权之后。而事实也证明阿尔及利亚和之后的突尼斯地方长官无法抵御法国入侵，导致阿尔及利亚早在1830年就落入法国人之手。此外，希腊政府诸事缠身，他们密切地关注小亚细亚海岸，特别是士麦那地区，那里有许多的希腊人。希腊民族主义势力甚至希望恢复君士坦丁堡，而这一伟大想法在土耳其正在经历内部革命的时期并非没有可能，但希腊企图完成的事情太多。事实证明，在新领袖阿塔图尔克（Ataturk）领导下的土耳其人还是很有韧性的。因为穆斯塔法·凯末尔选择流芳后世，他在1922年将希腊人逐出小亚细亚（并顽强抵抗亚美尼亚人），证明了一个全新的、世俗的、独立的土耳其仍有可能在该地区起到重要的军事作用。土耳其人不再是“欧洲病夫”（sick man of Europe）。事实上，他们在欧洲所占据的只不过是伊斯坦布尔、埃迪尔内和加利波利（Gallipoli）附近的一个小角落。克里特岛独立的时候，穆斯林大约占人口的40%，土耳其却遭受穆斯林被驱逐出岛的耻辱，并被迫与希腊合并。1914 年人口混杂的塞浦路斯成为英国殖民地，然而这段失败的历史并没有阻止土耳其人按欧洲模式进行现代化的尝试。例如，土耳其政府放弃阿拉伯字母的拼写方式，将拉丁字母引入土耳其语，因为阿拉伯字母对土耳其语来说并不是一个理想的工具。于是一个有趣的悖论出现了：从地理意义上讲，土耳其不是一个欧洲国家，但它却试图通过信奉一种世俗化的民族主义文化而成为一个欧洲国家。与同一时期巴尔干半岛的情况一样，政府积极地推行这一政策，却给少数民族和宗教带来困难。希腊人被驱逐出亚洲的同时，又有新的人口进入。许多生活在色雷斯和色萨利（Thessaly）的土耳

通过引进拉丁字母，废除阿拉伯字母，奥斯曼帝国向西方价值观投降的运动比任何军事或政治投降都更为生动。发起人穆斯塔法·凯末尔被尊称为阿塔图尔克，意为“土耳其之父”。（*284a*）

文化转型（Cultural transition）在城市中表现明显，例如在塞萨洛尼基［或萨洛尼卡（Salonika）］。（*284b, l*）该城在整个19世纪都处于土耳其统治之下，直到1913年才成为希腊的一部分。19世纪90年代的一个犹太家庭展示了风格迥异的服装，包括土耳其、传统希腊和现代欧洲的服装风格。（*284b, r*）1916年，该城的主要街道已经西化。

其人回到了土耳其本土，这对东南欧其他地区的种族平衡产生了显著影响。尽管到第二次世界大战时萨罗尼卡占人口比例很高的西班牙系犹太人中，大约有40%被纳粹无情地灭绝（因犹太装卸工人数众多，安息日时港口关闭），这个重要港口城市还是越来越希腊化。

中东成为舞台中心

一战失败后，奥斯曼帝国在巴勒斯坦和叙利亚地区的影响力戛然而止。1917年战争胜利后，英国将军艾伦比（Allenby）进入耶路撒冷。击败土耳其后，英国政府也承诺，在未来的某个时候，巴勒斯坦将成为犹太人的“民族家园”（National Home）。而《贝尔福宣言》（Balfour Declaration）是否预见到一个完全独

旧奥斯曼帝国，又称“欧洲病夫”，因奥斯曼各族人民（在英国鼓励下）中的分裂主义分子的理想，一战加盟德国后的失败，以及国内废除哈里发并采用世俗民主制度的革命而灭亡。1917 年，获胜的英国将军艾伦比进入耶路撒冷。随后，中东和其他几个新创建的国家落入西方列强的控制。（*285*）

立的犹太国家的出现就是另一回事了。无论如何，英国都将努力与该地区的阿拉伯领袖人物交朋友，在前巴勒斯坦东部建立“跨约旦河王国”（Kingdom of Transjordan），并将英国在伊拉克的势力范围与其在埃及和巴勒斯坦的利益联系起来。阿拉伯统治者也不一定否定犹太移民可能会给该地区带来的经济效益。然而，现实情况是生活在欧洲的犹太人正在进行各种争取自治的运动，而且人数绝不少于斯拉夫人。一方面，他们受到东欧犹太人遭受的苦难启发，在那里，沙皇政府对犹太人遭遇的大屠杀并不感兴趣。另一方面，几个世纪以来犹太人一心向往的土地是“圣地”（Holy Land）巴勒斯坦，即以色列的土地（Land of Israel）。20 世纪 30 年代，中欧地区尤其是德国，采取了残酷的反犹政策，这就有必要为犹太人提供一处避难场所。我们有必要回到犹太人向利凡特地区移民并建国所引发的冲突问题上来。国际联盟（League of Nations）委托英国管理巴勒斯坦的同时，法国在叙利亚也获得了类似的责任与义务。其间，法国视自己为伟大传统的守护者、黎巴嫩高地基督徒的保护者，同时也是法国十字军的继承者。12 世纪和 13 世纪时他们创建了第一个“法叙民族”(nation franco-syrienne)。法国在叙利亚传教时有一个有趣的文化现象是重建骑士城堡（Crac des Chevaliers）。这可能是整个利凡特最宏伟的城堡，也是法国人回归的有力象征。然而，对英国来说，这类财产的价值主要在于它们在通往印度的途中所发挥的作用，而不是它们对自己的意义，这是英国实用主义的一个很好的佐证。

当法国人在 1920 年接管叙利亚时，他们就倡议修复他们的十字军祖先于 13 世纪建造的辉煌的骑士城堡。这一做法纯粹是对历史的狂热吗？还是存在法国民族主义成分？这似乎是在断定古老的“法叙民族”获得了重生。然而，1946 年时他们又无奈地放弃了原有的想法。(*286*)

在地中海地区，没有哪个国家像埃及一样将外国利益与本国利益交织在一起，并达到密不可分的程度。而在埃及，没有哪个地方比亚历山大这座超级大都市（上图为1900年的街景）更能体现这种融合的程度。起初，英国的影响力主要表现在财政上；后来，对政治的影响越来越明显，尽管并没有明确规定法律和宪法的地位。一战爆发后，英国成为埃及的保护国。这种正式关系只维持到1921年。但直至二战后，英国才宣布放弃对埃及的控制权（例如国防权）。(*287*)

奥斯曼帝国瓦解对利凡特还有其他影响。1883年以后，埃及成为英国的附属国，埃及国王是阿尔巴尼亚血统，与英国共同管治埃及沿尼罗河以南的苏丹（简称为南方）。埃及具有特殊战略地位，不仅因为它位于苏伊士附近，还因为尼罗河为英国在非洲中部和东部的领地肯尼亚、乌干达以及坦噶尼喀（Tanganyika）提供了通道。坦噶尼喀曾隶属于德国，一战战败后德国失去了控制权［19世纪80年代，英国用桑给巴尔岛，置换了黑尔戈兰岛

（Heligoland）]。50 年间，亚历山大港作为一块特殊的文化磁石，是意大利人、西班牙裔犹太人、希腊人、阿尔巴尼亚人、法国人以及科普特基督徒（Coptic Christians）的家园。甚至有一位精英放弃母语，改说法语。劳伦斯·达雷尔（Lawrence Durrell）创作的《亚历山大四部曲》（*Alexandria Quartet*）精彩地再现了这个世界。民族主义情绪还没有变得如此激烈，以至于这些与众不同的群体中有几个在远离自己出生地的地方并不受欢迎。

意大利，列强中之最弱者

因此，在将法国和英国捆绑在一起的法英“友好协约”（entente cordiale）框架内，两国对地位的争夺其实并没有特别激烈，反而给地中海东部地区带来了一定程度的稳定。这两个老对手的基本利益并没有冲突，都是民主国家。正如 20 世纪 30 年代的一系列事件所示，两国政府往往竭尽全力避免与中欧好战的竞争对手发生战争。反而更复杂的角色是被称为“第四大国”（the fourth of the great powers）的意大利。意大利统一后才开始建立其帝国大厦（empire-building），由议会政府领导。1922 年，第一个右翼独裁政权夺取意大利政权。意大利的角色也很特殊，因为它处于地中海中部。尽管法国占据地中海沿岸，但它不只是一个地中海强国，它在西非、南美洲、东南亚和太平洋地区拥有的帝国属地众多，当然，在 19 世纪和 20 世纪初，它还继续将北非的大片土地纳入自己的属地之中，包括阿尔及利亚、突尼斯和摩洛哥大部分地区（西班牙控制着摩洛哥的地中海沿岸地区）。意大利的工业化程度落后于法国，与英国和德国相比更是相形见绌，而意大利的中部和南部地区尤其贫困。意大利的国家统一进程长达 25 年，在克服了极度强烈的区域性独立意识后才铸就国家统一。在国王和议会的大力支持下，意大利人建立帝国的强烈愿望无疑是追求成为强大国家并获得身份认同的表现。比较成功的事业都是那些离家最近的事业。一战前夕，因地理上的便利条件，“自由意大利”（Liberal Italy）利用土耳其在利比亚地区的潜在弱点，控制了离自己最近的利比亚的真空地带。19 世纪晚期，

意大利出台殖民政策的时间很晚。这张约 1914 年绘制的宣传地图显示出该国希望获得的领土——蒂罗尔（the Tyrol）和达尔马提亚海岸的部分地区——此前由威尼斯统治。（*288*）

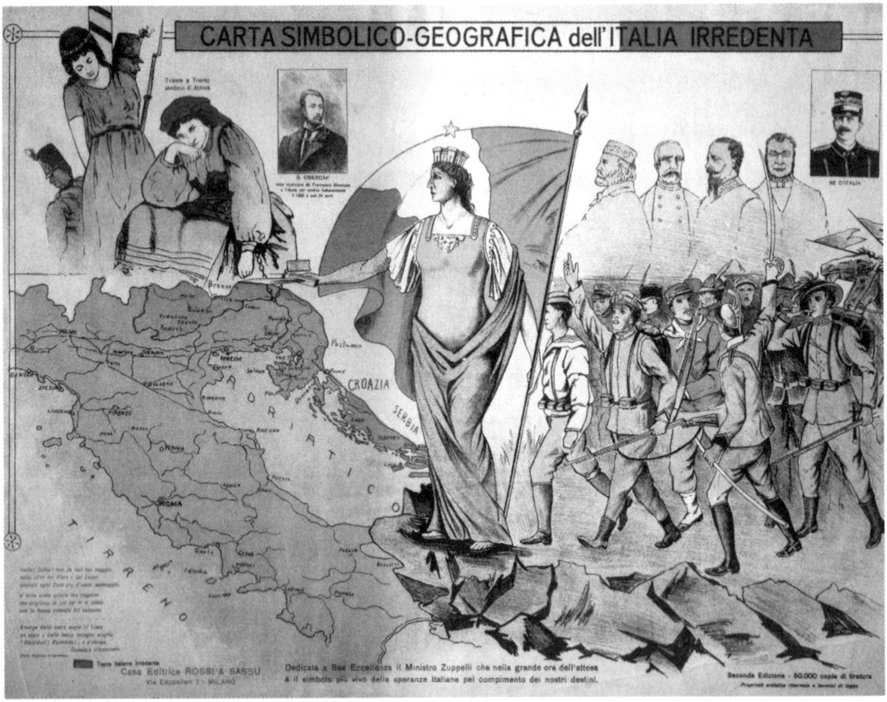

意大利还制订了其他征服计划，最远可达厄立特里亚（Eritrea）和埃塞俄比亚。1935年墨索里尼针对阿比西尼亚（Abyssinia）的残酷战争使其征服计划达到顶峰。其实早在1912年，意大利就已占领了包括罗得岛在内的多德卡尼斯群岛，这些岛屿都是奥斯曼帝国曾经在爱琴海的属地，而这些行动也只是意大利对曾经隶属土耳其的利比亚的战争中的一个插曲。

另一个展现爱国主义的（la patria）舞台是阿尔巴尼亚（Albania）。这是一块穆斯林占多数的土地，部落之间混战不断，政府软弱无能。恰逢第一次世界大战之时，阿尔巴尼亚脱离土耳其，成为希腊、意大利和塞尔维亚的猎物，因此开始严重依赖意大利。事实上，早在1939年4月意大利入侵之前，阿尔巴尼亚国家银行的总部就设在罗马，而不是在其贫穷的首都地拉那（Tirana）。在其短暂生涯的大部分时间里，不幸的阿尔巴尼亚国王索格（Zog，原是一位来自内陆的强悍部落领袖）都在意大利扮演傀儡的角色。1925年，他还是总统，1928年他就变成国王。法西斯军队的士兵们长期以来都记得意大利的入侵是一场漫长而痛苦的考验，而意大利未能迅速而巧妙地征服阿尔巴尼亚在德国引起了轩然大波，因为这表明意大利法西斯不可能在战争全面爆发以后成为一个强有力的军事盟友。阿尔巴尼亚海岸线上，疟疾肆虐的沼泽让人民生活困苦不堪。而在内陆地区，意大利人还要应付强盗，他们对墨索里尼建立起强大政府的渴望毫无兴趣。地拉那自作主张地变成了意大利式的首都，设立了政府部门并拥有一个罗马风格的大饭店。然而，无论什么也不能把它变成一个真正的都市，因为它很小且物资匮乏。尽管阿尔巴尼亚有金属铬的

墨索里尼远眺。1935 年，墨索里尼入侵阿比西尼亚。这是欧洲帝国主义最后也是最残酷的征服，并建立了一个短命的非洲帝国。1936 年，他的军队在一个战场附近用沙石雕刻了这个巨大的头像，但现在它早已化为尘埃。（*289a*）

1939 年 4 月，二战开始的前几个月，墨索里尼吞并了古老的巴尔干王国阿尔巴尼亚。军队和物资正在都拉斯卸船。（*289b*）

资源，意大利从其欧洲殖民地获取的利润却不多，意大利统治阿尔巴尼亚的主要优势在于对都拉斯和瓦洛尔［Vlorë，亦称瓦洛纳（Valona）］的控制权。尽管意大利于1920年就已获得了瓦洛尔对面的萨赞岛［Sazan，即萨索诺（Saseno）］，但却没能将其保留在自己手中。虽然意大利在阿尔巴尼亚有了一定的影响力，似乎巩固了意大利对亚得里亚海的控制权，但因为没有明显的竞争对手，很难说对亚得里亚海的控制具有关键的战略意义。这不禁让人想起中世纪的威尼斯出现的类似情况。南斯拉夫绝不是对手，也没有挑战能力。达尔马提亚海岸的主要港口之一扎拉（Zara）是意大利的殖民地，因出口卢克萨多（Luxardo）的樱桃白兰地而闻名。一战结束时，意大利从奥匈帝国（Austro-Hungarian Empire）手中夺回特里雅斯特。事实上，此地非常重要，因为它是地中海通往欧洲中南部的主要城市。苏伊士运河开通后，特里雅斯特的商业繁荣起来。然而，奥匈帝国解体后，该地并入意大利，使其无法轻易进入19世纪晚期才出现的中欧市场，最终导致城市衰落。然而，特里雅斯特与意大利范围之外以及新南斯拉夫王国的接触产生一个现象，即特里雅斯特文学创作繁荣起来［这在伊塔洛·斯韦沃（Italo Svevo）和爱尔兰著名游客詹姆斯·乔伊斯（James Joyce）的作品里有所表现］，将维也纳和意大利北部的学术界联系到了一起。特里雅斯特的保险公司使该地闻名于世，并在海运贸易中发展壮大。而来自意大利和奥地利的犹太人群体在这些贸易活动和白兰地生意中表现突出。1919年，既是诗人又是雇佣兵队长（condottiere）的加布里埃尔·邓南遮（Gabriele d'Annunzio）胜利进驻伊斯特拉海岸的另一端——阜姆即里耶卡港，使此地成为意大利的前哨。他领导着一支私人军队，试图把伊斯特拉沿海地区部分讲意大利语的人置于意大利统治下，以庆祝意大利的胜利和统一，后来此地被意大利接管。

1922 年之后，法西斯政权反复强调意大利民族复兴的意义。墨索里尼赞扬了在他的领导下罗马帝国的重建（事实上，许多重大进展都是由法西斯夺取政权之前的自由党政府取得的）。在很大程度上，重建的罗马帝国是一个地中海帝国，位于“我们的海”即“公海”之上。其中一个表现是法西斯运动采用了罗马的符号，特别是法西斯运动的名字来源于“束棒”（fasces）或“矫正棒”（rods of correction）。但墨索里尼也想把地中海帝国的信息告诉他的人民，他在罗马中心修建了一条宽阔的凯

尽管直到20世纪30年代全面的殖民活动才开始，1912年利比亚，或者更确切地说，昔兰尼加省和的黎波里塔尼亚（Tripolitania）省就被割让给意大利。墨索里尼将其作为复兴罗马帝国梦想的一部分加以宣传。（*290a*）

1919年，特里雅斯特从旧奥匈帝国划归到意大利。这里的混居人口包括奥地利人、意大利人和犹太人，使此地成为一个大都市，一处多文化、多种族的聚集地。定居于此的作家埃托雷·施密茨（Ettore Schmitz），笔名为伊塔洛·斯韦沃，他改编了一部著作，诙谐地总结了当时的情况。（*290b*）

旋之路，正好经过古罗马城市广场（Roman Forum）和帕拉丁山（Palatine）。这条大路上装饰着一系列用石头镶嵌的地图，展示了罗马从七座小山上的一个小镇扩张到图拉真统治下的帝国鼎盛时期的荣光，他的野心还包括夺取法国和英国所辖领土。法西斯时代较为奇特的宣传手段之一是通过一系列历史期刊讲述那些属于意大利领土（Italia irredenta）却未赎回的土地的历史，因为那些地方曾经被意大利人统治，包括法属科西嘉（French Corsica）、英属马耳他（British Malta）和南斯拉夫的达尔马提亚（Yugoslav Dalmatia）等。

地中海的对手，1930—1945年

当然，尽管征服会给战胜国带来事业与商业发展的机会和政治影响力，但人们也认为统治利比亚这样的国家意味着给他们带来文明。法国人尤其青睐从地中海北部向南部传播西方文明的想法，就像意大利人把的黎波里打造成一个拥有林荫大道和大教堂的现代化大都市一样，阿尔及尔也变成一个位于非洲边缘的法国式城市。但在很多方面，人们都是向北方看齐，以获得文化灵感和经济关联。法属阿尔及利亚被整齐地分为两部分：荒芜的撒哈拉腹地和北部边缘。前者延伸至西非，与法国其他的保护国和领地相连；后者最终并入宗主国法国。欧洲定居者和当地居民之间存在着明显的差别。生活在阿尔及利亚的犹太人则获得一项特权，即公民身份，实际上就是欧洲人的身份。阿尔及尔仿效巴黎模式建立起一所大学，它是培养杰出的地中海史学家的摇篮，其

法国人对殖民的态度比其他欧洲国家更开明。19世纪30年代，因一场外交争端而被占领的阿尔及利亚实际上是法国的一个省，其首都阿尔及尔完全就是一个法国城市。这种亲密的关系使其争取独立的斗争尤为艰难。（*291*）

中杰出的人物就有费尔南·布罗代尔。沿着海岸往西，作为法属阿尔及利亚中心的奥兰很快发展起来，那里的西班牙人口众多。尽管当时西班牙仍留有其古老的属地休达和梅利利亚，并从德途安（Tetuán）和丹吉尔（Tangier）向外扩大了自己的影响，夺取了英属直布罗陀对面的摩洛哥苏丹国的控制权，但西班牙在地中海获益有限。向东，法国在1883年利用奥斯曼帝国解体后地方权力的溃散控制了突尼斯。意大利在此处的商业活动非常活跃，这并不奇怪，因为里窝那犹太人（Livorno Jews）扮演了尤其重要的角色。尽管法国人愿意与西班牙人分而治之，以维持苏丹的地位，但摩洛哥尤为棘手。20世纪初的一个难题是德国人试图通过摩洛哥的主要港口如莫加多，在摩洛哥的大西洋岸立足。而德国人总是能通过驻扎在港口和伦敦的犹太商人与英国保持密切的商业联系。地中海争霸的结果是法、英、意在地中海均攫取一部分领土，英国将目光主要投向了地中海以外更广阔的帝国版图。法国也有这种想法，但是也寻求在自己本土正南方向获得更多的领地。而意大利正处于帝国建设的初期，其结果只是一时辉煌或昙花一现罢了。

此外，20世纪30年代法西斯意大利干预西班牙内战之举，导致西班牙遭受重创。佛朗哥（Franco）在西班牙属摩洛哥发起的反左翼运动对西班牙管辖的地中海沿岸产生重大影响。加泰罗尼亚人和巴斯克人试图建立一个自治政府的努力被扼杀，内战期间暴行比比皆是。而内战结束后，情况更加复杂：绞杀还在继续；新闻媒体受到严密监视；西班牙难民大量涌入法国南部，再漂洋过海逃往南美洲。西班牙许多大型城镇的主要街道都以“长枪党”（Falangist）运动中的英雄普里默·德·里维拉（Primo de Rivera）和佛朗哥等人的名字命名。然而，二战期间，西班牙的统帅（Generalissimo）弗朗西斯科·佛朗哥小心翼翼地与德国人保持距离。在西班牙内战期间，德国曾经给予他决定性援助，帮他剿灭敌人。他却因直觉谨慎地拒绝加入纳粹轴心国（Nazi axis，以西班牙内战后国力不支为借口）。这有助于他在战后以美国空军基地负责人的身份维护政权，并谨慎地逐步实现一定程度的自由化。然而，对于加泰罗尼亚人、加利西亚人和巴斯克人来说，情况仍然没有得到改善，各类学校里不再教授他们的语言。尽管表面上，人们急切地抓住机会出版晦涩难懂的加泰罗尼亚语的中世纪史著作，但加泰罗尼亚语作品仍然受到限制。人们可以赞美加泰罗尼亚曾经的商业和政治辉煌，因为它们早已成为过去。人们在赞美时还是会微妙地表达民族感情，如中世纪历史学家费尔南·索尔德维拉（Fernan Soldevila）所行，但很少有人像他那样具有广泛的影响力。即使佛朗哥政权也无法抑制加泰罗尼亚文化和民族情感的表达，尤其是每逢周六晚上人们在巴塞罗那大教堂（Barcelona Cathedral）广场前跳萨尔达纳（Sardana）舞。

在其他条件不变的情况下，如果墨索里尼没有和纳粹德国结盟，如果他没有抓住1940年法国沦陷后给予他兼并尼斯和法国东南部的一片势力范围的机会，他也许（与事实相反）还能幸存一段时间，并保住他在地中海的一些利益。在纳粹将奥地利并入德意志帝国的问题上，他与纳粹德国分歧很大，并深感忧虑。一战结束奥匈帝国解体后，意大利一直控制着上阿迪杰（Alto Adige）地区。该地区讲德语的人的问题是德国和意大利之间关系严重紧张的潜在根源。然而，在他残酷攻打阿比西尼亚后，受到国际联盟的直接排斥。这使他坚定地认为，从长远来看，他不应该站在民主国家一边。他确信未来属于法西斯主义和各种形态的独裁政府。这种政府是抵御苏俄社会主义政府的一道围墙，已发展至西班牙、希腊和罗马尼亚，更远的国家还有德国和波兰。因此，1938年墨索里尼引进德国式的反犹太立法，表明他热切地想把意大利与第三帝国捆绑在一起，这让大部分民众感到困惑。

战前，地中海的两个法西斯大国——墨索里尼领导的意大利（*292a*）和佛朗哥领导的西班牙，有着共同的利益。内战期间，希特勒和墨索里尼都曾向佛朗哥提供援助。然而，佛朗哥试图压制所有不同意见的努力没有成功。加泰罗尼亚却保持了相对独立的态度，即使只能通过在巴塞罗那大教堂广场前跳萨尔达纳舞这样的方式来表现自己亦感到满足。（*292b*）

第一次世界大战将长久以来一直统治地中海东部地区的、摇摇欲坠的奥斯曼帝国拖入冲突之中，影响了地中海的局势；而第二次世界大战则以完全不同的方式影响了地中海。一方面，意大利未能履行与希特勒的协议，在希腊、南斯拉夫和北非的战斗中战况不佳；另一方面，意大利军官经常作为法国南部和南斯拉夫的犹太人以及其他受迫害的少数民族的“人道主义捍卫者”而名声大噪。意大利人害怕盟军入侵撒丁岛（也许在任何情况下都是无意义的军事行动），却没有注意到盟军的真正目标是西西里岛。无论如何，1943年意大利的将军们推翻墨索里尼的统治并改变此前立场，但这并不意味着恐怖的结束。意大利人并未在马耳他成功立足。1940至1943年期间，德国和意大利围困马耳他，而英国人坚定地打响保卫战，这是马耳他岛遭受的第二次围困。瓦莱特在大约400年前遭受土耳其围困后修建的防御工事，这时成为盟国争夺地中海航道控制权的前线，所有这些都意味着盟军可以通向原来属于英国而现在已被日本帝国军队占领的印度和远东地区了。如果德国人成功地击溃了集结在埃及边境的英国和英联邦的军队，那么不但在地中海，整个战争的进程都会发生决定性的改变。希特勒一直梦想着控制伊朗的石油供应。因此，向斯大林格勒进军与他试图在中东建立强大的基地密切相关。阿拉曼（El Alamein）战役的胜利（1942年）挽回了英国在中东的利益，德国人未能进入巴勒斯坦也具有重要意义。伊斯兰领袖大穆夫提（Grand Mufti）决定与希特勒交好，希望此举会阻止犹太移民进入该地区，在巴勒斯坦，他的追随者和犹太人——包括难民、犹太复国主义者（Zionist）和古代延续下来的原住民——之间的关系一直很紧张。

地中海作为主要战场，在战胜纳粹德国的战役中发挥了决定性的作用。1943 年，英国第八军击退了隆美尔（Rommel）对埃及的攻势，在整个利比亚和突尼斯追捕隆美尔。英军与登陆北非的美国军队联合起来，并从那里侵入西西里（左上图），最终踏上意大利土地。墨索里尼遭到废黜，意大利也改变了立场。（*294l, r*）

盟军的胜利及其后果

盟军战胜纳粹的一个原因是他们采用了经由西西里岛进入意大利的策略。盟军尽管行动缓慢但却不屈不挠地沿着半岛向伦巴第平原挺进。墨索里尼（戏剧性地从囚禁中逃脱）在加达湖（Lake Garda）附近的几个小镇尤其是萨罗镇（Saló）东山再起。“萨罗共和国”（Saló

Republic）由此得名，是一个完全由德国操控的傀儡国，它挡住了通往奥地利阿尔卑斯山的去路。然而，这场胜利并不只是西方民主国家的胜利。纳粹在南斯拉夫的暴行使中部和南部的塞尔维亚人痛苦不堪，导致了激进党派的抵抗。同盟国不相信保守的切特尼克（Chetniks）会继续抗敌，最终决定支持共产党。结果一个与意大利和奥地利接壤的共产党国家建立起来，同时也为了吞并阿尔巴尼亚。铁托本人是混血，他能够成功地将斯洛文尼亚人、克罗地亚人、波斯尼亚人、塞尔维亚人和马其顿人组织到一起。铁托元帅利用了西方对斯大林的日益关注以及后来苏联领导人虽有策略但仍不妥协的立场，试图创建一个与西方保持良好关系的社会主义国家。20 世纪 50 年代中期，南斯拉夫试图在美国及其北约盟友和共产国际（Comintern）之间占据第三个位置。它发起召开了包括印度在内的不结盟国家会议，一些地中海国家也参与其中，阿拉伯埃及共和国则稍晚加入。这是否导致在世界事务中出现了第三股有效力量仍有争议，但它确实使南斯拉夫政权微妙地介于苏联和西方国家之间。然而，1980 年铁托去世，这股激进的民族对抗情绪陷于停滞。在与南斯拉夫有争议的边境问题上，铁托甚至放下自尊，与意大利达成协议，将特里雅斯特割让给了意大利（作为在英美短暂保护下的"特里雅斯特自由城"）。而意大利则为那些住在伊斯特里亚沿海城镇，却在铁托统治下的意大利人（数量在日益减少）取得了安全保证。

相较而言，希腊和阿尔巴尼亚的地位更不稳定。20 世纪 40 年代末，希腊经历了内战和国家分裂的悲剧。苏联共产党人追求权力，将希腊纳入斯大林的统治范围。结果就是苏联在地中海拥有的港口和海军设施，与它长期以来在黑海拥有的港口和海军

1945年之后，东欧和巴尔干大部分地区落入了苏联的势力范围。苏联管辖的地中海（Soviet Mediterranean）险些变为现实。但是希腊最终击败了此地的共产党，并开始接管政权。根据事先的协议，斯大林并未干预此事。阿尔巴尼亚放弃苏联，与中国结盟。在铁托元帅的强力统治下，南斯拉夫得以追求独立的社会主义路线。与波兰总统戈穆尔卡（Gomulka，左图是他与铁托在游艇上的合影，*295*）不同的是，铁托顶住了苏联的压力，将塞尔维亚、克罗地亚和波斯尼亚这三个截然不同的国家团结在一起。

设施相当。共产党接管阿尔巴尼亚政权更加容易，但是，阿尔巴尼亚新任领导人恩维尔·霍查（Enver Hoxha）强烈反对铁托的政策，他坚信铁托要吞并他的国家阿尔巴尼亚，即使它并不是一个南斯拉夫人的国家。大卫和歌利亚（Goliath）之间的冲突在一场响亮的宣传战中展开。阿尔巴尼亚自称是马克思列宁主义（Marxism-Leninism）的真正代表，要与那些走资本主义道路的人和纸老虎抗争。斯大林及其继任者看到宣传战在阿尔巴尼亚发挥了作用；当霍查认为苏联是在坚持遵循严格的马克思主义路线时，这种做法很有效。20 世纪 60 年代，阿尔巴尼亚与中国——真正的社会主义国家——建立起亲密关系时，中国和苏联之间的隔阂却达到顶峰。霍查高兴地将这种情况告诉他的阿尔巴尼亚同胞们。赫鲁晓夫曾对阿尔巴尼亚领导人说，“不要为粮食担心，因为你们一整年消耗的粮食量也就有我们国家老鼠的消耗量那么多”，这明显表明苏联对霍查政权的蔑视。在中国的援助下，这里出现了有限的工业活动。因此，曾经按伊斯兰教和基督教世界对地中海进行划分的方法被“新西方”和“新东方”的划分法代替。无论是南斯拉夫还是阿尔巴尼亚都不愿意为苏联在地中海提供深水港口服务。

非殖民化（Decolonization）深深地影响了英国对地中海部分地区的控制，对法国产生了更为直接的影响。一次小规模流血战争结束后，1956 年摩洛哥爆发的独立运动保证了法国和西属摩洛哥（Spanish Morocco，休达和梅利利亚除外）达成联盟，并在古老的谢里菲王朝（Sherifian dynasty）基础上建立了一个不受欧洲监管的新国家。1956 年，哈比卜·布尔吉巴（Habib Bourguiba）领导蒂斯图尔党（Destour Party）为突尼斯争取到独立的领土，他也成为阿拉伯世界中一个温和的声音。这些都是法国在近代历史上夺得的殖民地。但阿尔及利亚从 19 世纪 30 年代开始就与法国建立了联系，情况要复杂得多。阿尔及利亚已经成为法国灵魂的一部分。事实上，拥有大城镇的北部海岸已经正式纳入法国大都市行列。法国政府、军队和民众都倾向于将阿尔及利亚脱离法国看作法国失去了一条腿。1954 年至 1962 年，阿尔及利亚发生反对法国殖民统治争取民族独立的战争。1958年，在那些强烈反对放弃阿尔及利亚的将军们的支持下，法国总统戴高乐（Charles de Gaulle）放弃了对阿尔及利亚的控制；尽管有军事阴谋要推翻他的统治，他的第五共和国（Fifth Republic）最终还是接受了无法维持局势的事实，并在公投后同意给予阿尔及利亚独立权。结果在布迈丁（Boumedienne，1965—1978年）总统等领导人的领导下，一个社会主义国家成立了。事实证明，布迈丁总统无法解决该国的许多经济问题，然而将此局势归罪于法国的遗留问题并不能解决困难。20世纪90年代，老一代领导人与伊斯兰武装分子以及阿拉伯人和柏柏尔人之间的紧张关系引发了一系列“大屠杀”。尽管2000年时情况似乎缓和了一些，但这仍然是殖民时代后期经历过的最可怕的“大屠杀”。

阿尔及利亚独立引发的另一个结果是，法属阿尔及利亚人、基督徒和犹太人大量移民至法国，特别是同阿尔及利亚有密切联系的马赛和土伦等城市。随后，成千上万的阿尔及利亚穆斯林（还有摩洛哥人和突尼斯人）移民法国，使法国的北非人口激增。和大多数北欧国家一样，法国原有人口和新移民之间的紧张关系也在加剧。20世纪90年代，极右翼的反移民候选人，尤其是那些与让－玛丽·勒庞（Jean-Marie Le Pen）的国民阵线（Front National）有关联的人，在尼斯等城市形成了一股强大的政治力量。2002年，这种紧张关系达到顶峰。当时勒庞在第一轮法国总统选举中幸存下来，成为现任总统雅克·希拉克（Jacques Chirac）的唯一挑战者。希拉克是一个不受拘束的人，后被指控腐败，左派在派系斗争中解体。尽管勒庞在总统竞选中被彻底击败，但迄今为止其所展示的能力给法国政坛带来了严重的冲击。这也提醒我们，地中海的人口比例正在发生变化。截至 2000 年，每个西欧国家都有相当数量的穆斯林人口（法国约有 500 万），其中许多人来自地中海南部或东部。法国的移民人口来自北非，而德国和荷兰的移民来自土耳其和摩洛哥。现在我们有必要看一下地中海另一端的阿拉伯人及其邻居，事实证明那里的政治关系更加微妙。

以色列与阿拉伯人

苏联对地中海的共产党领导的两个国家——南斯拉夫和阿尔巴尼亚所实行的政策的确失败了，但这并未阻止苏联与中东阿拉伯国家建立联系。1952 年是一个关键时间节点。此时，埃及旧的政权崩溃，一个由贾迈勒·阿卜杜·纳赛尔（Gamal Abdel Nasser）上校领导的军事委员会夺取政权。这个人物很复杂，他愿意把自己塑造成阿拉伯世界的斗士、不结盟运动的领袖、自己国家的政治和社会改革家、殖民主义和新殖民主义的敌人以及以色列的敌人。二战后，地中海发生了巨大的政治转变，那就是在被托管的巴勒斯坦境内建立了一个犹太国家，以此作为遭受纳粹迫害的犹太人幸存者以及在其他地方遭受迫害的犹太人的家园。从 1945 年到 1948 年，英国海军经常阻拦东欧移民进入巴勒斯坦的通道。成千上万来自阿拉伯地区的难民汇入这股洪流。一个犹太国家的问题使犹太人受到前所未有的攻击。他们的财产被没收，犹太领导人也被投入监狱。可以说，在地中海和中东地区，有 2 000 年居住史的犹太社区已被铲除。纳赛尔制定的政策不仅针对埃及的犹太人，还针对意大利人、希腊人和其他非阿拉伯人（我们很难把那些在埃及生活了很久的群体称为外国人，但他们就是以这样的身份被呈现出来）。来自叙利亚、东部伊拉克和也门的大批移民给新的以色列国（State of Israel）带来了新景象，这与开国元老们原来所设想的国家截然不同。大多数开国元老是中东欧的阿什肯纳齐犹太人。事实上，早期犹太复国主义的核心理念是回归这片土地，建立基布兹集体农场运动。理念中的平等的社会主义原则以及在工作与儿童养护方面的创新在政治与经济上意义重大。早期基布兹农场运动培养出了一代有奉献精神的军人和政治家，以色列农业学家开发的农业技术使沙漠遍地开花结果。东方犹太人（Oriental Jews）之所以能够融入以色列社会，是因为它们盼望着与半西化、半世俗化的犹太文化融合，进而达到一致。这种态度在移民中引起了一定的抵触情绪。北非犹太人中的那些西化了的、讲法语的富人阶层及精英阶层倾向于移民到法国和加拿大的魁北克地区。这种形势加剧了人们的抵触情绪，使许多在以色列的马格里布犹太人得不到其他东方和西方（oriental and occidental）犹太人群体的有效领导。此后，这种局势带来一系列社会问题，使以色列那些理想主义的国家缔造者深感震惊。

1938 年，英国正式提出了将巴勒斯坦一分为二的方案，即把英属巴勒斯坦划分为一个犹太国家和一个阿拉伯国家。1947 年，联合国确认并批准了该方案，以色列建国。阿拉伯国家反对建立犹太国家。此外，其他阿拉伯邻国对犹太国家的攻击、生活在巴勒斯坦的阿拉伯人要逃离战乱的潮流，造成了大规模的难民问题。1948 年之后，许多人被困在埃及控制的巴勒斯坦一角——加沙地带（Gaza Strip），处境悲惨。而另一些人则在 1948 年后约旦国王占领的更大地区［现在通常称为“约旦河西岸”（West Bank）］的棚户区避难。约旦国王愿意与以色列和平相处，他将巴勒斯坦一分为二，分成犹太人区和阿拉伯人区两个地区。但阿卜杜拉国王（King Abdullah）遇刺和维持统一的阿拉伯阵线的愿望使这一和平愿望不可能实现，阿拉伯人的自尊心受到了严重的打击。许多难民发现，他们无法忘记自己可以胜利地返回巴勒斯坦家园的理想。这一梦想促使他们加入了由艾哈迈德·舒凯里（Ahmad Shukairy）领导的巴勒斯坦解放组织（Palestine Liberation Organization）。新组织的章程非常明确地表明，其目的就是消灭以色列，驱逐所有犹太人。

以色列的存在极大地改变了东地中海地区的政治。1948 年，美国和苏联立即承认这个小国。自 1948 年起，以色列的生存权问题就一直主导着该地区的政治动向。以色列的基布兹（kibbutz）社会主义与苏联的社会主义完全不同，但这位苏联统治者还是热情地支持以色列的阿拉伯邻国。面对英法的抵制，纳赛尔希望将苏伊士运河收归国有，但苏联并未感到不安。从某种意义上讲以色列迅速占领了整个西奈半岛，这让埃及很丢脸。苏伊士运河战争（Suez War，1956 年）爆发的同时，苏联入侵了匈牙利。但西方将焦点汇聚于苏伊士运河战争，忽视了苏联对匈牙利进行侵略的事实。英国首相安东尼·艾登爵士（Sir Anthony Eden）并不欣赏以色列。他对苏伊士运河的痴迷使其未能认识到全球的新

在后奥斯曼帝国时代（post-Ottoman），动荡不安的地中海世界又出现了一个新变数：犹太复国主义。20 世纪初，犹太人在英国的庇护下，继续前往巴勒斯坦定居。1917 年的《贝尔福宣言》（Balfour Declaration）承诺建立一个犹太国。当时的基布兹运动——一种原始农村社会主义的理想形式，似乎是犹太国的蓝图。左图（*298*）为瞭望台上的守卫者严密监视葡萄采摘活动。纳粹对犹太人的迫害大大提高了建立犹太国的呼声。二战期间和二战以后，一船船的非法移民（下图，*298—299*）都是饱经沧桑的欧洲犹太人，他们侥幸逃脱大屠杀的迫害，又不可避免地引起周边的阿拉伯邻国对以色列不同程度的敌意。

局面，即印度已经是一个独立的共和国，能否进入印度已经不再重要。而喷气式客机的发明［1952年，“德哈维兰彗星”（de Havilland Comet）号首次飞行］使人们越来越容易到达英联邦的任何角落，苏伊士运河对英国不再至关重要。1967年后，运河停运十几年，却没有破坏英国的贸易。

真正的难题是苏联在中东地区的影响力不断增强。美国人作为资本主义－帝国主义者，对殖民国家以色列所扮演的捍卫者角色越来越明显。而苏联和阿拉伯媒体使用反犹的宣传内容，进一步塑造以色列的形象。其中一些内容似乎是从纳粹宣传材料中直接截取的。特别是通过资助埃及建造阿斯旺大坝的大型项目，苏联直接取代美国。作为最大的阿拉伯国家，埃及支持阿拉伯的团结事业，巧妙地利用自己的民族身份（法老、萨拉丁和纳赛尔本人的身份）来反对更广泛的阿拉伯团结主题。纳赛尔试图把自己标榜为阿拉伯世界的领袖。1967年，他开始引诱以色列对开往埃拉特（Eilat）的以色列船只关闭红海的蒂兰（Straights of Tiran）海峡，结果发生了“六日战争”（the Six Day War）。此次战争使他失去了西奈（Sinai），迫使他短暂下台，并失去了叙利亚和戈兰高地，甚至失去了最重要的约旦河西岸和东耶路撒冷。这对阿拉伯世界来说是一个巨大的耻辱。他们毅然拒绝与以色列谈判，并探讨以色列归还领土以换取和平的可能性。正如一位以色列政治家所说：“阿拉伯人从来没有抓住机会。”在“赎罪日战争”（Yom Kippur War）中，埃及试图收复西奈半岛。实际上这是一个僵局，但它确实使埃及总统萨达特（Sadat）和以色列强硬派政客梅纳赫姆·贝京（Menahem Begin）之间展开了长期和

当埃及人民革命推翻了君主制，结束英国特权，使苏伊士运河国有化时，埃及成为一个全新的国家。总统纳赛尔巧妙地争取到苏联的援助，却没有成为苏联的附属国。这张照片拍摄于1964年，当时苏联正为阿斯旺大坝提供资金，纳赛尔正在为尼基塔·赫鲁晓夫介绍古代卢克索（Luxor）的辉煌。（*297*）

平谈判。1982 年，西奈半岛回归埃及，双方还互换了大使。为维护和平，美国向双方提供了大量财政支持。然而，约旦河西岸问题多年没有取得重大进展，叙利亚发现很难就戈兰高地问题进行谈判。

在“六日战争”期间，人们尝试创建一个单一的阿拉伯实体。1958 年至 1961 年，叙利亚正式与埃及合并，并使用了开放式的名称“阿拉伯联合共和国”（United Arab Republic，UAR）。但是，经济压力和政治压力迫使两国很快分道扬镳。其他的统一方案层出不穷，但大多数方案只是一堆废纸。1969 年，卡扎菲上校（Colonel Gaddafi）建立了一个特立独行的大阿拉伯利比亚人民社会主义民众国（Libyan Arab People’s Jamahiriya）。尽管各方假装严肃地签署各种条约，但没有人真正想要与其联合。他自己发动的“绿色革命”（Green Revolution）是建立在社会主义、生态学和伊斯兰教基础上的独特的大杂烩，却进一步表明阿拉伯国家之间缺乏团结。他禁止在公共场合使用阿拉伯语以外的语言。伊德里斯国王统治下的石油繁荣时期，许多利比亚富人过上了享乐主义生活，此时也受到了限制。这些做法就像伊夫林·沃（Evelyn Waugh）的小说描写的情况一样，可能看起来就很滑稽。直到 2000 年左右卡扎菲才意识到，只有对地中海和世界政治采取更合作的方式，他的国家利益才能最大化。或许他也对邻国阿尔及利亚的事态发展感到担忧。那里的伊斯兰主义政党、柏柏尔人政党以及武装叛军向阿尔及利亚政府发起挑战。令人震惊的是，20 世纪 90 年代末大约有 10 万人在“大屠杀”和战事中死去。

20世纪末地中海的紧张局势

如果认为以色列和阿拉伯人之间的冲突是 20 世纪后半期地中海地区局势严重紧张的唯一根源，那就错了。这种思考方式，可能与战场上遇到的难题一样，会加剧问题的严重性。同样悬而未决的还有塞浦路斯问题。1960 年，殖民大国英国撤出，一个最初由希腊人为主要民族和人数众多的土耳其“少数民族”共享权力的共和国建立起来。此后，又爆发了残酷的暴力冲突。在第一任总统马卡里奥斯大主教（Archbishop Makarios）的领导下，塞浦路斯实现了一定程度的稳定。但土耳其仍然怀疑希腊对塞浦路斯的野心，尤其是许多希腊族塞浦路斯人认为与希腊统一（Enosis）才是未来之路。土耳其一直担心希腊会干预塞浦路斯。1974 年，这种恐惧达到顶点。土耳其入侵塞浦路斯北部，希族逃离或被驱逐出北部地区，而土族逃离或被驱逐出南部地区。塞浦路斯分裂。尽管“北塞浦路斯土耳其联邦国”（Turkish Federated State of North Cyprus）得到土耳其政府的承认，但它实际上是土耳其的一个省。尽管这一情况在其周边地区产生的影响远不及巴勒斯坦和以色列的影响，但它也确实产生了非常有益的效果。土耳其的入侵导致了希腊军人独裁的崩溃与民主的复兴。然而，国王被视为一个有争议的人物，有人认为他的错误行为是军人们在 1967 年夺取政权的首要原因。西欧热衷于给东地中海带来稳定，所以当希腊成为一个共和国时，西欧给予希腊特别照顾。尽管希腊的经济落后于其他欧洲经济共同体，希腊共和国还是在 1981 年加入了该组织。随后，希腊以最初相当严重的通胀为代价，在一定程度上缩小了差距。希腊仍是目前欧盟中受欢迎的成员国。出乎许多人的意料，希腊获得了欧元区成员国身份，并在 2002 年 1 月成为采用欧元作为本国货币的国家之一。即使欧盟为了允许希腊加入欧元区而不得不改变规则，这一成就也不应被低估。欧盟讨论是否要将范围进一步扩大到土耳其，这在希腊引起了一定程度的不安。尽管希腊和土耳其都是北大西洋公约组织的成员，而且理论上也是盟友，但几个世纪以来两国之间一直都相互猜疑。即便如此，两国都是北约成员国，而且希腊加入了欧盟，对双方在爱琴海的冒险主义都起到了强有力的遏制作用。

塞浦路斯和马耳他各自建立了独立国家后，英国放弃了它在地中海作为殖民大国的角色。然而，出于军事原因，英国还是在塞浦路斯保留了重要的“宗主管辖地”（Sovereign Bases）。在西地中海的尽头还有一个很小的殖民地，那就是直布罗陀。在佛朗哥将军的统治下，西班牙对直布罗陀的控制达到了顶峰。1965 年，他对该地区实施了西班牙式封锁，这对毗邻直布罗陀的西班牙地区的经济所造成的损害比对直布罗陀本身造成的损害还要大。直布罗陀的全民公决一致表明，他们（马耳他人、印度人、西班牙裔犹太人，当然还有西班牙人）真心地希望此地由英国统治。与此同时，英国意识到它很少有机会将直布罗陀用作防御基地。直布罗陀自身也开始多元化，并提供海上金融服务，而西班牙将这种金融服务与洗钱和毒品交易联系在一起。事实上，西班牙在休达和梅利利亚两地也有类似的问题。西班牙分别在 1415 年占领休达（最初由葡萄牙占领）和 1497 年占领梅利利亚。两地都是北非的前哨，因此西班牙认为没有理由将其移交给摩洛

希腊人和土耳其人之间早在中世纪就有着不可缓和的敌意，19世纪敌对情绪继续加剧，一战之后双方的对立再次被点燃。二战期间，希腊人被野蛮地驱逐出安纳托利亚。此后，双方的敌意在塞浦路斯岛以外的其他地方逐渐平息下来。1914年，在英国向土耳其宣战后，塞浦路斯岛上的两个族群在英国人的托管下结成了不稳定的联盟。1960年，英国人撤出希腊。在马卡里奥斯大主教的领导下，塞浦路斯的希腊人赞成与希腊联合，而土耳其人却无法接受。1974年土耳其进行军事干预后，塞浦路斯岛分裂。（*301*）

哥。2002年夏天，摩洛哥占领了非洲海岸外的西班牙领土帕斯利（Perejíl或Parsley）岛，这显然是一个滑稽的插曲。事实上，这一行动表明摩洛哥想利用直布罗陀的紧张局势和从休达出口的毒品交易，达到领土完整的诉求。这种诉求与西班牙对直布罗陀提出的诉求没有太大的区别。尽管直布罗陀面积非常小，但这一问题已经使英西关系恶化，并且影响了欧盟的政策，如金融政策和空中交通自由化等。

此外，欧盟向地中海成员国中一些较为贫穷的地区提供帮助，向意大利南部、希腊和西班牙的欠发达地区投资。意大利南部地区并未因此而腾飞，工业产出也没有显著增加。在某些地区，大量的农业补贴可能确实抑制了人们的主动性。2005年，预计会有一些其他地中海国家，如斯洛文尼亚、马耳他，还有塞浦路斯等可能加入欧盟。同时，欧盟的范围会扩大到像爱沙尼亚这样遥远的东欧国家，这将使欧盟远离地中海，进一步向中欧（斯洛文尼亚也附属于该地区）平衡。因此，很难充分考虑个别成员国的地区利益。这也是地中海全球化的一个标志，是地中海贸易和工业一体化（或者至少是地中海北部一体化）的标志。地中海的中心不再是雅典和罗马，而是布鲁塞尔和法兰克福。

北欧视野：古典历史的新形象

我们在本章前面已经讨论过，从前的古典形象是干净、精确而纯洁的。这种印象很难抹去。无论维多利亚时代价值观与古代世界的严酷现实关系如何，古典形象都是表达这种价值观的理想方式。然而，20 世纪初剑桥大学纽纳姆学院（Newnham College）的研究员简·哈里森（Jane Harrison）想到了一种对古典历史进行重新评价的激进方法，开启了研究希腊文化黑暗面的先河。研究内容包括崇拜狄俄尼索斯和其他神明的神秘宗教。显然，这是野性的、很少受约束的一面，与希腊和希腊人的传统观念格格不入。稍后出现了另一位反传统的史学家 D. H. 劳伦斯（D.H. Lawrence）。他曾参观塔昆尼亚的墓葬，古墓墙壁上刻画了伊特鲁里亚人无拘无束的生活。他在《伊特鲁里亚人的世界》（*Etruscan Places*）一书中生动地表达了自己对这种生活的喜爱。吸引他的是伊特鲁里亚艺术的纯粹与自然，而不是当时最受推崇的古典艺术毫无感情的冷漠。对他而言，伊特鲁里亚艺术意味着回归自然，是质朴的、两性间赤裸相向的、真实的而非理想的艺术。

> 对我们来说，艺术仍然是一种精心烹饪的食物——就像一盘意大利面。一穗小麦并不是“艺术”。我们需要耐心等待，等它变成纯洁的、完美的通心粉才行。对我而言，从这些凡尔赛风格的白蜡木衣柜（Volterran ash-chests）得到的乐趣比帕提侬顶部饰带雕塑（Parthenon frieze）带给我的乐趣更大。人们对审美品质感到厌倦——这种品质让一切都失去了优势，让人觉得它“被淡化了”。许多纯粹的希腊美都有这种“被淡化”的效果。然而，这种美在艺术思想中过犹不及。

在劳伦斯穿越托斯卡纳、撒丁岛和意大利湖泊的旅行中，他成功地记录了一个不同于佛罗伦萨和威尼斯同时代人那样理想化的意大利，是一个极度贫困、脱离古典和文艺复兴时期的意大利。值得一提的是，伊特鲁里亚艺术和史前撒丁岛的艺术对 20 世纪的艺术家如贾科梅蒂（Giacometti）产生了明显的影响，他那细长的雕像让人想起了努拉吉文化和伊特鲁里亚文化的作品。

19 世纪末 20 世纪初的一系列惊人发现使北欧人对地中海的看法进一步转变。他们提出了与希腊文明起源相关的问题，似乎既证实了荷马的故事有一定事实依据，又展示了一个与温克尔曼和乔伊特完全不同的前古典世界。1900 年之前，考古学家施里曼发掘了特洛伊和迈锡尼的遗址。在考古过程中他犯了很多错误，但他使我们对地中海史的理解向前推进了一步。1900 年后，亚瑟・埃文斯（Arthur Evans）在克里特的考古活动（多亏了对克诺索斯遗址富有想象力的重建）揭示了一种介于欧洲大陆和埃及之间的文明。这一文明在某些方面与埃及非常相似，如饰有壁画的宫殿、金色的餐饮器皿和奇怪的文字，它很快被称为“最早的欧洲文明”。[当然这个概念是荒谬的，因为它设定在公元前 1500 年左右欧洲就有了某种“身份”。但这个想法似乎很有吸引力，因为它表明这一时期的高端文明同时具有卢克索和迦勒底的乌尔（Ur of Chaldees）的非洲人和亚洲人的特征。] 当人们认为长腿金发的“多里安人”已经征服了“雅利安化的希腊”（Aryanized Greece，此即 20 世纪 30 年代德国政治的说法）时，克里特岛的米诺斯人和大陆的迈锡尼人到底属于什么族群仍然是一个谜。直到 20 世纪 50 年代，这个问题才得到解决。温特里斯（Ventris）

19 世纪晚期前，希腊人统治下的地中海鲜为人知。从 1870 年起，海因里希·施里曼（Heinrich Schliemann）就对特洛伊和迈锡尼进行发掘，揭示了“希腊的黑暗时代”（Greek Dark Ages，公元前第 3 个、第 2 个千年）。他在特洛伊发现的黄金珠宝被误认为是“普里阿摩斯的宝藏”（Treasure of Priam），佩戴在他希腊籍妻子索菲娅身上。（*303l*）30 年后，亚瑟·埃文斯爵士在克诺索斯向世人公开了所谓的米诺斯宫殿（Palace of Minos），同样展示了克里特岛的米诺斯文明。宫殿里面有壮观的壁画，但被埃文斯随意修复。直到 20 世纪 50 年代，他身后的这幅肖像和大量的铭文泥板才得以破译。（*303r*）

19 世纪一些勇敢无畏的旅行者，包括拜伦和金莱克（Kinglake）已经游历到巴尔干半岛的偏远地区。自中世纪以来，那里的伊斯兰传统生活方式几乎没有改变。19 世纪 40 年代，爱德华·李尔（Edward Lear）访问了阿尔巴尼亚的农村地区，并通过绘画生动地记录所见。（*304*）

现代艺术家在史前地中海文化的作品中找到了灵感，而人们发现这些作品与传统的希腊和罗马古典艺术是大相径庭的。公元前 12 世纪至前 8 世纪期间，古代撒丁岛蓬勃发展，是一个非同寻常的文化中心。意大利雕刻家阿尔贝托·贾科梅蒂对古代撒丁岛细长的青铜战士雕像十分着迷，就像亨利·摩尔（Henry Moore）对同一时期的基克拉迪斯雕像那么着迷一样。

和查德威克（Chadwick）证明克诺索斯和派洛斯等地的岛屿和内陆使用的语言与碑片上的文字是古希腊语，这与荷马长久以来的想法一致。但即使是温特里斯都曾认为那种语言可能与伊特鲁里亚语有亲缘关系，但与印欧（Indo-European）语系无关。

这是重新探索地中海的时代。地中海也不仅仅只有意大利和希腊。有些差距需要很长时间才能缩小。尽管英国一位伟大的历史学家对东罗马帝国的衰落做了较早的描述，但 19 世纪时人们对拜占庭世界的兴趣几乎没有被点燃。然而，吉本（Gibbon）已经奉劝后人不要只看到拜占庭积极的一面，因为“君士坦丁堡的

左图（*305a*）为撒丁岛战士，右图（*305b*）为 1960 年贾科梅蒂制作的青铜雕像。

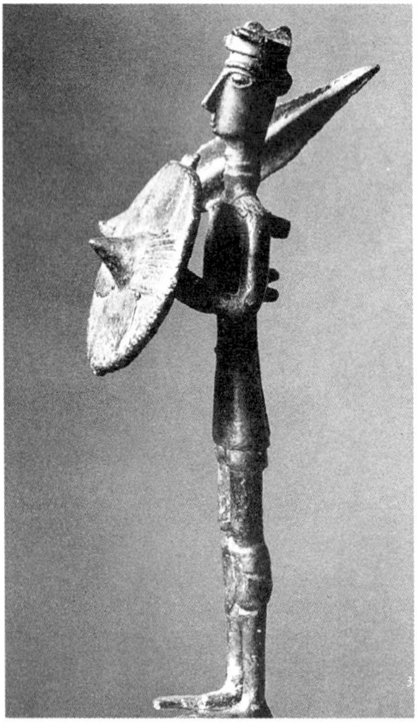

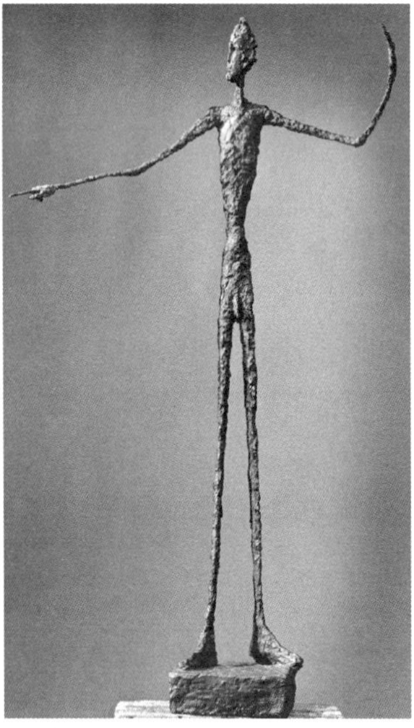

希腊人受宗教支配，这种情况只会产生仇恨与不和”。拜占庭声名狼藉，因为它在政治上耍阴谋，像基督教一样故弄玄虚。此外希腊散文与诗歌修辞过于华丽，质量低下，招致批评。这使希腊的衰落与中世纪欧洲拉丁语的崛起形成对立，或者说使希腊东正教（Greek Orthodox Christianity）与西塞罗等人提出的异教美德相对立。在探索希腊世界的古代遗址时，考古学家经常会丢弃拜占庭时期的考古发现。二战期间，英国的学术普及者朗西曼以及法国的布莱耶尔（Bréhier）和迪尔（Diehl）开始引起人们对中世纪希腊文明的广泛兴趣。此后，考古学家不再把于希腊考古遗址中发现的拜占庭时期的陶器当作垃圾扔掉。

尽管拜占庭一直保留着神秘色彩，但从19世纪晚期开始，人们认识到伊斯兰地中海的历史和艺术价值，相关的通俗作品和学术作品不断增加。在欧洲其他国家还沉溺于黑暗之中的历史时代，西班牙已经是文明的光辉灯塔了，这是非常有力的证据。19世纪末，莱因哈德·多吉（Reinhard Dozy）对伊斯兰西班牙的浪漫化研究形成了一部作品。这位荷兰作家用德文和法文创作的作品（很快就被译成英文），既强调了伊斯兰西班牙的异域特点，又保留了基督教欧洲的传统遗产。美国作家华盛顿·欧文的作品也广受欢迎。他的《阿尔罕布拉宫的故事》将《天方夜谭》（*Arabian Nights*）和伊斯坦布尔的托普卡皮萨雷宫（Topkapı Seray）的奥斯曼后宫与西班牙历史联系在一起。所有这一切都提醒人们，地中海是文化交融的中心。东方艺术家喜欢后宫和集市的主题。当然，希腊南部以外的地中海巴尔干半岛地区更加难以突破。从爱德华·李尔时代开始，勇敢的英国旅行者就潜入阿尔巴尼亚偏远地区，这一传统仍然保留；20 世纪的 20 年代和 30 年代，伊迪丝・达勒姆（Edith Durham）成为阿尔巴尼亚各部落中的女英雄，同时又记录家庭间持续不断的仇杀。然而，阿尔巴尼亚一直是一个孤立的世界，它背弃了大海，深陷狭谷之中，未曾被征服，也难以被统治。

到南方避寒

考古和历史发现都为审视地中海史提供了新方法，19 世纪末到 20 世纪中叶的连续性也很明显。地中海是一片为陆地所环绕的海洋，陆地上到处都是博物馆。博物馆记录了古代和文艺复兴时期的古典文化的传播。到访意大利南部内陆地区的旅行者的任务不仅仅是观光。牛津大学的历史学家伊芙琳・贾米森（Evelyn Jamison）主要研究西西里的诺曼王国（Norman kingdom of Sicily）。1910 年前后，她只能通过骑马或者乘坐马车快速游走于当地的档案馆之间。那里很少有旅店和饭馆，即使有也非常简陋，这也是撒丁岛的一大特色。D.H. 劳伦斯在《大海与撒丁岛》（*Sea and Sardinia*）中说道："我们见到了房间，像是一个地牢，四周空荡荡的，房间内没有铺设地板，地面也凹凸不平，房间内空气十分干燥，四周的墙壁高高的，墙面光秃秃的，上方有一扇巴掌宽的窗户，能进到房间内的光线不足，给人一种阴森森的感觉。"19 世纪末，随着"蔚蓝海岸"（Côte d'Azur）的开发，尼斯和芒通周围的一小部分地中海海岸才成为富人的游乐场。而蒙特卡洛（Monte Carlo）升级为豪华场所花费的时间更长，因为王公们决定创建海浴协会（Société des Bains de Mer）的目的不是海浴，而是赌博。也是在这个时期，意大利的水疗中心开始在蒙特卡蒂尼（Montecatini）、阿巴诺（Abano）和里米尼兴起。但是，光顾这些地方的游客主要是意大利本土人士。直到埃兹拉·庞德（Ezra Pound）的诗歌和阿德里安·斯托克斯（Adrian Stokes）的挽歌艺术的欣赏提及此处，意大利的这一地区才进入了北欧旅行者的文化意识中。20世纪下半叶，游客数量、旅行目的以及抵达地中海各地的便捷程度都发生了巨大变化。换言之，观光客取代了旅行者。

起初，人流涌入是缓慢进行的。二战以后，出现了航空、铁路和公路等便捷的交通方式，人口流动越来越方便，交通费用越来越便宜，大批人口开始流动。20世纪50年代，满载德国人和英国人的火车开始进入里米尼和附近的城镇，极大地刺激了当地的经济发展。在意大利、西班牙和希腊，大众旅游以及随之而来的新酒店和其他基础设施建设，成为经济复苏的重要途径。卫星城（Satellite towns）的规模不断扩大，以至于里乔内（Riccione）、米兰马里蒂马（Milano Marittima）和其他旅游中心开始与里米尼竞争。比萨附近也开始进行类似的开发项目，维亚雷吉奥（Viareggio）也因此成为托斯卡纳游客的交通中心，这显然满足了对佛罗伦萨和其他托斯卡纳城市艺术景点不感兴趣的那些顾客的需求，因为他们更愿意去海边度假。北欧与地中海的一日游成为地中海的标准度假模式。比萨过去和现在一直都是人们趋之若鹜的地方。盛夏时节，人们每天从沿海城镇涌入此地，欣赏比萨斜塔。

然而，飞机的出现才是真正变革的开始。经济、安全的航空旅行的实现还有待时日。英国没有直接进入地中海的铁路，非常不便，因此英国在很多方面都是先驱。英国也是航空工业的主要中心。二战期间英国成功设计出军用飞机，在此基础上，20世纪50年代末和60年代初英国又建造了大型、高效且平稳的客机，如“维克斯子爵”（the Vickers Viscount）号和“大不列颠”（the Britannia）号。由此，英国人以及后来的德国人和斯堪的纳维亚人都开始了乘机旅行。20世纪50年代，汤姆森假日公司（Thomson Holidays）开通了前往马略卡岛的定期包机服务。后来马略卡岛成为密集航空旅游的第一个目的地。当然，对于这个英国岛屿来说，让度假者乘飞机穿过欧洲前往马略卡岛是非常明智的。如果没有航空服务，前往马略卡岛的旅程会非常麻烦。便捷是航空旅行最初最容易实现的目标。到了20世纪60年代末，随着更快、更平稳的BAC 1-11型喷气式飞机的推出，交通迅速发展起来。帕尔马机场至少在夏季是全欧洲最繁忙的机场之一。到21世纪初，旅游业收入占马略卡岛经济总量的84%。尽管西班牙海岸大片的建筑开发项目带来了一定程度的繁荣，但没有任何规划，也显示出对自然景观问题的考虑不周，包括布拉瓦海岸（Costa Brava）以及几乎从法国边境一直到直布罗陀海峡的其他海岸地区。

旅行既是全球化也是民主化的表现。从英国到西班牙的旅游想法开始吸引大量来自各种背景的人，组团度假模式有助于实现这一想法。旅行者不再冒险穿越地中海地区的城乡，现在英国人、荷兰人或德国人可以在安全舒适的客厅里安排航班、酒

三十年的对比——20 世纪初尼斯的“英国人漫步大道”（Promenade des Anglais，*307l*）和 1930 年的瑞昂莱潘（*307r*），阳光普照，日光浴普及。

店、餐点，甚至是一日游。他们知道（或相信）说自己母语的代表会与当地人解决所有问题。如果你担心出国，那么大众旅游的数据就可以让你安心。当地人愿意满足外国游客的各类古怪需求，如英国人喜欢吃炸鱼薯条，爱尔兰人喜欢喝吉尼斯黑啤酒（Guinness），德国人喜欢德式香肠（Bratwurst），等等。旅行者的一些习惯也发生改变。尽管涌入博物馆或者像威尼斯这样的博物馆城市的旅游人数不应该被低估，但北欧人去意大利、希腊和西班牙不一定是为了欣赏文化。至于美国人和日本人，又是另一番景象，接待游客时必须要提供差别服务。

去国外度假或去地中海度假的直接结果是，那些去度假的人，无论穷富，都展现出明显的特征，即从西班牙或意大利回来的时候，皮肤晒得黝黑。的确，对许多人来说，去地中海度假的目的就是把皮肤晒成古铜色（tan），这已经成为财富和健康的标志。1900 年前后，只有在野外工作的人或水手才会有古铜色皮肤，而上流社会的妇女则不会有这种肤色。二战前夕，它已成为一种代表富裕的标志。现在人们把苍白与肺结核患者和办公室职员联系在一起。德国和斯堪的纳维亚半岛上发生这种变化的一个标志是“自由身体文化”（Frei-Korps-Kultur，FKK）的发展，即从 20 世纪早期开始宣扬阳光的健康功效，并建立了天体度假村（naturist resorts）[①]。然而，品位大师可可·香奈儿（Coco Chanel）的决定更有影响力。20 世纪 20 年代，她在地中海旅行之后决定要用古铜色皮肤作为时尚配饰，并身体力行成为几代女性的榜样。此

① 天体度假村又称裸体度假村。

外，对古铜色皮肤的兴趣也与不断变化的道德标准有关。对女性身体（实际上男性身体也是）的展示逐渐流行起来。1946 年，人们发明了比基尼。尽管这项新发明用了几十年时间才被广泛接受，但对女性来说是一项特别的突破，有趣的是，所谓的比基尼属于不道德形象的观念，导致佛朗哥政府在旅游早期发展阶段针对布拉瓦海岸及南部地区颁布禁令，严禁人们在西班牙海滩上穿比基尼。事实上，二战之后即使是西班牙男性在海滩上时也被要求遮盖身体。当地人尽量要避开中午的太阳，而寻求阳光和古铜色皮肤的游客的到来自然给地中海居民带来了困惑。然而，在 20 世纪 80 年代文化冲突变得更加明显，因为女性在海滩上袒胸露乳的现象变得越来越普遍。对一些人来说的自由化，意味着对另一些人来说是一种进退两难的尴尬，人们的反应各不相同。20 世纪 90 年代末，意大利的市长们仍在抓捕被指控裸露太多的女性。法国南部在自由化方面走在了前列，这并不奇怪，因为很多到法国南部的游客都是法国人。因此，法国的文化冲突相对来说并没有那么极端。法国拥有庞大的化妆品产业，人们对身体美的狂热崇拜，必然使圣特罗佩成为先锋。而保守的社会，如信奉天主教的马耳他和信奉伊斯兰教的突尼斯，采取了更严格的政策和措施，也不足为奇。南斯拉夫抓住了机会，从旅游业中获利，并取得了显著的成功。南斯拉夫人果断地建立了廉价、组织良好的以酒店为基础的度假目的地，并赢得声誉，尤其受到德国人的青睐（其中一个特色是天体度假村，令人奇怪的是铁托政权竟然鼓励发展这种度假村）。我们还可以看到西班牙对大众旅游的其他反应，这些反应揭示了地中海传统社会与北方“入侵者”之间的巨

比基尼泳装最早可追溯到古罗马。一群在西西里岛阿梅里纳宫（Piazza Armerina）的健身房里运动的女孩拼接成的镶嵌画，让新旧元素惊人地融合在一起。（*306a*）

20世纪30年代罗杰·布罗德斯（Roger Broders）创作的诱人海报中，科西嘉岛崎岖的海岸变成一望无际的海滩。（*306b*）

大反差。一些设施，如英国或德国风格的酒吧、通宵夜总会、同性恋酒吧等，是为了满足外国游客的任性要求而开发的，是出于商业需要，而非改变地中海沿岸居民的价值观以适应北欧人的品位。结果将某些地区，特别是伊比沙岛和部分马略卡岛［尤其是马盖鲁夫（Magaluf）］建成非凡的北方文化飞地（或缺乏飞地）。20 世纪 90 年代，当地政府下定决心要摆脱马略卡岛作为英国或德国人“酒后滋事”重灾区的形象。然而，长期移民已经导致社会变革。例如，德国人在马略卡岛购置了房产，甚至计划在岛上获得政治话语权。这也引发了文化冲突。一方面，政府敦促当地人更多使用当地语言——加泰罗尼亚语的一种方言；另一方面，外来定居者的文化与西班牙和加泰罗尼亚文化相去甚远。稍后我们将从另一个角度来看另一批移民，他们也开始影响地中海城镇的社会和文化生活。

尽管加那利群岛和葡萄牙声称从旅游业受益，但长期以来地中海几乎是夏季大众旅游扩张的唯一受益者。长途度假，包括佛罗里达、多米尼加共和国甚至古巴的大众旅游直到 20 世纪 90 年代才成为一种普遍现象。飞机飞行速度更快，空中航线也变得更加密集，所以富人们去更远的地方欢度长假、小长假和“城市休闲”（city breaks）假日，在 20 世纪 90 年代末也出现大幅扩张，2000 年出现了一种新趋势，航空公司间的价格战达到了顶峰。以英国和爱尔兰企业家为领导的廉价航空公司（“no frills” airlines）[①]问世，从伦敦到意大利或西班牙的航班机票价格低至 20 英镑。不

① 直译为“不提供不必要服务的航空公司”。

图中一位来自亚洲的游客正在研究米兰圣玛利亚教堂（Santa Maria delle Grazie）正面的石雕。（*309*）

对地中海旅游的狂热已经蔓延到欧洲以外的地方，来自日本和美国的游客现在经常出现在每一个著名景点。社会历史学家指出，在世俗意义上，大众旅游等同于中世纪的朝圣。就像朝圣者一样，游客通过参观文化圣地而获得某种价值；就像朝圣者一样，游客觉得有必要证明自己去过某地。合影是现代朝圣者的标志。（*308*）

地中海赛舟会（the Regatta）历史悠久，从古罗马时期、文艺复兴时期的威尼斯到现代的撒丁岛都有赛舟会。（*310—311*）

列颠群岛（British Isles）刺激地中海航空事业继续发展，但2002年英国廉价航空公司也在比利时、德国和其他地方建立了航空网络，将乘客运送到地中海。这些乘客不仅有价格意识，而且在法国南部［英国人彼得·梅尔（Peter Mayle）在其作品中讲述了他在法国的普罗旺斯度假村的生活经历后，普罗旺斯便成为旅游热门目的地］和托斯卡纳［因一首赞颂它的歌曲被喜爱意大利（Italophile）的梅尔模仿而受到追捧］购置了自己的度假别苑。南欧一些英格兰化的农村地区，特别是位于多尔多涅省（Dordogne）法属大西洋（Atlantic France）一侧，以及意大利部分地区［意大利基安蒂郡（Chiantishire）］开始借着欧洲南部农村地区航线的开通而发展起来，很多农舍都在出售；但也存在一种强大的文化虚荣心（cultural snobbery），在托斯卡纳的乡间别苑里住上两周的想法吸引着英国中上层阶级，包括其首相布莱尔（Blair）。但也应该强调一点，地中海本土人群也是狂热的旅行者，意大利旅游业的共性是以时尚服装、现代设备和意大利富人的前沿品味为特征，这已经渗透到地中海的一些偏远角落，包括潘泰莱里亚（Pantelleria，意大利拥有的岛屿，但靠近突尼斯）和希腊群岛。

地中海美食

旅游也使地中海以外的地区发生了重大的文化变化。意大利餐馆的扩张最初反映了移民模式，其提供的食物完全能够适应新环境。目前我们尚不清楚，1950 年前后，纽约将意大利面和肉丸作为主菜与意大利博洛尼亚将意大利面加酱（pasta al sugo）作为第一道菜是否有关系；也不清楚北欧人用叉子和勺子吃意大利面是否与“正宗”的意大利本土用法有关系。1970 年，比萨饼已经成为美国人的最爱，在北欧国家也得到了广泛推广。1970

年，在利古里亚和普罗旺斯以外的地区很少能见到更复杂的菜肴，如热那亚蒜酱（Genoese pesto sauce），但在北欧却能广泛传播。因此，北欧开始供应奇怪的改良食物，例如用晒干的番茄制成的红香蒜酱（red pesto）。北欧因重新诠释意大利烹饪艺术被提升到一个显赫的地位。这种酱料在意大利南部地区前所未见，如今却成了北欧的主食。除意大利外，英国和德国也将意大利面当成主食。同样，希腊餐馆（在英国，通常是由希腊族塞浦路斯人开设）、荷兰的以色列餐馆、德国的南斯拉夫和土耳其餐馆、法国的摩洛哥和突尼斯餐馆也都财源广进。有民族特色的饮食（ethnic cooking）弥补了英国、荷兰或德国食物品质粗糙的劣势，再配上来自基安蒂（Chianti）的南方葡萄酒［有著名的柳条瓶包装（wicker bottle）］、来自希腊的松香味莱其那酒（Retsina）[①]或西班牙的餐桌葡萄酒，充满了异国情调。20 世纪 80 年代末，地中海葡萄酒生产商对有关其生产劣质葡萄酒（Plonk）、无法与法国葡萄园媲美的指责敏感起来。［当然，法国本身拥有强大的烹饪传统，长期以来更能抵御外来入侵。但到了 2000 年，在普罗旺斯的城镇里，找到比萨饼比找到橄榄披萨饼（pissaladière）还容易，找到蒸粗麦粉（couscous）就像找到普罗旺斯鱼汤（bouillabaisse）一样容易。］随后，整个地中海地区对葡萄园进行大规模升级。美国葡萄酒生产商在意大利南部和萨伦蒂诺（Salentino）将 2000 年之前鲜为人知的阿普利亚葡萄酒推向世界。以色列曾因劣质葡萄酒而声名狼藉，于是，在 1967 年从叙

---

① 希腊的一种特制葡萄酒。

利亚获得的戈兰高地（Golan Heights）的葡萄园里应用加州葡萄种植法（Californian methods），取得了惊人效果。希腊和西班牙也有类似的情况。这两个国家优质的加泰罗尼亚葡萄园在欧洲和北美广受赞誉。重要的是，这些变化反映了全球化的进程。地中海的产品被装在瓶子里送到身处遥远地区的消费者手里。公平地说，这是地中海世界在500年周期内爆发的第三次饮食革命。第一次是1000年左右，在阿拉伯人统治下，外来作物如柑橘类水果的引进；第二次是1500年后，新大陆作物如玉米带来的冲击；第三次是2000年左右，地中海饮食文化向外传播。

地中海与长途旅游的融合带来更民主的特征。两次“入侵”尤为重要：一次是美国的“入侵”，另一次是日本的“入侵”。二战之前，美国人在地中海海域也有迹可循（D.H. 劳伦斯正是和一位美国朋友一起参观了伊特鲁里亚人的坟墓）。旅游线路上也有意大利、希腊、法国南部和埃及的历史遗迹，这再次反映出交通的便利。低廉的票价和完善的通信网络使人们很容易坐飞机到达大西洋彼岸的地中海。不难发现，前往罗马、佛罗伦萨或雅典的美国游客中，学生的比例很高。可以说，美国游客度假引发人们“穿便服”（dress down）的倾向，因此T恤、短裤和运动鞋成了整个欧洲年轻人和中年人的装束。日本人对欧洲文化和历史更感兴趣，以此寻找西欧经济成功的诀窍。此外，这种接触加速了日本已经快速进行的西化进程。美国、日本和北欧游客的出现已经成为经济增长的一个主要领域。但事实也证明，这种局面并不稳定，因为大西洋对岸或日本的经济低迷会周期性地给严重依赖旅游业的地中海地区的经济带来低谷。然而最严重的问题是政治动

大众旅游（Mass tourism）已经把整个地中海（少数地区除外）先变成富人的游乐场，后来这里也成了穷人的娱乐场地。在罗马的西班牙式台阶上，快乐的年轻人与巴洛克式的戏剧风格（Baroque theatricality）并没有明显冲突。但是，参观其他受欢迎的景点需要有对艺术和历史更深入且敏锐的鉴赏力。游客人数众多，可能会破坏旅游胜地值得游览的价值。他们还可能破坏地方特色，使每个国家同质化。（*311b*）

荡对旅游业收入的影响。埃及是第一个因政治动荡而经济严重受损的国家（1997 年卢克索大屠杀），随后是以色列发生的大屠杀［因 2001—2002 年巴勒斯坦起义（Palestinian uprising）］。美丽的达尔马提亚海岸和岛屿曾经是繁荣的度假胜地，它花了很长时间才从 20 世纪 90 年代的南斯拉夫解体中恢复过来。现代游客的度假路线和中世纪地中海的贸易路线一样。如果克罗地亚或以色列不安全，那么其他地方就会获得相对的优势，如塞浦路斯、马耳他、土耳其等。还有一些国家，如阿尔巴尼亚、黎巴嫩、利比亚和阿尔及利亚等，由于政治缺乏稳定或与西方的政治存在着分歧，仍有巨大的潜力尚未发挥出来。

可以说，20 世纪下半叶飞机和比基尼这两项发明改变了地中海和北欧之间的关系，但两者在技术上的巨大差异是可以想象的。

扩展阅读

导言　何为地中海?

基础研究:

Fernand Braudel, *The Mediterranean and the Mediteranean world in the age of Philip* Ⅱ, transl. S. Reynolds, 2 vols. (London, 1972); the original French edition of 1949 was reissued in 1966 also in two volumes, after extensive revision (on the evolution of this work see: E. Paris, *La genèse intellectuelle de l'oeuvre de Fernand Braudel* [Athens, 1999]).

N. Horden and S. Purcell, *The Corrupting Sea: a study of Mediterranean History* (Oxford, 2000), which is intended to be the first volume of a two-volume set.

J. Carpentier, F. Lebrun and others, *Histoire de la Méditerranée* (Paris, 1998), a collaborative work which is especially good on modern times.

文中提到的期刊:

Mediterranean Historical Review, whose founder editor was Shlomo Ben-Ami, has been published in London and edited in Tel Aviv since 1986.

Mediterranean Studies has been published in Aldershot since 1998, and previously in the USA; the Senior Editor is Richard W. Clement of the University of Kansas.

The Journal of Mediterranean Studies: History, Culture and Society in the Mediterranean World has been published at the University of Malta since 1991, and is edited by Anthony Spiteri. *al-Masāq: Islam and the medieval Mediterranean* is published in London, previously in Turnhout and before that in Leeds; the editor since its inception in 1988 has been Dionisius Agius in Leeds.

第一章　地中海的自然环境

O. Rackham and A.T. Grove, *The Nature of Mediterranean Europe: an ecological history* (New Haven, CT, 2001), with an extensive bibliography.

L. Jeftić, J.D. Milliman, G. Sestini, eds., *Climatic change and the Mediterranean* (London, 1992).

F. di Castri and H.A. Mooney, *Mediterranean type ecosystems: origin and structure* (London, 1973).

历史观点，主要是古代的:

C. Delano Smith, Western *Mediterranean Europe: a historical geography of*

Italy, Spain and southern France since the Neolithic period (London, 1979).

J.S.P. Bradford, *Ancient landscapes* (London, 1957), a classic work.

R. Sallares, *The ecology of the ancient Greek world* (London, 1991).

T. W. Potter, *The changing landscape of South Etruria* (London, 1979).

R. Meiggs, *Trees and timber in the ancient Mediterranean World* (Oxford, 1982).

荒漠化问题：

P. Mairota, J.B. Thornes, N. Geeson, eds., *Atlas of Mediterranean environments in Europe: the desertification context* (Chichester 1998).

C.J. Brandt and J.B. Thornes, eds., *Mediterranean desertification and land use* (Chichester, 1996).

J.L. Rubio and A. Calvo, eds., *Soil degradation and desertification in Mediterranean environments* (Logroño, 1996).

关于植物和林木：

P.R. Dallman, *Plant life in the world's Mediterranean climates.*

J. Perlin, *A forest journey: the role of wood in the development of civilization* (New York, 1989).

山谷、山脉与侵蚀：

J.R. McNeill, *The mountains of the Mediterranean World* (Cambridge, 1992).

C. Vita-Finzi, *The Mediterranean Valleys* (Cambridge, 1969).

本地研究选集：

A. Gilman and J.B. Thornes, *Land-use and prehistory in south-east Spain* (London, 1985).

J.V. Thirgood, *Cyprus a chronicle of its forests, land, and people* (Vancouver 1987).

O. Rackham and J.A. Moody, *The making of the Cretan landscape* (Manchester, 1996).

第二章　最早的贸易帝国

史前—约公元前 1000 年

本章在很大程度上归功于 30 年前巴西圣保罗大学历史系的保罗·佩雷拉·德·卡斯特罗教授的教学，以及 F. 穆拉里·皮雷斯的笔记，这些笔记可以在 www.usp.dh/heros 上访问。

关于欧洲和地中海的史前史：

L. Cavalli-Sforza and others, *The History and Geography of Human genes* (Princeton, NJ, 2001).

J.G.D. Clark, *Prehistoric Europe: the economic basis* (London, 1952).

D.H. Trump, *The Prehistory of the Mediterranean* (London, 1981).

V. Gordon Childe, *The Bronze Age* (London, 1943.)

R. Leighton, *Sicily before History. An archaeological survey from the Palaeolithic to the Iron Age.* (London, 1999).

J.D. Evans, *The Prehistoric Antiquities of the Maltese Islands.* (London, 1971).

重要文章合集：

E.D. Oren (ed.), *The Sea Peoples and their World: a reassessment.* (University Museum Monograph 108. Philadelphia, 2000), articles by L. Vagnetti, P. Betancourt, D. O'Connor, Silberman, I.

Singer, P. Machinist, etc.

J. Sasson, (ed.), *Civilisations of the Ancient Near East* (New York, 1995), 3 vols., articles by H.G. Jansen, G.F. Bass, T. Dothan, M.L. West, A.B. Knapp, etc.

S. Gitin, A. Mazar, E. Stern (eds.), *Mediterranean Peoples in transition: 13th to early 10th century B.C.E.* (Israel Exploration Society, Jerusalem, 1998), articles by Bunimovitz, Sherratt, etc..

西地中海和爱琴海：

R.R. Holloway, *Italy and the Aegean 3000-700 BC.* (Louvain la Neuve & Providence, RI, 1981).

V. Karageorgis, 'Cyprus and the Western Mediterranean: some new evidence for interrelations', in J.B. Carter (ed.), *The Ages of Homer* (Austin, TX, 1995).

青铜时代的爱琴海：

E. Cline, *Sailing the dark wine sea: international trade and the Late Bronze Age Aegean* (Oxford, 1994).

O. Dickinson, *The Aegean Bronze Age* (Cambridge, 1994).

J.M.C. Driessen, *The troubled island: Minoan Crete before and after the Santorini eruption* (Liège, 1997).

A.M. Sestieri, 'The Mycenaean connection and its impact on the central Mediterranean societies', in *Dialoghi d'Archeologia* (terza serie, anno 6, n. 1), pp. 23-52.

特洛伊和特洛伊战争：

T. Bryce, 'The Trojan War in its Near Eastern Context', *Journal of Ancient Civilizations*, vol. 6 (1991), pp. 2-21.

L. Foxhall and J. Davies, *The Trojan war, its history and context* (Bristol, 1984).

M. Wood, *In search of the Trojan war* (London, 1996).

青铜时代的航海与航海技术：

R.E. Gardiner, *The Age of the galley: Mediterranean oared vessels since pre-classical times* (London, 1995).

S. Wachsmann, *Seagoing ships and seamanship in the Bronze Age Levant* (London, 1998).

赫梯研究：

T. Bryce, *The Kingdom of the Hittites.* (Oxford, 1998).

J.G. MacQueen, *The Hittites and their contemporaries in Asia Minor*. London, 1996).

H.A. Hoffner, Jr, ed., *Perspectives on Hittite Civilisation: selected writings of Hans Gustav Güterbock. Assyriological Studies* (Chicago, 1997).

H.A. Hoffner, Jr, 'New Directions in the study of Anatolian texts', in K.A. Yener and H.A. Hoffner, Jr. (eds.), *New Perspectives in Hittite Archaeology and History* (Winona Lake, IN, 2002).

K.A. Yener and H.A. Hoffner, Jr (eds.), *Recent Developments in Hittite Archaeology and History. Papers in Memory of Hans G. Güterbock* (Winona Lake, IN, 2002).

关于阿希亚瓦问题：

Hans G. Güterbock, 'The Hittites and the Aegean world: part I. The *Ahhiyawa problem reconsidered', American Journal of Archaeology* 87 (1981), pp. 133-138.

Hans G. Güterbock, 'A New look at one Ahhiyawa text', in H.A. Hoffner (ed.), *Hittite and other Anatolian and Near Eastern Studies in honour of S.Alp* (Ankara, 1992).

M. Marazzi, 'La "misteriosa" terra di Ahhijawa', in M. Marazzi (ed.), *Società Micenea* (Rome, 1994), pp. 323-336.

关于"海洋人"[参见以上由奥伦(Oren)编辑的作品集]

R.D. Barnett, 'The Sea Peoples', *Cambridge Ancient History*, vol. 2 (Cambridge, 1975), part 2.

B. Cifola, 'The Rôle of the Sea Peoples at the end of the Late Bronze Age: a reassessment of textual and archaeological evidence', *Orientis Antiqui Miscellanea*, vol. 1 (1994), pp. 1-21.

W. Dever, 'The Late Bronze Age-Early Iron I Horizon in Syria-Palestine: Egyptians, Canaanites, Sea Peoples and Proto-Israelites', in W.J. Ward (ed.), *The Crisis Years* (Dubuque, 1992), pp. 99-110.

O. Margalith, *The Sea Peoples in the Bible* (Wiesbaden, 1994).

A. Raban and R. Stieglitz, 'The Sea Peoples and their contribution to civilization', *Biblical Archaeological Review* vol. 17, part 6 (1991).

N.K. Sandars, *The Sea Peoples.Warriors of the Ancient Mediterranean*. (London, 1978).

I. Singer, 'The Origin of the Sea Peoples and their settlement on the coast of Canaan', in M.L. Heltzer (ed.), Society and economy in the eastern Mediterranean (Leuven, 1998), pp. 239-250.

关于青铜时代体系的崩溃:

R. Drews, *The end of the Bronze Age: changes in warfare and the catastrophe ca.1200 BC*. (Princeton, NJ, 1993).

M.L. Heltzer and Lipinsky, E. (eds.), *Society and economy in the Eastern Mediterranean (c.1500-1000 BC.)* (Leuven, 1998), pp. 251-260.

S. Sherratt, 'Circulation of metal and the end of the Bronze Age in the Eastern *Mediterranean*', in C.F.Pare (ed.), *Metals make the World go round* (Oxford, 2000), pp.82-98.

C.S. Mathers (ed.), *Development and Decline in the Mediterranean Bronze Age*. (Sheffield, 1994).

关于腓力斯人:

J.F., Brug, 1985, A Literary and archaeological study of the Philistines (BAR International Series 265, Oxford, 1985).

I. Singer, 'Egyptians, Canaanites and Philistines in the period of the emergence of Israel', in I. Finkelstein & N. Na'aman (eds.), *From Nomadism to Monarchy*, (Jerusalem, 1994), pp.282-338.

C.S. Ehrlich, *The Philistines in Transition: a history from ca. 1000-730 B.C.E.*. (Leiden, 1996).

R.A. Macalister, *The Philistines, their history and civilization* (Oxford, 1914).

关于塞浦路斯的重要性:

On the Importance of Cyprus see the article by N.P. Lemche in Sasson's volume [above] and:

A.M. Snodgrass, 'Cyprus and the beginning

of Iron technology in the Eastern Mediterranean', in J.D.M. Muhly (ed.), *Early Metallurgy in Cyprus: 4000-500 BC* (Nicosia, 1982), pp. 285-324.

关于宗教的作用：

L.E. Roller, *In Search of God the Mother: the cult of the Anatolian Cybele* (Berkeley, CA, 1999).

第三章　争夺海路之战

公元前1000—前300年

迈锡尼时期：

A.F.Harding, *The Mycenaeans and Europe* (London, 1984).

M.Cultraro, *L'anello di Minosse* (Milan, 2001).

关于铁器时代初期希腊世界的爱奥尼亚人移民和族群结构：

F.Cassola, *La Ionia nel mondo miceneo* (Naples, 1957).

M.Sakellariou, *La migration grecque en Ionie* (Athens, 1958).

A.M.Snodgrass, *The Dark Age of Greece. An Archaeological Survey of the 11th to the 8th Centuries BC.* (Edinburgh, 1971).

V.R.d'A.Desborough, *The Greek Dark Ages* (London, 1972).

C.J.Emlyn-Jones, *The Ionians and Hellenism. A Study of the Cultural Achievement of the Early Greek Inhabitants of Asia Minor* (London 1980).

D.Musti (ed.), *Le origini dei Greci. Dori e mondo egeo* (Roma-Bari, 1985).

See also the collection *Griechenland, die Ägäis und die Levante während der 'Dark Ages'* (Vienna, 1983).

关于希腊殖民：

T.J.Dunbabin, *The Western Greeks* (Oxford, 1948).

T.J.Dunbabin, *The Greeks and their Eastern Neighbours* (London, 1957).

J.Bérard, *La colonisation grecque de l'Italie méridionale et de la Sicile*, 2nd ed. (Paris, 1957).

J.Boardman, *The Greeks Overseas*, 2nd ed. (London, 1973).

E.Lepore (ed.), *Contribution à l'étude de la société et de la colonisation eubéennes* (Paris-Naples 1975).

A.J.Graham, *Colony and Mother City in Ancient Greece*, 2nd ed. (Chicago, 1983).

M.Casevitz, *Le vocabulaire de la colonisation en grec ancien* (Paris, 1985).

I.Malkin, *Religion and Colonization in Ancient Greece* (Leiden, 1987).

E.Lepore, *Colonie greche dell'Occidente antico* (Rome, 1989).

P.Rouillard, *Les Grecs et la péninsule ibérique du VIIIe au IVe siècle avant Jésus-Christ* (Paris, 1995).

关于古代航海和贸易活动：

H.Knorringa, *Emporos. Data on Trade in Greek Literature from Homer to Aristotle* (Utrecht 1926).

J.S.Morrison-R.T.Williams, *Greek Oared Ships 900-322 B.C.* (Cambridge 1968).

L.Casson, *Ships and Seamanship in the Ancient World*, 2nd ed. (Baltimore, 1995).

M.Gras, *La Méditerranée archaïque* (Paris 1995).

M.Giuffrida Ientile, *La pirateria tirrenica. Momenti e fortuna* (Rome, 1983).

G. Bunnens, *L'expansion phénicienne en Méditerranée* (Brussels-Rome, 1979).

H.G. Niemeyer (ed.), *Phönizier im Westen* (Mainz, 1982).

M.E. Aubet, *Tiro y las colonias fenicias de Occidente* (Barcelona, 1987).

M.Gras, P.Rouillard, J. Teixidor, *L'univers phénicien* (Paris 1989).

关于希腊贸易：

L. Breglia, 'Le antiche rotte del Mediterraneo documentate da monete e pesi', in *Rendiconti dell'Accademia di Napoli* 30 (1955), 211-326.

E.Will, *Korinthiaka. Recherches sur l'histoire et la civilisation de Corinthe des origines aux* guerres médiques (Paris 1955).

A. Mele, *Il commercio greco arcaico. Prexis ed emporie* (Cahiers du Centre J.Bérard 4, Naples, 1979).

A.W. Johnston, *Trademarks on Greek Vases* (Warminster 1979).

M. Mello (ed.), *Il commercio greco nel Tirreno in età arcaica: Studi in memoria di M. Napoli*, (Salerno 1981).

A. Bresson, P.Rouillard (eds.), *L'emporion* (Paris, 1993).

关于优卑亚贸易：

D. Ridgway, *L'alba della Magna Grecia* (Milano 1984); English edition: *The first Western Greeks* (Cambridge, 1992).

M.Bats, B.d'Agostino (eds.), *Euboica. L'Eubea e la presenza euboica in Calcidica e in Occidente: Atti del Convegno internazionale di Napoli, 13-16 Novembre 1996* (Naples, 1998).

关于希腊的东西方贸易：

Les céramiques de la Grèce de l'Est et leur diffusion en occident: Atti del Colloquio del Centre J.Bérard-Napoli 1976 (Rome, 1978).

C. Vandermersch, *Vins et amphores de Grande Grèce et Sicile (IVe-IIIe s. avant J.-C.)*, (Naples, 1994).

关于伊特鲁里亚贸易：

M.Cristofani, *Gli Etruschi del mare* (Milano 1983).

Il commercio etrusco arcaico: Atti dell'Incontro di studio, 5-7 dicembre 1983 (Rome, 1985).

M.Gras, *Trafics tyrrhéniens archaïques* (Rome, 1985).

第四章 “我们的海”的生成

公元前 300—500 年

P. Horden and N. Purcell, *The Corrupting Sea. A Study of Mediterranean History* (Oxford, 2000) 是迄今为止关于古代和中世纪时期地中海最广泛和细致的讨论。

C. Starr, *The Influence of Sea Power in Ancient History* (Oxford, 1989) 更简明但更深刻。

亚历山大大帝死后的希腊世界：

G. Shipley, *The Greek World after Alexander 393-30 BC* (London, 2000).

关于罗马崛起为地中海强国：

E.D. Rawson, 'The Expansion of Rome' in *The Roman World*, edited by J. Boardman, J. Griffin, and O. Murray (Oxford, 1988), pp. 39-59.

关于希腊化的以及后来这一时期的罗马战舰：

J.S. Morrison, 'Hellenistic oared warships 399-31 BC', and B. Rankov 'Fleets of the Early Roman Empire 31 BC-AD 324', in *The Age of the Galley*, ed. R. Gardiner and J. Morrison (London, 1995), pp. 66-77 and pp. 78-85.

广义的船舶与航海的基础资料：

L. Casson, *Ships and Seamanship in the Ancient World* (Princeton, 1971) is fundamental, and: P. Janni, *Il Mare degli Antichi* (Bari, 1996).

水下考古：

P.A. Gianfrotta and P. Pomey, *Archeologia Subacquea: storia, tecniche, scoperte e relitti* (Milan, 1980).

Also: *History from the Sea. Shipwrecks and Archaeology*, edited by P. Throckmorton (London, 1987).

For what may, and may not, legitimately be deduced from shipwreck evidence A.J. Parker is the expert, -most recently, 'Sea transport and trade in the ancient Mediterranean', in *The Sea and History*, ed. by E.E. Rice (Stroud, 1996).

关于罗马商船吨位的最佳讨论：

P. Pomey and A. Tchernia, 'Le tonnage maximum des navires de commerce romains', *Archaeonautica* 2 (1978), pp. 233–51.

关于罗马贸易组织的复杂性：

K. Hopkins, 'Models, ships and staples' in *Trade and Famine in Classical Antiquity*, ed. P. Garnsey and C.R. Whittaker (Cambridge, 1983) pp. 84-109, 'Introduction' in *Trade in the Ancient Economy*, edited by P. Garnsey, K. Hopkins, and C.R. Whittaker (London, 1983) pp. ix - xxv, and 'Roman trade, industry and labour' in *Civilization of the Ancient Mediterranean*, edited by M. Grant and R. Kitzinger (New York, 1988) vol. 2, pp. 755-777.

A recent, lively, contribution, with a different slant, is J. Paterson, 'Trade and traders in the Roman world: scale, structure, and organisation' in Trade, Traders and the Ancient City, ed. H. Parkins and C. Smith (London, 1998) pp. 149-167.

J. Rougé, *Recherches sur l'organisation du commerce maritime en Méditerranée sous l'empire romain* (Paris, 1966) is still a quarry of information and ideas.

Discussion of the Murecine tablets is in L. Casson, 'The role of the State in Rome's grain trade', *Ancient Trade and Society* (Detroit, 1984) pp. 96-116, and of the Vienna papyrus in L. Casson, 'P. Vindob. G. 40822 and the shipping of goods from India', *Bulletin of the American Society of Papyrologists*, 23, 1986, pp. 73-79.

Basic for an understanding of Rome's trade beyond the frontiers with the East is L. Casson's introduction, translation, and commentary on *The Periplus Maris Erythraei* (Princeton, 1989), and his article, 'Rome's trade with the East: the sea voyage to Africa and India', *Ancient Trade and Society* (Detroit, 1984), pp. 182-198.

The outstanding single study of a Roman port is A.M. McCann, *The Roman*

Port and Fishery of Cosa (Princeton, 1987), which besides the exemplary study of the harbour and its trade, has fascinating inform-ation on fishing and the production of garum, fish sauce.

For harbours in general see the useful surrey by D. Blackman, 'Ancient harbours in the Mediterranean', *International Journal of Nautical Archaeology* 11, 1982, pp. 79 ff (with extensive bibliography).

The classic study of Ostia is R. Meiggs, *Roman Ostia* (Oxford, 1973); for the harbour at Portus see G.E. Rickman, 'Portus in Perspective', in '*Roman Ostia' Revisited*, ed. A. Gallina Zevi and A. Claridge (London, 1996), pp. 281-91; for the port area in the city of Rome see E. Rodríguez Almeida, *Il Monte Testaccio: ambiente, storia, materiali* (Rome, 1984). A succinct and perceptive account of the functioning of the whole port system is given by D.J. Mattingly and G.S. Aldrete 'The Feeding of Imperial Rome: the Mechanics of the Food Supply System' in *Ancient Rome. The Archaeology of the Eternal City*, ed. J. Coulston and H. Dodge (Oxford, 2000), pp. 142-65.

On the late Roman Empire in its widest context is A. Cameron, *The Mediterranean World in Late Antiquity AD* 395-600 (London, 1993).

第五章 地中海的解体

500—1000 年

与海洋和海上贸易相关的材料比较集中。当然，蛮族入侵相关文献数量巨大，可以从 18 世纪爱德华·吉本（Edward Gibbon）的作品和 19 世纪托马斯·霍奇金（Thomas Hodgkin）的作品开始。查尔斯·迪尔、路易·布莱耶尔和 J. B. 伯里（Bury）开了关于早期拜占庭研究的先河（法国的学术作用尤其引人注目）；对于伊斯兰教的兴起，没有任何作品可以和 B. 刘易斯（Lewis）的《历史上的阿拉伯人》（The Arabs in History，伦敦，1950 年，以及后期版本）相媲美。

论海洋与舰队在海上的活动：

J.H. Pryor, *Geography, technology and war: studies on the maritime history of the Mediterranean* (Cambridge, 1988).

关于西罗马帝国的崩溃对贸易的影响：

R. Hodges and D. Whitehouse, *Mohammed, Charlemagne and the Origins of Europe* (London, 1983), C.J. Wickham, 'Marx, Sherlock Holmes and late Roman commerce' (review discussion), JRS 78, 1988, pp. 189 - 93, and G.E. Rickman, 'Mare Nostrum' in *The Sea and History*, ed. E.E. Rice (Stroud, 1996), pp. 1 - 14.

A brief guide to the debates is supplied by *The Pirenne Thesis: Analysis, Criticism and Revision*, ed. Alfred Havighurst (Lexington: Heath, 1969).

关于中世纪早期横跨地中海的贸易也有大量重要的重新评估资料：

M. McCormick, *Origins of the European economy* (Cambridge, 2001).

有关旧观点（不准确，有误）：

A.R. Lewis, *Naval power and Trade in the Mediterranean, AD* 500-1100 (Princeton, NJ, 1951).

对地中海西部研究很有帮助的材料：

J. Haywood, *Dark Age Naval Power* (London, 1991)

关于阿马尔菲：

A. Citarella, *Il commercio di Amalfi nell'alto Medioevo* (Salerno, 1977).

M. del Treppo and A. Leone, *Amalfi medioevale* (Naples, 1977).

B. Kreutz, 'The ecology of maritime success: the puzzling case of Amalfi', *Mediterranean Historical Review*, vol. 3 (1988), pp. 103-13.

关于经冢商人：

S.D. Goitein, *A Mediterranean Society: the Jewish communities of the Arab world as portrayed by the documents of the Cairo Genizah, vol. 1, Economic Foundations* (Berkeley, 1967), followed by a further five volumes up to 1993.

关于伊斯兰西班牙请特别注意以下内容：

O.R. Constable, *Trade and traders in Muslim Spain: the commercial realignment of the Iberian peninsula* (Cambridge, 1994; Spanish ed., Barcelona, 1997).

X. de Planhol, *L'Islam et la mer* (Paris, 2000).

关于拜占庭的文献：

H. Ahrweiler, *Byzance et la Mer* (Paris, 1966).

第六章　中世纪后期的地中海 1000—1500 年

此阅读清单再次集中于商业交易内容，而其他章节内容是关于拉丁人对东地中海的殖民。

一般性研究包括：

M. Tangheroni, *Commercio e navigazione nel Medioevo* (Rome-Bari, 1996), a survey by one of Italy's leading medieval historians.

R.S. Lopez, *The commercial revolution in the Middle Ages* (Englewood Cliffs, NJ, 1971).

G. Jehel, *La Méditerranée médiévale de 350 à 1450* (Paris, 1992).

R.S. Lopez and I.W. Raymond, *Medieval trade in the Mediter-ranean World* (New York, 1968), which is a collection of key documents with commentaries.

其他有价值的论文集：

B. Garí (ed.), *El Mundo mediterráno de la Edad Media* (Barcelona, 1987), with essays by Pistarino, Lopez, Goitein and others.

M. Balard (ed.), *État et colonisation au Moyen Âge et à la Renaissance* (Lyon, 1989).

M. Balard and A. Ducellier (eds.), *Le partage du monde: échange et coloni-sation dans la Méditerranée médié-vale* (Paris, 2000).

G. Airaldi (cd.), *Gli Orizzonti aperti. Profili del mercante medievale* (Turin, 1997), a collection of reprinted essays by Le Goff, Lopez, Sapori, Heers, Abulafia and others .

D. Abulafia and N. Berend (eds.), *Medieval*

Frontiers: concepts and practices (Aldershot, 2002).

关于欧洲贸易中心（从西方到东方）参见：

J. Guiral-Hadziïossif, *Valence, port méditerranéen au XVe siècle(1410-1525)* (Paris, 1986).

A. Furió, ed., *València, un mercat medieval* (Valencia, 1985).

S. Bensch, *Barcelona and its rulers, 1096-1291* (Cambridge, 1995).

M. del Treppo, *I mercanti catalani e l'espansione della Corona d'Aragona nel XV secolo* (Naples, 1972; Catalan edition, Barcelona, 1976.

F. Fernández-Armesto, *Before Columbus: exploration and colonisation from the Mediterranean to the Atlantic, 1229-1492* (London, 1987), and the same author's Barcelona: 1000 years of a city's past (Oxford, 1991).

D. Abulafia, *A Mediterranean Emporium: the Catalan Kingdom of Majorca* (Cambridge, 1994).

P. Macaire, *Majorque et le comm-erce international* (1400-1450 environ) (Lille, 1986).

C.-E. Dufourcq, *La vie quotidienne dans les ports méditerranéens au Moyen Âge: Provence-Languedoc-Catalogne* (Paris, 1975).

E. Bach, *La Cité de Gênes au XIIe siècle* (Copenhagen, 1955).

J. Heers, *Gênes au XVe siècle: civilisation méditerranéenne, grand capitalisme, et capitalisme populaire* (Paris, 1971: or the longer version of the same work, Paris, 1961).

F.C. Lane, *Venice: a maritime republic* (Baltimore, MD, 1973) remains the standard history of Venice, though somewhat adulatory in tone.

F.C. Lane, *Venetian ships and shipbuilders of the Renaissance* (Baltimore, 1934).

S.M. Stuard, *A state of deference: Ragusa/Dubrovnik during the medieval centuries* (Philadelphia, 1992).

B. Krekic, *Dubrovnik in the 14th and 15th centuries: a city between East and West* (Norman, OK, 1967).

地中海中部和东部的中心与国家之间的关系：

D. Abulafia, *The Two Italies: economic relations between the Norman Kingdom of Sicily and the northern communes* (Cambridge, 1977; Italian ed., Naples, 1991).

H. Bresc, *Un monde méditerranéen: Économie et Société en Sicile* 2 vols. (Rome-Palermo, 1986).

F. Thiriet, *La Romanie vénitienne au Moyen Âge* (Paris, 1975), which includes Crete.

M. Balard, *La Romanie génoise, XIIIe-début du XVe siècle*, 2 vols. (Rome-Genoa, 1978), extending into the Black Sea.

G. Airaldi and B.Z. Kedar (eds.), *I comuni italiani nel regno di Gerusalemme* (Genoa, 1987), articles in Italian, English and other languages, for the Latin Kingdom of Jerusalem.

P. Edbury, *The Kingdom of Cyprus and the Crusades, 1191-1374* (Cambridge, 1991).

就利凡特贸易而言，最近的出版的综合性文献：

E. Ashtor, *Levant trade in the later Middle Ages* (Princeton, NJ, 1983).

政治对抗及其与经济发展的关系请参见：

D. Abulafia, *The Western Mediter-ranean Kingdoms, 1200-1500: the struggle for dominion* (London, 1997; Italian edition, Rome-Bari, 1999).

第七章 中东地区的振兴 1500—1700 年

F. Braudel, *The Mediterranean and the Mediterranean World in the Age of Philip Ⅱ*. 2 vols. (London, 1973) is the obvious starting-point.

关于北非，请特别注意以下文献：

A. Hess, *The Forgotten Frontier: A History of the Sixteenth Century Ibero-African Frontier* (Chicago, 1978).

关于 16 世纪地中海战争的讨论很大程度上依赖于：

John Guilmartin, *Gunpowder and galleys: changing technology and Mediterranean warfare at sea in the sixteenth century* (Cambridge, 1974)

关于意大利与土耳其关系的一项重要研究：

K. Fleet, *European and Islamic trade in the early Ottoman state: the merchants of Genoa and Turkey* (Cambridge, 1999).

以下文献中可以找到关于奥斯曼帝国崛起的生动的概括性描述：

S. Runciman, *The Fall of Constan-tinople* (Cambridge, 1965).

土耳其学者哈利·伊纳尔齐克撰写了几篇重要的研究报告：

H. Inalcık, *The Ottoman Empire: The Classical Age 1300-1600* (London, 1973). See also: H. Inalcık, 'The Question of the Closing of the Black Sea under the Ottomans', *Archeion Pontou* 35 (1979): pp.74-110; and H. Inalcık, 'Bursa and the Silk Trade', in *An Economic and Social History of the Ottoman Empire*, ed. Halil Inalcık with Donald Quataert. (Cambridge, 1994), p.219.

C. Kafadar, *Between Two Worlds: The Con-struction of the Ottoman State* (Berkeley, 1995). Kafadar discusses frontier society at length.

关于土耳其人和非伊斯兰宗教团体的关系，参见：

P. Konortas, 'From Tâ'ife to Millet: Ottoman Terms for the *Ottoman Greek Orthodox Community', in Ottoman Greeks in the Age of Nationalism* ed. Dimitri Gondicas and Charles Issawi (Princeton, NJ, 1999).

C.Wardi, 'The Question of the Holy Places in Ottoman Times', in *Studies in Palestine During the Ottoman Period* ed. Moshe Ma'oz (Jerusalem, 1975).

Charles Frazee, *Catholics and Sultans: The Church and the Ottoman Empire* 1453-1923 (Cambridge, 1983).

M. Zilfi, 'The Kadızadelis: discordant revivalism in seven-teenth-century Istanbul', *Journal of Near Eastern Studies* 95 (1986), pp. 251-69.

M. Greene, *A Shared World: Christians and Muslims in the Early Modern Mediterranean* (Princeton, NJ, 2000).

更多内容请参见：

X. de Planhol, *Les minorités en Islam* (Paris, 1997).

音乐相关文献：

W. Feldman, Music of the Ottoman Court: *Makam, Composition and the early Ottoman instrumental repertoire* (Berlin, 1996).

西方的发展进步可参见以下文献：

D. Sella, 'Crisis and Transformation in Venetian Trade,' in *Crisis and Change in the Venetian Economy* (London,1968).

利凡特贸易：

Paul Masson, *Histoire du commerce français dans le Levant au XVII siècle* (Paris, 1896).

R. Mantran, *Istanbul dans la Seconde Moitié du XVIII Siècle* (Institut Français d'Archéologie d'Istanbul, Paris, 1962).

海盗：

P. Earle, *Corsairs of Malta and Barbary* (London, 1970).

G.Fisher, *Barbary Legend: War, Trade and Piracy in North Africa* 1415-1830 (Oxford, 1957).

A. Tenenti, *Piracy and the Decline of Venice* 1580-1615 (London, 1967).

士麦那和里窝那的崛起：

D. Goffman *Izmir and the Levantine World* 1550-1650 (Seattle, 1990).

M.-C. Engels, *Merchants, Interlopers and Corsairs: The 'Flemish' Community in Livorno and Genoa* (1615-1635) (Hilversum, 1997).

Merci e Monete a Livorno in Età Granducale, ed. Silviana Balbi de Caro (Milan, 1997).

马耳他骑士：

R. Cavaliero, 'The Decline of the Maltese Corso in the XVIIIth Century', *Melita Historica* (1959).

H.J.A. Sire, *The Knights of Malta* (New Haven, CT, 1994).

其他有趣的研究包括：

T. Philipp, *The Syrians in Egypt 1725-1975* (Stuttgart, 1985).

B.J. Slot, *Archipelagus Turbatus: Les Cyclades entre colonization latine et occupation ottomane c.1500-1718* (Nederlands Historisch-Archaeologisch Instituut, Istanbul, 1982).

A. Salzmann, 'An Ancien Regime Revisited: "Privatization" and Political Economy in the Eighteenth Century Ottoman Empire', *Politics and Society*, 21 (1993), pp.393-423.

意大利：

E. Cochrane with J. Kirshner, *Italy* 1530-1630 (London, 1988).

J.A. Marino, *Early Modern Italy*, 1550-1796 (Oxford, 2002).

T.J. Dandelet, *Spanish Rome*, 1500-1700 (New Haven, CT, 2001).

第八章　欧洲列强的战场 1700—1900 年

常用文献：

Jeremy Black, *Europe in the Eighteenth Century* (2nd ed., Basingstoke, 1999).

Jeremy Black, *European International*

Relations 1648-1815 (Basingstoke, 2002).

关于西班牙布莱克威尔历史的相关卷宗可参考：

John Lynch, *Bourbon Spain 1700-1808* (Oxford, 1989).

C.J. Esdaile, *Spain in the Liberal Age: from Constitution to Civil War*, 1808-1939 (Oxford, 2000).

意大利：

J.A. Marino, *Early Modern Italy*, 1550-1796 (Oxford, 2002).

D. Carpanetto and G. Ricuperati, *Italy in the age of reason*, 1685-1789 (London, 1987).

H. Gross, *Rome in the age of Enlightenment* (Cambridge, 1990).

土耳其的统治：

P.F. Sugar, *Southeastern Europe under Ottoman rule*, 1354-1804 (1983).

关于文化认知和传输的重要形式的文献：

J. Black, *Italy and the Grand Tour* (New Haven, CT, 2003).

大不列颠的作用和海军力量投射：

Jeremy Black, *Britain as a Military Power* 1688-1815 (London, 1999).

第九章　全球化的地中海 1900—2000 年

J. Carpentier, F. Lebrun and others, *Histoire de la Méditerranée* (Paris, 1998).

关于 20 世纪后期更广泛的政治局面的文献，请参见：

David Reynolds, *One world divisible: a global history since 1945* (London, 2000).

法国在阿尔及利亚及其邻国生成的不同路径：

关于北非：

P. Laffont, *Histoire de la France en Algérie* (Paris, 1980).

M. Bennoune, *The making of contemporary Algeria, 1830-1967: colonial upheavals and post-independence development* (Cambridge, 1988).

J.-P. Sartre, *Colonialism and Neocolonialism* (London, 2001) is an important text (translated from his Situations V), whatever one thinks of Sartre's position. So too F. Fanon, *The Wretched of the Earth* (New York, 1965, with a preface by J.-P. Sartre).

关于自由主义、法西斯主义的意大利的相关文献：

A. Lyttleton, ed., *Liberal and Fascist Italy* (Oxford, 2001).

R.J.B. Bosworth, *Italy, the least of the great powers: Italian foreign policy before the First World War* (Cambridge, 1979).

R. De Felice and L. Goglia, *Musso-lini: il mito* (Rome-Bari, 1983).

D. Mack Smith, *Mussolini's Roman Empire* (London, 1976).

R.J.B. Bosworth, *Mussolini* (London, 2000).

关于西班牙的文献：

H. Thomas, *The Spanish Civil War* (London, 1961) remains a classic.

P. Preston, *Franco: a biography* (London, 1993).

关于土耳其的文献：

B. Lewis, *The emergence of modern Turkey* (London, 1961), by an excellent historian who falters badly, however, on the question of Armenia.

G.L. Lewis, *Modern Turkey* (London, 1974).

关于以色列建国的文献：

N. Bethell, *The Palestine Triangle: the struggle between the British, the Jews and the Arabs, 1935-48* (London, 1979) is very judicious.

M. Gilbert, Israel: *a history* (London, 1998).

A. Shlaim, *The Iron Wall: Israel and the Arab world* (London, 2000).

M. Oren, *Six Days of War: June 1967 and the making of the modern Middle East* (Oxford, 2002).

关于旅游的文献：

B. Korte, C. Harvie, R. Schneider, H. Berghoff, *The making of modern tourism: the cultural history of the British experience, 1600-2000* (New York, 2000).

J. Boissevain (ed.), *Coping with tourists: European reactions to mass tourism* (Oxford, 1996).

K. Hudson, *Air Travel: a social history* (Bath, 1972) desperately needs a successor to take the story up to 2003.

L. Withey, *Grand tours and Cook's tours: a history of leisure travel, 1750 to 1915* (London, 1997).

P. Brendon, *Thomas Cook: 150 years of popular tourism* (London, 1991).

关于西班牙国内旅游业影响的文献：

M. Barke, J. Towner, M.T. Newton, eds., *Tourism in Spain: critical issues* (Wallingford, 1996).

A.M. Bernal and others, *Tourisme et développement regional en Andalousie* (Publications de la Casa de Velázquez 5 Madrid, Paris, 1979).

意大利与法国：

Touring Club Italiano, *Novant'anni di turismo in Italia, 1894-1984* (Turin, 1994).

H. Levenstein, *Seductive journey: American tourists in France from Jefferson to the Jazz Age* (Chicago, 1998).

关于时尚趋势之重要性的文献：

J. Craik, *The face of fashion: cultural studies in fashion* (London, 1994).

C. Probert, *Swimwear in Vogue since 1910* (London, 1981).

M. and A. Batterberry, *Fashion: the mirror of history* (London, 1982; American edition: Mirror, mirror, New York, 1987).

插图来源①

a = above, b = below, l = left, r = right

6a Arabic zonal world map copied from that of Al Idrisi, 1154, geographer at the court of Roger Ⅱ of Sicily. Bodleian Library, Oxford

6b Late 14th century world map, English, MS Royal 14.C.Ⅸ. British Library, London

7a Detail of the Mediterranean from Fra Mauro's world map, Venice, 15th century. Museo Correr, Venice

7b Satellite photograph of the Mediterranean. *Photo NASA/Science Photo Library*

10 Jean Puy (1876-1960), *Market at Savany*. Musée de l'Annonciade, St Tropez. *Photo Scala*. © ADAGP, Paris and DACS, London, 2003

12 *Fernand Braudel*, 1980. *Photo Roger Viollet*

13l Ignazio Danti (1536-1568), map of Sardinia. Vatican Museum, Gallerie delle Carte Geografiche. *Photo Scala*

13r After Al Idrisi, Map of Sicily and Malta. From 15th century copy. Bodleian Library, Oxford

14 Illustration from the *Dioscorides Codex*, Constantinople, 512 AD. Each herb is identified by a later Arabic hand. Österreichische Nationalbibliothek, Vienna

15 Henry Martellus, map of the Mediterranean, 15th century. Add. MS 15760 ff 72v-73. British Library, London

17 Indo-Portuguese ivory plaque from a jewell casket, Ceylon, 1540. Treasury of the Residenz, Munich. *Photo Werner Forman Archive*

19 Rice fields near Valencia. *Photo Hugh Palmer*

20 Transhumance in the Cévennes. *Photo French Government Tourist Office*

22 Aubergines from the *Cerruti Tacuinum sanitatis*, 14th century, Italy. Österreichische Nationalbibliothek, Vienna

22-23 Alessandro Magnasco (1667-1749), *Market Scene*. Museo Civico d'Arte Antica, Milan. *Photo Scala*

23 Luis Melendez (1716-1780), *Still Life of Lemons*. By Courtesy of P.& D. Colnaghi & Co.

24 Solomon Schechter working on the Genizah fragments. *Photo University Library, Cambridge*

25 Marriage contract from the Cairo Genizah.

① 插图来源中的页码为正文中图注括注的页码，即原书页码。

55 Vineyard in Provence. *Photo Hugh Palmer*

56 Ozieri, Sardinia. *Photo Schuschitzky*

57 Lindos, Rhodes. 1900s postcard. Private Collection

58 Olive tree, Crete. *Photo Ardea*

59 Crete. *Photo Ardea*

60l The Wind. Illustration to *The Wonders of Creation* by the Arab cosmographer al-Quazwini (1203-1283). From a 15th-century Ottoman copy. British Library, London

60b Detail from Giovanni Bellini, *The Agony in the Garden*, *c.* 1465. National Gallery, London

61a Aqueduct of Segovia. *Photo J. Allan Cash*

61b Line of wells at Adrar, Algeria. *Photo Paul Almassy*

61r Oasis cultivation, Egypt. *Photo Josephine Powell*

62-63 Model boat from the tomb of Meket-Re, Thebes, *c.* 2000 BC. Metropolitan Museum of Art, New York

64a Knuckle bone-shaped vase, 5th century BC. British Museum, London

64b Mosaic of deep-sea fish, 1st century AD. Museo Nazionale, Naples

66 Cycladic marble figure of harp player, *c.* 2500 BC. J. Paul Getty Museum, Los Angeles, California

68 Cave painting from Lascaux

69 Egyptian tomb relief of boatwright, 20th century BC. *Photo Marburg Fotoarchiv*

70 Ramases Ⅱ from the Great Temple at Abu Simbel. *Photo Roger Wood*

71 Mound of Hissarlik at Troy. *Photo Turkish Government Information Office*

72l Hittite relief from Bogazkoy. Archaeological Museum, Ankara

72r The Lion Gate at Bogazkoy. *Photo Hirmer Fotoarchiv*

73 Europa on the bull. Relief from the temple of Hera, Selinus. *Photo Hirmer Fotoarchiv*

74-75 Wallpainting from Santorini, Thera, before 1500 BC. National Archaeological Museum, Athens. *Photo Scala*

75 Ship engraving from Skyros, Cyclades. National Museum, Athens

76a The Phaistos Disc. National Museum, Herakleion

76b Linear B. Drawing published by Arthur Evans

77 View from the palace at Knossos. *Photo Leonard von Matt*

78 Faience plaques showing Minoan houses, from Knossos. National Museum, Herakleion

79 Painting from stone coffin found at Hagia Triada. National Museum, Herakleion

80 Nuraghe, Sardinia. *Photo Fototeca Unione*

81 Bronze figure from Sardinia. Museo Nazionale, Cagliari

82 The Trojan Horse. Detail from 6th- century pithos, Mykonos. Archaeological Museum, Mykonos

83 Detail from Attic black figure amphora from Vulci. Martin von Wagner Museum, Würzburg

84 Ivory head from Mycenaean tomb. National Museum, Athens

85 Detail from the Warrior Krater, Mycenaean, *c.* 1200 BC. National Museum, Athens

86, 87 Details from a relief of the Battle

of Kadesh at Abu Simbel.*Photos AKG, London/Erich Lessing*

88 Detail of relief, Medinet Habu. *Photo Werner Forman Archive*

89 The gateway, Medinet Habu.*Photo Oriental Institute, Chicago*

91 Ramases Ⅱ holding prisoners. Relief from stele, New Kingdom, 19th dynasty. Egyptian Museum, Cairo. *Photo The Art Archive/Dagli Orti*

92 Prisoners of war from Canaan. Relief from the tomb of Horemheb, Saqqara,

c. 1350 BC. Rijksmuseum von Oudheden, Leiden. *Photo Hirmer Fotoarchiv*

93 Aphrodite. Relief from the Ludovisi Throne, 477-450 BC. Museo Nazionale, Rome. *Photo Fototeca Unione*

94-95 Wallpainting from the Tomb of Shields, Tarquinia, 350-340 BC. *Photo Scala*

96 Odysseus, detail of Greek vase painting from Vulci. British Museum, London

97 Detail from relief on black basalt stele of Shalmaneser Ⅲ,841 BC. British Museum, London

98 Gold earring, Greek, 330-300 BC. Metropolitan Museum of Art New York, Rogers Fund

100a Aerial view of Cadiz. *Photo Editorial Escudo d'Oro*

100b View of Motya, Sicily. *Photo Fototeca Unione*

101 Clay figure from Ibiza, 7th century BC. Museo Arqueólogico, Palma de Majorca 102 Painting on an Attic red-figure krater by Talas painter, 5th century BC. Palazzo Jatta, Ruvo de Puglia, Italy

103 Gold coin of Clazomene, Asia Minor. British Museum, London

104-105 Naval battle; details from the Arithonotos Krater, mid 7th century BC. Palazzo dei Conservatori, Rome

106 Silver-gilt cauldron, 7th century. Villa Giulia, Rome. *Photo Scala*

107a Gilt silver bracelet, Southern Italy. J. Paul Getty Museum, Los Angeles, California

107b Perfume flask from Thebes, 650 BC. British Museum, London

108l Anthropoid sarcophagus. Museo Arqueólogico, Cadiz

108r Sarcophagus of a married couple from Cerveteri, 6th century BC. Villa Giulia, Rome. *Photo Leonard von Matt*

109 Etruscan bronze throne. Musée de Louvre, Paris. *Photo ©RMN*

110 Collar of beaten bronze, National Archaeological Museum, Beirut, Lebanon

111l Bronze weight from Cerveteri, 3rd century BC, Villa Giulia, Rome

111r Laconian cup, *c.*550 BC. Bibliothèque Nationale, Paris

112 Attic Geometric Vase. British Museum, London

113a Silver coin of Corinth, 4th century BC. Bibliothèque Nationale, Paris

113b Orientalizing Greek bowl from Naukratis. British Museum, London

114 Bucchero ware perfume bottle. Museo Archeologico, Florence

115 Gold coin of Pantikaion in the Crimea. Bibliothèque Nationale, Paris

116a Detail from the Pech Macho inscription, 5th century BC. Musées des Corbières, Sigean, Aude, France

116b Vase from Cerveteri with dedicatory inscription, 7th century. Villa Giulia, Rome

117a Silver coin from Aigina, *c* 350 BC. Bibliothèque Nationale, Paris

117b Silver coin of Athens, 530-52 BC. British Museum, London

118-119 Clay relief. Museo Civico, Viterbo, Italy. *Photo Scala*

119 Ivory chalice from the Barberini Tomb at Palestrina. Villa Giulia, Rome

120 Bronze helmet, 5th century BC. British Museum, London

122-123 Central detail from the Mildenhall Great Dish. British Museum, London

124 Drawing from the 9th century Byzantine *Sacra Paralella*. Bibliothèque Nationale, Paris

125 Alexander the Great; silver medal, 3rd century AD. British Museum, London

126 Copy of Hellenistic mosaic. Museo della Civiltà Romana, Rome. *Photo Scala*

128 Phoenician relief, 2nd century AD, National Museum of Lebanon, Beirut

129a Silver coin of Hannibal. British Museum, London

129b Carthaginan tomb. *Photo Werner Forman Archive, London*

130-131 Wallpainting from the Casa dei Vettii, Pompeii, before AD. 79. Museo Nazionale, Naples. *Photo Scala*

131 Roman coin, 27 BC. British Museum, London

132a Illustration to the German edition of Diego Ufano *Tratado de la artilleria*, Frankfurt, 1614.

132b *Photo Ligabue Archives, Venice*

133 Mosaic showing a trading gallery. Bardo Museum, Tunis

134 Nilotic scene, wallpainting, 70 AD. J. Paul Getty Museum, Los Angeles, California

135 Wallpainting from villa at Castellamare, 70 AD. Museo Nazionale, Naples. *Photo Scala*

136a Summer, ornamental marble plaque. National Museum of Roman Art, Mérida, Spain

136b Mosaic from Ostia harbour, 1st century AD. *Photo Fototeca Unione*

137 Fresco from a tomb in Ostia, 1st century AD. *Photo Fototeca Unione* 138a Mosaic from Sousse, Bardo Museum, Tunis

138b Underwater wreck of a large commercial sailboat coming from Central Italy sunk off the harbour of Madrague de Giens, NW tip of the Giens peninsula, around 75-60 BC. *Photo CNRS, Centre Camille Julian, A. Chéné*

139a Personification of one of the four Winds; detail from a Dionysiac scene, mosaic floor of a Roman villa near Mérida. National Museum of Roman Art, Mérida, Spain. *Photo Georgina Bruckner*

140-141 Mosaic of navalia in the harbour of Puteoli. Vatican Museums, Vatican City

141b Commemorative coin of the great harbour at Ostia 66 AD. British Museum, London

142l Glass goblet, 1st century AD. Kabul Museum, Afghanistan. *Photo Josephine Powell*

142r Mosaic of Alexandria as mistress of the

sea. She holds a mast and is crowned with a head-dress in the form of a ship's prow, 3rd–2nd century BC. Graeco-Roman Museum, Alexandria. *Photo De Luca*

143 Aerial view of Alexandria harbour. *Photo G.A. Rossi/Image Bank*

144 Roman tombstone of a shipwright, Galleria Cavour, Bologna

145 Detail of the Portus relief, Museo Torlonia, Rome. *Photo Fototeca Unione*

147 Ostia synagogue. *Photo Josephine Powell*

148 Monastery of Dochiariou, Mount Athos. *Photo Werner Forman Archive London*

150-151 The port of Classe, Ravenna, Mosaic from S. Apollinare Nuovo, Ravenna. *Photo Scala*

152 Mosaic of Christ-Helios, St. Peter's, Rome. *Photo Scala*

153 Isis. Coptic fresco Karanis, Egypt. *Photo Kelsey Museum of Archaeology, University of Michigan*

154 Justinian and his court. Mosaic from the Church of San Vitale, Ravenna, 6th century AD. *Photo Scala*

156 Vandal landowner, mosaic from Carthorpe, Tunisia.British Museum, London

157a Visigothic chapel at Lillo, Spain. *Photo Hugh Palmer*

157b Luca Signorelli (*c* 1450-1523), wall painting at Monteoliveto, Chiusure, Italy

158-159 Plaque from Agilulf's helmet, 590-615 AD. Bargello, Florence. *Photo Scala*

159 Gold coin of Abd al Malik. British Museum, London

160 Miniature from the historical *Chronicle* of John Skylitzes, 11th century, Byzantine. The illuminations date from the 12th-14th centuries. National Library, Madrid

161l Illustration from the 9th century Byzantine manuscript *Sacra Paralella*. Bibliothéque Nationale, Paris

161a Miniature from the Skylitzes *Chronicle*. National Library, Madrid

162 The ribat of Monastir, Tunisia. *Photo Werner Forman Archive, London*

163 The ribat of Sousse, Tunisia. *Photo Werner Forman Archive, London*

164 Arab horseman. Österreichische Nationalbibliothek, Vienna

165 Stained glass from Chartres Cathedral. *Photo Sonia Halliday*

166, 167l,r Illuminations from the Skylitzes *Chronicle. Photos Werner Forman Archive,* London

168 The Fall of Sicily; from the Skylitzes *Chronicle. Photo Werner Forman Archive, London*

169 View of Dubrovnik. *Photo Joan Mary Frank/ Georgina Buckner*

170a Fatimid bowl, 10th century. Museum of Islamic Art, Cairo

170b Fatimid drawing, 11th century. Museum of Islamic Art, Cairo

171 Siege of Thessalonika, illumination from the Skylitzes *Chronicle.* National Library, Madrid

172 Siege of Messina. , Illumination from the Skylitzes *Chronicle* National Library, Madrid

175 The mihrab of the Great Mosque at

Cordoba. 10th century. *Photo Mas*
176 Marble relief, Seville, 10th century
177 Detail of the wooden ceiling; Capella Palatina, Palermo. mid-12th century. *Photo Maurice Babey*
178-179 Sidon, Lebanon. *Photo G. A.Rossi/ Image Bank*
180 From Beatus of Liébana's *Commentary on the Apocalypse*, S.Sever, 11th century. Bibliothèque Nationale, Paris
182 Ceramic plate. Museum of Islamic Art, Cairo. *Photo Philippe Maillard*
184a *Photo O. Bohm*
184b Museo Nazionale, Pisa
185 Building of the Ark. *Photo Scala*
186 The horses of St. Mark's, Venice. *Photo Italian Government Tourist Office*
187 Detail of bronze door, Canosa de Puglia. *Photo Joan Mary Frank/ GeorginaBruckner*
188 Aerial view of Aigues Mortes. *Photo French Government Tourist Office*
189 Herakleion, Crete. *Photo Joan Mary Frank/ Georgina Bruckner*
190 Embarkation for Crusade. French 14th century illumination. Bibliothèque Nationale, Paris.
191 Detail from candlestick signed by al-Haji Ismail. Museum of Islamic Art, Cairo. *Photo Philippe Maillard*
192 Pera, Constantinople. From C. Buondelmonte, *Description of Constantinople*, 15th century manuscript. Bibliothèque Nationale, Paris
193 Tintoretto (1518 -1594), *The Siege of Constantinople*, Doge's Palace, Venice. *Photo Scala*
194 Vittore Carpaccio (1455-1526, Venice), detail from the *Martyrdom of S Ursula* series. Galleria della Accademia, Venice. *Photo Scala*
195 Vittore Carpaccio (1455-1526), detail from the *Martyrdom of S Ursula* series. Galleria della Accademia, Venice. *Photo Scala*
196 (all) Mercantile galleys and round ship from a 15th century Venetian manuscripts. British Library, London
197 'La Contarina', pilgrim's sketch. Badische Landesbibliothek, Karlsruhe
198 Merchant. Florentine engraving, 15th century. British Museum, London
199 Wallpainting. Museum of Catalan Art, Barcelona. *Photo Institut Amatller, Barcelona*
200 The Black Sea. Map by Henry Martellus. Add ms 15760. British Library, London
202 Model of Catalan carrack. Naval Museum, Rotterdam
203 l,r From *Cantigas de Santa Maria*. Escorial Library. *Photo Institute Amatller, Barcelona*
204-205 Venice. Woodcut from B. von Breydenbach, *Peregratione,* Mainz, 1486
205a Majolica Plate. Fitzwilliam Museum, Cambridge1
205b The Arsenal, Venice. Detail from woodcut by Jacopo Barbari, 1500. *Photo AKG London/Erich Lessing*
206 Grain market. Biblioteca Medicea- Laurenziana, Florence
207 Detail from anonymous painting. Galleria Nazionale, Palermo. *Photo Werner Forman Archive, London*
208 Portolan map. Museo Correr, Venice
210-211 Genoa. Museo Navale degli Pagli,

1720. Rijksmuseum, Amsterdam

245 Merchants of Smyrna. Engraving from Thevet, *Cosmographie*, Paris, 1575

246-247 J.P Hackert (1737-1807), *Goethe visiting the Colosseum in Rome*. Museo di Goethe, Rome. *Photo Bridgeman Art Library*

248 Jewish lady of Constantinople; from a series of 17th century French engravings of *The Women of Constantinople*, after G. la Chapelle. British Library, London

250 Ship model. Musée de la Marine, Paris. *Photo Robert Fonzani/FMR*

252a *Portrait of Nelson* by J.F. Rigaud. National Maritime Museum, Greenwich, London

252b Vignette from L.F. Marsigli, *Stato, Militaire dell'Impero Ottomano* The Hague, 1732

253 J.P Hackert. *The Battle of Chesme*. Hermitage Museum, St. Petersburg

254-255 Giovanni Battista Lusieri (1755-1821). *A View of the Bay of Naples*. J. Paul Getty Museum, Los Angeles, California

255 Painting by J.B. Vanmour (1671-1737). Musée des Beaux-Arts, Bordeaux

256 Cartouche from the map of Corsica by H. La Pegna (1706-1722). Château de Versailles. *Photo ©RMN/ D. Arnaudet*

257 Detail of watercolour by W. Pars, 1765. British Museum, London

258a Contemporary French satirical print

258b *Battle of the Pyramids*. Contemporary French popular print

259 L.F. Lejeune, *The Battle of Aboukir*, 1799. Château de Versailles. *Photo © RMN/ G.Biot*

260 Francisco de Goya (1746-1828). *The Third of May*. Prado Museum, Madrid

261 The dockside at Valletta. English lithograph, *c* 1840.British Library

262 The Battle of Navarino. Greek popular painting. National Museum Athens

263 Photograph by Roger Fenton

264l Cricket in Corfu. Contemporary engraving. *Photo Mary Evans Picture Library*

265 Opening of the Suez Canal, 1869. Photo by courtesy of Association de Souvenir de Ferdinand Lesseps, Paris

266 Popular contemporary print. Private Collection

267 Painting by L. Licata. Museo del Risorgimento, Rome. *Photo Scala*

268 Contemporary print

270-271 Joseph Vernet (1713-1789). *The port of Marseilles*, Musée de la Marine, Paris. *Photo ©RMN*

272 all Turn of the century photographs. Museo di Storia della Fotografia Fratelli Alinari, Florence.*Photos Bridgeman Art Library*

273 The saltpans of Medinacelli (Soria) Spain. *Photo Lunwerg Editores*

274-275 Fergola Salvatore (1799-1877). *Inauguration of the railway Naples-Portici*. Museo di S. Martino, Naples. *Photo Scala*

276 French contemporary lithograph

278-279 Henri Edmond Cross (1856-1910), *The Beach of St Clair*, Musée de l'Annonciade, St Tropez. *Photo Scala*

280 Sir Lawrence Alma-Tadema, detail from the painting *Spring*, 1894. J. Paul Getty Museum, Los Angeles, California

281 Aerial view of the Acropolis, Athens.

Photo G.A.Rossi/Image Bank

282 Poster advertising an aviation meeting in Nice. Bibliothèque des Arts Décoratifs, Paris. *Photo Bridgeman Art Library*

284 a Mustafa Kemal Ataturk. *Photo Turkish Government Information Office*

284bl Postcard of Salonika, *c* 1900. *Photo Bridgeman Art Library*

284br Jewish family in Salonika. Museum of the Jewish Diaspora, Tel Aviv

285 General Allenby entering Jerusalem. The Middle East Centre, St Anthony's College, Oxford

286 Crusader castle at Crac des Chevaliers. *Photo Syrian Government Tourist Office*

287 Street scene in Alexandria, 1900. *Photo AKG, London*

288 Italian irredentist print, *c* 1914. *Photo Scala*

289a Mussolini in Abyssinia. Photo from LUCE newsreel

289b Disembarking at Durazzo, Albania. *Photo AKG, London*

290a Propaganda postcard *c* 1930. Private Collection

290b View of Trieste. *Photo AKG, London*

291 View of Algiers, 1930s. *Photo AKG*

292a Italian propaganda postcard.Private Collection

292b Dancing the Sardana, 1950s.*Photo Institut Amatler*

294l,r British and American troops land in Italy, 1943. *Photos Hulton Getty Archives*

295 Marshal Tito and President Gomulka, 1950s. *Photo Camera Press*

297 Nasser and Krushchev at Luxor, 1964. *Photo Hulton Getty Archives*

298 Grape harvest in kibbutz. *Photo Private Collection*

298-299 Haganah ship arriving in Haifa. *Photo Camera Press*

301 Archbishop Makarios. *Photo Camera Press*

303l Sophia Schliemann.*Photo Peter Clayton*

303r Sir Arthur Evans. Ashmolean Museum, Oxford

304 Drawing by Edward Lear. Houghton Library, Harvard University, Cambridge, Massachusetts

305a Sardinian warrior. Museo Nazionale, Cagliari

305b Giacometti, Figure, 1960.
Private Collection © ADAGP, Paris and DACS, London, 2003

306a Mosaic at Piazza Armerina.*Photo Scala*

306b Poster by Roger Broders, 1930. Private Collection. © ADAGP, Paris and DACS, London, 2003

307l Promenade des Anglais, c 1900. *Photo Private Collection*

307r Juan les Pins, 1930s. *Photo Bridgeman Art Library*

308 Tourist groups at the Acropolis. *Photo Martin Parr/Magnum Photos*

309 Tourist in Milan. *Photo G. Neri/Camera Press*

310-311 Regatta at Porto Cervo, Costa Smeralda, Sardinia. *Photo G.A.Rossi/ ImageBank*

311b Tourists on the Spanish Steps, Rome. *Photo G.A. Rossi /ImageBank*

With special thanks to
Madame M. T. Hirschkoff in Paris

Published by arrangement with Thames & Hudson Ltd, London,
The Mediterranean in History © 2003 Thames & Hudson Ltd, London
This edition first published in China in 2025 by China Renmin University Press, Beijing
Simplified Chinese Edition © 2025 China Renmin University Press, Beijing
All Rights Reserved.

图书在版编目（CIP）数据

地中海四千年 /（英）大卫·阿布拉菲亚(David Abulafia) 主编；刘岩译. -- 北京：中国人民大学出版社，2025. 3. -- ISBN 978-7-300-33290-1

Ⅰ. K10

中国国家版本馆CIP数据核字第2024PR1415号

审图号　GS（2024）3051 号

地中海四千年

［英］大卫·阿布拉菲亚（David Abulafia）　主编

刘　岩　译

徐家玲　校译

Dizhonghai Siqian Nian

出版发行	中国人民大学出版社		
社　　址	北京中关村大街31号	**邮政编码**	100080
电　　话	010-62511242（总编室）		010-62511770（质管部）
	010-82501766（邮购部）		010-62514148（门市部）
	010-62515195（发行公司）		010-62515275（盗版举报）
网　　址	http:www.crup.com.cn		
经　　销	新华书店		
印　　刷	北京瑞禾彩色印刷有限公司		
开　　本	890 mm × 1240 mm　1/32	**版　　次**	2025年3月第1版
印　　张	18.375　插页4	**印　　次**	2025年3月第1次印刷
字　　数	392 000	**定　　价**	168.00元

版权所有　侵权必究　　印装差错　负责调换